U0140584

慈溪文史资料第三十五辑

慈溪宗教文化丛稿

CIXI RELIGIOUS
CULTURE COLLECTION

慈溪市政协教科卫体文化文史和学习委员会　编

王清毅　著

宗教文化出版社

图书在版编目（CIP）数据

慈溪宗教文化丛稿 / 慈溪市政协教科卫体文化文史和学习委员会编；
王清毅著 .-- 北京：宗教文化出版社，2022.11
　　ISBN 978-7-5188-1320-9

　　Ⅰ . ①慈… Ⅱ . ①慈… ②王… Ⅲ . ①宗教文化－慈溪－文集
Ⅳ . ① B928.2-53

　　中国版本图书馆 CIP 数据核字 (2022) 第 202116 号

慈溪宗教文化丛稿

慈溪市政协教科卫体文化文史和学习委员会 编

王清毅 著

出版发行：宗教文化出版社

地　　址：北京市西城区后海北沿 44 号（100009）

电　　话：64095215（发行部）64095362（编辑部）

责任编辑：王鸣明

版式设计：贺　兵

印　　刷：河北信瑞彩印刷有限公司

版权专有　　侵权必究

版本记录：787 毫米 ×1092 毫米　16 开　24.75 印张　400 千字

　　　　　　2022 年 11 月第 1 版　2022 年 11 月第 1 次印刷

书　　号：ISBN 978-7-5188-1320-9

定　　价：120.00 元

编委会名单

名誉主任：陈杰峰

主　　任：王益女

副 主 任：方向明　林　晨　童银舫

委　　员：（按姓氏笔画为序）

王孙荣　王益女　王清毅　方印华　方向明

方煜东　厉祖浩　冯昭辉　阮万国　孙群豪

励双杰　邱雄飞　林　晨　康华君　童银舫

前　言

　　对于宗教文化与传统文化关系深有研究的罗竹风先生，在他主编的《宗教学概论》中有段经典式话语："宗教文化是整个文化的一部分，宗教文化的形成、发展和传播，是在与整个文化相互作用的动态过程中完成的。而宗教文化一旦形成，必然与一定类型的历史文化相融通，并反过来对历史文化产生影响。"若将上面的话，置于区域文化的语境中来观照，也同样适用。慈溪地域之宗教的产生播演，是历史的必然，它是慈溪社会意识形态的一类存在，也是文化现象的一宗反映。慈溪宗教文化的形成离不开对慈溪一定历史背景下整个文化的吸收和融化，成为这个地区传统文化的一个不可或缺的组成部分。1842年，宁波成为向西方列强开放的通商口岸，基督新教、天主教随之传入宁波，西方传教士也进入慈溪，先后在慈溪建基督教堂、设天主教公所，教会还创办学校、推行西医，一定程度地产生了"西学东渐"，为近代以来慈溪宗教文化注入了新内容。

　　地方志书编纂，有一个原则："不越境而书"。这对于地方文史类读物的编著，在应陈述的空间界定上，也可以说是指导性准则。本书既然是一册记述和反映慈溪市历时性宗教文化资料性为主的编著读物，也理该以现境为上溯空间而按时论人述事究物。而且为读者考虑计，编著者首先在"前言"中交代今慈溪市这一政区的建置演革，以便让读者把握时空，更能了解这一方水土与宗教文化的生发因果，增强阅读效果。

　　一般来说，一个地方政区，在漫长的历史沿革中，难免发生境域变迁，慈溪也不例外。慈溪春秋时属越，并吴后置句章城，为句章地。秦置句章县。自秦至唐武德四年（842），慈溪地域一直归其属。唐开元二十六年（738）始设慈溪县，置治于今宁波市之慈城镇。明永乐十六年（1418），慈溪失县印，请于朝，诏更铸，改溪从谷，遂改"慈溪"为慈谿。1954年为建设商品棉基地，县境作大幅度调整，将以植棉为主的镇海、慈谿、余姚3县之北部划为慈谿县，并移治于浒山镇。1956年，国务院公布《汉字异体字整理方案》，复原县名"慈溪"。1983年，宁波地区撤销，并入宁波市，实行市管县制，慈溪县属宁波市。1979年9月，为完善水利条件，县境再度调整，以泗门区划属余姚县，余姚县以龙南区划入慈溪县，形成现境域。1988年10月13日，经国务院批准，撤销慈溪县，改设慈溪市（县级），仍受辖宁波市。

慈溪市现辖（2020年）古塘街道、浒山街道、白沙路街道、宗汉街道、坎墩街道、龙山镇、掌起镇、观海卫镇、附海镇、桥头镇、匡堰镇、逍林镇、胜山镇、新浦镇、崇寿镇、庵东镇、横河镇、长河镇、周巷镇。

历史地看，慈溪的宗教地理分布显现两种格局：龙山、掌起、观海卫、桥头、匡堰、横河等镇之南部峰岭呈翠、溪清湖碧，是历史上释道青睐的地方，从地理上说也是出陆开发较早之地，因此创建年代较早、有一定规模的佛教寺庵、道教宫观、庙宇大多建在那一带；而大古塘以北，则是元以后由南而北渐次围垦之域，村落形成经济发展相对为晚，因此所建多是小庵小庙；而基督教（此指基督新教，又俗称"耶稣教"）、天主教的教堂多初设于集镇与近海农村。

本书分上下二编。上编以"宗教概述"为题，下编则以"宗教文化"名之。编排以类为纲，以纲辖目，以目载文。因各教的传演历史、发展态势，及在资料的发现、掌握及客观表述上的局限等原因，编撰中在内容与文字上，多寡不一是客观存在的，这就不可避免地显现了全书在内容与篇幅上的不平衡，无论是对编者还是于读者而言，难免是个遗憾。

上编对慈溪现存及历史上曾出现过的佛教、道教、民间信仰、摩尼教、基督新教、天主教等，在慈溪的播演情况分别予以简述，下限以编者进行"宗教活动场所"调查后的公元2020年10月止，上限则溯至起始。此编内容是读者希望了解的慈溪市宗教之概况，也是全书展开的背景和基础。

　　大学者任继愈先生在《宗教与宗教研究》讲座中指出："宗教研究与文化史学习的关系十分密切。……世界上任何一种宗教，它的教徒在许多宗教中只占少数，但一种宗教所创造的文化成果，只要它是有价值的，它就不属于这一个宗教所有，而是人类共同的财富。"这段话客观上肯定了探索和传播有价值的宗教文化之意义。

　　下编内容主要包涵以文学艺术、建筑、金石等为主要表现方式的、涉及反映慈溪宗教文化的多元资料，序以佛教文化、道教文化、民间信仰文化、基督教文化。除佛教文化中的下卷（丛录）外，下编载文均为本书编著者所撰写。

　　全书所收采自各种文献（含地方志）的相关诗文、传记等篇章，凡原之白文，均有本书编者标点之。各编行文时，遇有需要或注或说明或链接时，均在文末以"案"后系之。收编于本书的他者诗文（或全文或节选），则均以原作者署名之。本书在永乐十六年（1418）改县名为"慈谿"后至1956年复县名"慈溪"前之时段，凡县名皆以"慈谿"书称之。

　　区域文化不仅具有地方性、渗融性，还呈现多面向、多元素，以"慈溪宗教文化丛稿"为课题，此前尚无人涉足，因此对于编撰本书的笔者来说，可谓是一项"试新"的工作，无前例可依借，须"摸着石子过河"。开笔之前，筹思再三，始定"资料为本，谨以梳整、分门别类，亦编亦撰，纵延横展，力求'二性'（学术性、可读性）"的成书构想，然后付之操作探索，误漏不当之处，敬俟方家、读者批评教正。

目　录

下编　慈溪宗教文化

上　编
慈溪宗教概述

本编以概述慈溪市境多教种（包括已经消亡的摩尼教）大致脉络为内容，旨在让读者粗略了解慈溪古今诸教的演存状况，至于教义教规一般不在叙论范围。

慈溪的各教种传播，在时间上固然有先后，就空间分布来论，也自有其局域。

佛教于三国吴赤乌年间（238-251），由梵僧那罗延在五磊山传入。道教之传入，始于何年不得而详，影响却早就存在。见之文献的现市境之最早道观，是址在达蓬山麓的建于元至元二十一年（1284）的蓬山道院。至于民间信仰，一般认为属泛宗教范畴，作为物化存在的民间祠庙，祭祀对象呈地方性、多元化，在慈溪既有捍筑海堤的地方官和朝廷官员，也有药皇（王）、梁武帝、关帝、妈祖、相公张夏、龙王等等，现境最早成建的是哪座祠庙，因限于资料，目前尚难定论。建于五代末的崇寿宫，是中国东南沿海的道化摩尼教寺院之一。1855 年，基督教圣公会派由宁波传入观海卫，是为慈溪基督教之始传。1896 年，天主教宁波主教区在慈溪东埠头传教，并于 1900 年设公所"母佑聚心堂"，则是慈溪天主教及天主堂首传首建记录。

中华人民共和国成立后，县人民政府贯彻宗教信仰自由的政策，宗教事务管理也一直为政府所重视。1950 年和 1956 年，县人民政府民政科、县人民委员会办公室先后办理宗教行政事务。1981 年设立县人民政府宗教事务科，1984 年变更为县人民政府宗教事务办公室，依法管理境内宗教事务，1988 年变更为市人民政府民族宗教事务科，1997 年升格为慈溪市民族宗教事务局，与市委统战部合署办公。2003 年经宁波市编委同意单独设置慈溪市民族宗教事务局，作为政府序列，2008 年市编委同意局下属设立市宗教事务管理所。主要承担权限内宗教事务的行政许可及场所设立、改（扩）建等前置审核。

宗教合法权益得到保障。场所设立基本合理，且相对满足信徒需求。佛教、基督新教、天主教各自建有全市性宗教团体。宗教界人士与各界人士一样享有参政议政的权利。慈溪市宗教界根据《社团登记管理条例》成立有慈溪市佛教协会、慈溪市天主教爱国会、慈溪市基督教三自爱国运动委员会、慈溪市基督教协会。

慈溪市辖区内居民充分享受宗教信仰自由。现有佛教、基督新教、天主教三大宗教，信奉者一般就近参加活动。历史上曾有道教宫观，但新中国成立后已不存在。按民族分布现有伊斯兰教信徒近百人。

至 2020 年佛教教职人员认证备案的僧人有 209 人、尼众 5 人，批准开放的活动场所 20 处；基督新教教职人员认定备案的教职人员 115 人，其中牧师 20 人、教师 9 人、传道员 34 人、长老 52 人，批准开放的活动场所 45 处；天主教教职人员认证备案的有神甫（神父）8 人、修女 11 人，批准开放的活动场所 24 处。

第一章 佛教

第一节 综述

　　三国吴赤乌年间（238-251），印度梵僧那罗延至五磊山天峙峰结庐静修，佛教由此传入本市。见诸文献现境始建寺院为南朝梁大同元年（535）在上林仙居山所建的上林院（宋祥符元年改额隆庆院，俗称东山寺）。现存最早寺院则为建于梁大同（535-546）间的鸣鹤场精进庵（后改金仙寺）。唐宋是沿山一带寺院兴建的繁盛期，现存沿山之寺院大率建于该时期。有元一代，仅建有长溪寺等数个寺庵。大古塘沿线以北除伏龙寺等个别寺院外，多为小寺小庵，系明清期间所建。清末民初现市境有336所寺庵。其中著名和较具规模的有：现龙山镇雁峰寺、堪泉寺、伏龙寺、永乐寺、资敬庵，圣寿尼寺、佛迹寺、湖山庵；现掌起镇的正觉寺、长溪寺、五峰寺、洞山寺、屏山寺、史祥寺；现观海卫镇资西寺、五磊寺、定水寺、东林寺、金仙寺、长庆寺、普惠寺、泽山庵；桥头镇普济寺（西山寺）；古塘街道宝林寺；宗汉街道海月寺；周巷镇万寿寺等。除五磊寺、屏山寺属"天台宗"外，其余大多为"禅宗"寺院，中西部地区多为小寺庵，民国时少有增建而多衰落毁废。

　　1951年现市境有寺38所、庵181所，僧尼三百余名。土地改革中僧尼也分有一份耕地，一边从事农副业生产，一边参与佛教活动。1955年，时龙山、观城、鸣鹤三个区有75名僧尼参加了当地的农业生产社（组）；中西部各区的小庵堂因无常住僧尼而废置。1957年现市境尚有寺庵132所，僧111名、尼80名。1958年的"人民公社化"运动中，在五磊寺成立"慈溪县佛教界农林牧生产合作社"，有77名僧尼参加。这些僧尼的原住寺庵也随之改作别用。"文革"期间，寺庵佛像被毁，佛教活动停止，文物、法器也散失殆尽。

1985年5月，县人民政府批准五磊寺和洞山寺作为佛教活动场所开放。9名僧人先后回寺。当年即收回被占房屋，清理周围环境，重修殿宇僧寮，恢复佛教活动，成为当时县风景区的组成部分，群众的游览场所。

1987年全县尚有散居僧尼41名、佛教居士15名。老弱病残者由政府定期发给生活费。同年主建筑基本完整的寺庵尚有资敬庵、佛迹寺、资西寺、普惠寺、北庵，但均为当地各单位使用。1988年初，境内有佛教开放场所2处，即五磊讲寺、洞山寺。时有散居僧尼41名，佛教居士15名。1989年，批准金仙寺为佛教开放场所。1993年后，全市已有批准开放的佛教场所17处，寺庵建筑不断修复完善，古刹重光，殿宇庄严。2020年，批准开放的佛教场所增至20处，共有僧209人、尼5人，信众散居民间。

第二节　历史梵刹

现市境历史上曾有兴衰更迭的寺庵，至光绪间镇海、慈谿、余姚三县修志时，基本摸排入志。寺院强调以禅、讲、教分门别类，是明太祖朱元璋之所为。其在洪武十五年（1382）五月所下一份谕旨中如是说："佛寺之设，历代分为三等，曰禅、曰讲、曰教。其禅不立文字，必见性者方是本宗；讲者务明诸经旨义；教者演佛利济之法，消一切现造之业，涤死者宿作之愆，以训世人。"其所谓"禅"即指禅宗，禅门各归为一类；"讲"是指注重研修讲说佛教义理的天台、华严诸宗；"教"则专门指诵念真言密咒，演行瑜伽显密法事仪式者。朱元璋也同时将僧人相应划归为禅僧、讲僧、教僧三类。由于明初的佛教政策背景，慈溪历史寺院亦存有禅、讲、教之分，且并存之。现将除已载"佛教活动场所"外的主要历史寺庵按建寺时序简介于下。

积庆教寺

在横河镇境梅梁山，据传东汉献帝（190–220）时已有寺，民间也有"先有积庆寺，后有余姚城"之说法。南宋宝祐四年（1256），资政殿学士史岩之建寿域于梅梁山，请以山寺为功德院，理宗允之，并御书"积庆教寺"赐额，又作行书"赐史岩之"四字钤以玉玺相赠。寺自宋而历元、明、清，屡有兴衰，入民国，香火渐息，所谓殿宇，数椽旧屋而已。至20世纪50年代初，破败寺宇被山民拆搬他用。后因筑堤为湖，水陆隔阻，少有人往，连寺址也日渐荒堙难辨。

上林院

在桥头镇上林吴山西湾。旧为隆庆院，南朝梁大同元年（535）建，号上林院。唐文德元年改仙居院。宋大中祥符元年改隆庆院，俗称东山寺。民国以来名仙居庵。

定水禅寺

在观海卫镇鸣鹤山。寺东临里杜湖，原系唐代名臣虞世南故宅。贞观（627–649）间由虞氏舍宅为寺，因寺前一井泉清冽不涸，寺初名"清泉"。岁久寺坏，唐乾元二年（759）重建。南宋绍兴七年（1137）改名"定水禅寺"。宋嘉熙间敕赐给太师越国公袁韶为功德寺。寺原珍藏《大藏经》之殿，唐吏部侍郎京兆韩杼材曾为作记。寺中还有颜真卿所书碑石，唐太和中所建经藏碑等。元至正十七年（1357）春，寺由径山南楚悦公高足弟子来复禅师重建、贡师泰作记。在来复住持期间，曾有日僧来寺游学，时贤朝贵、逸士高人也多来此聚会，称盛一时。明嘉靖间曾遭倭焚，明清二代又复建修，1954年尚有殿宇僧寮48间。"文革"期间被拆毁。

五峰禅寺

在掌起镇桂家岙南五峰山麓，唐元和元年中（806）僧志坚建。原名五峰院，宋大中祥符元年（1008）改赐"五峰山广福院"额，后仍复名五峰。清乾隆庚寅（1770）僧智轮自天目山迁至此，爱其地清幽远俗，重修以居。同治间僧善光修葺山门。至光绪二年（1876）复修大殿两庑屋宇。民国期间，寺立"永远碑记"宣示寺产，以纪章驹县长保护寺产之功。"文革"中主建筑被拆除。

东福昌教寺

在匡堰镇游源。唐长庆四年（824）建，会昌间废。大中二年重建。吴越时给永寿院额，大中祥符元年改赐东福昌教寺额，宋庆元间，孙应时为该寺作记时则名曰福昌院。自建寺以来，屡经兴衰，现已废圮。

普济教寺

在桥头镇。位于东滨上林湖之蟠龙山，俗称"蟠龙山寺""西山寺"。唐大中元年（847）普光法师建，号上林院，宋大中祥符元年赐额普济教寺。清康熙初重修。山势回抱，地理学者多称之，以为可亚四明之天童。曾是我党领导的抗日活动点，20世纪40年代初，被侵华日军火毁。

正觉禅寺

在龙山镇方家河头村，后周广顺元年（951）僧清肃建，名回峰禅寺，亦名回峰院。宋治平二年（1065）改额正觉禅寺，寺有清风轩。

西福昌教寺

在横河镇乌山。后周广顺元年（951）建，号乌山资福院，大中祥符元年改永安院，政和元年以寺犯陵名，改赐西福昌教寺额。寺迭经兴衰。

普满寺

在横河镇子陵村。后周显德六年（959）建，号灵瑞塔寺。宋大中祥符元年改额普满寺。寺原在客星山，光绪间移址月德庵，惟山门尚存普满寺额。

史祥禅寺

在掌起镇白沙山。乡人有呼水洋寺。宋崇宁（1102-1106）间建，请额广济。元至大元年毁。皇庆元年徙建于东墟。明万历四十五年重建于半山。清顺治间毁，康熙八年僧雪光建，乾隆间僧道清修建。同治元年毁于兵焚。光绪二年僧益海与徒善因重建大殿。抗日战争与解放战争时期，寺院是中共地下党和游击队活动驻地。1982 年曾被拆除。

长溪禅寺

在掌起镇长溪村。初名长溪庵，元延祐间（1314-1320）僧觉莲建。明初僧慧律重修，改名"灵隐精舍"，不久又废圮。清乾隆五十七年（1792）僧广运重建，立额"长溪禅寺"。鸦片战争中，英国侵略军于 1842 年 3 月 15 日攻陷慈城，次日就窜至长溪岭将寺院焚毁。咸丰二年（1852）僧济田重建。以后又日渐衰败。至 1954 年尚有大殿、天王殿及楼房 21 间、平房 23 间。"文革"中已全部拆除。

资西寺

在观海卫镇师桥。初名资西庵，明万历（1576-1619）间里人沈阶为僧真拙建。清乾隆五年改庵为寺。

普惠寺

在观海卫城内。建于明天启（1621-1627）间，天启《慈溪县志》有记："普慧寺，观海卫中，新建"。清康熙三十年修建，咸丰八年重修。

屏山讲寺

在掌起镇洪魏村。明天启二年（1622），僧广学自天台至此结茅，名"万寿庵"。清康熙间，僧普闻建大殿及两廊僧寮。清代著名史学家、经学家姚江邵晋涵曾为寺扁"屏山讲寺"额。嘉庆十二年（1807），僧月恒增建前厅及左右斋廊。"文革"中主要建筑均被拆除。

海岸寺

在观海卫镇方家村大塘下。旧名兰若庵,俗称烂船庵。明崇祯八年(1635)建。清康熙间僧髪三修建,咸丰八年僧坤生重修。

杜东精舍

在观海卫镇湖东村。又称普明庵,约建于清顺康间(1644-1720),乾隆间寺内办学,士人多肄业于此,遂更名杜东精舍。

洞天禅寺

在掌起镇石屋湾西溪峤紫云洞旁。清嘉庆九年(1804)僧宗法云游至此,爱其山邃石秀,结茅而居,十四年(1809)募建殿宇,置山田。1928年时大殿被拆,至20世纪50年代初,寺中还有一个和尚,常年无香客。简陋的大雄宝殿,紧紧依偎着天然石窟。石窟高3.2米,面积20余平方米,入窟冬暖夏凉,窟内四周曾砌有佛龛,依次排列许多石雕佛像,和尚禅心未泯,每天供奉香烛,梵音不绝。至1981年,尚存残缺不全的石佛数座,佛龛已悉数倒塌。今存大殿后二口象征龙眼的水井,泉水仍甘甜如昔。

第三节 僧人居士

唐明州大梅山法常传

释法常,俗姓郑,襄阳人也。稚岁从师于荆之玉泉寺。凡百经书,一览必暗诵,更无遗忘。冠年,受具足戒于龙兴寺。容貌清峻,性度刚敏,纳衣囊钵,毕志卯斋。

贞元十二年,自天台之于四明余姚之南七十里,寓仙尉梅子真之旧隐焉。昔梅福初入山也,见多龙穴,神蛇每吐气成楼阁,云雨晦冥。边有石库，内贮仙药、神仙经籍。常寄宿于房，乃梦神人语之曰："君非凡夫，因话及石库中圣书悬记既往将来之事，受之者为地下主，不然为帝王之师傅矣。"常谓之曰："石库之书，非吾所好。昔僧稠不顾仙经，其卷自亡。吾以涅槃为乐，厥寿何止与天偕老邪？"神曰："此地灵府，俗气之人辄难居此，立致变怪。"常曰："吾寓迹于梅尉之乡，非久据焉。"因号梅山也。由是编苫伐木，作覆形之调，居仅四十年，验实非常之人也。开成年初院成，徒侣辐凑，请问决疑，可六七百纳徒矣。四年，常忽示疾。九月十九日，山林摇荡鸟兽悲鸣，辞众而逝，报龄八十八，戒腊六十九。十月十九日，焚于南涧，收舍利，五色灿然圆转焉。

常先隐梅岭，有僧求拄杖见之，白盐官安禅师曰："梅子熟矣，汝曹往寻，幸能疗渴也。"进士江积为碑云尔。

案：上文录自宋释赞宁撰《宋高僧传》卷第十一。传中梅山系指余姚之南七十里所谓梅尉之乡，而下文《大梅法常禅师》中之大梅山则明言在明州，今鄞州区内确有大梅山。不管是法常客居于姚南梅尉之乡，还是住寺于明州大梅山上，本不该入录慈溪僧传，但因法常与伏龙寺、定水寺有涉，故收其传。元季礼部尚书贡斯泰为定水寺重修而撰写的碑记中，有定水寺"相传为大梅常禅师开化之地"之句；元人戴良在相关文章中也有定水寺为法常开化之地之援说。想来二位之说应有所据。另外本书编者所知见的文献中还有提到伏龙山是法常禅悟之地的。

大梅法常禅师

明州大梅山法常禅师（752-839）者，襄阳人也。姓郑氏。幼岁从师于荆州玉泉寺。初参大寂，问："如何是佛？"寂曰："即心是佛。"师即大悟，遂之四明梅子真旧隐缚茆燕处。

唐贞元中，盐官会下有僧，因采拄杖，迷路至庵所。问："和尚在此多少时？"师曰："只见四山青又黄。"又问："出山路向什么处去？"师曰："随流去。"僧归举似盐官，官曰："我在江西时曾见一僧，自后不知消息，莫是此僧否？"遂令僧去招之。师答以偈曰："摧残古木倚寒林，几度逢春不变心。樵客遇之犹不顾，郢人那得苦追寻。一池荷叶衣无尽，数树松花食有余。刚被世人知住处，又移茅舍入深居。"

大寂闻师住山，乃令僧问："和尚见马大师得个什么，便住此山？"师曰："大师向我道：即心是佛。我便向这里住。"僧曰："大师近日佛法又别。"师曰："作么生？"曰："又道：非心非佛。"师道："这老汉惑乱人，未有了日。任他非心非佛，我只管即心即佛。"其僧回举似马祖，祖曰："梅子熟也！"庞居士闻之，欲验师实，特去相访。才相见，士便问："人向大梅，未审梅子熟也未？"师曰："熟也。你向什么处下口？"士曰："百杂碎。"师伸手曰："还我核子来。"士无语。自此学者渐臻，师道弥著。

上堂："汝等诸人，各自回心达本，莫逐其末。但得其本，其末自至。若欲识本，唯了自心。此心元是一切世间、出世间法根本，故心生种种法生，心灭则种种法灭。心且不附一切善恶而生，万法本自如如。"问："如何是佛法大意？"师曰："蒲花柳絮，竹针麻线。"

夹山与定山同行，言话次，定山曰："生死中无佛，即无生死。"夹山曰："生死中有佛，即不迷生死。"互相不肯，同上山见师。夹山便举问："未审二人见处，那个较亲？"师曰："一亲一疏。"夹山复问："那个亲？"师曰："且去，明日来。"夹山明日再上问，师曰："亲者不问，问者不亲。"

新罗僧参，师问："发足甚处？"曰："欲通来处，恐遭怪责。"师曰："不可无来处也。"曰："新罗。"师曰："争怪得汝？"僧作礼，师曰："是与不是，知与不知，只是新罗国里人。"忽一日谓其徒曰："来莫可抑，往莫可追。"从容间闻鼯鼠声，乃曰："即此物，非他物。汝等诸人，善自护持，吾今逝矣。"言讫示灭。永明寿禅师赞曰："师初得道，即心是佛。最后示徒，物非他物。穷万法源，彻千圣骨，真化不移，何妨出没。"

案：上文引录自宋释普济所著、苏渊雷点校的《五灯会元》（中华书局1984年10月版）第三卷。法常禅师为马祖道一禅师法嗣。马祖道一禅师谥号大寂禅师，上文中的"大寂""马和尚"指称的就是马祖道一。

唐明州伏龙山惟靖传

释惟靖，吴门人也。年三十许，形奇貌古，且类憨痴，入国宁寺，巡僧房唱曰："要人出家请留下。"至经藏院，见二众阇梨大德慧政，便跪拜伸诚，愿容执侍。政公允纳，与剪饰。于天台受具，暂归谢政，便访名山。有知识处，必经寒燠。

自尔勤于禅法，未尝发言，即居定光禅师废金地道场。侵星赴禅林寺晨粥，而多虎豹，随到寺门，虎踞地若伺候。靖出，复随至金地。迟明，巨迹极多。靖恐人知，以锄灭虎迹。俄患背疽，困睡，有鸩鸟粪于疮所，非久全愈。又虞冰雪，备糠粒半斗，每日以铫合菜煮食，寘糠于地窖中。过期，用米常满不耗。靖乃筑之而云："吾被此物知，非理也。"寻居伏龙山，山可瞰海，峰势岧峣，昔僧鉴诸曾隐于是。诸即唐王相国之母弟也，能文习道，刺史多往谒之。靖续遁此山，刺史黄晟常请出州，供施繁委。末于奉川北山置院，示疾坐终，享龄七十余。窆于山下，莹塔存焉。

案：上文录自宋释赞宁撰《宋高僧传》卷第十二，传中言明先于惟靖在伏龙寺的住持僧是鉴诸，而刺史黄晟与他（们）都有交好，供施繁委。其实黄晟还对奉化雪窦寺等奉、鄞诸寺院有捐赠之举。据此推想伏龙山上之刺史桥者，当为黄晟所助造，今所谓王安石所建造说，或为误传。

挽中兴伏龙寺善公老和尚
谛闲大师

了自性弥陀，始既无始，终亦无终。不变随缘，度过七十余年，谈笑常如，无拘无束。

证唯心净土，生而不生，灭以不灭。随缘不变，顿超十万亿刹，优游解脱，不慌不忙。

持身严谨，处世无净，勘破千七百则葛藤，本地风光师不泯。德腊修崇，贻谋有荫，移来十万亿程宝刹，满天星月我何悲！

案：编者未能得见伏龙寺善公老和尚之生平传略和中兴伏龙寺之有关

信息，谛闲大师之挽，得以了解善公老和尚的一些信息。

海印法师传

环峰梅斋

师讳若玉，字悟矿，温岭铁场人。俗姓李，父守彬，母瞿氏。昆仲三人，师居季。年龆龀，继失怙恃，亲弥留时，号恸不肯止，其邻戚劝以人既有生，必有其死，某与汝异日亦未尝不如此等语慰之。遂悟凡人必经生老病死之苦，乃于十一岁辞兄出家，礼崇国寺雪参和尚为师焉。师形貌奇特，而聪慧特甚。其师授读经时，不数遍即成诵，凡作务咄嗟立办。其师每委相从度经忏。师窃告同志某僧曰：若只知应赴，为哑羊僧，而不求觉道，自觉觉人，不徒负我辈出家初志乎？尽去诸，遂相约而遁，往来吴下及沪渎。在某寺受具戒，夙夜精进。历参名僧谛闲、可求、兴慈、弘一诸师。后应某处讲席数次，又任某寺僧校校长，最后应圆通寺灵严和尚之请，为主讲。后被谗，和尚疏之。师叹机缘未熟，爰自卸肩。师素慕道济之为人，故常示疯。民国甲戌某月，偶示疾，终于甬上白衣寺，世寿三十有七。戊寅秋，予归环峰，询其家，略悉其行历，因为之传。师有才艺而数奇，又早夭，亦可慨矣。

案：环峰梅斋，也真是一个有心人，为"有才艺而数奇，又早夭"的海印法师立传。并发表在 1939 年 1 月 16 日的《佛学半月刊》第 8 卷 2 号上，对应上传中"历参名僧谛闲、可求、兴慈、弘一诸师"，笔者认为海印应该会在弘一法师锡居镇北、慈北寺院时来参谒过。当弘一大师在镇北伏龙寺时，海印数次来伏龙寺参师，由于个性原因，与同在弘一身边的刘质平曾产生过误会，弘公还居中做过劝解，这件事在弘公于 1932 年 7 月 21 日，由伏龙寺寄给刘质平信内的一段话可知："新历七月六日，海印法师来余处，历述以前对仁者失言之事，甚用抱歉，嘱为转达。案此事，实由余不德，致诸位各有不欢之意。余亦应向仁者等告罪也。诸乞亮宥，为祷。"

看来，弘公对海印的敢于自责是赞赏的，而且主动把他们二位之间的曾经的不快揽到"实由余不德"上来了。

亦幻法师在他的《弘一大师在白湖》一文中，也提到过海印法师："弘一法师究竟为什么又来一次退心律学教育呢？不久的后来，他寄给我一封很长的信，大意是要我彻底地来谅解他的过犯，他现在已感到无尽的惭愧和冒失云。并且说他在白湖讲律未穿大袖的海青，完全荒谬举动，违反习惯，承炳瑞长老慈悲纠正，甚感戴之。这些话我知道他得自龙山海印师之举似，但确实出之于炳长老之口。'宏法各有宗风，法师胡为而歉然'呢？我这么写信答他。"从亦幻这段话中，我们可以这样认为，海印不但与弘一大师有交往，也与炳瑞、亦幻有交往，不但在伏龙寺寓留过，应也到过五磊寺与金仙寺。而且从上看出，海印虽传话（不知他的初始动机为何）但不妄言，是位能守出家人不妄言之戒的名僧。

由于海印与以上提到的寺院、人事都有一定的关联，为丰富慈溪佛教文化的资料、和有志对此研究者的视野开阔计，故将《海印法师传》录存于此。

唐明州慈溪香山寺惟实传

释惟实，姓汤氏，富阳人。其为人也，杜多其行，禅观其心，淡然静居，长坐不寐。初母氏抑其愿心，不容披削。既而笼开鸟逝，岸穴泉飞，学善财之遍参，同迦叶之练行。

天宝中往明州若峇山，夜闻冥告曰："达蓬胜迹名山，宜矣。"翌日且登其山，岩洞窈窕，石壁削成，秀异之多，实维灵境。有大佛足迹，询其山叟，则曰："彼开元年中始现此瑞。"遂愿栖此，有终焉之志。时属海寇袁晁蜂蚁屯聚，分以剽劫，杀戮无辜。至于香山，众皆奔窜。实据榻瞑目，先以大石掩洞门。贼可三二百数，复舁巨石阔二丈余，镇其穴口。实起暗呜，以掌举之，群盗罗拜以谢之而去。邑民重之，遂立精舍，弗再岁而成。大历八年也。太守裴儆奏请署香山题额焉，诏度僧七人隶名矣。

以贞元二年冬示疾，终于寺，则加跌而化也。春秋六十二，法腊三十一矣。

案：上文录自宋释赞宁撰《宋高僧传》卷第二十六，而光绪《慈谿县志·方外传》中，则以法名惟宝为传，言师"生于唐开元十二年，从善慧禅师出家学道，复从宗本禅师受微旨，天宝十四年振锡至县，夜梦神人告曰：'达蓬名山可居。翌日得其处，石壁隐然有大佛迹，遂结庵焉。'"传中内容还以相关碑记（这些碑记已为本书所录，可参见）充实之。

祖阐

祖阐，字仲猷，姓陈氏，祝发邑之永乐寺。年十八，机锋峭峻，夐出流辈。洪武四年，主郡天宁。诏取天下高僧，祖阐在列。寻奉使日本，天界寺僧宗泐以诗赠之，上以诗以和。逾月至其国，宣布恩命，敷扬大法，岛夷目为真阿罗汉，随使者奉表称臣入贡。前代漂流者，悉随以还。上赏赍殊厚，命主巨刹。（祖阐）以老乞归旧山。一日，同郡僧恕中访之，及别，祖阐笑曰："可迟一日，以送吾行。"明日，果合掌而逝。

案：达蓬山别称香山。据明初乌斯道所撰《送阐上人住香山序》有言："吾方外友阐上人"，则知祖阐与乌斯道有交谊。又在同篇中有句说祖阐曾在元末"受知于司徒荣禄方公（即方国珍），公命住持同里之香山寺"后，又归龙山（此龙山滨姚江，非伏龙山）永乐寺。香山寺在今慈溪市达蓬山，既然祖阐曾住过香山寺，故将光绪《慈谿县志·方外传》中祖阐简传录此。关于祖阐使日之事，乌斯道在《二兰斋记》中道及之："今天子（笔者注：即明太祖朱元璋）闻而嘉之，诏使日本宣布圣意。日本人首抢地从化，上大悦其往也！"清初黄宗羲曾应邀撰《永乐寺碑记》，中也有句："仲猷阐使日本，太祖及宋景濂皆有诗送之，毕事归，奉诏许归隐山中，建归庵于寺左，盖以得归为幸。善鼓琴，又建二兰斋。"黄宗羲为之撰碑记的永乐寺，其空间位置黄宗羲讲得清楚确实：去余居六七里而近，有龙山永乐寺，大江横其东，蜀山峙其右，迺易之所谓姚江东去蜀山青之地。与今慈溪市境的伏龙山（伏龙山亦简称龙山）及明龙山所城内的永乐寺，山、寺名虽同，而时空实相异。

洞山寺二诗僧

梅岩禅师，讳纪隆，俗姓周，镇海潘岙人。六岁祝发灵湖之洞山。性恬静，虽学禅而喜读儒书，尤喜诗古文辞。寒暑朝昏手不释卷。所著有《和中峰国师原韵梅花百咏》，藏于寺。是戒金铭之方外交。戒有《赠梅岩上人》诗云："洞山老衲最清奇，慧业文人是我师。不坐禅床谈佛法，独于梅下咏新诗。"

问蟾上人，湖北天门诸生，祝发普陀，自号南海头陀。诗、古文俱有稿，尤精书法。道光庚寅（1830），戒金铭读书洞山，问蟾寓寺中，见其与梅岩及溪上诸诗人唱和：有"我本虚心同翠竹，虽无风过亦低头"之句，出语淡雅，其性情可想见矣！戒亦有诗赠之。诗题是《僧问蟾上人》，诗云："儒冠抛却号头陀，遁迹空山独瘖歌。自道心虚同翠竹，我云才大似东坡。"

案：以上《洞山寺之二诗僧》，系本书编著者由戒金铭《溪北诗稿》参编而成，古来僧人中不乏擅诗者，一寺有二诗僧，同好者也，且又与溪上诗人相倡和，溪上儒释相融之文化现象亦可窥一斑。

那罗延尊者

康熙间所编《五磊寺志》分别有记："吴大帝赤乌间，有梵僧那罗延（在五磊山上）结庐修静。""那罗延尊者开山祖，师西域人，行业未详。""那罗延尊者塔，在寺西剩日弯。"

案：释尚岑、旋昱礼那罗延尊者塔时，因联想感念，分别有吟句："身空仍老千山色，舌挂犹生万壑风。""鸟啼花笑三春日，地老天荒一化风。"不仅道出那罗延对五磊寺的创始影响，也可以理解为对慈溪佛教的传弘之功。这位尊者的落脚五磊山并在牛角峰上石窟中的静修经历，可以说是慈溪佛教之肇始，那罗延尊者墓塔的存在则是他的符号和象征，也是慈溪佛教文化的源点反映。

道忞

其一：道忞

道忞，字木陈，号山翁，晚号梦隐道人。潮阳林氏子。甫冠，弃诸生，从开明先薙染，受戒于憨山清，得法为天童密云悟嗣。悟示寂，众推继席三年。顺治二年，退居五磊寺。寺荒废有年，忞主寺新之。历主台之广润、越之大能仁、吴兴之道场山、青州之法庆，再主天童。十六年，召至京。赐号宏觉禅师并御书、御画、法物。晚投老会稽化鹿山。

案：上篇系录自光绪《慈谿县志·方外传》，篇中"从开明先薙染"应改正为"从开先寺若昧智明禅师薙染"，开先寺在庐山。

其二：山翁道忞禅师

山翁道忞禅师（1596–1674）号木陈老人，晚号梦隐，俗姓林，茶阳（广东潮阳）人。幼慧绝，习儒，总角以文艺名，补博士弟子员。弱冠，因读《金刚经》《法华经》《大慧语录》，忽忆前身为僧时事，悟教义而弃诸生，投匡庐开先寺若昧智明禅师，剃发出家。后承父母命一度还俗。明天启二年（1622）回山，从憨山德清受具足戒。后历游诸方。更谒天童圆悟，言下大彻，遂嗣法矣。

明崇祯十五年（1642）圆悟示寂。逾年，师继席天童。三年任满，开法平阳。顺治三年（1646）退居慈谿五磊寺，继迁主台州广润寺、绍兴大能仁寺、吴兴道场山，青州法庆寺。顺治十四年应众请再主天童。

十六年福临（顺治帝）遣官赍敕召师入京，留住斋宫。结冬万寿殿，与学士王熙等相互答问。旋赐号"弘觉禅师"，锡以敕印。次年辞京还山。福临御书唐诗、御画及"敬佛"两字，亲送登程，留其弟子本月、本晰、住善果、隆安二大刹开法，以备顾问。又发帑金千两，命修殿宇。师回寺后，新建奎焕楼藏御书。并发帑金五百两修葺云门雪峤大师藏塔，旋谢事天童，归于金粟寺。随又营建会稽平阳寺。晚年归隐化鹿山。康熙十三年（1674）六月十七日示寂。世寿七十九，荼毗顶骨五彩，齿无损痕。塔于平阳黄龙峰下。天童有爪发塔在玲珑岩。师为临济宗三十一世。法嗣有远庵伴、山晓晰、天岳昼、旅庵月、大云莹等。

著作有《弘觉禅师语录》二十卷、《奏对录》三卷、《弘觉禅师北游录》

六卷《山翁道忞随年自谱》《历代祖图赞》《禅灯世谱》（道忞编修、吴侗集）、《密云和尚辟妄七书》《悟禅师年谱》、及《布水台文集》三十二卷。

案：据康熙《五磊寺志》所言"清顺治乙酉（即顺治二年，公元 1645 年），住僧如胤、性常虑祖庭之日隳，与姚大中丞宗文、冯大中丞元扬、冯大司马元飙及沈大行宸荃诸公，请师主寺。革故图新，道风丕振，山川生色，草木转荣。丁亥（即顺治四年，公元 1647 年），应台之广润"，则道忞之来去五磊寺，梗概朗明。而上篇为天童寺志编纂委员会编《新修天童寺志》中《先觉》章中之道忞传，则将道忞与顺治帝的交往有较多的文字表出，这为研究清初政治与佛教的关系提供了思考视角，其中对五磊寺在清顺康间的中兴的探讨，也不无启发。至于上篇中有道忞"忽忆前身为僧时事"之说，当为虚妄，不可持信。

达变禅师

达变禅师，名显权，江西丰城人。中年薙染。初近瑞光彻公，后投天童密云圆悟，能受痛棒而得悟。曾随密云圆悟移锡天台，圆悟寂后隐居慈云寺三年。道忞主天童寺时，延为首座，称"得法第一嗣"，善讲经说法。顺治三年随道忞驻五磊寺。顺治四年，道忞移锡天台广润寺，达变即受继主持五磊寺。顺治五年，筹创藏经阁，又在窑房山见旧厝僧众骨骸有露，遂发心建普同塔，上庇瓦房，旁砌石壁以之妥置。道忞为之题"寝息诸缘"额。释真贯书塔联曰："一穴共埋千僧骨，四时常覆万籁松"。达变之为法潜伏奋迅，坚忍淬进，其持已也，古朴纯洁，身外无长物。其接人也，诚恪浑融，不露崖岸。至于化导学者，则又如春风转谷，明月入溪，靡弗依依。顺治己丑（即顺治六年，公元 1649 年）七月十八日示寂，寿仅五十有二，僧腊二十有奇。显权为主编《天童弘觉忞禅师语录》，清顺治十七（1660）年敕刊。收在《禅宗全书》第六十四册。

拙崖怀禅师

其一

拙崖怀禅师，俗姓严，海盐人。年二十六，上天童完具。一日，因挑柴蓦触悬崖，有省。即上方丈，扣悟禅师，适有人问，"如何是父母未生前面目？"悟大笑。师闻豁然，便出。悟顾旁僧曰："他日，此子必能壮吾门墙也。"后嗣山翁忞，继席五磊寺二十七载。

案：上则拙崖怀之简传，见《天童寺志》编纂委员会编，宗教文化出版社 1997 年版《新修天童寺志》第 184 页。从传中所述，可看出他是个善思能悟，进取禅修的僧人。

其二

拙崖禅师名期怀，号狮岩，俗姓李，盐官人。顺治六年（1649）继其师兄达变禅师任五磊寺住持三十余年，撤旧创新，百废俱举，佛事梵宇，多所建树。三十余年间前后修葺、扩建、重建殿堂寮舍共一百四十六间，规模恢宏，造型庄严，善信四聚，佛事兴旺，五磊禅寺遂成为浙东名刹，十方丛林。另在五磊山北麓，石漱头附近建下院一所，设五间两厢，由僧古赞捐资，道忞禅师为手书立约，作为"善信登山，风雨不时，暂尔息足"之所。又于普同塔右侧，建普同院一所，亦五间两厢，住僧三、五人，朝暮课诵，经忏超度。其时法产共计捌拾亩零一分。拙岩禅师圆寂后，塔于大梅山腰，后毁，塔心已引归寺内。

案：上篇拙崖之传录自徐长源、周乃复主编《五磊讲寺》（1996 年内部交流本）。上两篇之传，前篇简而后篇详。后者以师在五磊寺行事、贡献为主要内容，两篇在内容上可为互补。若细较之，则两篇亦见抵牾之处，有待甄之。

挽开如长老

谛闲大师

常寂光中开颜含笑，象王峰下埋假藏真。

顿悟本来，便忘尘世，数十载补衲裁云，堪比西天老迦叶。

才知将寂，辄断情缘，刹那间驱牛入海，差似南岳古长沙。

吾师七十三岁，始终只在一刹那间，始则无生云生，终乃无灭云灭。

彼国十万亿程，远近那有恒河沙数，远既不去而去，近亦不来而来。

坐五峰方丈，作善主人，无论县市山林，七十三年，不改阇黎面目。

彻一念因明，参彻知识，莫道西天东土，百千万劫，常用菩萨心肠。

案：按谛闲法师之挽文，开如长老曾主持过慈豁五峰寺，但葬于五磊山象王峰下。

谛闲法师

谛闲法师，浙江黄岩人，清咸丰八年（1858）出生。俗姓朱，出家后法名古虚，字谤闲，号卓三。幼年丧父，9岁进入乡塾，天资聪敏。不数年，以家贫辍学。后曾至舅父中药店作学徒。18岁自设中药店。越二年，先后妻死子亡，慈母见背，深感世事无常，遂于20岁时到临海县白云山从成道法师出家。不久，他的大哥跟踪追至，迫令还俗，两年后，再到白云山随师研习经典。

光绪八年（1882），在天台山国清寺受具足戒。后，至平湖福臻寺，从敏曦老法师听讲《法华经》。他白天听讲，夜晚披寻，连续多天的不懈参究，终于玄解顿开，全经要义刹那洞然。敏曦赞为"法门龙象"。光绪十一年（1885）开大座讲《法华经》于杭州六通寺，一天讲至《授记品》，寂然入定，再出定时，文思泉涌，辩才无碍，答难析疑，舒展自在。一生说法利人，其端肇此。

光绪十二年（1886）师在上海龙华寺由方丈端融和尚授记付法，传持天台教观第43世。端融语重心长，谆谆嘱咐他要好好继承宗统，光大法门。

光绪十四年（1888）师在龙华寺讲《法华》，听众 2000 多人。两年后至宁波慈谿芦山圣果寺掩关，潜心天台教观研究。旋又接受信众的要求，复至龙华寺讲《楞严》，每日听众踊跃，四众欢腾，日计 2000 余人。从此，谛闲法师闻名遐迩，先后应各方信众的邀请，经常在上海、浙江、江苏、安徽、山东、辽宁、黑龙江等地讲经说法，座无虚席，听众有时多至数千，法缘殊胜，叹未曾有。

宣统二年（1910），江苏各界人士在南京创办全省佛教师范学校，公推谛闲法师为校长兼总监督。慨然应聘，驰赴任所，选择各省笃实有为的青年僧众，分班讲授，解行并进，开创了近代僧伽教育史上的新篇章。

宣统三年（1911）传法于浙东古刹五磊寺住持炳瑞，并莅寺主持讲席，弘扬天台宗教义，改寺额为"灵山讲寺"，五磊寺由此改为天台宗道场。

民国元年（1912）冬，谛闲法师受聘住持宁波观宗寺，谛闲法师处众谦和，持身有则，自受任住持，不辞辛劳，他成立了"观宗学社"，自任主讲，专攻天台教观。并将大殿、天王殿、念佛堂、禅堂、藏经阁等，整修一新，改观宗寺名为"观宗讲寺"并创设了观宗研究社。以三观为宗，说法为用，各方缁素，云聚于斯，蔚为东南名刹，谛闲法师勋劳卓著，被誉为观宗寺中兴之祖。

民国初定，百废待举，各处有毁庙兴学之议，围绕地方庙产，屡屡发生纠葛。内务总长朱启钤，特拟定了《寺庙管理条令》，咨询于师，颁发全国各地。

民国四年（1915），日本帝国主义提出骇人听闻的《二十一条》密约，举世为之震惊。其中"传教自由"一条，国内佛教徒反对尤为激烈。为了安抚民意，孙毓筠秉承当局之命，在北京设讲经法会，延请谛闲法师开讲《楞严》。为维护国权，弘扬大法，谛闲应邀振锡北上，任大乘讲习会主讲，中外人士赴会听讲者，日数万人，其中王公巨卿，各国公使，蒙藏喇嘛，莫不欢跃赴会，颂祷之声，震动天地。自大法东流，法会之盛，今古罕匹。当袁世凯甘冒天下之大不韪，筹备恢复帝制，公然设立"筹安会"，授意各界劝进。国人对此，无不咬牙切齿，义愤填膺。但趋炎附势，上书劝进的无耻政客也不乏其人。谛闲法师志尚清高，不为名利所动，不为权势所屈，多次表示："僧人唯知奉持佛法，不知有民主君主。"洁身自爱，未曾以一言劝进。

民国七年（1918），因由徐蔚如居士南下礼请，他至京讲《圆觉经》，由蒋维乔、黄少希从旁记录，讲经历两月始毕，成《圆觉经讲义》数十万言。离京之际，叶恭绰、蒯若木两居士各致赠二千银元，其他信众亦有馈赠。谛闲即以此款，扩充观宗学社为正式僧教育机构，是时入学僧侣，有仁山、妙柔、倓虚、静权、宝静、妙真、可端、常惺、显荫、持松等，后来这些人分灯于大江南北，各为天台重要法匠。

民国十六年（1927），谛闲法师受其法徒五磊寺住持炳瑞邀请，再次至五磊寺主持讲席，并设坛传授佛法，为一百余名慈谿、余姚、奉化、象山等地的僧徒受具足戒。

民国十七年（1928），谛闲把观宗学社改组为《弘法研究社》，由座下弟子宝静协助社务。宝静学识渊博，辩才无碍，讲经授课，亦深受学僧欢迎，由是入学者增多，研究社乃扩大规模，增加预料，培养了大批的佛学人才。同时，研究社发行"弘法月刊"，弘扬天台教义。民国二十年（1931），他应上海玉佛寺的礼请，开讲《楞严经》。自春至夏，历时四阅月讲毕，其间从未请人代座，每次登座二、三小时，从无倦态。上海讲经圆满，返回宁波观宗寺，自感体力衰退，即电促时在云南弘法的弟子宝静返回宁波，为宝静传法授记，授为天台宗四十四代祖。

民国二十一年（1932）五月十九日（阳历七月二日），这位闭关三次，说法48年，毕生以住持正法，净化人间为己任的老人，索笔书偈："我经念佛，净土现前，真实受用，愿各勉力。"写毕，含笑坐化，向西而逝。圆寂时，其在家弟子蒋维乔顿首敬撰像赞曰："巍哉大师，乘愿再来。行归净土，教演天台。建大法幢，作狮子吼。声教广被，暨于九省，作育僧材，芃芃棫朴。法乳分流，自南而北。化缘即尽，安详坐逝。临终写偈，以励后嗣。式瞻遗像，相好光明，高山仰止，垂范人天。"各界吊唁者不下数万人。其法徒炳瑞、宝静、大光等遂即将谛闲法师灵龛迎至五磊寺，建寺塔于寺东牛角峰下，"文革"时遭毁，于1992年易地寺西重建。

谛师世寿七十五岁，僧腊五十五年。一生讲经说法四十余年，岁无虚日。他先后修缮或重建的寺院，计有天台山的万年寺、永嘉的头陀寺、绍兴的戒珠寺、黄岩的常寂寺，及海门的西方寺。他门下弟子众多，著名的有宝静、常惺、倓虚、妙真、显荫、持松等。在家弟子十余万人，遍及各地，著名的有叶恭绰、蒋维乔、徐蔚如、屈映光、黄庆澜、庄庆祥等人。

谛闲法师生平著作，主要有《圆觉经讲义》《圆觉经亲闻记》《大乘止观述记》《教观纲宗讲义》《金刚经新述》《楞严经叙指味疏》《始终心要略解》《念佛三昧宝王论义疏》等，后来由弟子倓虚等辑为《谛闲大师遗集》行世。

谛闲法师教通三藏，学究一乘，为天台宗泰斗。梵行高尚，缁素钦仰。对近代佛教有扶衰起弊之功。他的高足倓虚法师曾在香港新界弘法精舍华南佛学院撰文赞美他："古人有三不朽，一曰立德，次曰立功，三曰立言。然则世之立德者，未必立言、立功，立功者未必立德立言，而立言者，亦未必立功立德，唯我大师兼而有之。夫乘戒俱急，止观圆融，勤苦自处，慈悯待人，立德也。兴建伽蓝，树立学社，培植后进，卫教弘法，立功也。法嗣天台，行修净土，疏经流布，昭示因果，立言也。诚以大师智者嫡传，传峰嗣响，法门龙象，近世耆德，曩年弘化南北，海宇钦崇，凡当时知名之士，莫不以归依下为荣。"

案：高僧谛闲大师生前传法徒于慈谿五磊寺，又数至五磊寺主持讲席，使五磊寺成为天台宗道场，圆寂后，又置塔于慈谿五磊山。因以上几重关系，本书编者参考于凌波先生的《创办"观宗学社"的谛闲法师》与翁欣闻先生的《近代名僧谛闲》等文章及相关资料编撰而成上文。

炳瑞法师

炳瑞法师，俗家黄岩龙溪，光绪二年（1876）出生，兄弟四人中排行居三，因此俗名三昧。十一岁出家于黄岩养裕堂，法名炳瑞，又名莲凤、栖莲。光绪十七年（1892）至金仙寺，任住持后。组织人员运土填湖，寺基前伸近 6 公尺，拓展了寺院基地，修建了天王殿、静观楼、望湖楼、鸥飞阁、东西厢房等殿堂楼寮，扩大了寺院规模。

炳瑞法师，于清末兼任五磊寺主持，并拜天台教观第四十三世传持谛闲为师，数次邀请谛闲大师莅五磊寺主持讲席，由此五磊寺改额为"灵山讲寺"，成为著名的天台宗道场。民国八年（1919），炳瑞还恳谛闲大师请得大藏经至寺，大大丰富了藏经楼庋藏，提高了寺院品位，也为研修者创造了读经研经的方便。

住持五磊寺期间，炳瑞对五磊寺的交通与寺院建设十分重视。为方便朝山信众至寺，在民国元年（1912），启动并完成了从石漱头至五磊寺、张方经倒爬岭至五磊寺这两条山路全长 10 公里的铺砌卵石工程；民国三年（1914）至民国十二年（1923）间，先后募资重建、修建了大雄宝殿、弥勒殿、法堂、东西厢房、东西客楼、大小方丈、天厨、斋堂等，凡寺院建筑设施一应齐备，面貌焕然一新。

民国二十年（1931），弘一法师在慈谿金仙寺为青年学僧讲初步律学，引起寺主亦幻法师欲助弘公大兴律学之念，请炳瑞共同合作，以五磊寺作根据地，然后正式成立"南山律学院"，由弘公主持律学讲座。当亦幻和炳瑞至上海找佛界著名护法朱子桥居士（原为东北军将领）谈弘一大师的宏律心愿，朱当即出银币一千元付炳瑞，并承允愿无限制地供应这个律学道场的经费。但此后，因在办南山律学院事上，弘一大师与炳瑞，两人意见相左，南山律学院终究胎死腹中。

炳瑞晚年移居金仙寺养病，圆寂于民国三十三年（1942）九月。

案：上文系本书编者参考林子青、翁欣闻等先生的《弘一法师年谱》与相关文章，整合而成。

道生法师

九十多岁的道生法师是当代得道高僧，是普陀山佛教协会咨议委员会主席、普陀山全山首座。

1922 年农历五月初八，道生法师出生于浙江省舟山市沈家门一户裘姓渔民之家，10 岁时因父亲亡故，生计艰难，遂从普陀山白象庵了空师剃度为僧，13 岁在普陀山法雨寺受具足戒，14 岁到佛顶山慧济寺学经，16 岁至宁波天童寺参学，20 岁回普陀山，21 岁起先后在法雨寺任副寺、知客等执事。24 岁起跟从静权法师在杭州、宁波等地听经。27 岁起任普陀山普济寺、天童寺知客等职。

1950 年，道生法师 29 岁。春上他有缘来慈谿五磊寺当客师。土地改革时也与当地农民一样分得了一分田地和山林，一样参加农业生产，但始终坚持早晚课诵修持。1979 年 6 月，普陀山普济寺重新开放，该寺通过慈溪县宗教部门，聘请道生法师任该寺都监，从此离开了他曾驻三十余年的五磊寺。

道生法师到普陀山后，仍始终不忘昔日山居，常来慈溪五磊寺走走看看，对五磊寺的修复开放总是鼎力相助。1985 年，慈溪县人民政府批准开放五磊寺，当时寺内无一尊佛像，道生法师设法从普陀山普济寺迎请观音菩萨一尊至五磊寺，从此随着五磊讲寺的修复，香火、佛事逐渐兴旺。五磊讲寺重建，需要有佛教界领导题一寺额，适值时任中国佛教协会会长的赵朴初先生到普陀山视察，在接待时，道生法师将此要求转告赵老，敬求墨宝，赵老欣然应允，赵老返京后，便将手书"五磊讲寺"四字寄给五磊寺，此题字之匾额至今仍悬挂在五磊讲寺山门上，熠熠生辉。五磊寺凡有重大庆典，道生法师必亲躬参加。1988 年他亲临主持水陆法会，1995 年又莅临五磊寺主持重建大雄宝殿上梁法会。

案：上文在大部参引了翁欣闻整理的《在慈溪寺院任职和参禅过的四位僧人》中的"道生法师"之内容，成稿中略有修改。道生长老已于 2018 年 2 月 2 日 23 时 10 分圆寂，世寿 96 岁。

定水源禅师塔铭

元·袁桷

大雄氏以已说剖三宗禅学，汪洋广博，言意承接，绝去文字。稍契入，辄证为知道。小智大黠，相煽以自高，律教废弃，食不知耕，居不知工，恣情于无畔岸，而道益以昧。唯妙源师独忧之。自嘉定十七年受具戒，即游方明本心，久而曰："不耐尘劳，心曷以制？愿习贱事以调御。"寓本州天宁寺，岁大饥，赤足踵门以化。后始历清职，曰："吾得无愧名教矣"。其师愚公持正议，不肯下宰相吴潜。潜怒，系狱辱之。退居精舍，独侍侧辨难。卒有疑义，愚公启机以示曰："汝今太平矣。"愚公住径山，即俾首率僧众。愚已老，学子林立寮下，析微统众。愚喜，力赞之，主平江荐严。内外事不一废。举鼓山国清，辞不就。主泉州水陆院，治若荐严，而俗士益信慕。愀然曰："吾宁久是？"携锡以归。桷先曾大父太师枢密越公功德院曰定水，伯父宾州、先府君处州议曰："寺缺主者，善趋谒迎奉，吾兄弟不受；能以寂照解脱为义，则庶几冥福。源公行坚望高，使力请，必不让。以素所往来者通意，遄欣然以来。"桷是年十三，或问曰："吾儒性善，与佛所言同否？曰："同，感物而动，汉儒失之，由是有不同焉。"后遄曰："儒释二教，分别有异，在治人治心，治人在五常，治心在四大修。五常治人之本，修四大乱心之本。道微世衰，诚得一人焉不可得。"涕泪交下，谓桷曰："禄损则福益，盍慎诸？"布衣铁袜，终日户坐。语彻，机迅奔电，绝𡐓不能制。伏稍敛戢，则瞬息在几席。禅人仰之，四方士尤宗之。精于诗，故宋名士喜之，然不肯表襮。旧筑居于越之云顶，将终，愿解定水以归。且命无建塔，无火化，以任其坏。其徒不忍，卒埋是山。以至元十八年卒，寿七十有五。俗居象山县，姓陈氏，为僧五十有九年。铭曰：

道弊于文，卮言以宣。繇简速超，悟者日繁。空浮变腾，若火燎天。服奇食珍，谓合自然。师实已忧，荣戚靡睹。或逃于谷，或伏于莽。唯大雄是遵，唯古德是祖。机以峻传，言以戒辅。通黜兴废，道曷敢替。幽扃潜珍，户屦属系。彼昧其承，卒黯以逝。昭铭授徒，勿圮勿翳。

案：从上文可知，妙源禅师是袁氏礼请之主袁韶功德寺的首位方丈。上篇虽题为《定水源禅师塔铭》，似可视为妙源禅师的小传读之。遂由（元）袁桷著；李军，施贤明，张欣校点之《袁桷集》（吉林文史出版社，2010 年 12 月版）第 459–640 页录此。

祭定水真禅师

元·袁桷

维皇庆二年三月辛卯朔，越八日戊戌，具官袁桷，谨以香茗之奠，告于双峰长老真师之塔：空性返真，匪以言先。诠要混淆，强名为禅。立禅启宗，假言以宣。语默动作，斯言之筌。末派沄沦，若蔓斯延。巧乃嫉之，斫方毁圆。彼尚辞者，复据其颠。视之莫名，执不以权。驾彼驽马，冥途加鞭。在昔源公，孤立岩泉。食苦避甘，养其德全。匪石匪金，以刻以镂。来者却立，恣言占喧。疾抱遗衣，涕语涟涟。信宿熟视，维师是传。师来斯丘，若源之在前。毁心以完，沉珠于渊。谓支离苟生，何有岁年。散形而归，云生在天。一发挽钧，事实眇绵。糜烂缺败，曷其有瘁。陈茗写心，其然其然。尚享。

案：真禅师是继妙源禅师主袁韶功德寺的方丈。上篇虽系祭文，似亦可权当小传，因录此。它是至今惟一涵有真禅师之较多信息的文章，聊可知真禅师之一二。录自（元）袁桷著；李军，施贤明，张欣校点《袁桷集》（吉林文史出版社，2010 年 12 月版，第 615–616 页。）

永禅师还定水疏

袁桷

百年得意，大槐宫真成一瞬；千载还家，华表鹤今喜重来。山林以之镇浮，松柏为之改色。去留无碍，出处无心。东州老禅，骨格老苍，宗玄真净。沙盆之破已补，佛法无多；寒厓之倚如春，机心尽扫。厌听蕉窗之点雨，竟归茅屋以看云。冢间之约遽忘，庵外之事渐识。微我弗顾，盍归乎来。一宿阁中，宁许当年之掉臂；三生石上，会须今日之点头。水已归东，车容虚左。

案：据元人李好文《定水教忠报德禅寺记》："至元三十一年（1294），东州永禅师重作焉，至正十七年（1357），见心复禅师来主斯寺。"可知永禅师曾主定水寺，重修过定水寺。但从上疏看，永禅师也曾他锡过。上疏录自（元）袁桷著；李军，施贤明，张欣校点之《袁桷集》（吉林文史出版社，2010 年 12 月版，第 578 页。）

平石如砥禅师

（师）嗣法于东岩日。至大元年（1308）东岩示寂，师请袁文清公铭塔。大德三年（1299）住庆元保圣寺。皇庆二年（1313）赴定水。天历二年（1329）十二月初一，主席天童，连任十有三载。众僧来归，宗风弘传。木庵聪来谒，留居侍司；恕中愠来参，命典藏钥；实庵茂以笃实无伪于道，师极为推重。师品德至善，任人唯贤，奖掖后进，为诸方推重崇。

案：因平石如砥禅师曾住持过天童寺，所以《新修天童寺志》之《先觉》章中列有他的简传，笔者转录如上。宋嘉熙初年（1237）袁韶袁枢密一纸请奏，要求圣上将虞氏旧寺改赐"定水教忠报德禅寺"额。理宗皇帝得奏，连想也没想，慷慨地一道敕令，就恩准了袁韶。从此而后，鸣鹤山（双峰山）下的虞氏功德坟寺就被袁韶永远地消抹了。袁韶凭借皇权，使袁氏功德院由此显赫在湖山胜地。袁氏功德院的始任主持是妙源禅师，继任则是真禅师，皇庆二年起任主持者，从上篇简传已可知是平石如砥禅师。在世界元史研究学界占有重要地位的台湾元史研究大家萧启庆教授在他的《袁桷的学术传承、政治生涯及社会网络——元中期南士境遇之管窥》中论到袁韶的曾孙袁桷交好的僧人中有圆至、商隐、昌上人、璽上人、砥平石长老、德芬、妙明、日温等。对于砥平石，萧先生这样说："大概是鄞县附近寺院的僧人，他所在的寺院有双峰祠堂，供奉袁桷曾祖父袁韶，袁桷应该不时去拜祭。袁桷视砥平石为自己的老师，言：'恩师高住湖边寺，清夏菱花阅锦波。'俩人不时有诗文往来，袁桷曾作《寄砥长老》《髫龄侍诸父拜双峰祠堂未尝敢有题咏，二十年来，接武于玉堂瀛州，霜露之思，缺然有腼。近闻平石长老兴废补仆，光绍前闻，遂述旧怀为六诗，且申叹仰》《次韵砥平石》《次韵砥平石五首》等。"萧先生是从诗文往来为主以强调袁桷与砥平石的师谊交好，而对砥平石又是其曾祖功德寺的住持身份这重关系未能稍有展述，并且他对定水寺的空间位置还从慈谿"大概"到鄞县去了。其实，袁桷在诗题中之"近闻石长老兴废补仆光绍前闻遂述旧怀为六诗且申叹仰"的文字，已表露了由于砥平石是其曾祖功德寺主持的这重关系，才更加密切了他俩的双重情谊。

来复

其一

来复，字见心，豫章丰城王氏子。以日南至生，故取易卦语识之。有志行清净行，欲绝尘独立，遂归释氏。与同袍恭肃翁，誓屏诸缘，直明涅槃妙旨。久之，窥见全体无碍，然未以为至，走双径，谒南楚悦禅师，自陈厥故，当机交触，如鹘落免走不间一发，悦深然之，留司内记。越三载，复约标士瞻，修西方净土，于吴天平山。刻期破障，比禅观尤力。浙省右丞相达公九成，慕师精进，起住苏之虎丘，辞不赴。会兵起，避地会稽山中。慈谿与会稽邻壤，中有定水院，直东海之滨，幽闃辽复，可以缚禅。复延师出主之。师为起其废，禅门典礼，依次举行，瓶锡翩翩来萃，乞食养之。共激扬第一义谛。寻以干戈载途，不能见母。作室寺东涧，取陈尊宿故事，名为蒲庵，示思亲也。自时厥后，鄞人士请师居天宁寺。时寺为戍军营，子女挠杂，其褻楼尤甚。师言于帅，阃移其屯，斥群奴，汛扫建，治其弊坏，一还旧贯。师望日以重，大夫士交疏劝主杭之灵隐。适有诏征高行僧，师两至南京，赐食内廷。慰劳优渥。洎建普荐会，师奉敕升座说法，辞意剀切，闻者咸有警云。师敏朗渊毅，非惟克修内学，形于诗文，气魄雄而辞调古。有识之儒，多自以为不及，其推师者，李谕德好文则曰：“任道德为住持，假文字为游戏。”陈状元祖仁则曰：“禅源妙悟，教部精探，内充外肆，僧中指南。”至于楚国欧阳文公玄、潞国张公翥，见诸觚翰间者，奖予为尤至。学士宋公濂，至称其文，如木难珊瑚之贵。公卿大夫，交誉其贤。皇上诏侍臣，取而览之，褒美弗置。当今方袍之士，与逢掖之流，鲜有过之者焉。洪武二十四年，遂罹于难。噫！是亦数也已。（时，山西太原捕得胡党，僧知聪供称胡惟庸谋举事时，随泐季潭、复见心等，往来胡府。二公繇是得罪，泐责服役造，师遂不免焉。）

案：上传录自《补续高僧传》卷第二十五·复见心，作者是来复弟子如笈。

又（简传）

来复，字见心，丰城王氏子。以日南至生，故取易卦语识之。得法于南楚悦。以兵兴，隐慈谿之定水院。干戈载途，不能见母，作室东涧，取陈尊宿故事，名为蒲庵，示思亲也。后，鄞人士请主天宁寺，时为戍军营，亵秽尤甚，复言于帅，阓移其屯。建治弊坏，一还旧贯。洪武初，诏征高行僧，复两至南京，慰劳优渥，授左觉义，赐金襕袈裟，诏住凤阳之圆通寺。二十四年坐胡惟庸党死，年七十三。宋濂尝序其文集（清毅注：即《蒲庵集》），谓秾丽而演迤、整暇而森严，发为声歌，亦清朗横逸，绝无流俗尘土之思，真诸古人篇章中，几不可辨。

案： 上传录自光绪《慈谿县志·方外传》，文字、内容简实。

其二 《见心字说》

元·欧阳玄

径山内记复上人，其字见心，求说于余。余于易复卦之象，复其见天地之心乎！每读王辅嗣之注，而爱之其说，曰复者反本之谓也。天地以本为心者也，凡动息则静，静非对动者也。语息则默，默非对语者也。天地虽大，富有万物，雷动风行，运化万变，寂然至无，是其本矣！故动息地中乃天地之心见也。它日闻学释者言，释氏以无为体，以有为用，有始于无而终于无，有非无对无，亦非有对者也。伊川子程子，生平于释氏书不如紫阳子、朱子之博览，而究竟其异同者也。其解复见天地之心，壹主于动。朱子于此则曰静极而动，又曰静所以养其动。至引邵子天心无改移之诗，至于"玄酒味方淡，大音声正希"则又若寓静之意焉。及论周子"利贞诚之复"，谓周子言复与辅嗣之意同。上人名复，而字见心，将见于静乎？见于动乎？虽然辅嗣以为天地之本，本为天之心，无岂终于无乎？无有一致，体用一源，惟精于释氏之学，能会通于斯。复上人从南楚禅师得法最早，旁通儒老氏书，能诗文，尤工分隶，故以诸子之说与之共扬榷焉。

　　　　　　　　至正九年十月霜华山人欧阳玄书于南山隐居

案：上文录自《澹游集》，是对来复字见心的诠释。文章虽是由欧阳玄所撰，但也应为见心来复所认可。

其三　《〈澹游集〉序》
元·揭汰

《澹游集》者，见心复公集所与游者赠答倡酬及凡文章之相及者也。然其所与，或爵为公卿，或位当权要，或儒家者流，或道家者流，不独其丛林之中。而总谓之澹游者，吾之游以澹耳，非以其爵，非以其位，又非其道之不同而姑与之面也。彼之与吾游者，亦以其澹而非有所挟也。记所谓君子之交澹于水是也。

游之久不能无别，别之久不能无思，集其所作，所以使之常接于目，而慰吾之思也。千载之下令人企想羡慕，不啻渊明之于惠远，玄度之于支遁，昌黎之于大颠，少陵之于巳公赞公，欧阳之于惠勤，东坡之于佛印，则又未必不因是集而有所兴起也。至若集中之辞，或品格之殊，音节之异，有不可得而同者，然如金石相宣，珠璧相照，而同为盛世之作，亦可因此而见。国家涵濡之泽也，先君文安公既与见心游之于前，而又得厕于其后，比之诸公，则为再世之契。故序其说于是集之末。

朝散大夫佥江西湖东道肃政廉访司事豫章揭汰序

案：上文录自《澹游集》。

其四　《〈澹游集〉序》
元·刘仁本

昔之缙绅君子学士大夫有物外之游从，曰方外交。往往以道义相尚，以文字相唯诺，或托诸文章巨笔以传其行业者，固将进之而弗却也。若渊明惠远有莲社之结；许询支遁有讲经之好；昌黎称大颠识道理，文畅喜文字；少陵赋齐巳茅屋之诗。而赞公之咏又六七焉。近代欧阳公于惠勤，苏端明于了元，皆以诗翰往来，传闻简册不可诬也。今夫或在仕宦，或在羁旅，或有遗世之志，或得体沐之暇，厌夫尘劳俗驾、驱驰鞅掌，思所以澄心散虑，必山林幽寂岩栖谷隐之地，聊以遂其清适焉。彼则不沉缚其法，而有慕吾道者，一皆潇洒颖脱，迥出行辈，故野花啼鸟之趣，行云流水之踪，见于交际之顷，亦惟诗章翰墨文辞而已耳！余盖泊然无着也。豫章见心上人得浮图之玄奥，又以诗文结内。缙绅间所谓能入其法又能出其法者，故吾徒多与之游。禅暇汇所得于翰林虞文靖公、欧阳文公、揭文安公以下若干诗并其自酬倡者为三卷，寿诸梓。征余引言，且曰："非有他也，于此以着吾方外交游之雅焉。"夫交游以道义，不以势利，诸公辞章文翰之接于上人，靡有福田利益之规，上人于诸公，又非为名闻外护之托。盖善忘其势，与夫忘人之势者，抑亦上交不谄、下交不渎也欤！第观诸作，皆情趣高远，辞气清朗，如大羹玄酒，醍醐甘露隽永存焉。奚以澹云？上人曰："传言君子之交澹于水，则斯集名之澹游亦宜。"顾余何能厕诸公之列，且不佞辄复为序。

　　至正甲辰冬十月朔，朝列大夫、温州路总管管内劝农防御事天台

　　　　　　　　　　　　　　　　　　　　　　　　　刘仁本书

　　案：上文录自《澹游集》。

其五 《〈澹游集〉序》
元·至仁

　　至正乙巳秋，余来定水，见心禅师以《澹游集》属。余与见心厚，不可以固陋辞。乃曰："善财以文殊为初友，辗转五十三参而成道果，要皆以言辞相诱谕而助证入也。"故佛眼曰："业未办，友师教诫不可舍。"孟子曰："友也者，友其德也。"老子曰："道者，同于道德者同于德。"则古君子之交，率以道德相尚，未始以形服为异也。远法师之于陶陆，习凿齿之于道安，裴休之于圭山，柳宗元之于重巽，苏子瞻之于总公，妙喜之于张无尽，是皆得其同而忘其异者也。且其播于赠答，被于铭记，又皆真乘发挥，非直以文辞为奖饰也。见心出豫章，得法于南楚悦公，道德之辉，文章之光，炳炳烺烺，照耀江海，其所游从，则故侍讲蜀郡虞公、豫章揭公、

金华黄公、大司徒庐陵欧阳公、今太子谕德魏郡李公、承旨河东张公，莫不屈其齿爵之尊，与之往来酬酢。情合水乳，声应金石。其他衣冠巨望，山林硕德，以交游而亲厚者，不可一二数。其于遗赠唱和，又皆以佛法相激扬而以显示夫心要也。见心集而编之，锓而布之。其有裨于名教，而以惠及后昆也欤！言未既，客有哂然而笑者，曰："禅师以澹游名集，而子乃以道德为论，美则美矣，其如禅师之本意何？"余曰："德谓行道有得于已恬澹，乃道德之至，故曰道之出口澹乎其无味，若是，则吾之所谓道德交者，非禅师所谓澹游者乎？"客乃欣然谢余。遂书之以质诸见心焉。

前住绍兴崇报禅寺番易释至仁序

案：上文录自《澹游集》。

其六 由《澹游集》看来复之交游

《澹游集》分上下两卷，据书首释廷俊、释至仁等序，知是书刻于至正二十五年（1365）。然今刻本已佚，所存仅北京图书馆藏清抄本一部。

来复在元末有很高的声名，故上至公卿大臣，下至布衣文士，以及释子仙羽，无不与之纳交。笔者获读来复所辑《澹游集》后，知是集记录了来复与之交往的元末各类人士的人名和诗文，

卷上列名者有：虞集、揭傒斯、欧阳玄、黄溍、杨宗瑞、杨友直、张翥、李好文、贡师泰、廉惠山凯牙、张以宁、哈剌、伯颜、黄昭、杜本、亦速台、王大本、段天祐、察伋、月鲁不花、揭汯、李祁、答禄与权、全晋、宇文公谅、邬密执理、雅古、陈植、熊燫、毛元庆、张士明、孟昉、笃烈图、刘贞、张士坚、刘仁本、郑文宝、周廉、黄㝮、哈珊沙、林彬祖、林泉生、王若毅、谕立、王章、贾俞、迺贤、杨彝、陆景龙、吉雅谟丁、张昱、葛元喆、张守正、倪中、孙予初、陈麟、林温、蒋景武、谢理、李枢、汪汝懋、郑元祐、海鲁丁、杨翮、山同、赵俶、杨士弘、苏大年、陈履常、武起宗、高明、释清欲、释廷俊、释妙声、释元旭、释怀渭、杨□瓛、彭镛、王元裕、朱右、龙云从、桂德称（彦良）、杜岳、崔亮、杜纲、

江晃、释智宽、释良琦、释克新、释万金、刘敬、邹说、陈谦、顾瑛、申屠駉、吴睿、王璠、毛翰、胡益、夏孟仁、郭翼、秦约、朱舜民、张皞、项伯温、缪侃、陆仁、释自悦、释子然、释法膺、释德褒、释懋诃、释自恢、释仁淑、李复礼、周砥、何宣、熊太古、雅理、张承、周普德、黎奎、徐观、李元中、杨璲、徐昭文、释彦文、释希能、释溥照、释守道、陈华、陈汝秩、张克仁、释志海、释德琏、邹懋昭、马文宪、杨诚、唐升、赵贽、黄清老、吴志淳、周伯琦、苏天民、释本诚、释良震、释文静、周希、桂怀英、阿鲁温沙、朱质、赵学子、杨有庆、燕敬、释文藻、释子梗、徐一夔、高巽志、杨贵亨、释处林、释昙埙、施从政、李烈、贾实烈门、（以下开始有复出者，且排序较乱）张翥、杨彝、吉雅谟丁、朱右、桂德称、杨彪、月鲁不花、乌本良、乌斯道、迺贤、桂德称、释懋诃、桂如祖、月鲁不花、揭汯、迺贤、顾阿瑛、释元旭、释自悦、夏孟仁、月鲁不花、揭汯、释良琦、月鲁不花、桂德称、高复亨、桂德称、张翥、释大祏。

卷下列名者有：欧阳玄、危素、周伯琦、贡师泰、张翥、杨彝、高明、胡世佐、子然、释志玿、郑元佑、蒋堂、杨彝、张雨。

上下卷所见序作者、诗作者和文作者，剔去重复，共计一百七十七人。

案：上文为本书编者据《澹游集》析辑。

其七 《蜕庵集》原序

呜呼，诗岂易也哉！大雅希声，宫征相应，与三光五岳之气并行天地间。一歌一咏，陶冶性灵而感召休征，其有关于治教，功亦大矣！然自删后至于两汉，正音犹完。建安以来，寖尚绮丽而诗道微矣。魏晋作者虽优不能兼备诸体，其铿鍧轩昂上追风雅。所谓集大成者，惟唐而后有之，降是无足采焉！逮及于元，静修刘公复倡古作，一变浮靡之习，子昂赵公起而和之格律高深，视唐无愧。至若德机范公之清淳、仲弘杨公之雅赡、伯生虞公之雄逸、曼石揭公之森严，更唱迭和于延祐、天历间，足以鼓舞学者而风厉天下，其亦盛矣哉！

河东仲举张公生于数君子之后，以诗自任五十余年，造语命意一字未尝苟作。至正丙午春，其方外交庐陵北山杍禅师以公手稿选次而刊行之，来征言为序。余犹记公之言曰："王者迹熄而诗亡，诗未尝亡也，而所以为诗者亡矣！"善赋之士，往往主乎心情，工巧非足尚，盖心情所发出于自然，不假雕绘。观公之诗，知公之所蓄厚矣。春空游云，舒敛无迹，此其冲淡也；昆仑雪霁，河流沃天，此其浑涵也；灏气横秋，华峰玉立，此其清峭也；平沙广漠，万马骤驰，此其俊迈也；风日和煦，百卉竞妍，此其流丽也。写情赋景兼得其妙，读之使人兴起，诚为一代诗豪矣！顾余谫材，何足以铺张盛美，然托契于公非一日，而又重北山之高谊，不得辞，始僭叙之以冠篇首云。

豫章沙门释蒲庵来复序

其八　《蒲庵集》序

……

濂昔官禁林，四方以文来见者甚众。晚阅见心复公之作，秾丽而演迤，整暇而森严，剑出襆而珠走盘也。发为声歌其清朗横逸，绝无流俗尘土之思，置诸古人篇章中，几不可辨，遝迤求者日接踵于门，既得之，不翅木难珊瑚之为贵。公卿大夫交誉其贤，名闻九天，皇上诏侍臣取而览之，特褒美弗置。濂因谓当今方袍之士与逢掖之流，鲜有过之者焉。今来朝京师，其徒昙鍠编类成书，釐为十卷，来征濂为之序。

呜呼！文者造化之英华，古今之纶贯，断不可阙也。有若公者，拔于十百之中，超然骞举，而慕贤者之阃奥，其可传远无疑。濂乌得不倡体用之说，以谂同志哉！有訕濂陷于一偏而不可为训者，非知言者也，不加功于文者也，是膠柱调瑟而弗知变通者也。

洪武十二年二月三日，前翰林学士承旨嘉议大夫知制诰兼修国史兼太子赞善大夫金华宋濂序

案：台北明文书局印行有明复法师主编并解题的《禅门逸书》，其初编

第七册中收有来复诗文经其徒昙鍠类编后的《蒲庵集》，昙鍠至京请宋濂作序，上所录系其序之节选。今者浙江古籍出版社出有《宋濂全集》，集中有《灵隐大师复公文集叙》，（清毅）对读之，实为异题而同文。

其九 关于来复之死

本书编者曾见有一些野史笔记和个别史家评述文字中认为来复因罹文字狱而丧生。首见黄溥《闲中今古录》，此后又有郎瑛、邓球，李默等传引。明代人李默在《孤树哀谈》中是这样记述来复的：

来复，字见心，豫章人，先以人材仕元至学士，因乱，遂祝法为僧，改今名云。来复髯甚长，后为僧而髯如故，尤工于诗，所与游皆名士，初为给事中，尝赋《听雨》："挂冠赢得赋闲居，听雨罗浮老故庐，夜滴梧桐灯尽后，晓临荷芰酒初醒。打窗声称江涛急，入坐寒兼地籁虚，忽忆候朝天上去，更愁泥滑出无驴。"又一日，《送李宗远归广东诗》云："三山木落雁啼霜，虎踞关头买小航。明日相思望南斗，水流不尽楚天长。"又诗云："太平身退更何忧？归老南山问故邱。一色梅花三万树，夜和明月醉罗浮。"又云："鹦鹉杯深泛紫霞，风凉浑讶谪仙家。锦袍留客催春燕，开遍东园豆蔻花。"胸次清洒出尘，溢为诗章，类如此。时僧宗泐著称，复与之齐名，太祖尝诵其所为诗文，称赏久之。时蜀王雅志释典，礼遇复日隆，王在中都构西堂读书，召儒臣日与讲论，复亦在列。又建宝训堂，以奉祖训，及前代帝王经典，命复作记。王又为澄心观，书崇本敬贤四箴以自警，复亦代草。以得达太祖，召问曰："汝不欲仕我而去，出家为僧，然留须亦有说乎？"对曰："削发除烦恼，留髯表丈夫。"太祖笑而遣之。又一日召见，赐膳毕，复上诗称谢，诗云："淇园风雨晓吹香，手挽袈裟近御床，阙下彩云生雉尾，座中红莆动龙光。金盘苏合来殊域，玉碗醍醐出上方。稠迭滥承天上赐，自惭无德诵陶唐。"太祖览诗，大怒曰："汝诗用'殊'字，是谓吾'歹朱'邪？又言'自惭无德诵陶唐'，是谓朕无德，则虽以唐陶诵我而不能邪！何物奸僧，敢大胆如此？'欲杀之，复遂玉筋双垂，圆寂于丹墀下。

案：来复之死，有二说，一为"诗祸说"，一为"胡党案"。曾任香港中文大学历史系主任的陈学霖博士撰有《明太祖文字狱案考》，力主来复之死，非以"殊"诗触怒太祖致死，而系涉嫌胡惟庸党遭凌迟。

如玘

如玘，字性海，姓余氏，祝发于定水寺，礼复见心为师。戒行端谨。通内外典，善书能吟，雅为缁流中所推重。永乐中，两膺召命纂修内典，尝住抚州之翠云及奉化岳林二寺，有《翠云稿》。年八十五，归永明终焉。

案：如玘在其师来复坐事后尚在定水寺留久的一位徒弟，并为师作传。永乐间，与乃师交厚且长寿的回回人丁鹤年曾至定水寺，有过和他最后一次的相会，相与话旧当年定水寺，相共怀念友师，对物是人非感慨系之，一种悲凉浸透情思。

日僧以亨得谦
江静

元代有临济宗松源派僧人明极楚俊（1262-1336），俗家宁波黄姓，嗣法虎岩净伏，历住瑞岩、普慈、双林诸寺。至顺元年（1330）明极楚俊东渡日本，历住建长、南禅、建仁诸寺，并创建摄津广严寺、云泽庵等刹。在其门下出家的一位日本僧人，叫以亨得谦，后赴元，游历四方，遍参高僧，他于至正二十四年（1364）二月，曾往临安（今浙江杭州）中天竺寺，访临济宗大慧派笑隐大欣的法嗣、中天竺寺住持用章廷俊（1299-1368），并向他"索语"，廷俊应请为其作偈曰："佛法遍在一切处，岂闻西南与东北。摩竭鱼吞南海浪，扶桑夜半日轮红。七穿八穴如来藏，百匝千重少室宗。直下为渠俱裂破，便妙同喜验谦公。"廷俊首先在此法语中，阐明佛法平等无差别，人人皆有佛性之道理，继而鼓励得谦精进修行，最终证悟禅宗奥义。同年四月，得谦还在参拜灵隐寺松源崇岳塔之前，访临济宗虎丘派高僧穆庵文康"求语"，文康送其偈曰："开口不在舌头上，当阳推出黄金藏。一句声前构得亲，佛祖望风俱胆丧。塞壑填沟苔幂椿，何人提起恢宗纲。风吹日炙全体露，彻骨彻髓谁承当。炊巾一展能盖覆，古亦不先今不后。赤手持归日本东，尘尘刹刹狮子吼。"在此法语中，文康以松源崇岳（1132-1202）"开口不在舌头上"之公案入题，阐述佛性人人俱足，不生不灭，无处不在之道理，期待得谦回国之后，能将佛法发扬光大。五月，得谦至湖州府安吉移忠禅寺，住持南州文藻则应请赠其偈曰："善财岂为求其益，一百十城俱遍历。无端走得脚生疮，楼阁门开见知识。扶桑之日光非光，藏里摩尼色非色。柴爿扬下绝承当，始信从前了无碍。谓言弱水隔蓬莱，政是胶柱而调瑟。归家稳坐法王毡，试看挥戈回佛日。"此谒中，文藻首先以善财童子参访五十三位善知识成就佛道的故事，鼓励得谦参访诸位高僧，继而强调发现本身所具备的真如佛性的重要性，最后，通过"胶柱调瑟""挥戈回日"两个典故，鼓励得谦不要拘泥于中日两国的差异，归国后排除困难，努力宣扬佛法。

此后，他至慈溪定水寺，拜临济宗松源派高僧南楚师悦的高足见心来复（1319-1391）为师，参禅攻诗、博学内外典，终获嗣法来复，并于洪武元年（1368）回国，成为日本临济宗松源派嫡传高僧。

案：元顺帝至正末（？-1368）任天童寺住持的了堂惟一禅师，俗家宁海，宋丞相叶梦鼎之嫡裔。以亨得谦入元首参天童了堂惟一，了堂有《赠日本谦藏主》一诗："祖域高深到未曾，多夸密授与亲承。人心本自无今古，法运其如有废兴。罢向千门持铁钵，空围万象举霜藤。何期斫额搏桑晓，枯木花开六月冰。"以亨得谦后拜定水寺来复为师，来复工诗亦能画，日本弟子于是也善诗能画。当年他从中国留学归国时，为恩师见心来复画过一幅肖像，还曾获赠好友元末明初的书法家杨彝之墨宝。回国后不住五山，匾其室称"懒云"，与义堂周信有深交。后，开创万岁寺，属于日本临济宗南禅寺派，在日本有较大影响。现任日本万岁寺住持石桥亨见先生和日本九州大学教授井手诚之辅先生曾在2008年6月15日来慈溪访谒定水寺。关于以亨得谦的生平行事文献，在中国极鲜存见，上文是浙江工商大学日本语言文化学院副院长、教授江静老师在她的《日藏宋元禅林赠予日僧墨迹考》中一段关于以亨得谦的文字，征得江老师的同意，引录于此，与读者同享。

昙噩

昙噩，亦名昙铉，蒙古族人，见心来复高足。建宁人江晃至正壬寅（1362）三月寓定水寺时，对于昙铉出家，并以见心为师之事，曾有记述："僧昙噩者，系出国族，故癸酉进士、武州监州亦速台，（字鼎实）之仲子。初，鼎实寓居四明，于见心无宿雅。然常慕其风义，因往访于慈溪为丛林旬日游，与之论心定交，恨相见之晚。别去未几，而鼎实物故，见心师悯其贫，为买地寺西以葬之。鼎实仲子承母命从见心来复为师。予以使事趋东浙，始识见心于双峰，昙铉侍立，循饰可爱，因询而知之。悯子铉早不天而庆其得师，且志于学，故赋诗以勉云。"昙铉受师教，通内外典，亦工诗能文。还将其师所撰诗文，厘编成《蒲庵集》。并于洪武十二年二月初至京城求宋濂作序，此事见宋濂《蒲庵集叙》，引如下："……濂昔官禁林，四方以文采见者甚众，晚阅见心复公之作，浓丽而演迤，整暇而森严，剑出铓而珠走盘也。发为声歌，其清朗横绝无流俗尘土之思，置诸古人篇章中，几不可辨。遐迩求者接踵于门，既得之不翅木难珊瑚之为贵。公卿大夫交誉其贤，名闻九天，皇上诏侍臣取而览之，特褒美弗置。濂因谓当今方袍之士与逢掖之流鲜有过之者焉。今来朝京师其徒昙噩编类成书，厘为十卷，来征濂为之序。呜呼！文者造化之英华，古今之纶贯，断不可缺也。有若公者拔于十百之中，超然腾举而臻贤者之阃，奥其传远无疑，濂乌得不倡体用之说以谂同志哉！有讪濂陷于一偏而不可为训者，非知言者也。不加于文者也，是胶柱鼓瑟而不知变通者也！洪武十二年二月三日前翰林学士承旨嘉议大夫知制诰兼修国史兼太子赞善大夫金华宋濂序。"

案：上文经本书编者整合相关资料而成。关于昙铉事，僧传之书，多不见载。而与见心相交者有多人诗文中却有所记及，如逊都月鲁不花、刘仁本、江晃等等，有些已收在本书他处，为避重复，不再引。

昙噩

昙噩，字梦堂，邑（慈溪）王氏子，家世业儒。生而魁岸，风神洞爽。卯岁（儿童时）即通经史，赡于词章。乡先生强之举进士，不甘声利，弃去。初依奉化长芦寺，后住天台国宁寺及象山瑞龙寺，老而戒行严洁。文章简古，丐其文者，不稿而成。成化《宁波府志》记其：器宇爽朗，善词章。初为径山寺书记，元至正间赐号佛懿大禅师。雍正《宁波府志》记：乌斯道读书东皋寺，尝从之学文，因题其堂曰"噩公"，以志不忘。洪武二年，以高僧召至，与蒋山寺楚石禅师等说法。已而，归瑞龙东堂，居钟楼之侧。一夕，飓风猛作，钟楼廊庑俱仆，众谓师必不救，往视之，乃危坐其中，惟一巨木斜支卧榻，人以为异。六年六月，忽沐浴更衣。众请叙平生，乃作偈曰："块然一物，或有或无。翻身归去，踏破毗卢。"端坐合掌而寂。

案：元高僧昙噩，据上传，知是慈溪人。其文章简古，而且工诗。又为金仙寺泰上人撰《金仙寺泰上人舍田记》，与慈溪佛教文化相关，因此录光绪《慈谿县志·方外传》中简传于此。

弘一大师慈溪系年

弘一大师是中国道俗公认的律宗高僧，虽然圆寂已是七十余年了，但无论俗世或方外，对他的怀念景仰尚是绵延不绝。这一是缘于他学养高深，出家前执教讲坛，以美术书法音乐等化育于人而驰誉当时；二是因为他出家后持律精严，行解相应，明昌佛法，潜挽世风。由于多重因缘，20世纪30年代初，弘一大师曾经驻锡今慈溪市的金仙寺、五磊寺、伏龙寺，从事佛学的研究、教育和弘法活动，还有书法作品、音乐作品均（夏丏尊在《〈清凉歌集〉序》中说："质平及其学友根据和尚所作歌词，分别谱曲，反复推敲，必得和尚印可而后定。"）在此期间创作或完成。对慈溪来说，大师在此地的诸多行事，不但丰富了慈溪佛教文化，还惠遗了慈溪一宗文化资源。若对弘一大师的研究者来说，"弘一大师在慈谿"则是其无法绕开的重要章节。

弘一大师在慈溪凡三年，始于民国十九年（1930）庚午，止于民国二十一年（1932）壬申。据胡迪军先生的《弘一法师在慈行踪考》之考计：弘一法师在慈谿居住时间为1930年旧历九、十、十一月，1931年旧历五、六、七、八、九、十一、十二月，1932年旧历一至九月，前后总计在慈谿约居十九个月。

现按年将弘一大师在慈谿的行迹、活动、要事，概而系述之。

民国十九年庚午（1930）

本年是弘一大师首次的慈谿之行，时年大师五十一岁。

旧历九月初二日（1930年10月23日），他由上虞白马湖法界寺动身前来慈谿金仙寺。九月初三日，弘一法师接见了由亦幻引荐的余姚双桥乡青年胡维铨，对其所带诗稿颇有赞许。九月初四日，法师即发函芝峰为他拟撰的《清凉歌词》作注释，信中有语："奉恳座下慈悯，为音代撰歌词注释，至用感祷！"九月上旬开始，弘一大师指导寺僧华云习字。九月廿日（1930年11月10日）是弘一大师五十周岁生日，当日师发普贤行愿，又于《印光法师嘉言录》上题"余学佛法已数十年，所得力处多宗此书，今以奉赠谪凡居士，愿时时浏览，尽寿奉行，庚午九月廿日，一音时年五十"，亲送随侍弟子胡宅梵。

十月初四，弘一大师在金仙寺撰写了"戒是无上菩提本，佛为一切智慧灯"一联。同月内，将胡维铨的笔名"谪凡"改为"宅梵"，并收为居士弟子，赐法名"胜月"，一再鼓励、指导胡宅梵进行《地藏经白话解》的白话注释。金仙寺主持亦幻法师曾撰《弘一大师在白湖》一文，弘一法师此年在寺听静权讲经时等情况，文中谈得很是细到："……是年十月十五日，天台静权法师来金仙寺宣讲《地藏经》和《弥陀要解》。弘一法师参加听法，两个月没有缺过一座。静权法师从经义演绎到孝思在中国伦理学上之重要的时候，一师恒当着大众哽咽，涕泣如雨，全体听众无不愕然惊惧，座上讲师亦弄得目瞪口呆，不敢讲下去。……因他确实感动极了。当时自己就写了一张座右铭：'内不见有我，则我无能。外不见有人，则人无过。一味痴呆，深自惭愧；劣智慢心，痛自改革。'附上的按语是：'庚午十月居金仙寺，侍权法师讲席，听《地藏菩萨本愿经》，深自悲痛惭愧，誓改过自新。敬书灵峰法训，以铭座右。'……弘一法师在白湖讲过两次律学。初次就在十九年经期中，所讲三皈与五戒，课本是用他自著之《五戒相经笺要》，讲座就在我让给他住的丈室。他曾给它起名为'华藏'，书写篆文横额。下面附着按语：'庚午秋晚，玄入晏坐此室读诵《华严经》，题此以志。'因为偏房说法的缘故，只有桂芳、华云、显真、惠知和我（亦幻）五人听讲。静权法师很恳切要求参加，被他拒绝了。"亦幻文中又接着说："弘一法师此时（十九年秋）其余的工作，我记得好像是为天津佛经流通处校勘一部《华严注疏》，一部灵芝《羯磨疏济缘记》。同时他在白湖所研究的佛学，是华严宗诸疏。每日饭后，必朗诵《普贤行愿品》数卷，回向四恩三有，作为助生净土的资粮。……我揣想他的佛学体系是以华严为境，四分戒律为行，导归净土为果的。"在十一月间，法师在金仙寺内为病逝寺中的妙修撰了《蒋妙修优婆夷往生传》。

又据亦幻所记："静权法师经筵于十一月二十日解散，时已雨雪霏霏，朔风刺骨地生寒。弘一法师体质素弱，只好离开白湖，仍归永嘉的城下寮去。我送他坐上乌篷船过姚江，师情道义，有不禁黯然的感伤。"

是年，弘一师在金仙寺，焚香颂经之余，还用毛笔从《华严经》上摘缀联偶三百成集。此外，还有书赠金仙寺僧人嘉峰的"以戒为师"墨宝遗世，今为慈溪民间收藏。

民国二十年辛未（1931）

时年大师五十二岁。在四月三十日（1931年6月15日），弘一大师曾有一函致胡宅梵，说："上海刘居士约于旧历五月初五日到法界寺。大约初八日一同动身（或初九日）。余拟先到金仙寺，后再移住五磊寺。"以此推之，约在旧历五月初八（1931年6月23日）前后，在学生刘质平陪同下，由上虞法界寺移锡慈北金仙寺，到寺后曾把自己的照片与剪影多帧赠给了亦幻。弘公的此次到寺，使亦幻法师萌动请其主持弘律、发起创办南山律学院之念。此前，新任五磊寺住持的栖莲法师曾通过胡宅梵去信邀弘一大师驻锡五磊寺，师因于五月间移住五磊寺，安顿后，即手书命胡宅梵上五磊山，令胡诵读其手书之《华严经》与《原人论》等，并进行讲解。期间，弘公写成《学道四箴并序》四条屏，又将手订之《地藏经》及所书之赞偈送宅梵。师在寺，往往天亮前就上殿亲自击鼓撞钟，导众念佛。

六月初五日，宅梵第二次至五磊寺探望弘公，师以适得金陵刻经处的《阿弥陀经疏钞》赠之。月内在五磊寺为蔡丏因之父撰、书《清故渊泉居士墓铭》。是月亦幻法师发起创办"南山律学院"，律学顾问则拟请弘公担任。师在五磊寺时，撰《南山律苑杂录·征辨学律义》八则，以问答体辨明传戒本义，寄慨遥深。

七月，宁波白衣寺主持安心头陀访五磊寺，见道场环境不错，遂劝弘公道："时机不可错过，这可是你讲律的时机到了。"又经几位有心人请求鼓动，弘一法师就在佛前发愿，决定徇各方面的恳求，在五磊寺开办南山律学院，期以三年的时间，以成一期化事，拟演讲南山律宗之三大部：《行事钞资持记》《四分律行宗记》《羯磨疏随缘记》。

九月初二（1931年10月12日）弘一法师在五磊寺发函蔡丏因，谈到自己近况时说："五磊寺主等发起南山律学院，余已允任课三年。每年七个月，旧历二月十五日至九月十五日，余时他往。明春始业。经费等皆已就绪，自今以后预备功课，甚为忙碌"，九月内弘一大师在金仙寺脱稿《清凉歌集》，为使常人理解深奥歌词之义，函请时在闽南佛学院的芝峰法师代撰歌词注释（《清凉歌集达旨》）。同月，得芝峰允诺代撰之复函后，又即致书申谢。在办律学院的过程中，因与五磊寺主栖莲意见不一，飘然离去。

十月初栖莲法师前去宁波白衣寺诚恳邀请弘一法师回五磊寺。十月廿一日弘一大师在给广洽法师的信中，提到："前有僧众发起律学院，欲令音任讲解，音自顾难以胜任，而彼内部亦有意见，故已决定停办矣。"

十一月十日（1931 年 12 月 19 日）弘一法师函告刘质平："五磊寺讲律事，已有金仙寺亦幻法师代为解劝，完全取消前议，脱离关系。余昨日已移居金仙寺。"十一月十九日（1931 年 12 月 27 日）在亦幻法师的斡旋下，弘一与栖莲订定十项契约，正式与南山律学院脱离关系。对此，《南山律学院昙花一现记》有一段推论的话："他（弘公）大概是想到：既不能从心办学，又不能勉强干去，敷衍口口，不免对不起良心和素志，徒然拘束，不如走回来与栖莲大和尚作彻底地解决。"据胡迪军先生《弘一法师与师桥资西寺》称，是月下旬某日上午，胡宅梵雇船从金仙寺接弘一法师至师桥胡宅梵所租之宅，下午在资西寺前新落成的放生池边念经作颂，主持开光仪式。仪式结束后当天返回金仙寺。

十二月初，在金仙寺，因亦幻的介绍，伏龙寺的监院诚一法师与弘一师相识，诚一礼请弘公赴伏龙寺小住，弘公便于腊月，由胡宅梵陪同去镇北龙山伏龙寺度岁，居于关房。月底，胡宅梵陪毛契农至伏龙寺拜见弘一大师，并从法师皈依佛教，法师赠毛法名"寂月"。毛次日别师离寺。大师因宅梵之请，为其内子手写普门品题签，并赐法名月慧。稍先于毛，时任余姚县长的法师老友堵福诜曾至金仙寺访法师，时法师已在伏龙寺，故不遇，因书堵福诜函，中云："曩承枉临金仙，未获晤谈，至憾。"（笔者认同胡迪军先生考证："此信应为一九三一年旧历十二月底书于伏龙寺，《弘一大师全集卷八·书信卷》误为旧九月。"）

据林子青先生编著之《弘一大师年谱与遗墨》称：（是年）师拟在（金仙）寺著《灵峰大师年谱》未果，而完成了以撷取《灵峰宗论》的名言为内容的《寒笳集》。又书《华严经读诵研习入门次第》并撰序，还将自己手书的《华严集联三百》在沪付印，师自为序，弟子刘质平加跋。

民国二十一年壬申（1932）

时年大师五十三岁。

本年除三月上旬法师有过短暂的绍兴之行外，九月下旬赴温州之前，弘一法师多往返于金仙、伏龙二寺之间。

正月，法师先住镇北伏龙寺，初八曾发函胡宅梵，落款书："正月八日灯下 音启龙山"。但从弘一法师1932年正月曾朱书《仁王般若经偈》的落款看："壬申正月居慈水峙山之麓敬书，大誓庄严院沙门亡言"，则又可证他在正月间又由伏龙寺返回了金仙寺。

二月，法师于伏龙寺中书《佛说五大施经》四幅。闻刘质平始学《大悲陀罗尼》及《般若心经》，就书《华严行愿品偈句》一卷，赠质平以志随喜。不久，法师自龙山至金仙寺。二月十五日，弘一师从金仙寺船行至胡宅梵家，胡宅午斋陪座者有宅梵与其父、寂月居士（毛契农），午后宅梵陪师步行返寺，师顺道小立上呑湖塘，赏湖山之清秀，云极似温州平阳之某处。在金仙寺发心欲讲南山律，却未能圆满，于二月廿一日（1932年3月27日）又返伏龙寺。至于教人学律的经过，亦幻有记述："（弘一大师）第二次到白湖是在二十年的春天，他突然从镇北的龙山回到白湖，说要发心教人学南山律，问我还有人肯发心吗？我欣悦得手舞足蹈，就以机会难得，规劝雪亮、良定、华云、惠知、崇德、纪源、显真诸师都去参预学习；我自己想做个负责行政的旁听生，好好地来办一次律学教育。有一天上午，弘一法师邀集诸人到他的房内，……用谈话方式演讲一会'律学传至中国的盛衰派支状况，及其本人之学律经过。'后来就提出三个问题来考核我们的学律的志愿：（一）谁愿学旧律（南山律）？（二）谁愿学新律（一切有部律）？（三）谁愿学新旧融贯通律（此为虚大师提出，我告诉他的）？要我们填表答复。我与良定填写第三项，雪亮、惠知，填写第二项，都被列入旁听。只有其他三人，因填写第一项，他认为根性可学南山律，满意地录取为正式学生了。……我因主持白湖未久，百务须自经心，没登楼恭闻。听说只讲到四波罗夷，十三僧加婆尸沙，二不定，就中辍了。时间计共十五日。……这讲座亦曾订过章程，但经弘师半月之内，三改四削，竟至变到函授性质，分设于龙山白湖两地。……崇德、华云二生，奉命移住龙山，半月返白湖，云是复有别种原因，弘一法师要走了。"

果然在三月上旬法师去了绍兴。三月中旬，法师绘成至伏龙寺路径图寄刘质平，刘质平遂于下旬上伏龙寺探望法师。

四月十八日（1932 年 5 月 23 日），法师又由伏龙寺返金仙寺。

端午节稍前，法师又驻锡伏龙寺，五月间刘质平来寺陪侍法师，住寺二月有余，期间法师曾语质平："每次写对都是被动，应酬作品，似少兴趣。此次写《佛说阿弥陀经》功德圆满以后，还有余兴，愿自动计划写一批字对送你与弥陀经一起保存。"要刘质平预作草稿，以便让他照样书写一百副。

在五月间法师去了次永嘉，不久又回龙山。在龙山敬书《佛说阿弥陀经》十六屏，日写一幅，为屏条式，六行，每行二十字，于十六天写毕，这十六条幅堪称法师生平最重要墨宝。刘质平随侍磨墨牵纸，日观其书写。法师又书其父遗作一联赠刘质平。还书古德法语赠夏丏尊之子龙文。八月上旬，弘一大师去上虞法界寺。八月十六日，法师重返白湖，因李圆净有编《九华山志》之意，弘公为辑录《地藏菩萨圣德大观》一卷，以供参考。九月，法师在金仙寺整理行李，办理托运，并预先函告在宁波的刘质平，拟于九月二十日（1932 年 10 月 19 日）至甬，至是日，刘在甬接送法师转道温州云游南闽。自此而后，弘一大师竟无缘重来慈谿。二十二年岁次癸酉（1933）二月间在闽为居士弟子胡宅梵作《地藏菩萨本愿经白话解释序》，并邮寄之。

案：本文系本书编者梳理相关资料而成。

静权法师

静权法师，青年时攻读儒书，倾心儒家孝道，他对《地藏菩萨本愿经》研究精微，其原因是根于他重视孝道思想。他曾于民国十九年（1930）秋在慈谿金仙寺开讲《地藏菩萨本愿经》，听众之一的弘一大师因讲动情，至于泣涕失态，这件事在佛教界广为传知，弘一的孝思至性、静权的自成一格的讲经功力与"活地藏"的美称也随之播扬。

静权，是天台宗的现代高僧，是佛教界的领袖之一。戒行精严，一生以讲经为要务，与弘教相始终。

静权，俗姓王，名寿安，一说良安。光绪七年（1881）出生于浙江省永嘉县陈岭陈坑口村（原属仙居县，新中国成立后划归永嘉县）一户虔诚信佛的王姓人家。寿安自幼入塾，后随名儒朱云乡就学，能诗善文，儒学造诣颇深。光绪三十一年（1905），王寿安参加第三次生员考试再次落第，加上父亲王贤堃又逝世，心情悲郁，将后事与遗产处理后，赴黄岩多福寺出家，同年秋转天台国清寺披剃受戒为僧，礼授能和尚为师。赐法名宽显，字静权，以字行。

两年后，静权至宁波观宗寺，师从天台宗名宿弘法研究社主讲谛闲法师研究天台宗教义。谛闲法师为国内著名高僧，静权汉学功底好，又刻苦钻研经义，深受谛闲法师器重。

民国十年（1921），谛闲法师已年迈，同时应请外出讲经，禅让静权为观宗寺主讲，静权得谛闲法师衣钵，深谙佛教经藏，精通天台宗教义，讲经不看经卷，却能感人至深，名声渐隆浙东。

静权法师讲演经教，善于消文释义，发音准确，口齿清楚，音声宏亮，辩才无碍。四威仪中，结跏趺坐，仪容无比，令人敬仰。当讲《地藏经》《盂兰盆经》等孝经时，常引古人诗文，孝敬父母、师长之教导，世间孝如《文帝劝孝诗》说："恩大如天不可忘，恩深何以报高堂，追思父母劬劳苦，罄笔难书泪一行。"出世孝如释迦世尊、上升仞利天说《地藏经》为母摩耶夫人说法、得须陀洹果（即初果、断三果见惑烦恼，预入圣人之流）。

民国二十六年（1937）抗日战争起，静权法师有感于日寇侵略，生灵涂炭，曾至苏州、无锡、杭州、宁波、临海等地宣讲大乘教典《法华经》《仁王护国般若经》等诸经，倡导抑恶扬善，宣扬爱国主义思想，启发佛教界人士奋起抗战救国，1943年，应邀返回仙居县祭祷抗日阵亡将士。抗战胜利后，被邀至杭州大通寺、灵隐寺、法云庵、宁波天童寺、阿育王寺等名寺讲经弘法，影响了当时的弘法活动。

新中国诞生后，静权先在杭州法云庵讲《药师经》，后至上海法藏寺讲《地藏经》和《楞严经》《大势至菩萨圆通章》。静权法师在宣讲经义时，提倡人间佛教，要求佛教徒遵照政府的宗教政策行事，发扬佛教爱国爱教的优良传统。讲经将圆满之际，因请，任法藏寺主讲。

静权法师虽苦志教研，精通经义，又有儒学根基和文字功夫，但始终只讲经弘法，从不著书立说或作注解。弟子中有劝著作者，静权法师总自谦回答："我讲经都依据祖师之见解，自己对佛法无心地功夫，有何书可作。"目前能见的《楞严经大势至菩萨圆通章义》《地藏略解》《至圆通章》等著述，其实都是他的僧徒们在他讲经时记录成书的。

新中国成立后，静权法师作为上海佛教界的领袖之一。1953 年，被选为中国佛教协会第一届副会长。1954 年，被选为上海市第二届政协委员，同年被推为上海市佛教协会名誉会长。1957 年，任中国佛教协会第一届副会长，同年兼任中国佛教学院副院长。晚年，静权法师归隐国清寺，闭门谢客。1960 年 10 月 22 日，静权法师以八十高龄示寂于国清寺，身塔于国清寺东南祥云峰巅的香光茅蓬内。

案：上文由本书编者参考王新先生的《静权法师》等文章，整理而成。

芝峰法师

弘一大师在 20 世纪 30 年代初，莅锡慈北金仙寺，若溯因缘，当由芝峰法师所起。弘一与芝峰在 20 世纪 20 年代末就在厦门南普陀寺相识，时芝峰随太虚在厦门办佛学院、编刊物，林子青先生的《弘一大师年谱》中的"一九二八年（民国十七年戊辰）四十九岁"条记得很明确："冬月，船到厦门，（弘公）受到陈敬贤居士招待，并介绍他到南普陀寺去住，认识了性愿老法师及芝峰、大醒法师等，留他小住。……（师旋）至南安小雪峰寺度岁。"芝峰不但陪了弘公在小雪峰寺一同度岁，次年正月弘一师由小雪峰返南普陀寺，居闽南佛学院约三月，期间又有相处，还曾听过芝峰说法。芝峰与大醒也曾请弘公为《三宝歌》谱曲（太虚按谱填写词）。《三宝歌》在芝峰、大醒编的《海潮音》刊物上发表后，曾在寺庙中流布，甚至传唱到西藏。因芝峰与弘公的熟稔，当弘公得悉：在南普陀相识的亦幻，已在金仙寺管领白湖风月，便请芝峰转告亦幻，想来做烟雨同伴，这就有了三十年代初弘公锡驻金仙寺、五磊寺、伏龙寺的缘事。民国二十年（1931）

九月，还因时居金仙寺的弘公之函请，撰《清凉歌集达旨》。于民国二十二年（1933），芝峰因亦幻的邀请，曾来金仙寺从事僧教育，创办白湖讲舍，亦幻为舍主，芝峰任舍长。同年出版的第14卷第12号"佛教新闻"上就以《慈溪金仙寺开白湖讲舍道场》作了报导。首段话多涉芝峰："芝峰法师现应慈谿金仙寺主持亦幻法师之请，主办白湖讲舍道场，注重造就高深佛学之僧材，不尚学校形式。芝峰法师佛学深邃，道行律严，为虚大师门弟之首座。曾主讲闽南佛学院五年，为一有悲心恒心之僧教育家，久闻海内。近因隐修山林，顺金仙寺寺主之请，发心讲学，四方高材学僧投皈从学者必众云。"芝峰与亦幻还在金仙寺组建过"人海灯社"，太虚、常惺、竺摩、印顺、会觉等高僧名僧都曾来挂单，金仙寺隆名于时。白湖讲舍在民国二十六年（1937）尚在招生，是年出版的《人海灯》第四卷第七期见刊有《白湖讲舍征求学员简章附缘起》。由于亦幻、芝峰融洽合作，白湖讲舍的僧教育是很有成就的，因芝峰精通日语、英语，白湖讲舍有此课程。因此学员中就曾有人在芝峰指导下译出日本村上专精所著《佛学大纲》。芝峰虽在慈溪的时间不长，关乎慈溪的影响却不小，是一位慈溪佛教史上必然要涉述的重要人物。

芝峰法师字象贤，浙江温州乐清象阳镇深河村人。清光绪二十七年（1901）出生，俗姓石，幼名岳贤，家贫，父早丧。师天资颖悟，卓然不群，因家境贫困，只读了数年私塾。

民国四年（1915），十四岁的芝峰法师在温州从表舅父万定和尚在护国寺剃度出家。过了两、三年（大约在公元1917年），宁波观宗寺谛闲老法师六十寿辰，弟子们给老法师祝寿，要求谛闲老法师传一堂戒。芝峰以到观宗寺受戒的因缘，留在观宗寺的"观宗研究社"学习。观宗研究社是"观宗学社"的前身，初成立时规模较小。民国七年（1918），谛闲法师应北京名流居士之请，到北京讲《圆觉经》。南返之际，护法居士叶恭绰、蒯若木等，赠送他一笔丰厚的程仪，谛闲法师以此款把观宗研究社改组为观宗学社，使之成为了一个颇负盛名的僧教育机构。常惺、仁山、倓虚、戒尘、显荫、宝静、芝峰等，都是这段时间在观宗学社受教的学僧。民国九年（1920），芝峰法师 20 岁。在观宗学社已受学三年的他离开观宗寺，回到温州。到头陀寺充侍者，后来升为衣钵、知客。在此期间，芝峰法师重新复习在观宗寺所学的"五时八教"之学，并涉猎孔孟老庄等基本典籍，因此学力颇有进益，于是有出外参学之想往。

民国十二年（1923），汉口佛学会开办佛学讲习所，芝峰到汉口报名入所学习。毕业后，芝峰于八月转入太虚大师创办的武昌佛学院。芝峰法师天资颖悟，学习努力，其佛学、诗文、辩才，在太虚大师门下极为杰出，深得太虚大师器重，与法尊、法舫、大醒、尝惺、会觉、亦幻诸法师同学，号称太虚法师门下十哲。民国十二年（1924）夏，芝峰随侍大师到江西庐山，参加"第一届世界佛教联合会"，英、德、芬、法各国均有代表参加，日本与会者有木村泰贤、佐伯定胤，中国除太虚大师外，另有常惺、了尘、性修、竺庵，及佛学家李证刚等。会中，太虚大师、常惺、木村泰贤、黄季刚、李证刚等均有演讲，使初出校门的芝峰增长不少见闻。

当常惺法师任泰县光孝寺住持时，因寺产过丰，地方士绅学界常与为难，因此，常惺发起地方人士礼请太虚大师莅寺讲经，以调和地方关系。于是在庐山开会之后，芝峰又随侍太虚大师到了泰县。民国十三年（1924）7 月 25 日，太虚大师于光孝寺开讲《维摩诘经》，至 8 月 18 日讲经圆满。这次大师讲经，芝峰担任记录。由于他思维敏捷，文笔流畅，太虚大师甚为满意。此后，太虚大师的许多重要学术讲稿，都由芝峰记录整理发表。是年秋天，芝峰法师回温州，在普觉寺继续研究天台宗义，兼读法相宗经论，也常到图书馆阅读时新之书。民国十四年（1925）秋，芝峰法师回到他剃度出家的护国寺讲经，后来在寺中办"山家讲舍"，招收三十多名青年学僧，授以一般的佛学课程和国文，为地方培育初级僧才。

民国十六年（1927）春，太虚大师应请，出任南普陀寺住持，兼任该寺于民国十四年（1925）所创办的闽南佛学院院长。太虚大师将院务委由蕙庭法师代理，以会觉、满智为闽南佛学院教师。是年夏天，闽南佛学院闹学潮，院务停顿。蕙庭法师解决不了，于是与学生代表传戒（新中国成立后的佛教领导人物巨赞），一同到杭州向太虚大师请示。太虚大师乃函召芝峰法师赴厦门，整顿闽南佛学院，后来大醒法师也奉太虚大师之命到了佛学院，由大醒法师任佛学院事务主任，兼代理院长，芝峰法师任教务主任，二人同时兼任南普陀寺监院职务。闽南佛学院虽创办于民国十四年（1925），但在芝峰、大醒到院之后，才逐渐发展为全国僧教育知名的学府，且蜚声于国际间。

芝峰法师在院担任主讲，他才智过人，善于说法，把繁琐的佛学理论，以提纲挈领的方式，深入浅出的分析解读，使学生易于接受。芝峰法师在院前后六年，先后讲过《宗派源流》《印度佛学史》《成唯识论》《摄大乘论》《阿毗达磨杂集论》《解深密经》等，都是以法相唯识学为主的经典。民国二十年（1931），第二期闽南佛学院毕业生毕业后，芝峰法师又在院中成立研究部，亲任指导。闽南佛学院在那段时间中，所以能驰名海内外，成为全国僧青年所向往的学府，全是芝峰法师以其渊博的学识、无碍的辩才号召所致。由于教育声名，还被厦门大学聘去讲授《成唯识论》。

民国十七年（1928）三月间，芝峰法师与大醒法师在厦门组织了"现代僧伽社"，发行《现代僧伽》半月刊。有一段时间，芝峰法师担任该刊编辑。后来，《现代僧伽》改为《现代佛教》，仍由芝峰法师担任编辑。民国十七、八年（1928、1929）间，是佛教危难重重的年代。大醒法师、芝峰法师为护教，以犀利的笔锋在《现代僧伽》上发表慷慨刺激的言论。他们呼吁佛教徒一致团结，抵御外侮，也要求佛教内部进行改革，革除传统陋习，整肃腐败的僧徒。因此，一份八开版的《现代僧伽》刊物，对当时佛教产生了极大的震撼作用。

民国二十一年（1932）年底，芝峰法师离开闽南佛学院，先应请在苏州护国寺讲《维摩诘经》，又奉太虚大师之命，到武昌编辑《海潮音》月刊。这一段时间，《海潮音》由上海佛学书局发行，但仍在武昌佛学院编辑。《海潮音》是宣达太虚大师言论的刊物，不仅代表太虚大师个人的学术思想，也代表他革新佛教的主张。芝峰法师以其渊博的学识、犀利的文笔编辑海刊，自十四卷接编，在海刊中增加《佛教春秋》一栏，凡佛教大事或重要时事，芝峰法师皆以佛教立场加以分析评论，甚受读者欢迎。然而在《海潮音》十四卷的第七期，芝峰法师刊出了一期"密教专号"，除了声明海刊的立场与编者的态度外，并刊出澹云法师的《从显密问题上说到王弘愿之犯戒》等几篇批评密教的文章，因此引起王弘愿的反击，引发争论。太虚大师对于王弘愿的邪说，早年亦常撰文驳斥，但此时太虚大师却劝芝峰严守中立态度，不要做露骨的反击，以免引起各方误会。唯芝峰法师个性坦率爽直，对太虚大师容忍邪说的态度不以为然，遂萌生退志。芝峰法师把《海潮音》勉强编到十四卷九期，即辞去编务，离开武昌回浙东，时宁波慈谿金仙寺主持是武昌佛学院第二期毕业的亦幻法师，他邀芝峰至寺合作，成立"白湖讲舍"，招集学僧研究佛学。

民国二十三年（1934），芝峰法师出任宁海延庆寺都监，除综理寺务之外，芝峰法师不时应请到各地讲经。民国二十四年（1935）4月，芝峰法师应太虚大师函召，到了汉口，在正信会讲《楞伽经》。讲经圆满后，芝峰法师仍回到浙东。

民国二十六年（1937）抗战爆发，芝峰法师到上海，寄居于静安寺，从事著述。抗日战争期间，芝峰法师除偶回浙东外，经常寄居于上海静安寺，对佛教前途颇抱悲观态度。民国三十二年（1943），于闽南佛学院毕业的东初法师，任镇江焦山定慧寺监院。定慧寺办有焦山佛学院，芝峰法师受东初法师邀请到焦山讲学。这时的芝峰法师除讲授佛学外，并着力翻译工作，译出了日文版的《禅学讲话》，上海《普慧大藏经》中所收的南传佛教经典，系根据日文版翻译，其中有一部分即出于芝峰法师的手笔。

民国三十四年（1945）抗战胜利，太虚大师负责整理中国佛教。民国三十五年（1946），太虚大师借焦山佛学院的地址设备，设立中国佛教整理委员会"会务人员训练班"，集合了九省三市的优秀比丘一百二十余人，施以行政训练。太虚大师特命芝峰法师担任班主任。这时，芝峰法师对于中国佛教复兴的工作，又燃起新的希望，尽力于训练班的工作。同时，他与东初法师及一位法律顾问，草拟中国佛教会的会章和各种规章。

民国三十六年（1947）3月17日，太虚大师在上海圆寂，整理中国佛教的工作也无疾而终，从此芝峰对复兴中国佛教产生消极。二年后竟传出芝峰法师逝世的消息。但事后知道这是误传。根据温州对芝峰法师有研究的叶永春先生提供的信息，新中国成立后芝峰法师舍戒还俗，名石鸣珂，供职于国务院宗教文化部门。"文革"中，下放湖北沙洋五七干校劳动，1971年11月12日去世，终年70岁。

芝峰法师的著作散见于《海潮音》《现代僧伽》《现代佛教》等杂志，未结集行世。他从日文翻译过来的有《唯识三十论讲话》《禅学讲话》等。

案：上文系本书编者参考多种资料撰成。

亦幻法师

亦幻法师（1903-1978），号慧律，浙江温岭人（余涉所编的《漫忆李叔同》中注作黄岩人，这大概是因建置变动而异称。），早年即从温岭观音堂纪梅和尚出家，住温岭小因明丛林修持。后由寺方选送入学，接受系统的文化教育，毕业于武昌佛学院第二期后，赴厦门，入闽南佛学院深造，并在院执教。是近代名僧太虚大师的高足。他在精研佛理之外，还通晓多国语言、广览社会科学著述。他藏书丰富，其中有马克思、孙中山的文集和大量中外经典著作。

1929年五磊寺方丈炳瑞通过苏州定光寺方丈静安法师转请亦幻来慈北鸣鹤场金仙寺任方丈。静安亦同来慈谿。1930年秋，在芝峰法师的助缘中介下，亦幻礼请弘一法师莅寺。弘一大师祝贺亦幻，学习太虚，推行人间佛教，矢志弘法道场。亦幻礼敬、照料弘公，在他管领白湖风月期间，弘公数度来寺，与亦幻成烟雨同伴。亦幻还引介胡宅梵于弘公，促成他们师徒之缘。弘一在白湖留下的岁月印痕，亦幻为撰《弘一法师在白湖》纪之。亦幻曾有心发起创办"南山律学院"，请弘一大师主持弘律，后因发生想不到的周折而未果，对此亦幻颇有伤感与遗憾，特与岫庐合撰《南山律学院昙花一现记》详述事情经过，而文章以岫庐为署名，文中提到的桂芳，实际是指代五磊寺主持炳瑞。

在原宁波延庆寺方丈圆寂后，静安赴甬接任，他特请亦幻法师兼任延庆寺都监。自此，金仙、延庆两寺实际事务皆由亦幻管理。静安圆寂后，两寺方丈一职均有亦幻一肩担当。1932年其师太虚被邀担任雪窦寺住持名义，亦幻也曾前去代理过寺务。金仙寺有僧众五六十人，延庆寺有百余人，为有助力，亦幻就聘月西为金仙寺监院。

1939年8月，慈北战时服务大队，曾在金仙寺举办青年夏令营，以一个月时间训练战时服务大队的骨干、知识青年六十余人，培养了一批抗日骨干力量，期间亦幻、月西尽心尽力，支持办营。亦幻还曾亲至上海为中共地方抗日武装采办医药等。师徒俩在当地拥护并支持抗日武装，掩护抗日人士，事例多多，颇获地方人士好评。还据李前伟所撰《上海记忆》中提到：1942-1943年之交，上海日本宪兵队逮捕了鲁迅夫人许广平，经时居上海茄勒路东边法藏寺的亦幻法师和居北四川路东边吉祥寺的芝峰法师等大力营救，许先生于1943年春被释放。

亦幻主持金仙寺期间，曾延聘名僧静权法师、芝峰法师、弘一法师、静安法师等莅寺讲经，成立"白湖讲舍"和"人海灯社"。大醒、常惺、竺摩、印顺、会觉、慧云（后来还俗的林子青居士）等名僧都曾来金仙寺挂单。一时间，金仙寺成为浙东地区弘扬佛法教义，修习佛学经论，培植佛教传人的名寺古刹。曾任马来西亚佛教总会会长的竺摩大师，当时即是在寺青年僧人。

新中国成立后，亦幻移驻上海静安寺，并参与上海市佛教协会、抗美援朝分会工作。在沪期间，亦幻还与一些著名学者、报人有交谊，后在"文革"中亡故。

亦幻，能谨守戒行，善于管理寺院，又能爱教爱国。他不仅自己购读大藏经，博览佛典史籍，有高深的佛学修养，还能孜孜不倦，广泛涉略外学，实际上也是一位方外学者。尤其他在因明学的研攻与藏书，更遗惠后学。中国逻辑学会因明专业委员会副主任、中国宗教学会理事、上海逻辑学会副会长、复旦大学哲学院教授、博导郑伟宏先生，他从事的研究领域是汉传佛教因明，历来被称作绝学，极为专门冷僻。他谈到自己的学术成就时，就非常感激亦幻法师的缘助。郑教授曾在他的《我的逻辑、因明之路》中有深蕴感激之情的回忆："……我能把这因明饭碗捧起来，除了上述内外因，还有助缘。这不能不提我的忘年交黄石村先生。石村先生曾是老报人，擅长作文。……有一天，（石村）先生把我召至病榻前，郑重其事地对我说，要把一套珍藏的因明著作赠给我，希望我深入研究，有所成就。我知道这套书弥足珍贵且来历不凡。（20世纪）60年代初，亦幻法师因故被迫还俗以致生活无着，常得石村先生接济而成为患难之交。亦幻法师对石村先生说："你是研究逻辑的，应懂得因明。"他把自己多年搜集的古今因明著作十余种全部赠送给了石村先生。这套因明书种类之多，超过了国内任何一家大图书馆的馆藏。由于石村先生的慷慨馈赠，我得着图书数据之便，顺利完成了数据编写和现代因明史的写作。倘亦幻法师、石村先生有知，一定会为我感到欣慰的吧……

案：上文系本书编者参考多种资料撰成。

忆亦幻法师

甘桁

今年是弘一大师圆寂七十周年，想起弘一大师的弟子亦幻法师。亦幻法师已圆寂三十四周年了。20世纪70年代经谢兰轩居士介绍我有缘亲近亦幻法师，当时我寓居上海虹口庄源大，离亦幻法师的七浦路吉祥寺颇近，故休假日经常上"幽花丈室"拜访请益。"幽花丈室"一斗室，窗明几净，简朴清雅。在这里我常常遇到前往请教"因明学"的黄石村先生，后来黄石村先生写成的《因明学述要》终由中华书局出版，我们也成了挚友。

亦幻法师擅诗词、好书法，常嘱我刻斋名印、闲章等，并赠邓散木为他刻的"亦幻"朱文印与我留念。他介绍我认识苦学成才的浙江美院的王伯敏教授，我为王伯敏教授刻了方"尊受"印后，王伯敏教授回信并赠我一幅山水画以答谢。当我得到由北京中国佛教协会秘书长林子青居士转来的赵朴初会长赠我的墨宝《春早湖山·读雷锋日记》词后，他也一再叮嘱我牢记赵老教诲："为善不辞心力，为学只争朝夕。"

我最早知道亦幻法师，是读了《弘一大师永怀录》中他所写的《弘一法师在白湖》的文章，此文结尾写道："我们从大师本身看起来，他那时的生活是朴素闲静地讲律学写经，幽逸得无半点烟火气。倘使从白湖的天然美景看起来，真是杜甫诗上的'天光直与水相连'中间站着一位清癯瘦长的梵行高僧，芒鞋藜杖。远岸几个僧服少年，景仰弥坚！"给我留下深刻的印象。

亦幻法师号梅翁，笔名出定僧，浙江黄岩人。童年出家，曾任慈谿金仙寺、宁波延庆寺等方丈。但是在那非常的、动乱的年代，亦幻法师的晚年是凄凉的，但仍然乐观向上、勤奋好学、诲人不倦、关心他人。他经常给我写信，信封是以废纸自制，信纸大多是用边角料小纸片，密密麻麻写来。这样的信，现在我还珍藏有七八封。信中有学问的探讨，更多的是生活的指导和鼓励。

亦幻法师知道我教学之余喜欢研究学习文字学，特介绍我认识胡吉宣老人，胡老专攻语言文字学，长期在上海图书馆善本组研究古籍。此时八十高龄的胡老，精神矍铄，正在埋头修订四百万言巨著《玉篇校释》，亦幻法师想方设法帮助联系出版，未果。直至胡老逝世后五年——1989年，《玉篇校释》才由上海古籍出版社根据其手稿影印出版，这是后话。

亦幻法师晚年处在困厄之中，没有能够等到春天的来临，1978年圆寂。是年春节，我前往贺年，他送我一张近照，并题上"甘桁老弟留念，亦幻于幽花丈室，时年七十六，一九七八年春节"。后在4月3日来信，还云"不慧每日尚能起来，勿念！"这是他给我的最后一封信了。

我的书案上有亦幻法师生前赠我的一方小端砚，砚旁置有一方"亦幻"印章，仿佛法师犹在我的身旁……

案：本文系从《慈溪书法》2013年第一期中原文转引。

胡宅梵：弘一大师的居士弟子

一、生平简述

20世纪末，应当时的鸣鹤镇镇长方向明先生之邀我执编由他任主编的《古镇鸣鹤》，在编写过程中，深感古镇不仅有内涵丰富的山水文化、书院文化、陶瓷文化、建筑文化、药商文化、诗词文化，而且更有大可特书的佛教文化，尤其是镇内前临白湖后屏峙山的浙东名刹金仙寺，佛教文化的资源就相当地丰厚。此前我偶然得到一本《地藏菩萨本愿经白话解释》，见有弘一大师之序。读序，知"白话解释者"为胡宅梵，他与时住金仙寺的弘一大师有过从，我揣想此人大概是金仙寺相邻几个镇内的信佛的有功底的知识人。当时我忽发联想：从他身上或许能勾沉出当年弘一与金仙寺相关的往事，虽算来他多半过世有年，但估计他的后人也会传知一些相关往事或保留一些文本数据，心里思忖想找他后人。事有凑巧，由裘尧亭先生的引见，我结识了已然高龄但思维敏捷、记忆清晰的王绍川先生，聊询之间，得知他竟与胡在金仙寺曾相识。他说胡宅在今慈溪市桥头镇，当年属余姚双桥乡。因长子在绍兴震元堂从事中药业，胡晚年居绍兴，1980年过世。按王绍川老的指点，先去胡宅的邻村找到了胡的蒙生陈瑛先生，了解了他所知道胡宅梵的一些往事，然后在陈的帮助下顺利地来到弘一大师曾光临过的胡宅。宅在挢头镇五姓村，并从住户中打听到时居绍兴的胡宅梵长子孟济先生的电话号码，进行了联系。以后据孟济先生介绍，粗知了其家君生平之大概。

胡宅梵（1902-1980），余姚县双桥乡小桥头（现慈溪市桥头镇）人，原名胡维铨，又名谪凡。出生于一个重文信佛的中药商家庭，自幼勤奋，熟读经书，好诗文、喜书法，也涉文物探究，有一定造诣。胡宅梵早年曾设馆授徒，也曾在慈谿锦堂师范及余姚阳明中学任过国文教师。1930年11月在慈谿金仙寺皈依弘一大师，弘一大师为他改名宅梵，又赐其法名胜月。此后笃信佛学，于宅内建斋，名为"梵籁草堂"。20世纪30年代初，弘一在慈北期间，时有宅梵侍师聆教。宅梵之诗集《胜月吟剩》与《澹宗》在师赞赏、鼓励下先后出版。而胡宅梵所撰著的《弘一大师的童年》《弘一大师胜缘记》，尊弘一大师指示而演述的《地藏王菩萨本愿经白话解释》等，则或为研究弘一大师早年生活的重要史料，或为了知弘一大师在现慈溪境活动的见证文本，或为师徒之间的情事反映，或为佛经研读诠释的普世成果。新中国成立后，胡宅梵定居绍兴，仍不辍佛学研究。与当时社会闻人张宗祥、马一浮、黄宾虹、丰子恺、朱仲华、陶冶公等友善交往。因朱仲华推荐，担任绍兴佛教协会副会长兼秘书长。期间热心会务，深得会内人士赞誉。一生除从事佛学研究外，还涉及诗文编撰、字印书刻、乡土文献研究等，一生编著达 700 余册之多，大部分在"文革"中被查抄散失。

二、师徒胜缘

据孟济先生记忆，其父曾对他说过，当年弘一法师爽然去伏龙寺，其中一个因素是，来金仙寺想访谒他的人多，有扰他的安静，有手书示我"为僧只合居山谷，国土筵中甚不宜"，这细节虽不见于胡宅梵的传世文章，但是却可用来以补追记，因顺此提及。

胡宅梵曾撰有《弘一大师胜缘记》，发表于 1947 年 2 月 1 日《觉有情》半月刊第 8 卷第 11、12 号合刊。据此文可知胡宅梵由金仙寺住持亦幻引见于弘一法师后，与其师弘公之间的情事始终，是了解胡宅梵的居士生活重要阶段之见证性文本。读者如能过目，就能于师徒胜缘，大致了然，因原文颇不易见，为方便大家获读，于是引录于下：

> 己巳秋，师莅白湖金仙寺。寺与余居密迩，由亦幻法师之介绍，乃得晋谒。师气度静穆，慈谒被人。一见兴感，曾写《见了弘一法师》一文，刊于《现代僧伽》。予别署谪凡，师更为宅梵，云升天终须堕落，惟学佛方超三界，并告余以念佛惜福为要务。一日以《弥陀经白话解》贻赠。余曰："《弥陀经》已有白话解耶？余思之为。"师曰："尚有《地藏经白话解》，尔盍为之。"余曰："未入佛智，恐难胜任。"师曰："尔可依字面解释，若有未妥，当代为修正。"时静权法师正讲《地藏经》，师命余恭听，云得借助。余遂开始写作。师更赠余手写之地藏经科文十余帧，《地藏经科注》一部，《演孝疏》一册，以资参考。复允余皈依为弟子，问余欲阅何经典。以《大智度论》对，师乃请智论二部，木刻者备自阅，以排印者赠余。并命余至佛像前宣誓礼拜，更赐名胜月。

出亲手圈点之《普贤行愿品》，嘱余每日读诵，末盖以钤记曰"蹑戏斋"，曰：此余出家后所镌，不多觏也。题余之诗集曰《胜月吟剩》。将匝月，静权法师讲经圆满。静安和尚发起施食及授幽冥戒之举，师书其眷属多人，悲泣供奉。静法师则嘱师写地藏经二十八种利益两方幅。是年师在白湖过冬。见余必谆谆善诱，无倦容，时时以手书之长联横额等多种为赠。并为《地藏经白话解》写序及题眉。师畏寒，手生冻疮，衣犹单薄，余则供奉火炉内衣等。春季师赴百官法界寺闭关。

隔岁栖莲法师为五磊寺方丈，嘱余请师住锡。师惠然莅止，并寄手简，命余上山。极言灵山道风为全国冠。既趋谒，师命余读其手书之华严经及原人论等，更为之讲解，将手订之地藏经及所书之赞偈惠赠。天未明，师已起上大殿，亲击钟鼓，导众念佛。时寺中有专修净业之蜀僧显真，勇猛精进，师推重备至。约渠发起求生西方之普贤愿意，真师刺血，师制原文并书写。计十人：亦幻师、文涛师、显真师、栖莲师、苏居士、师及余，尚有一童子，余不及忆。夏季复上山，师云尔来大佳，金陵刻经处有结缘书籍寄到，可谓巧值。余亦云今日为余三旬初度。师云：今日亦为先吏部公百十九岁冥诞也，因书其因缘于弥陀经疏钞为赠。又命余为其亡母王太夫人印造地藏像多幅。时师正感冒风寒，鼻涕时出，用极粗草纸拭之，拭竟折迭端正，复置衣袋中，须臾更拭更折，视此草纸珍若拱璧。余不忍，将所用之手帕敬奉，师鉴余诚，遂受之。杪秋，三上山。师病疟，屹然踞床上。问何不安卧养息，师云："病中正好代众生受苦也。"复劝医药，曰："大病不吃药，小病自开方。"嗟乎，师之操持，旷代罕觏，警人深矣！师于堂中悬明人名画地藏像一幅，鲜花供养，并自向像前受菩萨戒也。孟冬，师创律学院不成，下山居金仙寺。

时有镇海龙山伏龙寺住持诚一，礼师，请去供养。师询余可去否？余曰可，遂命余陪往。至则居关房内，余则小住即归。隔一月，堵福诜县长介绍毛契农居士，欲余同往龙山礼师，即为之引见。龙山风景兼山海之胜，师从未出关欣赏，值新晴，余请师赏领，师不允，盖不耽逸乐也。余出内子手写之普门品乞为题签，并赐法名月慧。更出示其亲手装订之南山律学丛书一大部，曰："人均知余能金石书画，皆不知余更能装书也。"言之欣然。

翌年师由龙山回金仙寺，时询余居距白湖之远近，度其意似欲至余家一行也。余乘机请，师允诺。遂禀于父，吾父欣然，为治素食。乃买舟邀师来家午斋，座仅四人，师与父、寂月居士及余。斋后师即行，云不复乘船，步行回寺，是为二月十五日也。春暖，师行不数十步，即去一衣，命余负之行。余曰："似沙弥也。"师云："未可，须受沙弥戒方得称沙弥。"余为述上呑湖山静穆，可顺道一观。师允之，至则在湖塘小立，云极似温州平阳之某处。至寺，师即解衣洗濯。余亦归。

师平居治律之余，喜博览名人格言，选择撷录，汇为一册，别选蕅益大师警训、莲池大师警训二种，悉交余刊布。适值"一二八事变"，毁于火，仅刊出所选之薛文清公《读书录》、梁瀛侯《日省录》二种。后师复整其蕅益警训旧稿，名《寒笳集》。复命余选莲池警训，选竟，余乃名之曰《晨钟集》，盖皆取少陵诗句也。先后付佛学书局出版，今已重版数次矣。

嗣后师弘法闽南，又时时以念珠及手书楹联，及影印各种经籍为赠。更命余将已出版之《地藏经白话解》，及《澹宗》等，寄去结缘。师平时见人辄避，或有访问者亦婉谢。惟对余则一见如故，每事垂询，余云善则善之。尝谓显真师云："施主物不可受，惟胡居士物可受也。"噫！余无实德，师何信任之深，盖亦宿缘欤？年来学渐进，欲就正于师者甚多，师竟冥迹西归。虽然日受亡言之教，蹈亡象之规，于春满月圆之时，永瞻风度，顾劣智昧心，亦无所得，悲乎！慈将师寄赠之手书数十通，录之以留纪念，然时经变乱，散轶亦复不少矣。

三、《地藏菩萨本愿经白话解释》

胡宅梵成为弘一法师的居士弟子后，受到弘一法师的指示与支持完成了《地藏王菩萨本愿经》的白话解释。这在范古农的《〈地藏王菩萨本愿经白话解释〉校刊序》中有证说："胡宅梵居士亦曾以是经为功课，熟读深思。欲以世尊地藏之心，掬示众生，令诸众生深解此经义趣，得以共沐宏恩。爰依弘一师之请，为之白话解释，更以其稿寄示，嘱（余）为校阅。"确实是弘一既使胡宅梵本人入研《地藏王菩萨本愿经》起了质的变化，也成就了胡宅梵的演述弘法实践，并使迫切需要了解此经义理的读者有了阅诵文本。弘一法师的为胡《地藏菩萨本愿经白话解释》作序，在简明扼要地道明了斯事因缘，实际上也向方内外作了"潜台词"式的此经解的品牌性提示。但文中的"己巳"经林子青先生的考证，认为"己巳当为庚午之误，因己巳年师尚未至金仙寺，或因追记致误也"。

为欲读者的方便计，此引弘一师以"贤首院沙门胜臂"为署的《地藏菩萨本愿经白话解释序》：

> 己巳九月，余来岠山，居金仙寺。翌日，宅梵居士过谈，贵彼所作五言古诗一卷。余谓其能媲美陶王，求诸当世未之有也。是岁十月，天台静权法师莅寺，讲《地藏菩萨本愿经》义。余以本愿章疏，惟有科注一部，渊文奥理，未契初机。乃劝宅梵撰白话解，而为钤键。逮于明年，全编成就，乞求禾中古农长者以剟正之。遂将付刊，请书叙言。为述昔日斯事因缘，以示后之学者。于时后二十二年岁次癸酉二月贤首院沙门胜臂。

四、为弘一大师记童年

欲知弘一大师的童年之真实史，唯一的文本就是胡宅梵的《记弘一大师之童年》。这只要你一读该文的首段文字就明白。"民国十九年秋，亦幻和尚住持慈谿金仙寺。秋，弘师莅止。予居近寺，时得亲炙。一日，予谓师曰：'师童时事，世鲜知者，可得闻乎？'师曰：'年幼无知，事不足言，惟我父乐善好施之行，颇堪风世励俗，差足传述，而与余幼年之生活，亦有密切之关系也。'于是师乃条述其幼年状况，予即秉笔为记，记毕呈阅，复经师亲以朱笔改正，则此篇可称其幼年之真实史也"。

《记弘一大师之童年》一文篇幅并不长，取事入记，至为精当，就事而见微，颇有"三岁知老"之轨迹隐其中。如记中道："师（幼年）于闲居时，必习小楷，摹刘世安所临文征明心经甚久。兼事吟咏，如'人生犹似西山日，富贵终如草上霜'等句，皆为其幼年之作，谓其为代表师当时之思想可，即视为萌出世之心，亦无不可。"从上例，就可联想后来李叔同于中年毅然出家，实在是他在幼年已在心里种下了种子的。

《记弘一大师之童年》，曾收在由大雄书局于1943年出版的《弘一大师永怀录》中。记得我于2011年6月22日，在胡孟济先生家看到了藏本。同去的伏龙寺住持传道法师是个有心人，向孟济先生借而归，大概要复存留寺，以备为辟"弘一与伏龙寺"之馆展用。

五、《胜月吟剩》与《澹宗》

弘一谓胡宅梵所作一卷五言古诗能媲美陶（渊明）王（维），是指胡的《胜月吟剩》稿本。也是一种缘遇，我在2011年6月23日于孟济先生家看到了他们好不容易保存下来的当年弘公曾摩挲过的《胜月吟剩》手稿。这手稿，胡宅梵在弘公"可将稿本刻印发行"的鼓励之下，于1931年经弘公题签由研白斋刻印。弘公并为之吟《题胜月吟剩》诗直抒褒赞之意："莽莽神州里，斯文孰起衰。沧江明月夜，何幸读君诗。"于此可见大师的眼光与赏读感受。至于当时同乡学弟何子培在《胜月吟剩》跋文中的"胡兄宅梵隐居双河，参禅而外兼好吟咏，故其诗天机清拔，有冲穆澹远之致，使人读之悠然意消"一段话，则或可说是社会士流对该集的成因与胡之诗风、读诗后审美效应的感评。时光流逝，该版本已难觅读。新近有慈溪市文联主席方向明先生（当年的鸣鹤镇长）将《胜月吟剩》为之点校出版。

这是一种功德，此举使读者大众有弘一师一样的喜悦："沧江明月夜，有幸读君诗。"

胡宅梵在《弘一大师胜缘记》中提到："（师）命余将已出版之《地藏经白话解》，及《澹宗》等，寄去（闽南）结缘。"看来，他除了对胡的创作诗歌看好外，对胡的选诗眼光也是很为赏识的。新近，我的一位朋友抱着好书相与赏的激动，特地赶来让我欣览一本十分品相的民国二十二年（1933）八月初版的仿古线装的《澹宗》集，底页上署印着：选辑者胡宅梵居士；审定者弘一法师；发行者佛学书局沈彬翰；印刷者中国仿古印书局；发行处上海佛学书局；分销处各埠佛学书局、佛经流通处。这些信息明晰告诉我，《澹宗》是一册诗选集，辑者虽是胡宅梵，但在出版时是经弘一大师审定的，印刷虽是中国仿古印书局，发行者则以上海佛学书局为主。看来从选定印刷单位，就有版式装帧的考虑在先了；从发行单位的选定，就会想到所以如此，可能这样做很合选辑者、审定者的身份、影响；还有一重原因是大上海人流涌密、交通网络布向全国，因此，这是最佳的发行路径。

至于《澹宗》成集至刊之缘由，辑者自序有言："予读书之暇，更喜诵诗。初好艳体，久则厌倦。后读韦柳五古而爱之，盖能以兴味隽永胜也。及睹陶集，觉平淡之间并具淳朴清幽之观，方悟韦柳等皆胚胎于此，始知隐逸者流亦莫不以陶为宗。澹宗名命，盖昉此也，故以陶为冠，唐五家相佐，凡有同调不分古今，见即随录，数载成帙，置案自娱。而朋好借阅，辄曰：是固红尘热浪中之一服清凉散焉，曷付刊以供同好？"《澹宗》除自序外，又有胡寄尘序、何子培序，二序作者皆有对《澹宗》的识眼慧悟，且能与时世相接，触批世相浮俗。胡序指出："今世竞尚纷华，重功利，熙熙攘攘，不知所止。救之之药，其惟淡泊乎。夫感人之深，莫若诗歌。《澹宗》之辑与世运之关系为何若哉！……余读而有感焉，书此以归谪凡。"何序较之胡序，言之细而切："……今以诗学论之，千古之善诗者莫如陶谢，然陶谢之诗正得力于澹。唐之王维孟浩然诸人，其诗亦皆以澹穆名。盖人而能澹则其识见自高，其意度自远，其胸次自广，其气魄自大。

而一切世俗名利纷华，举不足以入其中矣。然后发而为政事，则必有刚大肃毅之风，逸而为诗文，则必有冲穆澹远之致。即不然，布衣野处而其胸次之洒落，气象之挺拔，亦必大有异于常流也。……（宅梵）常慨世之青年多汩没于声色货利之中，而不复有刚大清逸之气，因就古今名家诗集选取其天机清妙意致澹远者都为一集，颜曰《澹宗》，欲使人读是集者于歌咏讽诵之际，有以潜消其鄙吝之气而复其天趣之真，既以正诗体亦即以正人心，其用意至善也。余愿世之读是集者，当于举世滔滔之中，力屏浮华而归于淡泊，再以淡泊而成远大。"

案：上文系本书编者参考多种资料撰成。

月西法师

月西，俗家姓高，名祥麟，浙江省温岭市人，民国四年（1915）出生于温岭新河区铁场村一户生活十分艰苦的农家。十一岁时，从苏州定光寺静安上人剃度出家。本名月熙，后来改名月西。先在寺学读书认字，做一些扫洒杂务。十六岁受沙弥戒，为静安上人身边侍者，为师尊执持巾瓶，学习出家仪轨。

民国二十年（1931），时十七岁，千里负笈，考入闽南佛学院就读，时太虚大师，任南普陀寺住持兼闽南佛学院院长，鼓吹革新佛教，建设人间净土，月西接受熏陶，一生爱国爱教，实肇于此。当时院务由大醒、芝峰二法师维持。月西在闽院时，年纪最幼，而资质过人，同学中有印顺、东初、静严、心道、大讷、木鱼、普钦等人，以后都是弘化一方的佛门法将。二十岁于闽南佛学院毕业，依温州护国寺万定和尚受具足戒。

民国二十二年（1933），赴宁波延庆寺听太虚、芝峰讲《法华经》。次年往慈谿金仙寺，参与筹建白湖讲经所，后因发生卢沟桥事变，白湖讲经所辍建。月西二十三岁，受金仙寺方丈亦幻聘，任该寺监院，辅佐亦幻法师经营金仙寺。抗日战争爆发后，月西爱国爱教，积极拥护抗日。民国二十八年（1939）夏，他支持慈北战时服务大队在金仙寺举办夏令营，训练抗日骨干；民国三十一年（1942）八月，第三战区三北游击司令部在该寺成立，并举办教导队训练学员也是在他的主动配合下进行的；民国三十二年（1943）元旦又是他安排好何克希司令员、连柏生副司令员在金仙寺召开新年茶话会，宣传国内外形势；还掩护活动在当地的中共党政军领导谭启龙、何克希、刘亨云、张文碧等在寺内安全居住。月西法师并与住持亦幻法师，甚至冒着生命危险，掩护抗日救亡人士，筹措药品，粮食等物资，支持中共抗日武装；又能团结宗教界人士，共同开展抗日活动，深获当地爱国人士的称颂。

抗日战争胜利，月西年三十一，任宁波延庆寺监院，办事干练，卓有建树。1949年，宁波解放。月西积极靠近政府，于解放舟山、抗美援朝运动中，发动寺僧节衣缩食、捐钱献物，支持前方。深得政府好评。

1954年宁波市佛教协会成立，月西出任会长，引导全市僧尼，进行生产自救，先后创办佛教布厂、佛教缝纫工厂、四明纸盒厂等，以解决众多僧尼的生计问题。1956年夏天，宁波地区受到飓风袭击，延庆寺一部分殿宇遭灾倾塌，月西法师先率常住僧众抢救，后筹资修复。因他对宁波佛教及延庆寺的贡献，1957年被推举为延庆寺住持。"文革"中，师遭受冲击，虽处逆境，毫不动摇。1980年，月西年六十六岁，出任七塔寺修复小组组长，废寝忘食，惨淡经营，费求搏节，事必躬亲，积十余年之辛勤，终使遭受严重破坏之千年唐刹，重恢旧观，殿宇僧楼，丹漆生辉，再塑佛像，金光耀彩。1984年8月，他正式升座出任七塔寺方丈。拓宽寺前马路，改建照壁山门，建造迎宾之综合楼，可谓百废俱兴。月西重修七塔寺之功绩，堪与中兴七塔之慈运长老，前后映辉。

月西曾先后担任中国佛教协会常务理事，浙江省佛教协会副会长，宁波市第一至第七届人大代表，宁波市第八、九届政协常务委员，浙江省第五、六届政协委员。1993年2月8日圆寂，享年七十有九，遗体荼毗后送慈溪五磊山入塔安葬。

案：上文由本书编者经多种资料整合而成。

月西当年从苏州定光寺静安上人剃度出家，大约因静安法师俗家是温岭，又是名僧，由乡人为之引荐吧。因亦幻俗家也是温岭，他从佛学院出来后也曾投苏州定光寺静安处，亦幻之来金仙寺任方丈，是栖莲和尚通过静安法师转请的，而且静安也同来了慈谿。后来宁波延庆寺方丈圆寂，由静安接任，而静安圆寂后，亦幻就承担了延庆、金仙二寺方丈，而月西兼嗣静安、亦幻为二师，先后任金仙寺监院、延庆寺监院与方丈，这既是月西德能兼备的使然，也是佛缘乡谊的一则佳话。

缅怀月西法师

毛翼虎

我和月西法师很有缘分，因为他的师尊亦幻法师和我是文字知交。在抗日战争前，我常常在延庆寺与他论文论道，诗词唱酬，作宾主通宵谈。他还将他的师尊太虚法师介绍与我认识，太虚法师是一个很有学问的人，主张佛教改革，太虚圆寂以后，亦幻秉承太虚遗志，完成了《中国佛教改革方案》，我向当时的南京政府立法院提出了这个提案。我是从亦幻法师处认识了月西法师的，他们师徒一向有要求进步的思想倾向。

那时亦幻法师住持宁波延庆寺兼金仙寺方丈，月西法师被邀任金仙寺监院。亦幻多在延庆寺，慈谿金仙寺的重任落在月西的肩上。1937年7月7日，抗日战争全面爆发。不久日寇进逼宁波，1941年4月宁波沦陷。慈谿民众救亡图存，在金仙寺成立人民抗日武装，月西法师激于爱国主义义愤，积极支持抗日救亡运动。金仙寺先后五次，成为新四军浙东游击总队第三、第五支队总部的驻地。月西法师依照军队需要，在生活上、交通运输上予以协助。亦幻法师在沦陷区宁波延庆寺，同样作掩护、传递信息等有益革命事业的工作。1944年亦幻法师筹资到上海采购药品，秘密支持浙东三、五支队，月西法师积极参与其事，以至不惜生命危险，掩护营救抗日救亡志士等事迹，深得当地人民称赞。1945年8月，抗日战争胜利，月西法师应亦幻法师之邀，出任延庆寺监院。

他很有经营才能，殚精竭虑，辛劳奔波，把沦陷时期遭敌破坏、蒙上阴影的延庆讲寺，修葺一新。亦幻法师就曾专门对我说起过这件事。1947年月西法师还曾任《宁波日报》副刊"慧日旬刊"主编，大力宣传佛教新思想，报导佛教界新动向。1949 年 5 月宁波解放，这对白皮红心的师徒，自然受到共产党的重视。亦幻法师出任浙江省各界协商代表，因其知识渊博，辗转去上海担任佛学书局编辑，后落脚吉祥寺，从此与我只是书信来往。而月西法师在宁波积极靠近人民政府，宣传党的政策，消除僧众对政府的顾虑疑惧。1950 年，发动全寺僧众节衣缩食，捐钱献物以接济舟山被国民党空军疯狂滥炸下的灾民和支持人民解放军解放舟山、抗美援朝。同时率先提议，筹建宁波佛教协会。1954 年宁波市佛教协会成立，月西法师被推选为会长，领导全市僧尼管理好寺庙。在困难的岁月里，他提倡生产自救，先后创办"佛教布厂""佛教缝纫工厂"，为众多僧尼生计问题而煞费苦心。1956 年，宁波遭到强台风袭击，延庆寺部分殿堂倾塌，月西法师率众抢救，奋勇当先。尔后又筹集资金，辛劳半年，终于修复损坏的殿堂。1957 年，月西法师被推举为延庆寺方丈。

"文革"中，延庆寺殿舍被占，全寺僧尼集中在七塔寺，宁波佛教协会自然也迁到七塔寺。而七塔寺殿舍亦部分被占，全寺僧尼身处逆境，生活无依。月西法师作为全市佛教界领袖，忍辱负重，对党和政府，对佛教界前途，始终信念坚定，不抱悲观。而且千方百计，积极创办"四明纸盒厂""五星被服厂"，组织僧尼自食其力，使全寺僧尼得免受冻饿。他身体力行参加劳动，为众表率，表现出大智大勇，令人钦佩。

这个时期有一件事让我终生难忘。因我身体不好，市委统战部领导刘昌华叫我到七塔寺玉佛阁休养，月西法师热忱欢迎，妥为安排。因此我常和月西法师以及宁波佛教协会驻会常务副会长光德法师一起，促膝谈心，增进了了解，加强了友谊。

1978 年，党的十一届三中全会召开之后，拨乱反正，开始落实宗教政策，恢复七塔古寺亦提上了议事日程。当时我任宁波市政协驻会副主席，月西法师常到我的办公室来商量有关政策落实事宜，我在政策许可范围内依照我的力所能及予以联系，或在会议讨论中予以支持。因此我们之间的交情进一步加深。部、宗教处支持成立"七塔寺修复小组"，月西法师任组长，他意气风发地着手重修在"文革"中遭受严重破坏的七塔寺，我成为七塔寺的常客。在这段时间我对月西法师印象最为深刻的有三点：一是他能以诚感人，增强凝聚力。举一个例子，当时美籍华人、宗教工商界著名人士应行久先生偕夫人金玉堂女士（美国佛教总会会长）来甬，即感其诚，金玉堂女士将首饰捐献重塑千手观音像。二是利用与海外佛教界交流联系的机会，适当进行祖国统一的宣传。三是慈悲为怀，热心公益事业和救灾，地方上有需要，七塔寺总是尽力资助，甚得好评。

至于重兴七塔寺的工作，在逐步落实政策问题上难度很大。在这方面，我很佩服他的坚韧和原则立场，不达目的，誓不甘休。他还做到费求撙节，事必躬亲，积十年之辛劳，才使千年唐刹，重复旧貌，月添新容，真是来之不易啊！1984 年 8 月，这位劳苦功高的法师终于就任七塔寺方丈，我亦参加了这次活动，仪式庄严隆重，皆大欢喜。此时他已年届古稀，却老当益壮，继续筹集巨资，大兴土木，建"综合楼"，造"招待所"：拓宽寺前马路，改造山门；造四大寮而严职责，兴诸佛事而肃僧规，使七塔香火，兴盛如昔。我曾为天王殿撰对联，又曾赠诗一首云：

> 月色溶溶炉火香，西天寂寂观音相。
>
> 年来渐觉诗情淡，到此方知道味长。

1992 年夏，我因左股骨折断，独住第一医院外宾病房半年。后闻月西法师亦受伤住第一医院病房，他知外宾病房宽空，还能与我相伴，可以谈心，想移到外宾病房，我亦欢迎他来同住，旧友相聚，倍感温暖。遗憾所提要求，终因格于规章，未能获准，失却最后相晤相聚机会，甚为可惜。1993 年 2 月 28 日（农历二月初八），月西法师终于积劳成疾，安详示寂，遗体茶毗后送至慈溪五磊山入塔安葬。世寿七十九，戒腊六十。剃徒二人，即可祥与可善，两位法师，茁壮成长。今可祥法师已成为很有活力的接班人，良可慰也。综观月西法师一生，拥护中国共产党的领导，爱国爱教，热心公益事业，其重修七塔寺之功，诚堪与中兴七塔寺之慈运长老，先后辉映，永垂不朽。

走笔至此，很自然地会想到在上海吉祥寺的亦幻法师，我们虽海天暌隔，而鱼雁不断。在他圆寂后，我检点遗墨，有他给我的函件，达二百多。

他努力寻找"我佛慈悲""救苦救难"与"服务众生"之间同为人类谋福祉的结合点，实际上就是提高佛教境界与社会主义社会相适应的道路。而月西法师所作所为也恰恰符合这个原则。在共产党领导下，佛教如何发挥其积极的一面而成为爱国爱教的团体，这是很值得称道的。1977年亦幻法师圆寂，我有"哭亦幻大师"七律诗一首云：

> 灵修浩荡慕前贤，老学精勤抵少年。
>
> 并席商量加邃密，索居赡养解忧眷。
>
> 舍身无我遭痼疾，弃体忘机悟宿缘。
>
> 相识半生今永诀，临风凭吊一潸然！

这首拙作，亦可以作为惦念月西法师的内容，月西法师为佛教事业鞠躬尽瘁的精神，永远值得我们学习。月西法师永远活在人们的心中！

案：上文作者毛翼虎先生是著名诗人、学者，生前曾任宁波政协副主席。当年曾与亦幻、月西师徒有交往。《缅怀月西法师》中毛先生当年与月西、亦幻交往中亲知、亲历往事，是读者大众了解月西、亦幻的难得资料，故引录于此。不过需要指出的是，毛翼虎先生写这篇文章时，亦幻法师已圆寂多年，一时笔误记亦幻法师圆寂于1977年了。其实亦幻法师圆寂于1978年而非1977年，这可以甘桁所藏的亦幻在1978年4月3日写给甘桁的信为物证。

第四节　曾经劫难

佛教，在江南自孙吴时期传弘开来后，至唐武宗会昌年间（841-846）却遭受了一场大劫难。武宗本好道术，一心想成神仙。即位后，宠信道士赵归真等人，令修金箓道场，亲受法箓，认为佛教"非中国之教，蠹害生灵"。会昌五年（845），毅然下诏废佛。《旧唐书·武宗本纪》载："天下所拆寺四千六百余所，还俗僧尼二十六万五千人，收充两税户，拆招提、兰若四万余所，收膏腴上田数千万顷，收奴婢为两税户十五万人。"虽然颁诏次年，武宗就因服道士金丹，中毒而亡，而宣宗即位后，赵归真一行十二人即被下令诛杀，佛教又渐渐恢复生机。"会昌法难"历时虽短，但这场史无前例的破佛事件，也波及慈溪。据文献明确记载，今慈溪市境，就有三座寺院在会昌灭佛期间遭毁。一是时属余姚县上林乡位于游源坞的东福昌教寺，寺院被拆毁，僧人被强行还俗。迟至唐大中二年（848）寺院才重建；二是也时属余姚县而址在梅川乡的长庆院（号柯城道场院），一样毁于会昌法难中，也是在唐大中二年才重建；三是时属望海镇而址在伏龙山的伏龙禅寺，僧人也被逼还俗，据说因滞寺僧人了尘禅师的一首诗偈"云中有寺不可住，天下无家何处归"传至病中的唐武宗，帝恻悯之下，总算开特例许允了尘和尚仍住伏龙山上，但寺院也自此破败。过了17年，寺院才有高僧鉴诸在咸通三年（862）得以重修。

中国佛教到了明代，已经逐渐衰微。朱元璋知道宗教对社会大众的影响力，所以当皇帝后，分裂统一的佛教为禅、讲、教三等，只许它们各行其是，不得逾越。令僧侣移居山林，不得结交官府、也不允悦俗为朋，严格禁止社会大众擅入寺院和僧众接触，以防止僧俗混淆为名，行压抑佛教之实。因此慈溪佛教与全国各地一样，在明代就不如唐宋之盛。尤其在明嘉靖间，倭乱猖獗，慈溪地处东南沿海，佛寺往往遭受倭寇劫掠和火毁。据传由虞世南舍宅而成的清泉寺（后名定水寺）就曾被倭寇纵火为墟，有时人张铁诗句为证："（虞世南）生前妙墨空遗世，湖上荒基半属僧。"

入清，皇室多崇拜喇嘛教，又有一些反清人士遁入空门，所以清廷对佛、道也行打压。清大律禁止妇女至寺院烧香供佛，僧众不可以在街市中诵经托钵，这些政策使得佛教成为山林佛教，远离群众，也限制了慈溪佛教的发展。鸦片战争期间，英军在公元1841年10月1日、10日、13日先后攻占了定海、镇海、宁波。清廷在公元1842年3月10日凌晨发起浙东之战进行反攻，历时143天，调兵万余，选将上百，耗帑数百万，结果换来的是不到4小时的骚扰式的进击，然后是英军再反攻。公元1842年3月15日，英军突入慈城，接着从大宝山下四面环攻朱贵之守军，因失援，朱贵与子昭南俱战死，裨校兵丁死者多至200余人。第二天英军窜至曾是清将文蔚仓皇出逃的长溪寺，举起罪恶火把，烧腾蔽天烟焰，将这座深山名寺，烬为废墟。咸丰元年（1851）初，洪秀全、冯云山等在广西桂平县金田村领导太平天国起义，洪秀全是靠创拜上帝会来组织太平军的。拜上帝会只拜创造天地人物的"独一真神皇上帝"，不拜别神，视儒释道为异教。因此，从一开始，太平天国就破坏偶像，凡寺观庙宇、神佛之像泥塑木雕一概在毁之列。太平军数次入浙。达蓬山也名香山，山上有一寺，因称香山寺。寺址原为唐天宝中真应大师惟实结庵之地，广德（763-764）间建寺。明末清初，黄宗羲在海上乞师未成，军事抗清无望而隐退时，曾应邀上达蓬山香山寺，接待他并要他为寺志写序的是寺主续宗禅师。他俩虽然僧俗有别，但从邀序和笔者在读序中获知，在对清廷的态度上看来他们颇是声气相投的。我猜测这位方丈很可能是位遗民僧。不过，或许是清廷"耳目不聪"之故吧，反正当年地方官未对这座寺院采取禁毁措施。而按光绪《慈溪县志》记载，香山寺却在"同治元年，大殿遭西匪所毁"。这里所指的西匪，是在 1862 年 5 月与清军联合攻击在镇海、宁波太平军的英法侵略军。香山寺经此劫火，毁衰不起，荒草废墟，满目苍凉，直至 2002 年 10 月才移址于镇海区九龙湖景区重建。

1938 年 6 月，苇舫法师在《海潮音》上发了一篇《今后的中国佛教》，其中说："中国佛教，历史很长，也曾经过许多磨折，而从没有过像这次的厉害。因为这次是对外抗战，日本军阀的魔手，自不能和过去的帝王相比，而他们对佛教的摧毁，烧杀奸掠，是无所不用其极！"他列举了日寇在镇江扬州残杀僧侣、奸害尼众、焚烧寺院的暴行。在抗日战争期间，日寇在慈溪对佛教的摧残也同样令人发指。1941 年 5 月 26 日，侵华日军 200 余人包围伏龙山上伏龙寺，纵火焚烧殿宇，并将寺内七僧人赶入火海活活烧死，用刺刀刺死一名僧人。同年日寇至五磊山一带扫荡，炮轰五磊寺，山门、天王殿被炸毁，年仅四十岁的僧人炳泰被枪杀。据近年有关部门调查，也在同年，夏末秋初的一个早晨，60 余名日本警备队的官兵，窜到上林湖畔蟠龙山上，对着有 1100 余年历史的普济寺，齐发火枪，一下子，火焰腾空，山民王树怀见有鬼子施暴，慌忙间从山道出逃，惨遭日寇枪杀。大火延烧三天三夜，99 间寺宇，化为一址废墟。但据亲历羊角殿战斗的沈一民同志在《羊角殿战斗》手稿中说："（1942 年）十月七日晚八时左右，我们司令部、政治部及四支队、教导队等四、五百人的队伍，准备到上林湖的普济寺去宿营，想在那里开会后向四明山进军。哪知我们部队正行进去上林湖的途中，碰到去过上林湖侦察情况的俩侦察员，说普济寺在白天被日本鬼子烧掉了，日伪军还在上林湖驻扎。"则普济寺被日军火毁当在 1942 年。二说存异，笔者期待知情者教正。

肇建于唐，址在游源的东福昌教寺，据当地人口述是被前来扫荡的日本鬼子火毁的，询之知情老同志，认为时间应在 1943 年 10 月下旬。

第五节　红色记忆

由于地理条件、抗日反顽之时局等原因，新中国成立前，今慈溪市境多座寺庵与所住僧尼与中国共产党领导的革命活动有过密切配合，为反侵略战争和慈溪人民的解放作出了一定的贡献。逐座分述于下：

泽山庵（今泽山寺）在观海卫镇　1926 年 8 月，中共宁波地委组织部部长王嘉谟（王小曼）、中共党员沈邦祺、林屯根等常活动于观城、泽山、福山一带，并在泽山庵举行过秘密会议。1927 年，中共慈北支部在观海卫成立，泽山庵经常是慈北支部开会与联络的地点。1940 年 8 月，中共慈北区委在泽山庵成立。

普惠寺在观海卫镇　1927 年 1 月，共产党员李顺庆按中共宁波地委指示，从宁波回家乡在寺内组建中共支部。2 月，李顺庆、沈孝绩、沈邦祺 3 人于此成立中共慈北支部，李顺庆任支部书记。

金仙寺在观海卫镇　中共慈豀县委于 1939 年 8 月在寺内举办"夏令营"，慈北战时服务大队在此培训抗日骨干和知识青年 60 余人。1942 年 8 月，第三战区三北游击司令部也在此成立；9 月 1 日又在此组建了第一期教导队，培训学员七十余人。1943 年元旦，三北游击纵队司令员何克希、副司令员连柏生邀请三北各界著名人士在寺内举行新年茶话会，慰问各界人士，宣传抗日民族统一战线政策。

普济寺在桥头镇　寺中常驻抗日"暂三纵"，随队领导王耀中（中共党员）等常在寺内办公。在寺院未被日军火毁前，一直是浙东新四军的流动驻地。寺方僧人持续为部队安排生活住宿，支持、掩护部队开展抗日活动。

伏龙寺在龙山镇　1941 年 7 月，林有璋率五支四大队进入镇北地区。12 月上旬，五支四大队队部进驻伏龙寺，期间，浙东军分会主要领导和中共宁属特派员在寺内召开过重要会议。1942 年 4 月间，蔡群帆所率少数部队及所携电台驻在伏龙寺，王文祥由戚铭渠陪同至伏龙寺，与蔡探讨日军因兵力不足而放弃浙东的可能与对应策略，蔡还发电报向新四军第六师师长谭震林报告请示。

圣寿寺在龙山镇　1941 年 11 月，五支四大队（中共领导的抗日武装）领导蔡群帆、林有璋，邀龙山区署指导员戚铭渠（中共党员）、当地士绅朱祖燮等，约多次冲突的汪立本（国民党镇海县政府江北办事处主任）与姚华康（镇海县警察第三大队大队长），在寺内召开团结抗战会议，调解汪、姚冲突。汪、姚慑于五支四大的军事政治威望，接受调解。

五峰寺在掌起镇　1941 年 12 月，长溪岭战斗前夜，五支四大三中、新四中队曾在五峰寺宿营得到寺僧掩护。因地处南北要道，是浙东新四军的重要流动驻地，浙东游击纵队司令何克希、政委谭启龙等领导曾多次在寺中工作、住宿。寺中主持岳川禅师深明大义，还接济过浙东新四军粮食、医药和资金。

呼童庵在掌起镇　1942 年 8 月以后，三北游击纵队政治部主任张文碧曾在庵中住过，并在庵中召开过有他主持的政治部相关会议。

定水寺在观海卫镇　曾是浙东新四军经常宿营、开会处，寺方提供食宿，积极掩护，僧人还用中草药、针灸为伤病员治伤疗病。1944 年上半年，浙东游击纵队司令员何克希曾住寺工作。浙东新四军奉命北撤时，寺院是部队和地方干部的中转站。

海鹤庵在龙山镇　1942 年 4 月至 7 月，曾作为中共宁属特派员驻地。1944 年 7 月至年底，曾任宁属特委书记、四明工委书记、四明地委书记的王文祥同志时在海鹤庵养病，期间，海鹤庵则成为"秘系"联络站（中共三北地委于 1943 年初设立党的地、县、区秘密系统，简称秘系），与王文祥同住庵中工作的尚有陈明华、杨佐耕。1944 年 2 月至 7 月，王文祥又至庵中养病。先后得到庵里住持与僧人的掩护。

五磊寺在观海卫镇 是中共浙东区党委和浙东游击纵队司令部在三北的重要活动场所。1942 年 8 月，中共浙东区党委和三北游击纵队司令部相继成立后，曾多次在寺举行重要会议，作出重大决策。1943 年 11 月，中共三北地委曾在寺召开干部会议，总结秋收运动，提出加强反内战动员、加强战斗准备、改造政权、巩固群众组织；加强自卫武装、加强学习等五项任务。1944 年 2 月 17 日至 19 日浙东区党委在寺详细讨论华中局和新四军军部的指示，作出"坚持四明，巩固三北，分散游击，向敌后发展"的总方针，取得持续 9 个月的第二次反顽自卫战争的胜利，粉碎了日伪军的"扫荡"和蚕食，保存了有生力量。内战时期，五磊寺依然为革命同志隐蔽驻地，中共组织得到寺内僧侣的掩护和物资供应。

洞山寺在掌起镇 是中共浙东区党委宣传部于 1942 年 8 月创办的《时事简讯》之社址。1944 年 1 月，中共三北地委组织部还在寺中举办为期 9 天的地方党员训练班。寺还做过伤病员的养住之地，得到寺僧的掩护。

史祥寺在掌起镇 1942 年 8 月以后，曾为浙东区党委、三北游击纵队司令部的会议场所。1944 年浙东抗日根据地党政军首脑机关移洪魏后，寺为三北自卫总队驻地。寺南侧有隐蔽的山间小径，是司令何克希进出洪魏的通道。1947 年 5 月 26 日，重建后的四明武装三支二大四中与慈镇武工队会合后曾在寺内宿营，次日王起陪同上海局外县工作委员会副书记至寺中为该部队指导。

湖山庵在龙山镇 1943 年 11 月下旬，曾有中共慈镇县委在寺召开会议，时间一天，总结"慈东事变"教训，以取得更大战利。

夹山庵在桥头镇 数次为中共领导的部队提供宿营。1943 年 4 月 22 日晚上五支二大六中队曾在庵中宿营。第二天，于大河沿万呑段伏击由观海卫城出扰之日军，毙敌 30 余人，时称"万呑战斗"。1944 年初某天，王仲良率三北自卫总队警卫中队在姚山地区活动时，也夜宿庵内。

佛迹寺在龙山镇　1943 年间曾设驻过三北后方医院的流动医疗点，收治新四军浙东游击纵队伤病员。

东林讲寺在观海卫镇　1943 年 10 月 5 日三北各界民众抗敌联合会代表大会在慈北明强小学（今典渡桥小学）召开，东林讲寺是部分代表的驻地

屏山寺在掌起镇　抗日战争及解放战争时期，寺常作中共地下党和部队驻地。1948 年 12 月中旬，中共慈镇县工委在屏山寺召开由部分区工委书记参加的县工委扩大会议，中共四明工委委员、组织部部长薛驹传达四明工委会议精神，对当前工作提出 6 项任务：1、迅速完成"顽强"部队的扩军任务，提高战斗力；2、训练干部、改造干部思想，调整和提拔一批干部；3、有计划有步骤地发动反征丁、反征粮运动；4、打开慈东、慈西局面；5、清查账目、物资，健全经济、供给制度；6、普遍开展政治攻势，争取瓦解敌军。

除上述寺庵外，龙山镇湖山庵、掌起镇祖师庵、桥头镇护国庵、横河镇田谷庵等，当年或是隐蔽的交通站、或是三五支队与民运同志的临时驻地、或是后勤供给机构临时所在地，也同为支持抗日反顽作出了贡献。

第六节　开放寺庵

据慈溪市宗教局资料，至 2020 年，现市境佛教活动场所共 20 处，其中寺（庵）12 处，固定处所 8 处，除五磊讲寺和洞山寺开放时间较早外，其他都在公元 1988 年后陆续开放。

慈溪市佛教活动场所基本情况表

序号	场所名称	地址	始建年代	场所类别	开放年度
1	五磊讲寺	观海卫镇五磊山	三国赤乌年间（238–251）	寺（庵）	公元1985年
2	洞山寺	掌起镇任佳溪村	唐天祐四年（907）	寺（庵）	公元1985年
3	金仙寺	观海卫镇鸣鹤	南朝梁大同年间（535–545）	寺（庵）	公元1989年

序号	场所名称	地址	始建年代	场所类别	开放年度
4	泽山寺	观海卫镇新泽村	南宋绍兴元年（1131）	寺（庵）	公元1993年
5	呼童庵	掌起镇任佳溪村	南宋咸淳六年（1270）	寺（庵）	公1993年
6	海鹤庵	龙山镇海甸戎村	明成化年间（1465–1487）	寺（庵）	公元1993年
7、	海月寺	宗汉街道庙山村	明万历年间（1753–1620）	寺（庵）	公元1993年
8	宝林寺	古塘街道新潮塘村	清康熙年间（1662–1722）	寺（庵）	公元1993年
9	石湫净苑	观海卫镇石湫头下院路23号	清顺治十七年（1660）	寺（庵）	公元2002年
10	佛迹寺	龙山镇达蓬山	唐天宝元年（742）	寺（庵）	公元2003年
11	灵峰寺	浒山街道施山社区	清嘉庆七年（1802）	寺（庵）	公元2003年
12	胜山寺	胜山镇大湾村	明嘉靖年间（1522–1566）	寺（庵）	公元2005年
13	海日庵	观海卫镇卫东村	明嘉靖四十一年（1562）前	固定处所	公元1993年
14	秀水庵	掌起镇长溪村		固定处所	公元1993年
15	伏龙寺	龙山镇伏龙山	唐会昌前（841）	固定处所	公元2006年
16	万寿寺	周巷镇万寿寺村	明初建庵，清乾隆乙亥（1755）改寺	固定处所	公元2006年
17	永福寺	逍林镇福合院村	清道光元年（1821）	固定处所	公元2006年
18	新浦寺	新浦镇浦沿村	清道光年间（1821–1850）	固定处所	公元2006年
19	包公寺	庵东镇元祥村	清同治七年（1868）	固定处所	公元2006年
20	海晏寺	附海镇海晏庙村防汛路19号		固定处所	公元2006年

案：伏龙寺始建年代多误为唐咸通间，据文献，伏龙寺始建应在"唐会昌年间（841–846）"之前。

佛教活动开放寺庵选介

（按开放时间为序，下限为2019年）

五磊讲寺

位于观海卫镇鸣鹤的五磊山，距市中心城区约30公里。历代方志称：

"五峰磊磊相比，如聚米所成"。寺院处于五峰环抱之中，因以为名。寺院周围有白龙潭、濯锦溪、象眼泉、狮子岩、砥柱石、鹁鸪石、三石门、九曲岭、望海亭等胜景数十处。据康熙《五磊寺志》：开山在三国吴赤乌年间（238-250），印度梵僧那罗延来此结庐。寺西天峙峰现尚存该僧墓塔。唐文德年间（888）令頵禅师建"灵山禅院"。宋大中祥符初年（1008）由真宗敕赐"五磊普济院"额；宋仁宗天圣九年（1031）僧岑继募资修葺，殿堂焕然。不久后云门宗六祖智环禅师主寺，传讲云门教义，深山古刹，声名传扬。明永乐年间（1403-1424）改名为"五磊禅寺"；万历四十六年（1618）僧守智、福顺重修；后日渐荒废。清顺治三年（1646）当时天童寺住持木陈道忞住此，僧众闻名而集，成为临济宗丛林。顺治四年，达变接任方丈，仅二年而卒。继由道忞的法嗣拙岩任住持。自顺治九年至康熙十年的二十年间，重建、新建了二百余间殿宇房舍，规模恢宏，住僧逾千，信众四集，佛事相继，香火旺盛。在康、雍两朝鼎盛为浙东名刹，史称"道忞中兴"。此后又逐渐衰落。咸丰三年（1853）主建筑毁于火。后虽募资再修，规模难与昔比。同、光两朝，政局不稳，战火时起，佛事凋衰。延至清末，寺院废弛，香火式微。宣统三年（1911）炳瑞为之起修殿宇。礼请近代高僧谛闲至寺主持讲席，弘扬天台宗教义，寺院自此成为天台宗道场，改寺额为"灵山讲寺"。民国三年（1914），炳瑞由金仙寺迁任五磊寺主持，更重建大雄宝殿、弥勒殿、法堂等八十余间。民国十六年（1927），谛闲七十岁在五磊讲寺再次开讲，并传戒学僧一百余名，寺名鹊起。1931年6月，弘一法师应请在此创设"南山律学院"，因故至11月停办。1932年，谛闲卒于宁波，遗骸归葬于寺东侧山麓。抗日战争时期，五磊寺成为中共浙东区委和浙东游击纵队在三北的重要活动场所，寺内僧众为革命活动提供了不少方便。建国以后，住寺僧众农禅结合，以达自养。"文革"中，佛像、藏经、法器及宗教陈设尽毁；文物散失；历代住持墓塔遭损，寺院濒临废圮。1980年至1985年，时县航运公司曾在此办过林场。1985年5月，县人民政府批准作为佛教活动场所开放，随即修复弥勒殿、大雄宝殿、西方殿、药师殿、伽蓝殿、僧寮、库房、天厨、斋堂，并增建了内客房、外斋堂、内坛及文物陈列馆等建筑。至 1987 年底，寺院已拥有房屋 123 间，4472 平方米，占地 16 亩；竹林 30 亩，柴山 94 亩；以及全堂佛像（所塑韦驮像，是坐姿，不同于其他寺院中的韦驮是立姿）、应用法器、照明设施和膳宿用具。1992 年，原中国佛教协会会长赵朴初题额五磊讲寺。五磊讲寺及那罗延尊者塔于 2003 年 12 月被公布为市文物保护单位。五磊讲寺 1995 年以来又相继拓建，至 2019 年，全寺总面积达 16.61 万平方米，围墙内建筑面积 1.90 万平方米，有殿堂楼阁及各类房舍 230 余间。五磊讲寺建筑以中东西三轴线列建，有山门、万工池、大雄宝殿、千华阁、钟楼、灵山讲堂、密严堂、鼓楼、药师殿、观音殿、三圣殿等。每届春秋佳日，游客云集。

洞山教寺

在今掌起镇任佳溪村洞山，山麓濒灵绪湖。初建于唐天祐四年（907）。因附近旧有"将军山洞"，北宋大中祥符间（1008-1016）请额曰"幽栖洞山"。明工部司主事、学者华颜曾在此讲学。清乾隆八年（1743）僧觉性重修。洞山寺 1925 年有僧人 15 名，时当家为太摩法师。其在 102 岁圆寂后，历任当家相承住寺，但 1958 年以后，寺院的部分房屋被拆除、财产被偷盗，仅存天王殿、大殿及一堵颓朽厢房，共 17 间，寺院濒临荒废。文物古迹在"文革"中散失湮灭。1985 年 5 月，县人民政府批准作为佛教活动场所开放。经重修和增建，至 1990 年寺院已有房屋 42 间，计 1362 平方米。至 1995 年已修复和新建山门、大雄宝殿、天王殿、观音堂、佛堂、地藏殿、斋堂、客堂、寮房等共 78 间，还新建放生池、荷花池并山门。寺内有一眼清泉，古来不曾涸绝。当年苏东坡至此，水注入瓶，清冽透瓶，因称透瓶泉。寺前有一白云古洞，成斗拱状，由块石堆砌而成，有摩崖石刻，苔色苍斑，笼于青藤绕缠间。离古洞不远，在蜿蜒曲折的山道旁辟有一小平地，原矗立有一座宋代石塔，造型别致，每层石塔上都雕有形态不同的佛像。白云古洞、宋代石塔，都纳入县级重点文物保护。1942 年，寺院曾作为中共浙东区党委宣传部创办《时事简讯》的办公场所。

金仙禅寺

在今观海卫镇白洋湖北畔，寺以湖得名，背靠禹皇山。始建于南朝梁大同间（535-545），名"精进庵"，迄今已有1400多年历史。唐乾元间（758-760），福林智度禅师卓锡于此，改名"福林"。因白洋湖又名金仙湖，宋治平二年（1065）赐额"金仙寺"。明天启（1621-1627）初、清康熙年间（1662-1722）曾几度重建与扩建，遂闻名于南方禅林，成浙东名刹。旧有静观楼、望湖楼、鸥飞阁等名胜，存有宋朝书法家米芾字碑、元高僧昙噩所书碑记。清道光十五年（1835）毁于火、同治元年（1862）毁于兵燹，同治十二年由住僧募资复建。近现代，曾有高僧谛闲、太虚、弘一和名僧静权、静安、芝峰、大醒先后或锡或游。民国十八年（1929），佛界精英、太虚高足亦幻至寺任住持。次年九月，弘一法师慕名来寺，以后三年又三次驻赐，曾为僧徒和善男信女开讲佛学，期间先后将《清凉歌集》和《华严集联三百》脱稿，还留下不少书法珍品。卢沟桥事变前，亦幻还礼聘芝峰至寺主持讲席，在此成立"白湖讲舍"及"人海灯社"，出版《人海灯》佛学杂志，又招集才俊，培育僧材，研讨佛学，青年学僧化庄在1937年曾翻译过日本文学博士村上专精所著《佛教大纲》。这一时期，金仙寺成为我国南方重要的佛学研究场所和僧材培植之地，名播遐迩。1938年春，青年僧人竺摩、化庄、暮笳等从金仙寺动身出发西行赴延安参加革命，因中途受阻，未能到达目的地，但受到周恩来总理嘉奖，赠给他们"上马杀敌，下马念佛"的题词。竺摩后来去了马来西亚，在那里任佛教总会会长。1942年，第三战区三北游击司令部在此成立。1954年金仙寺尚有殿宇、僧寮99间。1958年僧人外迁，主建筑拆除。仅存方丈室、藏经楼等7间房子。1989年由慈溪籍旅香港姚云龙先生夫妇为桑梓名寺捐建大雄宝殿并提议全寺修复并对外开放。同年11月批准开放，陆续建造天王殿、山门、玉佛殿、地藏殿、葛仙翁殿、五观堂、万佛殿、白湖讲舍等，此外还建峻望湖楼、望海亭、立湖七塔。至2019年，占地面积3万平方米，共有殿堂房舍172间，总建筑面积1.47万平方米。"金仙禅寺"之鎏金寺额，由原全国政协副主席赵朴初题写。名寺重光、湖山胜览，香客、游客纷至沓来。

佛迹寺

位于龙山镇达蓬山上，高僧惟实禅师始建于唐朝天宝元年（742），初名"佛迹院"，因寺旁石窟内有"佛迹"而得名。宋治平元年十一月改赐佛迹宝岩院额。后圮。明万历间邑人刘宪宠重建为庵。清光绪六年（1880）僧净觉、善慧改建于旧庵之东北，名佛迹寺。原寺院分有上佛迹、中佛迹和下佛迹。佛迹寺在三北一带，相传历史上与五磊寺、金仙寺齐名，影响较大，"香火"也旺。中华人民共和国成立后，由于多种原因，佛迹寺一度关闭。寺院房产大部被毁，寺内僧人也大都遣散。20世纪80年代以来，佛迹寺内自发性宗教活动时有举行，随着党的宗教政策的进一步落实，2003年批准开放。2006年寺院得以重建，主体院落由山门（天王殿）、大殿、藏经楼依次排列于礼佛区的主轴线，左右两翼由东西角楼、祖师殿、伽蓝殿、药师殿、弥陀殿及廊庑等；观音院单独设于东端。现寺院用地面积3.33万平方米，总建筑面积0.7359平方米。山门前，辟有2400平方米广场。寺旁佛迹洞题刻并入达蓬山摩崖石群，于2011年1月被公布为省文物保护单位。

伏龙禅寺

在龙山镇伏龙山（旧属镇海县）。据文献，大梅常禅师，曾于伏龙山坐禅。至迟唐武宗会昌前已有寺，咸通三年（862）鉴诸禅师重修，寺以山名。北宋熙宁年间（1068-1077）更名寿圣禅寺。南宋绍兴三十二年（1162）因柳公武奏请，改寺额为广福禅寺，并题匾额于山门。寿峰普宁于此广弘药师法门，"东海佛国，药师道场"，从此名扬十方。后复伏龙禅寺旧额。明嘉靖间（1522-1566）抗倭名将戚继光在寺内曾题有七律一首。伏龙寺历代高僧辈出，曾是唐高僧大梅常法师禅悟之地，后高僧鉴诸禅师、惟靖禅师先后住持于此。自入清以来则有名僧懒耕元来、千日成眼、中兴善庵，至近现代有志恒和尚、诚一法师等不一而具。现代律宗大德弘一法师与当时伏龙寺住持诚一法师相交甚深，曾三次驻锡伏龙寺。1932年弘一法师曾在寺内恭写《佛说阿弥陀经》，共十六大幅；还成其他书法作品多幅。伏龙禅寺，在鼎盛时期，梵宫恢宏，殿舍完备，序三北地区（指姚江之北慈溪、镇海、余姚三县）之首列，是"浙东名寺"之一。寺院布局严谨，依山势而建，充分显现宋代建筑风格，但不幸于 1941 年 6 月，遭日军焚烧，宏伟梵宫，夷为废墟。后当事和尚兴莲将下庵部分房屋重建于伏龙山盆地中。1946 年，虞洽卿子女捐资重建寺院。中华人民共和国成立后，僧人遗散，寺宇他用。2006 年寺院重建，经批准开放，传道法师至此主寺，现已建成三圣殿、观音殿、琉璃宝殿、天王殿、祖师殿、斋堂、厢房等，其他建筑正在按规划筹建中。现占地面积 2.67 万平方米，建筑面积 0.51 万平方米。

泽山寺

在观城镇上泽山麓。始建于南宋绍兴元年（1131），原称石头庵。明人阮震亨在《草草吟》诗集之诗作中，称作夕庵、硕盘。清乾隆年间（1736-1796）曾改建扩建，《慈溪县志》称泽山庵。民国十七年（1928）毁于火，后在原址重建，仍名泽山庵。"文革"期间，庵遭毁损，仅存庵北厢房三间。1992 年再次重建，次年批准开放。2010 年改庵为寺，寺以山名，殿宇建设呈规模式发展，至 2019 年，已建有大雄宝殿、三圣殿、圆通殿、药师殿、华严殿、法华殿、地藏殿、斋堂、客堂、标准客房等，占地面积 0.67 万平方米，建筑面积 1.07 万平方米。

呼童庵

位于掌起镇东南任佳溪村口。相传始建宋咸淳六年（1270）。河南省任永兄弟携家徙此后，建书院培养后代，日久供奉佛像，成为家庵，起名"呼童"。同时作为老人念佛修身之地。"呼童"二字原出于孩童上学时高声呼唤，成庵后以此表示呼醒众生，破迷开悟。元代，广修和尚云游至此，住持弘扬佛法。明代曾有金定法师持庵。清代又有近视和尚相继主持。民国七年（1918），有范氏募化各方，重新修建呼童庵，建天王殿。此时吉利和尚为住持，将庵名改为"灵山禅寺"。公社化时期僧尼去五磊寺集中修持，此庵改作厂房。1978 后，党的宗教政策得到落实，比丘尼唯觉师筹资购买原庵址的村建旧房，于 1991 年建造大雄宝殿和厢房。1993 年批准开放，复名呼童庵。重建、新建天王殿、观音殿、地藏殿、净土堂、三圣殿、万年堂等，总占地面积 0.39 万平方米，建筑面积 0.36 万平方米。

海鹤庵

址在龙山镇海甸戎村。相传始建于明成化年间（1465-1487），以"观音海上来，白鹤自来回"句得名。清康熙元年（1662）重建，清末遭毁损。至民国间，庵宇已陈旧颓朽，抗日战争时期曾作为三北敌后根据地隐避据点。1956 年被拆除，原在庵僧尼外迁。20 世纪 80 年代初，原僧尼将其居宅改修为庵，复名"海鹤庵"，县政府允其保留。1993 年批准开放。1994 年海鹤庵迁原址，先后建有天王殿、大雄宝殿、观音殿、地藏殿、玉佛殿、和藏经楼、厢房、客舍等。占地面积 2.04 万平方米，建筑面积 0.65 万平方米。

胜山寺

址原在胜山镇胜山南侧，原称"胜山庙"，中殿为天后宫。始建于明嘉靖间（1522-1566），1956 年 8 月，其大部建筑被 12 号台风所摧毁，残存部分又在"文革"期间拆除，原址改建胜山中学，驻军营房。此后，庙（寺）移址今大湾村，陆续重建、修葺，1992 年 10 月获准保留，后不断增建殿阁，2005 年批准开放，次年改称胜山寺。至 2019 年，已有大雄宝殿、圣母殿（胜山娘娘殿）、观音殿、地藏殿、三圣殿、东岳殿、文昌阁等，渐成布局完整的寺院式规模，神佛共祀。每至三月初三为寺院祭庆节日，人流与香火特旺，寺现占地面积近 2 万平方米、建筑面积 0.60 万平方米。每年农历三月初三日，当地有连续 3 天的祭典活动，相渐成俗。

宝林寺

在古塘街道新潮塘村。寺始建于清康熙间（1662-1722），相传由一个从海北南来的云游和尚所建。因其地有五棵古树，从佛经"净土之林"得名。原寺门北开，面向潮塘江。原有大雄宝殿、天王殿、东西两偏殿。占地面积近十亩，大小房子 20 余间。民国十五年（1926），潘氏族人中发心在寺之东偏殿办了宝林小学，中华人民共和国成立后，寺宇为向东小学（由宝林小学改名）和粮站用房，1991 年小学危房时整个宝林寺被拆。1993 年由村民重建，并批准开放。1998 年重建大雄宝殿，并向南扩建。占地面积 1.97 万平方米建筑面积 0.37 万平方米。

万寿寺

在周巷镇万寿寺村。寺初建于明代（1368-1644）。旧名月临庵。清乾隆乙亥年（1755）庵僧宏鉴改建为寺，因址在湖塘江边，万寿无期，遂称万寿寺。嘉庆十六年（1811）、宣统二年（1910）重修。清代谢雪渔、张云峰、景双岩等讲学于此。1958 年后改办工厂，住僧离去，寺遂废。旧时农历正月初八，当地群众有游庵习俗。20 世纪 90 年代末，旧寺址出现陆续重修、增建，2006 年批准开放。至 2019 年已有山门、大雄宝殿、弥陀殿、伽蓝殿和僧寮、库房等。占地面积 0.50 万平方米，建筑面积 0.20 万平方米。

第七节　佛教协会

慈溪市佛教协会是全市佛教信徒和佛教组织自愿参加的佛教界爱国爱教团体。登记于市民政局，市民族宗教事务局为其业务主管部门。

1990 年 5 月 15 日，全市佛教界在浒山召开第一次代表会议，会议主要任务是：通过《佛教协会章程》，选举产生慈溪市佛教协会第一届理事会。五磊讲寺住持真如任首任会长。1994 年 9 月、1998 年 8 月先后召开第二次、第三次代表大会，真如连任会长。2005 年 5 月 25 日，市佛教界第四次代表会议在浒山召开，出席代表 46 人，会议修改通过新的章程，选举理事 10 人，五磊寺住持宗立法师担任会长。2010 年 6 月，市佛教协会第五次代表会议在浒山召开，出席会议代表 66 人，会议修改通过新的章程，第五届理事会成员 25 名，宗立连任会长。2015 年 11 月 6 日市佛教协会第六次代表会议在浒山召开，参会代表 65 人，会议修改通过新的章程，选举产生第六届理事会，理事会成员 27 名，宗立继任会长。2020 年 9 月 23 日市佛教协会第七次代表会议在浒山召开，参会代表 62 人，会议修改通过新的章程，选举产生第七届理事会，理事会成员 23 名，宗立继任会长。现协会办公地址在观海卫镇石㳠净苑。

慈溪市佛教协会的宗旨是拥护中国共产党领导，协助政府贯彻落实宗教信仰自由政策，维护佛教界合法权益，弘扬佛教教义，兴办佛教事业，发扬佛教优良传统，加强佛教自身建设，高举爱国爱教旗帜，团结全市佛教信徒参加社会主义建设，促进佛教与社会主义社会相适应。

佛教协会每年召开一至二次理事会议，提出佛教界年度工作任务和阶段性工作要求；指导和督促基层寺庵建立完善管理规章；组织开展业务培训；教育引导基层寺庵和佛教信徒积极参加社会公益事业。2003 年起，负责全市佛教寺庵会计代理，规范佛教场所财务管理。

第二章　道教

第一节　综述

在慈溪历史上，道教无论是道场的声名与数量，还是信众的拥有数，都不能与佛教相匹比。

龙山镇的达蓬山麓原有一所"蓬山道院"。元至元二十一年（1284）建，民国时已废。清代光绪九年（1883），沈师桥沈氏曾在崇寿宫旧址中建三清殿，俗称"道士宫"，民国间曾遭火燹。

在观城镇的大霖山，原有一所"阳觉殿"。其先为佛教寺院，初建于元至正间（1341-1368），名"清隐庵"。因庵前有田似羊角，俗称"羊角田庵"。明清二代几经建毁。民国五年（1916），上海清虚观募资在此建分观。数年间建殿宇、客厅等十余幢，成为颇具规模的道观，号称阳觉殿。1942年10月10日晨，阳觉殿遭侵华日军焚毁，道士道姑大多伤亡。火后仅残遗玉皇宫及3间厨房，在"文革"期间，剩房被拆除、改建，笔者于2012年10月1日，寻访旧址，只有当年毁余之八卦亭残壁旧础仍寂寞地在荒荆野蔓中，见证那曾遭日寇血光的历史。

市境也有过一些道教的小型宫观和南部山区中的"茅蓬"。龙山镇方家河头村石井龙潭往南就有上下"茅蓬"，匡堰镇赵家池村山上亦有一"茅蓬"，曾住过道士。

正一道士（又称"伙居道"）不住宫观，散居民间，社会上还有未受箓的"道士"。以上二种人，他们祖上是否出家从师的道士，已无从查考，但他们从事符录斋醮、驱鬼降妖、追荐亡灵为业。其人数在1987年尚有117人。

第二节　沧桑阳觉殿

阳觉殿，位于观海卫镇南境大霖山南侧海拔约 400 公尺的剡岙山间。

阳觉殿之旧基，在唐末曾有名士袁充，号清隐居士者，于此搭舍隐居过，所以光绪《慈谿县志》又称其曾名清隐庵。元至正年间始建阳觉殿，当时称阳觉寺（亦称阳觉庵），后毁于兵燹，至明万历年间又改建。明嘉靖间，浙江总督胡宗宪负责抗倭，其幕僚徐渭曾考察大霖山至阳觉殿，明代著名文学家袁宏道为写《徐文长传》欲寻徐渭旧踪，曾从江苏吴县远道来访阳觉殿，留下"万壑松涛万竹烟，摩崖直欲挹青天，步穿险磴云双屐，笑破浓萝绿一肩。僧住人踪不到寺，谷攀鸟道偶寻禅，数声清磬冈峦回，澹却维扬鹤背钱。"之句。因这里摩崖挹天，扶摇羊角，山势高幽，故又称羊角殿。据有关文献记载，明隆庆年间，阮来成曾在阳觉殿聚众起事，后北上与白莲教联系，不成，京试考中武举。至今在观城一带"前门报进士，后门珂大盗"的民间传说，即由此而来。《红楼梦》作者曹雪芹的舅公李煦，康熙四十七年（1708）任宁波知府，曾向康熙皇帝上疏，言及阳觉殿有人聚众造反之事。康熙御批："闻浙江四明山有贼，尔密密访问，明白奏来。"后来李煦调查后，奏道："臣即遵钦细访，今查得去年十一月初旬，绍兴府嵊县人张廿一、张廿二兄弟为首，湖州乌镇卖药人施尔远为军师，煽惑民心，纠占百余，聚宁波慈谿羊角殿地方……"从上述看，阳觉殿在明代是绿林啸聚之所，清初则是抗清之地。

阳觉殿，成为东南道教名观是在民国间，若论创弘之功，则自然要谈到当家道长姚瑞清。

姚瑞清，上海青浦人。自幼喜炼丹研药，颇精歧黄之道。他不但能切脉开方治病，还会针灸推拿，本是个名声不错的医生。但因他得道成仙思想甚浓，于是在家中供奉起道教祖师神像，自称是"仙人下凡"，有"长生不老之方"，并向病人宣扬他治病并非药石之功，而是神力相助，颇使一些不明真相的人们信以为真。又因他平时看病不收钱，只要病人在神像前祈祷上供，顶礼参拜，故家中的香火便日益旺盛起来，他本人也因此而名声大噪。民国元年，姚瑞清与严洪清等人在沪上创建了三官殿，而姚自己则在三官殿做了全真派道士。随着殿宇扩展，规模日大，三官殿改称清虚观。为了扩大清虚观的沪外影响，也为寻找一方有发展余地的秀幽青山作为潜心修炼的福地，从曾经被他施医过的寓沪余姚石步人叶交新口中知晓了浙东大霖山，于是与几个师兄弟亲来踏勘，并相中了大霖山羊角殿之址。时在民国五年（1916），当时上海未有道教协会。姚瑞清为筹募大霖山建道观资金，就以要在大霖山建"大霖禅寺"为名，请中国佛教协会出面，由上海清虚观向社会集资，共得百万银元，于是姚瑞清在大霖山兴师动众，大兴土木。不几年，一座飞檐斗拱、琉璃闪光的佛寺突兀而起，正殿赫然题额"大霖禅寺"。此后，姚瑞清用余资陆续而建的却是玉皇宫等道教宫殿与杂房，又在两边建了迎客厅，山道口造了八卦亭。作为当家道长，姚瑞清又从外地招来一批孤男孤女作全真小道人，从此大霖禅寺去佛成道，以阳觉殿出名，成为名符其实的道教宫观。

　　姚瑞清决心要把阳觉殿打造成一座东南道教名观。为了扩大场地，让一家轮船公司的股东老板、家境殷富、笃信道教的叶交新出资购买60余亩山地，然后发动一些曾找他看过病的人，有钱出钱、有力出力，从上海运来水泥、钢筋等建筑材料，又就地取材：山上砍伐木柴，山下烧造砖瓦。经几年经营，阳觉殿耸立在主轴线上的建筑就有供元始天尊的玉清宫、供灵宝天尊的长清宫、供太上老君的太清宫、供玉皇大帝的玉皇宫。前后大门有为守护神王灵官、许天君而筑的守岗之所；两侧还有供雷公雷婆、雨师风伯的雷祖殿，供关圣大帝的关帝殿，供华佗仙师的华佗殿。至此，阳觉殿终于发展成为有100余间殿观，200多亩山地的规模宏大、建筑体系完整的东南全真道丛林。

　　阳觉殿的道士、道姑既然是属全真道系，自然是出家之人，他（她）们除拜师外，还必须持有箓牒，这才能成为真正的道士、道姑。箓牒是一种类似任命状的文书，也是道士受戒的一种凭证，只有得到这种箓牒，才有资格去做道长，主持法事道场。但要得到这种箓牒并非易事，必须要经过严格的考试，考试一般由几个大道长共同主持，受考者必须对道教仪规仪式以及经文十分娴熟，否则是通不过的。20 世纪 30 年代是阳觉殿最兴盛的时期，山上有道士、道姑 30 多人。这些人生活来源除了香客施舍外，主要是 200 多亩山地的租金。30 年代末，姚瑞清去世，阳觉殿由明清道长当家。

1942 年初，明俊道长（本文笔者之一王清毅，曾于 20 世纪 90 年代中期去阳觉殿旧址采访过他）去上海清虚观，帮助该观做些香客登记和记账等事。大约到了 10 月中旬，明俊道长收到从慈谿发去的电报，全文 10 个字："观中尽毁，明霞、明祯亡故。"明俊与明霞、明祯、明清，都是孤儿，也是同在幼年到阳觉殿参道的师兄弟，情同手足。明俊接到电报后，急急从上海赶回阳觉殿，只见昔日气度恢宏的阳觉殿几成一片废墟，除玉皇宫、八卦亭外，其余殿宇已毁之一炬。而玉皇宫之所以能幸免火灾，据说是日本兵得知玉皇大帝及金童玉女全身都用金箔贴成（所有金箔原是上海一位徐姓老板捐赠的），就想把这三尊贴金樟木雕刻的神像运回日本，只是后来日本鬼子急于撤退才没有窃取成功。当时幸存的几位道士、道姑向明俊道长诉说了日军的施暴经过：10 月 9 日早晨，敌伪军大队人马到阳觉殿来"扫荡"，宿驻殿内的第四支队的三北游击健儿闻讯后迅速抢占殿前各个山头，与敌交战近四个小时，一场恶战下来，敌方伤亡 107 人，四支队只伤亡 7 人。战后，四支队转移时曾劝告我们暂离阳觉殿，避免敌人报复。我们因心存侥幸，没有远躲。午后，日军由龙潭墩的一个甲长带路上山，包围了阳觉殿，四面架起机枪和迫击炮，凡我们男女道徒，见一个就抓一个。有几个外出的师兄妹，不知险情，一回来就遭难。而明亨本已是逃出去了的人，想到自己的瞎眼母亲还在里面，冒险返回，结果母子均被惨杀。当日，10 名男女道友被日寇活活刺死在大青石上。幸存的 12 位道友是因为在玉皇宫中玉皇大帝的方形水泥神台下，不吃不喝、不尿不拉，屏声静气，躲了整整一天一夜，才逃过这场劫难。10 日清晨，日军放火焚烧了除玉皇殿之外的殿宇及附属用房后，背负着罪恶和人命，在漫天烟火中离开了现场。

日军施暴离开后，龙潭墩村一个叫王夏娣的妇女冒险来到山上，救出两个奄奄一息的道姑。不久，明清道长另走他处，幸存的十几个道士、道姑，有的还了俗，有的投奔了三五支队。其中有一个叫妙婵的道姑，参军后途经阳觉殿，触景生情，曾在八卦亭的立柱上题写了一首诗："去年是日此山中，抗击日伪寄萍踪，今日重逢踏旧迹，空谷无人杜鹃红。"阳觉殿经此一劫，元气大伤，从此一蹶难振，到新中国成立前夕，只剩下八名道士（含道姑）。

案： 本文系王清毅与方印华合撰。

第三章 基督新教

第一节 综述

基督新教"圣公会"1855年从宁波传入观海卫，嗣后基督新教其他宗派也相继传入，至新中国成立初现境已有圣公会、中华基督教会、自立会、安息日会、中华圣洁会、五旬节圣洁会、基督徒聚会处七个派别。

圣公会

1848年5月，圣公会英行教会（即差会）派传教士到宁波设堂传教，接着就向附近各县伸展。1855年先在当时慈北观海卫赁屋设布道所。1857年在该镇南门外建成"圣约翰堂"，是圣公会在慈溪最早的一所堂，也是圣公会在慈溪传教的发源地。当时英美传教士都在余姚县城和慈北、镇北开展宣教传教。为此英美两教会于1863年商定："余姚及姚北等处归美国长老会经营；慈溪（现慈城）及慈北一带归英国圣公会工作。"圣公会于1875年在鸣鹤场设立"圣保罗堂"，次年即在观海卫成立"慈北牧区"（后改山北牧区），以管辖慈北、镇北的所属教会，此后先后设立的有东埠头的"圣马可堂"、龙头场的"圣彼得堂"、掌起桥的"恩泽堂"及田央施公山的"圣雅各布布堂"。至1936年共建教堂六所。

中华基督教会

其前身为美国"北长老会"。1845年5月17日长老会宁波支会成立。住甬的小桥头人印花匠正意师傅信教后回乡宣传，就有一些人跟着信教。1857年该会即派传道人谢行栋至小桥头赁屋立堂；1861年6月16日正式成立"余姚支会"（后改称山北支会，堂址迁至道路头）。为"长老会"在本省设立的第一个支会。此后次第设立的有浒山、长河市、周巷、坎墩、新浦沿、白沙路、义四等堂会，及天元市、庵东、马家路、下二灶、胜山、诸家路等分堂，还有秦堰桥，登州街布道所。至 1948 年，该教派共建立堂会 8 处、分堂及布道所 8 处。各堂会原属"宁波老会"所辖。1927 年在华长老会改称"中华基督教会"后由宁绍区会管理。各教会在创办初期均接受美国长老会"差会"津贴，至 1947 年已先后宣告自养。1956 年以前，胜山、下二灶两处分堂及秦堰桥布道所均已自行停办。

自立会

1928 年，美国"使徒信心会"女传教士倪歌胜在宁波设立"伯特利教会"，1931 由该会派叶荣归至小桥头，不久叶转至姚北双桥乡（今桥头镇）杜家，典屋传教，后任俞修义在 1941 年首建堂所。1937 年"八·一三"上海沦陷，有原籍鸣鹤场的失业职工王恩荣回乡后在各教会活动，创办"自立会"。倪歌胜随即于 1940 年派华人牧师彭善彰以"中国基督教华东圣工团"名义，在"三北"设立"圣工团"姚北、山北两个"办事处"；又由"伯特利教会"派一批神学生至各自立会当传道人。此后所设有叶家路、应莫陈、省塘头、海晏、东山头、胜山、水云浦、宓家埭、西埠头、潭河沿、曲路头等教会。1954 年 2 月，又增设 2 处布道所。仅十余年，共设堂所 14 处。1956 年前后，雁门、余家两处布道所自行撤除，省塘头、西埠头两堂并入附近教会，总堂所由原 14 处减至 10 处。

安息日会

是沿袭犹太教以星期六为礼神日进行聚会的独特教派。美国该教会在华设有"中华总会"。1936 年春节，原籍傅家路的旅沪袁姓教徒请该会在上海的"江浙区会"派传道人至家乡布道，次年又在大塘头设立分会。1940年，原籍范市的杨姓旅沪教徒，也征得上海该教会同意，在范市杨家设堂，由江浙区会派传道人驻会。1955 年傅家路堂的传道人去世，教会停办。存杨家和大塘头两处。

中华圣洁会

前身为美国圣洁会派到中国的"远东宣教会"。上海闸北设有教堂。1931 年，裘市籍旅沪教徒韩文琦等三人在返乡探亲时发起，征得总会同意，借民房成立布道所。1937 年由教徒虞光遇出资建堂。1951 年前由总会派牧师驻堂，开展"三自"爱国运动后教会自请传道人。

五旬节圣洁会

是加拿大籍传教士罗哥登在杭州下羊市街设立的教会。1932 年春，沈师桥侨居萧山的教徒沈鼎吾奉其母回乡定居，即在其古墅村祖宅组织家庭礼拜，同年九月成立"沈师桥福音堂"。由杭州教会派牧师"施浸"，平时由沈鼎吾夫妇及其女任传道。1946 年在高背山设布道所。

基督徒聚会处

教徒自称"地方教会"，是美国传教士何恩寿与华人倪析声在新中国成立前夕搞起来的一个新教派。1950 年 1 月，小安街的一些教徒从中华基督教会退出另行成立"小安街地方教会"；同年八月、九月，庵东及段家埭也各有一部分教徒成立"庵东地方教会"和"段家埭地方教会"。

1951 年，现市境基督教各派共建立堂所 44 处。其中成立堂会的 34 处，分堂及布道所 10 处。1966 年，"文革"开始，教会活动停止。1984 年经《县委批转县委统战部关于进一步合理安排宗教活动场所的报告》的通知》（慈委 [1984]106）批准，开放基督教活动场所 33 处，至 2019 年增至 45 处。有认定备案的牧师 14 人、教师 13 人，传道员 19 人、长老 62 人。

第二节 基督教"三自爱国会"、基督教协会

基督教三自爱国运动委员会（简称"三自爱国会"）与基督教协会，是慈溪市基督教信徒组成的爱国爱教团体，简称"两会"。前者侧重事务管理，后者侧重业务管理，各有章程。但两个团体领导班子实行合一，主要负责人视实际情况决定是否单独设定。

市基督教三自爱国运动委员会宗旨：在中国共产党和人民政府领导下，团结全市基督教信徒热爱社会主义祖国，遵守国家宪法、法律、法规和政策；带领信徒爱国爱教，遵守社会道德风尚，坚持独立自主自办教会，增强教内团结，为办好慈溪教会提供服务。

市基督教协会宗旨：团结全市所有基督教信徒，根据"自治、自养、

自传"原则，同心合意办好教会。

1950 年 9 月 23 日，中国基督教界爱国人士发表了《中国基督教在新中国建设中努力的途径》的宣言，创导自治、自养、自传的"三自爱国运动"。1952 年至 1954 年，慈谿县基督教界人士参加县、省组织的"三自革新"学习，1956 年 12 月成立"慈溪县基督教三自爱国运动委员会"筹备委员会，牧师王纪良当选为主席。1957 年全县基督教 40 处堂所受慈溪县基督教三自爱国会统一管理。1958 年的"人民公社化"运动中，大部分教牧传道人员从事工农业生产，教徒分散进行家庭聚会，教堂也随之合并，全县保留观城、逍林、浒山、周巷四所主要教堂。1961 年 12 月、1962 年 12 月先后开放周巷、观城、浒山教堂，不久又宣告暂停。

20 世纪"文革"期间，三自爱国会停止工作。1980 年后基督教活动逐渐公开，当时全县有家庭聚会点 124 处。1981 年后教会以地区为范围分批重建。三自爱国会也于 1983 年 1 月恢复工作，团结信教群众，协助政府落实宗教政策。至 1987 年底，全县先后有师桥、周巷、田央、浒山、庵东、胜山、范市、白沙、鸣鹤、择浦、应莫陈、逍林、三管、洋山、坎墩、东山头、新浦、东海、天元、横河、长河、观城、龙场、桥头、建塘、大云、崇寿、义四、宓家埭、附海、东安、掌起 32 处教堂恢复，还新增设一处。观城重建具有 130 年历史的"圣约翰堂"。

1987 年，县基督教协会成立，以办理全县教务，各堂都成立了管理委员会或管理小组。当年 1 月，县三自爱国会第三届暨基督教协会第一届代表会议在浒山召开，定三自爱国会与基督教协会实行一套班子，陈贻良被选为三自爱国会主席和基督教协会会长。

2004 年 7 月，慈溪市三自爱国会第七届暨慈溪市基督教协会第 5 届代表会议在浒山基督教堂召开，与会代表 98 人，会议修改通过新的章程，选举曹龙见长老任三自爱国会主任、梁正林牧师任基督教协会会长。

2009 年 5 月，慈溪市基督教第八次代表会议召开，与会代表 112 人，选举产生新一届三自爱国会、基督教协会班子，曹见龙与梁正林分别连任爱国会主席、基督教协会会长。

2014年4月慈溪市基督教第九次代表会议召开，与会代表135人，选举产生新一届三自爱国会、基督教协会班子，马建立与周立东分别连任爱国会主席、基督教协会会长。

2019年4月慈溪市基督教第十次代表会议召开，与会代表133人，选举产生新一届三自爱国会、基督教协会班子，马建立与梁正林分别连任爱国会主席、基督教协会会长。

第三节　活动场所

1. 基本情况

1984年经《县委批转县委统战部关于进一步合理安排宗教活动场所的报告》的通知》（慈委[1984]106）批准，县内共批准开放基督教活动场所33处。1988年以后，相继批准开放灵湖基督教堂等11处基督教活动场所，教堂屡有重建、扩建，至2020年，批准开放的基督教活动场所有下表所列的45处。

2020年慈溪市基督教活动场所

场所名称	地址	场所类别	开放年份
浒山基督教堂	古塘街道教场山东路155号	教堂	1984
应莫陈基督教堂	古塘街道新城大道北路585号	教堂	1984
白沙基督教堂	白沙路街道白沙沿河路5号	教堂	1984
杭州湾新区基督教堂（原崇寿基督教堂）	庵东镇马中村傅马4号	教堂	1984
坎墩基督教堂	坎墩街道郑家甲南路45号	教堂	1984
龙山基督教堂	龙山镇龙头场村沿山路32号	教堂	1984
施公山基督教堂	龙山镇施公山村	教堂	1984
范市人民路基督教堂	龙山镇范市人民路水厂南侧	教堂	1984
沿海基督教堂	龙山镇太平闸村五塘横路	教堂	1984
掌起基督教堂	掌起镇陈家村环城南路	教堂	1984

场所名称	地址	场所类别	开放年份
东安基督教堂	掌起镇东埠头村下街16号	教堂	1984
裘市基督教堂	掌起镇巴里村振兴路5号	教堂	1984
师桥基督教堂	观海卫镇小团浦村	教堂	1984
观城基督教堂	观海卫镇卫南村南门西田央路11号	教堂	1984
东山基督教堂	观海卫镇东山头村	教堂	1984
宓家埭基督教堂	观海卫镇宓家桥村	教堂	1984
鸣鹤基督教堂	观海卫镇双湖村	教堂	1984
附海基督教堂	附海镇东港村	教堂	1984
东海基督教堂	附海镇四界村中横路126号	教堂	1984
逍林基督教堂	逍林镇桥一村周塘东街428号	教堂	1984
择浦基督教堂	逍林镇水云浦村亭后路58号	教堂	1984
胜山基督教堂	胜山镇大湾村富民路180号	教堂	1984
新浦基督教堂	新浦镇高桥村江东路41号	教堂	1984
桥头基督教堂	桥头镇五姓村东上河路156弄7号	教堂	1984
三管基督教堂	桥头镇潭河沿村周塘路472弄206号	教堂	1984
横河基督教堂	横河镇龙泉村龙泉西路225号	教堂	1984
天元基督教堂	天元镇潭河村酒厂路19号	教堂	1984
长河基督教堂	长河镇宁丰村镇东路131号	教堂	1984
大云基督教堂	长河镇大云村诸家路100号	教堂	1984
庵东基督教堂	庵东镇宏兴村镇北路582-584（143）号	教堂	1984
周巷基督教堂	周巷镇大通东路139-151号	教堂	1984
义四基督教堂	周巷镇周邵村邵家路179号	教堂	1984
建塘基督教堂	周巷镇三江口村老圩335号	教堂	1984
灵湖基督教堂	龙山镇方家河头村方家路55号	教堂	1989
范市湖滨路基督教堂	龙山镇王家路村湖滨路	教堂	1989
精忠基督教堂	周巷镇新潮村	教堂	1990
曲路头基督教堂	周巷镇路桥村曲路头248号	教堂	1990
高背山基督教堂	观海卫镇五洞闸村高背山	教堂	1991
周潭基督教堂	周巷镇建五村周潭196号	教堂	1991
匡堰基督教堂	匡堰镇倡隆村金鸡岙1号	教堂	1993
岐山基督教堂	观海卫镇大岐山村岐南路2号	教堂	1998
宗汉基督教堂	宗汉街道史家村宗兴路222号	教堂	2002
海运基督教堂	崇寿镇海运村697号	固定处所	2005

场所名称	地址	场所类别	开放年份
云城基督教堂	周巷镇云城村新周塘路283-14号	固定处所	2006
胜东基督教堂	胜山镇镇前村	固定处所	2011

说明：资料来源为市民族宗教事务局。

2. 教堂选介

浒山基督教堂

现址古塘街道城北社区教场山东路155号。教堂始设于1868年，原址在浒山南门上叶家。1913年迁至西门外后陆家租屋。1916年购买方家宅屋13间并园地1.725亩。1927年造了沿街小屋8间，1928年新建教堂，会堂大门朝东，其上建有钟楼，会堂居中，南、西、北三面环主堂建造附属用房19间。"文革"期间，活动停止，教堂改作他用。"文革"后，宗教政策逐步得到落实，根据1984年《县委关于批转县委统战部关于进一步合理安排宗教活动场所的报告的通知》（慈委[1984]106号）档精神，教堂恢复开放。1989年，教堂征用北门外桃园畈的2.12亩土地新建教堂，年底竣工。主堂宽12米，长26米，建筑面积751平方米，可容纳千人，底楼为办公用房及餐厅，二楼及三楼为聚会处，并在教堂东侧修建有4间三层的综合楼，总建筑面积达1554平方米。

观城基督教堂

位于观海卫镇卫南村南门西田央路11号，以地处观城得名。始建于1857年，是现市境最早的基督教堂。1855年（清咸丰五年）英国圣公会差会派遣女传教士至观海卫西城门边租房传道。1857年，在信徒韩安芝、彭灵德等的发起下，筹资在南门田央购地建造平房4间、西式楼房1间，作为礼拜堂，定名"圣约翰堂"。1933年，由大浦堰黄景岐赞助，将教堂扩建成5间2披的楼房，建筑面积约250平方米，可容纳600人聚会。圣约翰堂时为圣公会山北牧区所在地。牧区设有鸣鹤圣保罗堂（1875年）、东埠头圣马可堂（1887年）、龙头场圣彼得堂（1907年）、掌起恩泽堂（1915

年）、施公山圣雅各布堂（1936 年），1957 年起兼管当时镇海觉渡堂。下属 5 所小学，分别是圣约翰小学、圣保罗小学、圣马可小学、恩泽小学、圣彼得小学。"文革"期间，圣约翰堂被拆毁，教会活动停止。1984 年，经批准，恢复圣约翰堂，教堂重建，后建筑面增至 869 平方米，附属用房 554 平方米。

胜山基督教堂

现址胜山镇大湾村富民路 180 号，以地处胜山得名。1931 年，信徒邹怀来由美籍牧师苏美格资助下在胜山镇大湾村建造教堂。至 1950 年，因信徒增多，在胜山镇一灶村再建一所教堂。"文革"期间停止活动。1984 年，经批准恢复开放，在一灶村原址复建，1998 年迁址胜山镇大湾村。占地面积 8000 平方米，总建筑面积 5174 平方米。

第四节　人物

爱国爱教的王纪良

王纪良出生于 1907 年 2 月 23 日，鸣鹤镇（今观海卫镇）人。民国十四年（1925）毕业于宁波三一中学，次年入宁波师范实习。一年后至鸣鹤基督教圣保罗堂任传道，并在附设圣保罗小学任教；1931 年转至观城圣约翰堂附设圣约翰小学任校长。1941 年又回鸣鹤圣保罗堂传道。

王牧师和他妻子唐杏仙为人善良，具有强烈的爱国主义精神和宗教人士的正义感。抗战期间，钦佩、同情地下党，支持党的革命事业。1943 年由观城沈天生介绍，中共地下党"秘系"特派员周明、赵平以"教友"身份长时间住在圣保罗堂内，并以"棉布小贩"为掩护作通讯联络工作，开展地下活动，中共地委领导王文祥也在教堂住宿过，教堂成了党的秘密机关活动地与联络点。王纪良多次帮助部队领导机关转递文件、保管军需品，帮助部队首长的妻子到可靠的信徒家中临产休养，掩护地方同志虎口脱险。

解放战争期间，王牧师继续帮助党组织转递信件、保存物资，冒着生命危险掩护同志从敌哨下面转移脱险。

1948 年 9 月王纪良进上海圣约翰大学神学院学习，1950 年 6 月 29 日于上海中央神学院毕业，离沪回乡，在观城圣约翰堂任传道。1952 年 10 月 25 日至 11 月底参加浙江教区举办全教区工作人员"三自"革新学习班。1953 年 7 月被任命为山北牧区牧师，负责龙山、观城两区 6 所教堂及镇海觉渡堂的工作。

王牧师一贯坚持自养精神，主张自力更生。他种了 6 亩田，常常天未亮去田间车水，回来到学校上课，中午去帮助弟兄姐妹祷告，有时放学后还去田间耘田。家里有 8 人吃饭，上有老母，下有子女，坐拢一满桌子，全靠他两夫妻的辛勤劳动。王牧师生活艰苦朴素，菜饭饱布衣暖就知足，但对待工作，总是一天到晚忙忙碌碌，在教内外深受众人好评。

王牧师能关心教友的切身痛痒。他除自己灵修外，还热情接待上门求教的信徒、抽时去探望年老和体弱多病的教友。如桥头信徒沈摩香患精神病，一天到晚哭，使周围群众不得安宁，王牧师就留她到教堂住，为她禁食祷告，并劝勉安慰，在生活上关心宽待她，没有几天病就好了。又如信徒刘德春的母亲，患心痛病，王牧师也天天劝勉祷告，不久也痊愈了。刘德春兄弟对此深为感动，立志向王牧师学习为人。

王牧师关心培养青年成长，重视教堂的青年工作，培养青年接班人。他认为青年是教会的未来，他培养青年义工叶长康（1982 年已按立牧师）组织了青年团契、总负责"山北之声"内部刊物的出版。该刊每月一期，每期 200 份，内容丰富，通俗易懂。刊登了青年如何参加三自爱国活动的不少事例，为传好福音发挥了积极作用。

王牧师爱国爱教。从 1956 年 10 月开始，组织施振芳、叶志芳、孙天人、周清道等人，响应《三自宣言》（是 1950 年 9 月 23 日以吴耀宗为首的中国基督教领袖 40 人，发表了一篇题为"中国基督教在新中国建设中努力的途径"的宣言的简称），走爱国、独立、自主道路，发起筹备三自爱国组织，经过 2 个月的筹备，于 12 月 12 日召开全县基督教代表会议，王纪良牧师当选县基督教三自爱国运动委员会主席。

王牧师作为慈溪县宗教界爱国人士，被举为第一、二届县人民代表，第一届县政协委员。

"文革"时期，王纪良牧师被扣上"反革命分子"帽子，在观城召开的六县万人大会进行批斗，遭受迫害。此后，他经受了种种考验与劳动锻炼。1975年4月10日那天劳动回家，感觉身体有点吃力，次日就不能再下田了。4月20日到医院检查，发现已是肝癌后期，但他以信仰与毅力坚持同病魔作斗争。5月13日中餐吃了一碗饭，至下午2点25分就安然去世，终年69岁。他生前与群众关系密切，死后不少人为他流下眼泪，悲痛不已。

1983年6月，中共慈溪县委决定为他平反昭雪，恢复名誉。

案：《爱国爱教的王纪良》，唐杏仙、叶长康口述，孙杏泉整理。录自《慈溪文史资料》11辑（宗教资料专辑）。转录时，略有删节。

第四章 天主教

第一节 综述

原余姚、慈谿、镇海三县的天主教，在新中国成立前都隶属于天主教宁波主教区管辖。早在 1896 年，天主教宁波主教区首先在慈北东埠头传教，1900 年在该地设立直辖公所，称"母佑聚心堂"，接着于 1901 年在观海卫南门外设立公所、1910 年在该镇下营街建"冀站圣母堂"，自 1919 年至 1943 年又直接在附场地、大阴洞、淞浦（海屋张）、及龙西地舍设立公所。观海卫天主堂在新中国成立前住过五名神甫，其中比利时籍 1 人、法籍 1 人、华籍 3 人、辖当时慈北的大阴洞、附场地两公所，1949 年神甫姚允中驻观海卫堂后，兼管慈北、镇北五个公所。

1911 年 9 月，宁波主教区在余姚县城建天主堂。1912 年即在现属慈溪的浒山镇设立公所，并以此为中心向东西南北展开。自 1917 年至 1936 年，次第设立：坎墩（现坎东）、道路头、下二灶（相公殿）、新浦沿、高王、王家埭、伍家板桥、界堰路、大道地、胜东、断头湾、盐舍（现新浦镇腰塘村）、周巷、庵东、胜山拔船塘、新浦下洋浦、石堰、彭桥、横河及长河市等 20 处公所。原姚北 21 个公所起初都受余姚本堂管辖。1951 年 2 月，宁波主教区调助理司铎赵其松住新浦沿天主堂，本堂神甫茹漪亭仍住余姚，管理现市境中西部各公所。

1941 年 4 月，日军占领三北平原。浒山天主堂成为日伪军营，旁边造了碉堡；盐舍天主堂于 1942 年 1 月 4 日被日军焚毁；高王、周巷两堂也于 1936 年、1942 年撤并；其余各堂不能正常聚会，进堂教徒人数甚少。抗战胜利后教会活动才有恢复。1951 年全县有天主教徒 5960 名。1953 年 6 月姚允中调回宁波，1956 年 3 月赵其松调至余姚，现市境时无常住神甫，由余姚天主堂代管，各堂以"司事"辅导宗教活动。1987年12月，全县有天主教徒9840名，宁波教区派神甫胡贤德常驻新浦天主堂，主持全县教务。各堂由当地教徒民主推选的管理委员会（小组）处理行政事务。

1988年初，批准开放的天主教活动场所有18处，1988年后，相继批准开放五洞闸、大云、拔船塘、高王、五塘南、傅西六处天主教堂。至2019年，共有批准开放的天主教活动场所24处，有天主教神甫（神父）8人、修女11人。信教群众的宗教生活受国家法律保护。

第二节　天主教爱国会

慈溪市天主教爱国会，是由市天主教神长教友组成的天主教界爱国爱教团体，分别接受市民族宗教事务局、市民政局的业务监管和社会团体法人管理。

此会宗旨为拥护中国共产党领导，高举爱国爱教旗帜，团结全市神长教友维护法律尊严，维护人民利益、维护民族团结、维护祖国统一、贯彻独立自主办教会原则。

慈溪市天主教爱国会每年召开一至二次全体会议，提出年度任务和阶段工作，指导帮助基层场所规范管理，协助天主教宁波教区有序改造天主教基层教堂，教育引导天主教信徒关心支持公益慈善事业等。

1985年12月，县天主教第一次代表大会在浒山召开，会议通过《慈溪天主教爱国会章程》，选举产生慈溪县天主教爱国会第一届委员会，费万庆任主任，会址在新浦天主堂。1989年2月、1993年8月、2001年8月，先后召开第二、第三、第四次代表大会。2006年10月，市天主教第五次代表大会选举产生慈溪市天主教爱国会第五届委员会，金仰科当选主任。2011年10月，市天主教第六次代表大会召开，出席代表80人，列席代表10人，选举产生慈溪市天主教爱国会第六届委员会，金仰科连任主任。2017年11月市天主教第七次代表大会召开，出席代表82人，列席代表10人，选举产生慈溪市天主教爱国会第七届委员会，徐文洲任主任。

第三节　活动场所

1. 基本情况

现市境原有的天主教堂，除道路头、新浦沿、观海卫三处较具规模外，其余都比较简陋。有8处还是草舍或租屋。1956年8月，台风吹倒三所，其余有些也成危房。先后拆除庵东、断头湾、盐舍、彭桥、界堰路、观海卫六所教堂。1958年"人民公社化"期间，未拆除的教堂为当地一些单位使用。教徒分散在家庭聚会。随着宗教政策的贯彻执行，1985年后原各堂房产由教会逐个收回，经过整修和重建，恢复堂所。新浦为本堂，其余均属公所。至1987年全县共收回及新建房屋122间，其中出租27间。先后恢复腰塘（即盐舍）、胜东、下洋浦、坎东、樟树、彭东、云城、长河、东海、道林、附海、龙场、庵东、观城、天东等16处天主堂。1988年初，批准开放的天主教活动场所增至18处。至2019年全市有天主教活动场所24处，下列于表。

慈溪市天主教活动场所基本情况表

场所名称	地址	开放年份
龙山天主堂	龙山镇伏龙山村	1984
浒山天主堂	古塘街道城北社区教场山东路	1985
观城天主堂	观海卫镇上横街村下营街43号	1985
附海天主堂	慈溪市附海镇东港村	1985
东海天主堂	附海镇花塘村西店6号	1985
逍林天主堂	逍林镇宏跃村沙滩路156号	1985
胜山天主堂	胜山镇胜东村碾子甲路57号	1985
庵东天主堂	庵东镇振东村盐车路70号	1985
周巷天主堂	周巷镇云城村大道地南区155号	1985
坎墩天主堂	坎墩街道三群村担山北路1201弄19号	1985
新浦天主堂	新浦镇水湘村樟新路453弄1号	1985

场所名称	地址	开放年份
腰塘天主堂	新浦镇腰塘村堂前路91号	1985
下洋浦天主堂	新浦镇下洋浦村71号	1985
王家埭天主堂	匡堰镇王家埭村大古塘路11号	1985
伍家板桥天主堂	匡堰镇倡隆村伍家板桥47号	1985
下二灶天主堂	崇寿镇相公殿村	1985
长河天主堂	长河镇宁丰村堑里南弄1号	1985
天东天主堂	白沙路街道二房村庄华路3号	1987
五洞闸天主堂	观海卫镇大岐山村	1988
大云天主堂	长河镇大牌头村六塘江路345弄3号	1989
拔船塘天主堂	胜山镇胜南村拔船塘	1989
高王天主堂	宗汉街道金堂村	1990
五塘南天主堂	新浦镇五塘南村撬鳗舍190号	1991
傅西天主堂	崇寿镇傅福村傅西	1991

说明：资料来源为市民族宗教事务局

2. 教堂选介

浒山天主堂

清光绪二十二年（1896）开始，天主教宁波教区派员在东埠头、观城、浒山等地传教。1912年在浒山设公共祈祷所。20世纪30年代初，购买双眼井弄北首、巡司弄附近2亩土地，新建4间教堂。1941年，浒山天主堂被日本侵略军占用，1945年抗日战争结束，教堂得到归还，宗教生活恢复。"文革"期间，教堂被改作他用。1985年10月19日慈委[1985]83号文档，同意恢复浒山天主堂的宗教活动。1989年10月在教场山脚新建教堂，1990年5月落成，1996年向北延伸扩建2间半教堂，修缮了钟楼和唱经楼。2006年3月，根据城区改造需要，教堂向东移至原敬老院地基新建，于2007年12月落成。主堂长42米，宽20米，占地面积3330平方米，建筑面积2343平方米。另建办公及生活用房8开间5层一幢，长33.7米，深16.36米，高19.2米，建筑面积2648平方米。

新浦天主堂

清宣统三年（1911），天主教传入新浦。1914年，在信徒叶甫仁家中设立祈祷所。1918 年，在新浦镇余家路购买 3 间房屋，作为天主教堂。1923年，由于聚会人数增多，在新浦沿原粮站处购买 6 亩土地，新建 5 间教堂和 3 间附属房。1932 年，又在原址扩建了 4 间教堂和 4 间附属用房。1947年，扩建了钟楼和 2 间灶间。"文革"期间，教堂被占用。1985 年 10 月，经批准同意恢复新浦天主堂的宗教活动。1986 年 12 月 9 日，在水湘村动工建新堂，至 1987 年 1 月 25 日竣工。主堂 7 间，长 28 米，宽 13 米，楼房 4 间，总建筑面积 664 平方米。1997 年教堂在原址重建，主堂长 44 米，宽 22 米，分上下二层，建筑面积 2664 平方米，附属用房 1022 平方米。

逍林天主堂

逍林的天主教在 1915 年由余姚圣若瑟堂传入。至 1918 年，已有教友近百名。同年，在择乐路桥南拔船坝购买 3 间小屋办起公所，1933 年，由一法国传教士母亲捐款，迁址在原择乐乡二村建造主堂 5 间半，堂南边建神甫楼 3 间、修女楼 5 间，综合楼 4 间，门房、接待室各 1 间，附属小屋4 间。1958 年，教堂被他用，先是用做棉花仓库，后相继做过区公所、供销社仓库、卫生院。1975 年后，教友聚会的次数、人数增多。1985 年 10月，经批准同意恢复逍林天主堂的宗教活动，原他用的教堂相继得到归还。2004 年 7 月，教堂在原址扩建，新堂占地面积 3760 平方米、建筑面积 2066 平方米，2010 年增建附属用房 800 平方米。

第四节　人物

信众怀念的茹漪亭

1980 年 1 月 13 日，德高望重，深受信徒爱戴的善牧——茹漪亭司铎不幸病逝，享年 78 岁。茹公生就一副慈眉善目，对人和谒可亲，谦恭有礼，充满热情与爱心。即使你犯了什么过错，他也从不厉声呵斥，而总是耐心开导，循循善诱感化你。其朗朗的笑声更是特具魅力，不知已曾经感染过周围多多少少人。只要他在哪里出现，哪里立时就会笑语盈盈，善意融融，故而不论男女老少都乐意与他接近，接受他的爱抚和帮助。当年就读于余姚三德小学的许多教内外学生，至今犹牢记茹公如何利用午休时间，为他们义务理发的情景。茹公不辞劳苦，亲赴上海等地千方百计集资建校，创办三德小学，为国育才，泽被后人，功不可灭。在茹公任余姚堂区本堂神父和三德校长及教师期间，总是尽心竭力帮助家境贫苦学生解决各种实际困难，如学杂费全免，允许伙食费暂欠等，此类学生仅相公殿一地就有8人之多。为国家和教会栽培有用之才，施圣道、吕渔亭即为杰出代表。茹公还爱好并擅长于剪纸绘画技艺，经他一手悉心指导，确也涌现了不少书画高手，如出色的图画教师高若翰、上海画院著名教授陆一飞等。成名后的陆一飞曾说自己所以能有今天，应归功于昔日茹神父的精心奖掖栽培，可谓恩师终生难忘，师生情谊深长。

茹公平时自己省吃俭用，过着清贫的生活，但对那些遭灾受难者，却不惜慷慨解囊，倾力相助。例如浒山堂口潘国海，因受当地恶势力欺诈压迫，致使企业与商店倒闭，顿时陷入困境，弄得走投无路。多亏茹公及时给予无私援助，借洋500元，又让他担任浒山堂的管堂员兼讲道，得以解决食宿等生计问题。于今，每当潘先生忆及此情此景，常常禁不住热泪盈眶，感恩不尽。

1974年10月，茹公跌跤重伤，无法动弹，在教友和亲人的帮助下来到新浦侄子家疗养。此时他已满头白发，显得苍老憔悴，四肢软弱无力，然则当他伤势稍有好转，即去秘密祈祷点施行圣事，还扮作病人躺在担架上去教友家行终付。茹公普爱众人，尤爱青年，满心寄希望于他们身上。一次在新浦六甲村，他穿上祭服专门为青年教友做了一台弥撒，信徒岑仁福因故迟到，眼见众人已络绎散去，不由得怅然若失，怔怔地站着不知所措，正欲离开时，茹公示意其留下，又特为他一人补行圣祭。此事不仅给那位岑姓青年以一份意外的惊喜与感动，而且在广大教友中流传甚广，一时传为佳话。

党的十一届三中全会之后，国家正本清源，拨乱反正，神州大地阴霾尽扫，茹公摘去了"反革命"帽子，彻底平反。

岁月如流，弹指一挥间，茹公离世已整整16年了。他的一生，是饱经沧桑、历尽坎坷、备受磨难的一生。

茹老神父，是位值得怀念的好牧人。

案：上文作者为方维平，摘录自《慈溪文史资料 11 辑（宗教资料专辑）》。

爱心修女袁克凡

袁克凡，天主教修女。1914 年出生，其父是当地（今慈溪市崇寿镇）的大财主袁公亭，其堂兄是著名诗人、翻译家袁可嘉。她天资聪颖，自幼又受良好学校教育，口才超群，擅长写作，18 岁毕业于甬江女子中学，因不从父母之命、媒妁之言的约定婚姻，执意守贞不嫁。1938 年进拯灵会修道院修道，曾任过修道院院长，当过宁波益三中学教师。1999 年 3 月 12 日在宁波江北岸天主堂逝世，享年 86 岁。

袁克文从 14 岁起好读书，尤其爱读历史著作与文学作品，在爱情小说中读到了多少女人在痛苦中挣扎，公婆的欺压，姑娌的纷争，丈夫的冷落等等，使她触目惊心。而自己周围，母亲辈、姐妹辈做了富太太也都有说不出的苦。她想到了论婚许嫁的年龄，又要屈从媒妁之言父母之命，身不由已，于是打定主意，独身守贞。那么，到哪里去存身呢？考虑再三，便在 1936 年间，瞒了父母、兄弟、姐妹，独自到浒山天主堂受洗入教，立志修道。过了二年，不管严父反对，在河角袁守正的推荐下，直奔宁波拯灵会修院申请入会，因穿着华丽，遭院长修女婉拒。隔了一段时间，再到修院报名，仍未被院方收受。二次未果，经袁先生提示，她脱掉闺秀衣饰、剪去烫发，以普通平民姑娘着装，第三次去修院，并向院方表明自己能坚守神贫当好修女奉献终身之决心。这次，终于被院方录取，成了一位修女。

进院后，教会发现她有一定的文化功底，有口才，善写作，讲道时语句流畅，主题突出，是一位难得的人才，就派她担当小修女的培训。一年后被提任为宁波拯灵会院长，又兼职益三中学教师，身兼二职，呕心沥血，对修女与学生，生活上关怀备至，学习上循循善诱，培养德才兼备的有用人才。

案：上文作者为高然。

第五章　民间信仰

第一节　综述

中国民间信仰主要指自然神、职业神和人神等俗神信仰，所谓自然神，指的是自然现象被人格化之后升格为神。民间信仰在中国具有悠久的历史，而且比佛教信仰和道教信仰更具有民间的特色。

民间信仰的概念界定，至今尚无划一之定论。一般是指乡土社会中植根于传统文化，经过历史筛汰并延续至今的有关神明、鬼魂、祖先、圣贤及天象的信仰和崇拜。有学者称之为民俗宗教或普化宗教或"准宗教"。

中国民间俗神信仰的一个典型特征，就是把传统信仰的神灵和各种宗教的神灵进行反复筛选、淘汰、组合，构成一个杂乱的神灵信仰体系。鲜明地反映了中国世俗信仰的多元性和古人在一时间无法以人的体能、智慧所能解决的情况下，唯有诉求于神明的指引，以期获得援助、救济和保佑的功利性。民间信仰有着丰富的历史文化内涵，是在社会发展过程中民众创造的文化，虽然也会存在一些消极因素，但不能简单地一概以"迷信"定义之。

体现民间信仰的活动场地主要是神庙。现市境原有庙宇主要分布在南部山区及集镇附近，沿海农村较少。民国初年全县共有神庙 288 所。

在山区，山神庙、龙王庙、将军庙较多；城镇普遍有东岳殿、关帝庙、文昌阁；卫、所有城隍庙；原沿海的胜山、龙山西门外村、坎墩等处有祀妈祖的娘娘庙。掌起镇的洋山殿是将舟山群岛中的一座山名作庙名，所塑的却是南宋末年文天祥、张世杰、陆秀夫三位名臣，他们被演化成了海神。有些庙宇原是名人纪念祠。如雁门乡的上下梅林庙，原为纪念明代在雁门抗倭的胡宗宪、戚继光所建；鸣鹤场的彭侍郎祠（彭公祠）、卫山上的它山殿、则分别祀明侍郎彭韶、唐县令王元暐；六贤祠是祀宋代童居易、曹汉炎、黄震等六位乡贤；宗汉街道庙山上原有捍海侯祠，供祀宋余姚县令施宿等；虎屿山的相公殿则祀宋筑塘功臣张夏，上述历代先贤都被后人神化，这些纪念祠也就成为神庙，但庙中供神，也有传说人物，甚至小说人物。今崇寿相公殿所供张相公，有传是筑塘先贤张夏。也有人说是《聊斋志异》卷二《张老相公》的主人公，他在金山江中除鼋怪，保一方与行旅之平安，当地人们为其建祠，肖像其中，视为水神。

除山区少数庙宇初建于宋元时期外，多数则造于明清两代。民国时少有新建的神庙。随着民主革命的兴起和现代科学的传播，至新中国成立时现市境已有不少庙宇废置。新中国成立以后，农村进行土地改革，神庙香火大减，管庙人转业务农，较小庙宇都在此时改作别用。1951年，有僧尼居住的"庵连庙"48所仍有香火；其余都已仅存其名。1958年，所有庙宇已无神像，其庙屋由国家房管部门及使用单位接管。此后陆续改成为各种用房。1982年，县人民政府将雁门邱洋的纪念祠下梅林庙及任佳溪的古建筑灵龙宫列为县级文物保护单位。

新中国成立前，一部分连在一起的庵庙由住庵僧尼兼管，他们都以香金、布施作收入来源。其他庙宇则受地方士绅和农村封建势力所控制，设"庙董"或"首事"，住庙的一般称为"庙祝"。他们操纵各庙的经济、人事、行政，组织庙会或迎神赛会。

旧时，有些庙宇曾搞迎神赛会，即抬着神像游行。常见的有"将军会""都神会""城隍庙""龙王庙""东岳会"等。

以前境内著名庙宇有相沿成习的庙会。即在每年农历某天定为该庙会期，届时四方信神者云集至此，膜拜神祇；商贩趁机设摊出售香烛念珠、饮食之类；以后又发展为供应小农具、生活小用品；而地痞流氓也趁机聚众赌博、寻衅滋事。这类庙会从年初至冬月都有。依时令顺序为：文武殿、庙山顶、胜山庙、吴山庙、石漱庙、崇寿相公殿、天妃宫、眉山庙、小灵峰、潘岙上皇庙、沙湖庙龙亭、沧田包公殿、淹浦崇寿宫、洋山殿、平王庙、坎墩娘娘庙、彭桥庙等。1956年以后，地方出现物资交流会，庙会之习俗为之改绝。

第二节　主要祠庙

下梅林庙

下梅林庙在龙山镇邱王村境的石坛山南麓、苦战岭下。此庙是慈溪历史上抗击倭寇入侵的重要纪念性建筑。

明嘉靖年间，浙江沿海屡遭倭寇侵犯，倭寇盗掠烧杀，无恶不作，龙山雁门一带是重灾区。嘉靖三十四年（1555）七月，戚继光因在山东备倭有功而调任浙江都司金书，司屯局事，随浙江总督胡宗宪参加抗倭。

嘉靖三十五年（1556）七月，经胡宗宪提议，29岁的戚继光担任宁绍台参将，负起宁波、绍兴、台州三府的抗倭任务。八月，上任伊始，一股800余名的倭寇进犯龙山所，参将卢镗、副使许东望等共率14000名明军抵御。两军相遇，倭寇分三路冲过来，明军竟然一触即溃，四散奔逃，几百个倭寇在后面穷追。在此关键时刻，戚继光登上高石，连发三箭，射杀三路领头的倭酋，才扭转了危险的局面，明军方赶跑了群龙无首的倭寇。九月，又有一股倭寇登陆慈溪，浙江巡抚阮鄂亲督总兵俞大猷等官兵2万余人迎击，明军倚仗兵力上的优势，给这批倭寇以重大杀伤，倭寇见明军势大，且战且走，明军乘胜追击，败逃中的倭寇竟在雁门岭设下埋伏，明军被胜利冲昏了头脑，一见中了敌人的埋伏，遭到前后夹击，马上惊慌失措，阵脚大乱，许多士兵根本不听号令，不敢与冲上来的倭寇伏兵交战，纷纷丢下手中的武器四散逃命，军纪根本不起作用。幸亏戚继光和台州知府谭纶各率所部拼命抵抗，从而扭转了败势。

由于戚继光率军在金家岙、雁门岭、王家团、邱家洋、龙山所等一线的二次鏖战，杀得倭寇弃尸败遁，使当地人民免受倭患重获安宁，人们为报恩载德，在他们浴血奋战之地建上梅林庙、下梅林庙，并塑像祭祀。惜上梅林庙早年已毁，幸下梅林庙大殿今存无恙，于1982年5月还被慈溪县人民政府立为第一批县（市）级文物保护单位。

庙为何以"梅林"得名呢？查光绪《镇海县志》相关条，知梅林为胡宗宪字，在镇海威远城内原有明嘉靖三十年建的总制胡公祠，祀总督军门太子太保兼兵部尚书胡宗宪，又说胡的别庙在邱洋雁门岭下。那么，由此可知上下梅林庙的得名，是因祀胡宗宪而来。庙以胡宗宪字为额，他职官位居戚继光之上，戚继光因此只是附祀。又据传胡未临雁门一线亲战，所以百姓们心中认定和崇敬的还是三箭毙倭酋的保护神——戚参将，故庙内祭祀向以戚将军为隆。

下梅林庙中轴线上原有前殿、戏台，后进为大殿。可惜前殿、戏台早年已被拆毁，无法再见其风貌，只能由大殿联想而已。大殿为砖木结构九开间硬山顶建筑，通面宽 26.5 米，进深 11.5 米，明间为抬梁式，正中原悬挂"保国平寇"四字大匾，梁架雕刻人物花鸟。总体来看，下梅林庙简朴无华，这是当地经倭寇蹂躏、血雨腥风后当年民生未苏不敷铺张之费的折射。

案：清郑儒珍《柿林庙记》："龙山所东门外，有庙曰柿林，传为梅林之误。明嘉靖间，少保胡宗宪率总兵戚继光平倭到此，里人德之建庙，即以公字梅林颜其额。邱、王二村均祀焉。"又说："有名纯斋者。值方国珍乱，奉其父寓居灵绪乡，遂家焉。父子以洪武、宣德间相继而卒，合葬于柿林庙之东。是当时已称柿林庙，非梅林之误明甚。……一乡之庙，犹一国之社，以地有柿林，即因是名之也亦宜。"

灵龙宫

灵龙宫俗称龙廷，位于掌起镇任佳溪村境内，东接灵绪湖，南临龙廷河，西隔路与沙湖庙毗邻。1954 年以前这里属镇海县灵绪乡，据民国《镇海县志》记载："灵龙宫在任家溪，祀石陡龙神，向在沙湖庙内附祀，清道光年间，于庙东南隅又建龙宫……"

旧时三北一带乡俗，向有祈求龙神保佑风调雨顺，国泰民安之举。当年灵龙宫是敬奉龙神的重要场所，每逢旱情，必抬龙王求雨，尤以端午龙廷会为最。

　　回溯这座灵龙宫的建造，至今民间还仍流传着历经沧桑的一则故事，梗概是"蹩脚裁缝做御衣，官封布政使，为拯救三北大旱，奉圣旨造龙廷"。若细味之，或许它寓示了当年在大旱为灾的严重威胁下，曾由地方官府报经中央，而动众兴建龙宫这一事实，反映了官府面对科技落后、旱情当前的无奈和人们渴望"灵龙"降雨解旱的心理，所以造出灵龙这一自然之神和供它享祀的宫殿。人们虔诚敬祀，反映了对神龙（水神）的敬畏和对水利安全的迫切冀盼。作为旁滨灵湖的村落、村民，他们更把灵龙作为主宰灵湖利害的湖神，草根的造神情结和生存的功利出发，便结出了具有地域特性的民间灵龙信仰的文化之果。

　　灵龙宫青砖黛瓦，气宇雄宏，中轴线上由宫门、戏台、大殿以及左右厢房五个单元组成，占地面积七百多平方米。宫为五开间硬顶房，明间与戏台衔接，东西梢间和两侧三开间厢楼相连。戏台歇山顶，四周以云形昂作装饰，台内顶部用八角形藻井，由八组斗拱层迭而成，结构严谨。宫门、戏台、厢楼三者巧妙组合，素兰楼台，气韵典雅。后进为主建筑大殿，平面呈正方形，面宽三开间，重檐歇山顶，廊沿有卷蓬式抬头轩、雀替，月梁上雕刻着双凤、花卉等吉祥富贵图案，展示了较高的艺术水平。大殿东西二壁描绘着"云龙喷水"大型壁画，气势磅礴，令人生畏。

　　灵龙宫是慈溪市独一无二的重檐歇山顶建筑，创作技法集藻井、斗拱、卷蓬、木雕、壁画等于一体，凝聚着一代工匠的高度智慧和卓越才能，具有较高的民俗研究价值和建筑史料价值。但在"文革"时，大殿内工艺极其精美的祭祀物品全部焚毁，主体建筑用竹围隔变成了生产队仓库。古宫失修，白蚁横行，青苔滋漫，墙角繁生着欷欷摇动的小草，无不烙下了岁月流逝的痕迹。

　　"文革"后经多次维修，面貌焕然，1982 年 5 月，慈溪县人民政府公布灵龙宫为溪县第一批重点文物保护单位，至今保存完好。其实它还不仅是民间龙神信仰的空间实体，也是民间祠庙优秀建筑工艺文化反映的代表作。

洋山殿

洋山殿位于掌起镇戎家村，南临329国道，东傍古窑浦。初建于明嘉靖十三年（1534）。清嘉庆五年戎、厉、柴、裘、陈、叶六姓合资重建，道光二十六年、光绪十一年又修。殿堂分前、中、后三殿。清代邑人郑性曾在乾隆丙辰（1736）撰《洋山殿甃石募缘序》，内称："明嘉靖间，一柴姓翁渔于海，忽有石炉从水面浮入网，载之归，舟泊古窑浦，置于崖涘而炉屹然不可动，因此即以祀三山之神，而殿则独以洋山名。"郑性说，此三山，当指舟山洋面之洋山、许山、金山。三山之神实则海神，可见立庙之初衷是为了祭敬海神。但至咸丰五年松浦尉徐春祺为洋山殿撰碑时，见殿中有赫然三神像，就向住持陈仲宝询三神之姓氏，陈答说是南宋殉国忠臣文天祥、陆秀夫、张世杰。对此，徐春祺在碑文中表白了他的识解："厓山与洋山相距不远，宁人读厓为笷，与洋字音相近，或以厓山误洋山未可知也。要之，三公之忠贞毅烈千百载后如水在地中，日月之在天，固不择地而昭著者，世世祀之可也。家尸而户祝之可也，何间于慈溪之北乡哉！又何间乎厓山与洋山哉！"由此看来，洋山殿不知何时起已成了百姓纪念宋末民族英雄文天祥、陆秀夫、张世杰的庙堂。

洋山殿大门前左右有青石雕成的巨狮，大门上绘有门神秦叔宝、尉迟恭的彩像。前殿后有飞檐斗拱的戏台，大殿中塑有三尊红脸神像，供有文天祥题词的象牙白绢扇，殿侧墙上悬有"高山仰止"匾，殿后写有文天祥的《正气歌》。后殿供有娘娘菩萨。洋山殿共有神像八十余尊。此外还有饭厅、斋堂。每当夏历三月廿五、五月廿五、八月廿五日，文天祥、陆秀夫、张世杰三位"洋山大帝"生日，众多善男信女至此烧香坐夜，通宵达旦，诚敬无比，香火旺盛。

1958年，殿宇改为"炼钢厂"，后为掌起船厂。改革开放以来，党的宗教政策得到了进一步落实，修缮了大殿，中殿有文天祥、陆秀夫、张世杰的塑像，厢房里有这三位英雄的形象彩画。

洋山殿供祀的主要祀主是三位"洋山大帝"，他们其实是名垂青史的爱国先贤、不屈于蒙元贵族统治的民族英雄。浙东曾是抗清激烈之地，民众反清意绪强烈，供祀洋山大帝，或许涵寓着当时信众反清的意识余绪；陆秀夫、张世杰又成仁海上，洋山殿后殿的娘娘菩萨实际上就是海上保护神妈祖，这就反映滨海地区人们信仰的地方功利性，观照出他们祈求海上作业的安全、固塘抗潮与消除水旱火灾心理需求的源点。民间信仰酿生信仰习俗，洋山殿也不例外，并且由于原由六姓共祀对于举办庙会礼拜，不但经费相对容易筹集，管理人手也多，所以当年洋山殿的庙会礼拜在远近是很有影响的。

　　案：乾隆间，乡人为拓展殿前场地需款，曾请邑中时贤郑性撰《洋山殿甃石募缘序》，文见光绪《慈谿县志》卷十五·经政四·坛庙下。

彭侍郎祠

　　祠祀明刑部侍郎彭韶，址在鸣鹤场沙滩桥北。光绪《慈谿县志》卷十五·坛庙下有专条记述："弘治己酉，韶奉命整理盐政，临鸣鹤场，宽恤民灶之苦，邑人思之，饮食必祝，庠生方镇等呈请都转运使林堂，为之立祠。嘉靖丙午，知府魏良贵行县谒祠，立石记之。康熙五十二年，进士叶亮因豪霸侵占，众丁赔累，会同丈地清估，编分字号，置有规则、簿册十本、完课议十纸，邑令樊琳批印在案，以垂永久。又创捐葺祠，焕然一新。里人岁以六月二十一日侍郎诞辰祭之。"

　　初建和后于康熙间创捐修葺彭侍郎祠的缘由、过程，虽然上段文字中已有大略交代，但祠从初建延至道光五年之备细，尤其对从祀人员之定、公祀田亩的来源之交代，则读张久照撰于道光五年（1825）的《彭侍郎祠碑记》，就可知其详：

　　　　凡民俗祠庙，皆有田以供祭祀，肆献馈食之仪，牲牷酒醴之数，脤膰燕饫之节，悉视田所入，隆杀丰约为法式，而又设之版籍，严其钩考，以制其用而防其耗。版籍之不设，钩考之不严，并兼侵夺隐漏之患兴而田失，田失则无以供祭祀，而祠庙亦几废。故版籍钩考者，所以肃祀事而维祠庙也。

　　邑鸣鹤乡，故有彭惠安公祠，公讳韶，字凤仪，闽莆田人。先是，两浙盐法大坏，公以弘治元年，由刑部侍郎兼佥都御史巡视浙盐。至则首疏减滨海折半盐价，及税课常股引、水乡税课引银，又题请每场置预备小仓，凡灶丁有罪及一切问法干碍盐徒，令上纳米谷，岁歉则给散贫灶。公又尝亲莅鹤皋相视地宜，改场为折盐仓，设上、中、下三仓。公既去而民思之不忘，即下仓基建祠祀公，志公德也。

　　予尝考有明一代盐法，有常股，有存积，每灶丁工本钞二贯，课以纳盐，有灰场草荡以资摊晒、樵采。其后令灶丁半纳银，又其后令全纳银，而常股存积之征如故，其灰场、草荡尽没总催豪右之手，而额课仍责之灶丁，是灶丁重困，始有卖妻鬻子偿课不足盗亡瘐死者。而公独于灶丁尤加轸恤，观盐场八节图诗所言，洒、淋、煎、负、折阅、朋偿之苦，至详且尽。盖盐出于灶，灶丁困，则盐消乏，盐消乏则引滞而课虚，故为国用计，亦未有不当以恤灶为先者，此公所为见之远、计之深，而其哀矜恻怛，怜悯穷丁，尤悱然仁人君子之用心也。然公之惠不独恤灶也，自公疏鬻两浙余盐，本处始得卖盐，至今滨海二十一县咸受其赐。而鹤皋独尸祝俎豆，思公弗替，岂不以公尝亲莅此乡、闻其风尚、想其人，况其所尝经营相度者哉！

　　祠建于嘉靖时，旧有碑，今毁无存。后复附太仆寺卿叶公永盛、兵部尚书杨公鹤。叶公泾县人，尝五疏争余盐。杨公武陵人，尝量加包补税以抵荡课。二公皆万历时按浙，又以邑令霍公与瑕、吴公道迩、罗公万象、樊公琳从祀焉。

　　祠故无田，康熙间进士叶公亮清丈附场管丁地，始以余田若干亩奉公祀。乾隆间，又益田若干亩。今道光五年进士曾孙征君荣，惧其久而湮也，复与其同社诸君履亩详勘、绘图立册、纤悉明核，并勒之石，以永杜侵占遗漏之患，而请记于余。

鸣鹤，古为盐场，是灶民聚而作业生存之地。盐税，历来为国税命脉，制盐者，在清雍正初年以前，则列在贱籍，没有改籍改业的自由。灶民所受剥削压迫之残酷，作业之艰辛、生活之困苦，古来有目共睹。鸣鹤场官吏向来对盐民多贱视之，盘剥之，唯有宋之黄震、明之彭韶、邑令霍与瑕、吴道迩、罗万象、樊琳能体恤之。尤其是彭韶受诏至鸣鹤场巡察后曾吟《恤灶图八咏诗》，对盐民的生产生存的艰难困苦深表同情，更即时上奏减免盐民纳税之数、准许盐民上交公盐后余盐可行自卖，盐民得此实惠，至此生机稍苏，十分感激彭韶恩泽，建祠而祀，久则竟以人为"神"了。

张老相公庙

今慈溪市境西部原系姚北地区，历史上在周巷镇缪路有祀张夏之庙，浒山所城、林西梅林市等地也建有祀张夏之张老相公庙，也俗称相公殿。

张夏，生卒年未详，排行六五，称十一郎官，萧山长山（今楼塔、河上镇一带）人。其父张亮曾为五代吴越国刑部尚书，以父"任子"（荫封）授郎后任泗州（在今安徽省）知州。时泗州大水，田宅被淹，张夏募民修建堤塘，疏导河渠，以减轻灾害。宋景祐年间（1034–1038），以工部郎中出任两浙转运使。当时，浙江钱江海塘年久失修，分段守护。杭州、萧山钱塘江两岸的江塘原用木柴、泥土垫筑，常被江潮冲毁，张夏首次发起将其改建为石塘。

张夏在建塘抵御海潮中以身殉职后，人们为纪念他的治水功绩，在堤上（今长山镇）立祠志念，尊称张老相公。两宋朝廷为嘉奖其治水功绩，先后追封他为宁江侯，赠太常少卿，敕封显应侯、护塘堤侯、八字王等；入清，雍正帝又敕封张夏为静安公。

由于张夏这位护塘堤侯，原是会稽郡萧山人，因此滨钱塘江、杭州湾南岸的郡人，既视其为敬崇的乡先贤，更把他作为捍潮护堤的同乡保护神而虔诚供奉起来，成为在筑塘护堤人力财力技术不足的旧时代的乡邦后人的一种企求抗潮保塘消灾得平安的精神寄托。因此不但萧山"沿江十八庙，庙庙供张公（即张老相公张夏）"，旧时会稽、山阴、上虞沿海之地也奉张夏为抗潮护堤之神灵，连远在姚北的郡之东偏之地的泗门浒山、梅林市、崇寿等地也有奉张老相公的庙、殿，甚至影响所及，当年"姚慈"相接的观海卫月城内也出现相公殿。

胜山圣母祠

慈溪的妈祖信仰历时久，庙宇多。除观海卫、龙山所、三山所、洋浦东都在明代建有妈祖庙外，龙山所西门外早在元代就建有妈祖庙，今观城镇、坎墩街道、桥头镇、白沙路街道等地在明清也建起祀妈祖的天妃宫、娘娘殿、天后宫、圣母殿。至于址在胜山的祀妈祖之圣母祠，则是现市境最早出现、妈祖信仰活动维持也最长的一处所在。

治学严谨的黄宗羲曾选辑历来姚人诗作成《姚江逸诗》，内收宋人黄巨川《越泥山》诗，并注明诗作者黄巨川为"绍兴六年进士，通判应天府，历御营使"，这与《余姚彭桥黄氏（思孝堂）宗谱》中《黄巨川传》所记合。又据该谱：秦桧当权时，岳飞被害致死，黄巨川叹息道："天下事可知，吾其左衽矣！"于是巡视海滨，登上悬泥山（今名胜山），并隐居结庐山中再不出仕。如黄巨川其人其事不虚，《越泥山》诗也并非后人伪托，那么据其诗句"越泥仙洞有仙游，圣母祠经大未修"或可证在（岳飞）遇害的绍兴十二年前，胜山已有圣母祠，圣母者，即妈祖也。黄巨川诗中所称"圣母"，当非自己夫人虞氏也。这圣母祠之称沿至明代嘉靖间还在通呼，这可由曾于嘉靖三十四年（1555）五月参加三山所城抗倭保卫战的时人潘用晦的咏《胜山》诗以实证之："谁擘芙蓉峙海涯，天然胜概一蓬莱。奇环巨浸青螺拥，秀插高峰锦帐寒。圣母祠前云鹤舞，仙人洞口雨龙回。东南得此中流柱，巩固皇图永不推。"

圣母祠，原在胜山顶，《临山卫志》有记："山顶平正，古建圣母庙于其上，址石犹存，故名胜山。"民国九年（1920）纂成的《余姚六仓志》也有胜山庙之记："在胜山南，中殿为天后宫"，妈祖曾封"天后"，则胜山天后宫所祀天后，即妈祖。当地民间习称胜山娘娘，俗呼胜山老外婆。这许是船户渔人等对妈祖指称的地方泛化。又有传云：胜山老外婆，则是指一位住在胜山上、总在夜间悬灯为人指示方向的老婆婆；也有一说圣母系黄巨川夫人虞氏者。以上传说或可谓是妈祖信仰的地方版吧！

关于民间对胜山娘娘的灵迹与敬虔，地方文人曾有撰记，如坎墩胡杰人应乡众所请为祭天后撰文，其中有句："后（天后）能杯渡，舟行闽广，能教铁舰咸安；道入海关，顿使风帆无恙。曾显神通于台省，咸瞻庙貌于胜山。悯入海而迷津，红灯屡照。应征麟而送子，丹桂频联。妇女祈求，铭恩最广。仕商感戴，报德无涯。结香火之因缘，每岁欣奉上巳，奉苹蘩之祀事，同人咸颂林壬。"又如孙绳祖在其《瓶庐琐志》中记道："胜山上有天后宫，俗呼圣母娘娘，灵显最著。渔人夜入海，没身水中，候潮汛至，每举网，辄退行三步，至岸乃已。黑暗中偶一转身，则莫辨南北，不知何者为岸，性命危在顷刻，急呼圣母娘娘求救，水面必现红灯。循灯行，便得归路。"读以上文字，则可看出，它一定程度地折射出人们对妈祖信仰的心理需求。

第六章　历史上的摩尼教

第一节　综述

摩尼教是公元 3 世纪中叶波斯（今伊朗）人摩尼所创立的一种宗教。根据林悟殊先生在《宋代明教与唐代摩尼教》所述："摩尼教自武后延载元年（694）被正式承认，在中原合法传播。"其又称："摩尼教由于崇拜光明，故在中国又有明教之称，但在唐代文献上，明教一词，甚为罕见，时人宁愿采用音译的叫法，把摩尼教及其教徒称为末尼、末摩尼法、末摩尼、摩尼师、拂多诞、慕阇等。到了宋代，明教之称才普遍流行起来。"宋时，慈溪县属明州，而明州唯有慈溪有摩尼教寺院崇寿宫和摩尼信徒，因有学者以其为"明州摩尼教"名之。摩尼教作为外来宗教，为了它的发展传续，在唐曾"佛化"过，因此在唐会昌间灭佛时亦遭禁，摩尼"僧尼"被敕令还俗。入宋摩尼教则"道化"，以道观形式来取得合法存在。

慈溪摩尼教传入的确切年代至今学界未有定论，据民间传说，部分方腊等义军在宋军追剿时分别由海陆退入今慈溪市境东部散隐为民，其中不乏摩尼教徒。崇寿宫则是宋代摩尼教在慈溪道化存在的反映。至明洪武年间，朱元璋先是定国号为明，然后以明教（摩尼教）之名上逼国号，又视其为"左道乱正之术"加以抑制，摩尼教遂日渐衰落。洪武二十四年（1391），崇寿宫的"道士"被强行收并至县城（今宁波江北区慈城镇）东郊的道教名观清道观，从此慈溪公开的摩尼教信仰与活动就此结束。

第二节　崇寿宫

崇寿宫（后俗称道士宫）旧址在今观海卫镇淹浦村，历史上其宫与附近地区曾是摩尼教传信活动之地。至于"明州摩尼教"的何年何处传入、何时消亡之细实,至今尚未发现直接而确切的文献记载。

关于崇寿宫,明天启、清光绪间纂修之《慈谿县志》有专条记载,说它始建于宋初,额曰"崇寿",奉摩尼香火。后因定海县东海王庙居守道士之请而移其额,被改为"天宁观"。至南宋绍兴元年(1131)崇寿宫又复旧额。嘉定四年(1211)建三清殿。景定四年(1263)大行增修,时奉摩尼香火的该宫住持张希声,函请在京任"史馆检阅"的本籍人士理学家黄震撰《崇寿宫记》,勒石立于宫前,有申明摩尼教与道教相关之语。明洪武二十四年(1391)崇寿宫"道士"被强令徙入城郊(现慈城镇)清道观。原址旧遗废宫,至迟在清代又有修建,俗称道士宫,咸丰十一年(1861)毁于太平军之火。同治三年(1864)里人沈氏建雷祖殿,四年(1865)虞氏建东岳殿,七年(1868)、八年(1869)先后建灵官殿、地藏殿,光绪九年沈氏建三清殿。抗日战争时期该宫尚有99间殿宇房舍,占地七亩五分。农历六月二十四有庙会,进香者甚众。1947年至1948年,该宫成为国民党"慈溪自卫总队"在慈北的重要据点。1948年12月16日,中共领导的武工队在围歼国民党"慈北自卫队"后,当夜12时将这个敌人据点焚毁。剩下八间房屋后在"文革"期间拆除,20世纪80年代遗址建淹浦中学和东罗村仓库。

因为崇寿宫这所以道化形式延续四百多年的摩尼教寺院和景定年间黄震所撰《崇寿宫记》,对世界摩尼教研究,尤其是对中国东南沿海摩尼教研究具有一定的探讨价值,当代国内外相关学者曾到宫址考察,探寻《崇寿宫记》之景定勒石。

第三节　崇寿宫记

南宋景定四年(1263),奉摩尼香火的慈溪县崇寿宫增修,黄震应宫之住持张希声所请,为撰《崇寿宫记》,勒石于宫前。碑今不存。其文收于黄震所撰《黄氏日抄》,是一篇研究摩尼教的重要文献。现录其文于下。

四明，固山水奇绝处也。慈溪之西，踰二十里，其地薄海，气势益磅礴。有峰特起为五磊山，突兀撑天，犹若奋乎其不可遏，则又歧而对发，各驶奔数十里以入海。东之复出于海者为伏龙，西之复出于海者为向头，遂为今行都国户门。皆断崖万仞，屹立云涛浩渺间，衔地轴以浮天，挹仙山之如见，故其中沃野曼衍，特气扶疎，人生其间，往往多秀特。而崇寿宫又适居其水脉之会，故其烟林蓊郁，羽衣潇洒，时亦多闻人，如往岁吾叔祖黄仲清以诗闻，今住持之祖张安国以"草圣"闻，皆尝名动一时，夫岂偶然之故哉！然其云屋疏疏，垂三百年莫之整，以僻故也。

安国之法嗣曰张希声，神采精悍，文而有综理材，始慨然以兴起为己任。余与别二十年，意其已老，虽有志未必酬。俄一日书来，述其居已大备，属余记之。且曰："吾非求以记吾勤也，记吾居之所自始也。吾之居日广，而吾之所自始日泯，非所以笃既往，昭方来也。吾师老子之入西域也，尝化为摩尼佛，其法于戒行尤严，日惟一食，斋居不出户，不但如今世清净之云。吾所居初名道院，正以奉摩尼香火，以其本老子也。绍兴元年十一月，冲素太师陈立正始请今敕赐额。嘉定四年九月，住持道士张悟真始建今三清殿。岳祠建于端平之乙未，法堂建于淳祐之壬子，藏殿建于宝祐之乙卯，而山门建于景定之癸亥。与夫建丈室以集簪佩，建舫斋以列琴书，下至庖湢，色色粗备，则又皆吾铢积以成，未尝以干人。故虽工役之繁，赀费之多，皆所不必记。独念新之增者旧之忘，身之舒者心之肆。摩尼之法之严，虽久已莫能行，而其法尚存，庶记之以自警且以警后之人也。"

余读之，曰："嘻！此有识之言，亦无穷之思也。然吾儒与佛、老固冰炭，佛与老又自冰炭，今谓老为佛，而又属记于学儒者，将何辞以合之？且何据耶？"因书诘之。则报曰："吾说岂无据者？《老子化胡经》明言，'我乘自然光明道气，飞入西那玉界，降为太子，舍家入道，号末摩尼，说戒律定惠等法'，则道经之据如此。释氏《古法华经》卷之八九正与《化胡经》所载合，佛法广大，何所不通？而限于町畦者，始或秘之不以出。白乐天晚年酷嗜内典，至其《题摩尼经》，亦有'五佛继光明'之句，是必有得于贯通之素者矣。则释氏之据如此。唐宪宗元和元年十一月，回鹘入贡，始以摩尼偕来，置寺处之。其事载于温公之《通鉴》，述于晦翁之《纲目》，则儒书之据又如此。"余既审之，果然。希声复缄示所谓《衡鉴集》，载我宋大中祥符九年、天禧三年两尝敕福州，政和七年及宣和二年，两尝自礼部牒温州，皆宣取《摩尼经》颁入《道藏》，其文尤悉。余始复书，谓之曰："信矣！是可记也。"

夫天下事不过是与非、善与恶两端而止，自古立言垂训者，莫不使人明是而别非、绝恶而修善，故能辅人心而禅世教。说久而弊，始或纷之。老子宝慈俭而后世事清谈，释氏恃戒定，而后世讥执着，是岂其初然哉？老子再化为摩尼，而说法独严于自律，如师所云，殆其初之未变者。师而念之，而传之，则道之初在是，释之初亦在是，且有近于吾儒之所谓敬，于以发山川之灵异，恢道俗之见闻，斯琳宫仙馆千万年凭藉无穷，岂徒在今轮奂间？师曰："诺哉！"因录其往复之详如此。是为记。景定五年五月记。

第四节 《崇寿宫记》对摩尼教研究的影响

慈溪县旧有崇寿宫（位于今浙江省慈溪市淹浦乡东罗村），延祐《四明志》及天启、雍正、光绪等诸《慈谿县志》均有所载。天启《慈溪县志》言其：建自宋初，额曰崇寿，奉摩尼香火。嘉定四年始建三清殿，景定四年增修祠宇。光绪《慈谿县志》还收存《崇寿宫记》一文，并云为黄震所撰，宋景定五年五月立（石）于崇寿宫。

《崇寿宫记》是黄震应崇寿宫摩尼教住持道士张希声函请而作。往还书信中，张备溯原始，黄录其往复之详为记，替后世保存了研究摩尼教的重要史实与佐证。

摩尼教是公元 3 世纪中叶波斯人摩尼所创，在现代世界中，它已没有什么信徒了，但在中世纪却是一个世界性的宗教，在其所到之处都产生过巨大的影响。公元 7 世纪末，摩尼教传入中国内地，唐时依托佛教，宋时开始道化，元明以后逐渐融合于其他教派。据个别学者考证，清初中国内地还有摩尼教活动的痕迹。摩尼教在中国又称明教、明尊教、末尼教、牟尼教。

国内外学者对于中国摩尼教的研究起步较晚。学者们以往虽然在中国史书文献上看到过关于摩尼和明教徒的记载，但不知道这些便是来源于三世纪中叶波斯人摩尼所创立的宗教，迟至 1897 年，中国摩尼教研究的先驱、法国汉学家沙畹还以为"汉文中的摩尼指的是穆斯林"，"中国似乎不曾有过摩尼教徒"。直到 1907 年以后，先后发现敦煌石室三部汉文摩尼教残卷，引起了中外学者们的极大重视，开始了中国摩尼教研究的新纪元，而《崇寿宫记》也随即被陈垣大师以特定作用引入其名著《摩尼教入中国考》。

笔者认为，《崇寿宫记》对摩尼教研究的影响，大致可以归纳为如下几个方面：

一、作为宋代摩尼教依托道教的重要佐证。

1923 年 4 月，陈垣先生在《国学季刊》第一卷第二号上发表《摩尼教入中国考》，翌年 6 月 3 日，胡适发函致陈，中云：

> 昨晚读黄震《黄氏日钞》，在第八十六卷上发现一篇《崇寿宫记》，其中颇多材料，可以旁证先生已引的材料，也有可补先生所未及引的。

> 如述希声语云："吾师老子之入西域也，尝化为摩尼佛，其法于戒行尤严，日惟一食，斋居不出户，不但如今世清净之云。吾所居初名道院，正宜奉摩尼香火，以其本老子也。"此可证先生说的"宋摩尼依托道教"。

记中又云："希声复缄示所谓《衡鉴集》，载我宋大中祥符九年、天禧三年，两尝敕福州；政和七年及宣和二年，两尝自礼部牒温州，皆宣取摩尼教经颁入《道藏》。"此可补先生所引《云笈七签序》。

陈垣先生奉书大喜，即检阅《黄氏日钞》中之全文，并在修改《摩尼教入中国考》之第十二章"摩尼教依托道教"时，大量摘引《崇寿宫记》的有关文字，作为论证宋代摩尼教道化的主要论据之一。

林悟殊先生在《宋元时代中国东南沿海的寺院式摩尼教》一文中谈到，宋代寺院式摩尼教已吸取了唐季迫害外来宗教的教训，除佛化外，尤更道化，竭力依托当时统治者所推崇的道教。张希声把自己所奉的摩尼之法标榜成道教戒律最为严格之一宗。林先生并引《崇寿宫记》中"老子化胡经"一段为证：

吾（张希声）说岂无据者，老子化胡经明言我乘自然光明道气，飞入西那玉界，降为太子，舍家人道，号末摩尼，说戒律定惠等法，则道经之据如此。

林先生又说，宋代的统治者也把当时寺院式摩尼教当为道教的一宗，把它的经典收编入《道藏》。当民间秘密结社形式的摩尼教徒惨遭杀戮时，而寺院式摩尼教道士悠哉悠哉，如张希声辈照样奉摩尼之法，其摩尼寺也安然无恙。

林先生还有《〈老子化胡经〉与摩尼教》等文以及牟润孙先生、日本学者窪德忠等的有关著述，均援引《崇寿宫记》有关文字论及这一问题。

二、证明宋元时代中国东南沿海，除秘密的摩尼教外，还存在着合法的寺院式摩尼教。

传统的看法是，中国摩尼教均为秘密结社的秘密宗教。而最早把崇寿宫当作摩尼教寺院的陈垣先生，在其《摩尼教入中国考》之第十二章中却明确指出宋元时代中国东南沿海有寺院式摩尼教。胡适先生在1924年6月3日给陈垣先生信中，也透露了可在这方面开展研究的信息，话讲得很有见地：

记中叙：（崇寿宫）绍兴元年敕赐额，嘉定四年建三清殿，岳祠建于端平乙未，法堂建于淳祐壬子，藏殿建于宝祐乙卯，山门建于景定癸亥。是南宋百余年中，摩尼教不但盛于民间，且得政府之承认、学者的记载。

时隔半个世纪之后，当代摩尼教研究专家林悟殊发表了《宋元时代中国东南沿海的寺院式摩尼教》，发挥和拓展了当年胡适的见解，批评"唐之后华化摩尼教都应视为秘密结社和秘密宗教"的非严谨性。文中摘引《崇寿宫记》文字达四处之多。为了论证摩尼寺都建于偏僻之山间、风景如画、环境幽静、宜于隐逸的地方，作者引用了《崇寿宫记》首段：

四明，固山水奇绝处也。慈溪之西，逾二十里，其地薄海，气势益磅礴。有峰特起为五磊山，突兀撑天，犹若奋乎其不可遏，则又歧而对发，各驶奔数十里以入海。东之复出于海者为伏龙，西之复出于海者为向头，遂为今行都国户门。皆断崖万仞，屹立云涛浩渺间，衔地轴以浮天，挹仙山之如见，故其中沃野曼衍，特气扶疏，人生其间，往往多秀特。而崇寿宫又适居其水脉之会，故其烟林蓊郁，羽衣潇洒。

从而指明："从寺院的地理位置和环境看，我们很难想象，里边的摩尼教僧侣会和外间的农民反抗运动发生关系。"

为了说明摩尼寺僧侣由于遁入山野之寺闭门苦修，没有构成任何对统治阶级不利的因素，林文又引了《崇寿宫记》中一大段文字："……独念新之增者旧之忘，身之舒者心之肆，摩尼之法之严，虽久已莫能行，而其法尚存，庶几记之以自警，且以警后之人也。"接着说，像这样的僧侣，统治者始终没有以信仰原因而加以迫害，寺院式摩尼教也由此得到朝廷承认而合法存在。至于宋元时代对于秘密形式的摩尼教的取缔，其实质是封建统治者对于农民反抗运动的镇压，而并非宗教迫害。

三、作为迟至十三世纪，摩尼教苦行主义仍得到承认的依据。

英国学者刘南强先生，在其《摩尼教寺院的戒律和制度》一文中，认为摩尼教于公元8世纪时由于受到统治者的崇信和庇护，地位发生了变化，从而放松了苦行主义，转而积极参与了社会经济生活。但是作者也注意了另一面。他说："我在以前发表的一篇文章（《宋末一位背教的中国摩尼教徒与一位儒家官员的通信》）中，曾翻译过一位名叫张希声的与其友人黄震往来的一封信札，张曾经当过这种摩尼寺的寺主，他在信中向黄吐露了他的内疚，因为他没有遵守摩尼教的严格戒律，为了个人的舒适，改善了他的修道室。而就我们所知，这是《仪略》所禁止的。由是我们至少找到一个例子，证明迟至十三世纪，摩尼教苦行主义的戒律，即使不被严格遵守，也仍得到承认。"文中"向黄吐露了他的内疚"，当指上述林悟殊先生引用过的《崇寿宫记》中"独念新之增者旧之忘"一段文字。

四、作为探究黄震与摩尼教关系的引发性资料。

这里，须重提上面胡适给陈垣的信，信中说："记中又说崇寿宫的道士中有黄震的叔祖仲清，以诗闻。今检同书卷九十五，有《祭叔祖机察壶隐先生墓》一文，注云'讳得一，字仲清'。文中云：其在初年，学老子说，一登讲席，听者千百。""文中又述黄氏自己少时受仲清的影响。黄震为朱门大师，而他竟是一个深受摩尼教道士之赐的人。当日摩尼盛行于三山，则所谓闽学，受'吃菜事魔'的影响，大概是很在意中的了。"胡适已注意到黄震与摩尼教有一种非同寻常的关系，至少，黄震的家学渊源，思想道德、理论建树、学派的形成与发展等方面会受到摩尼教的某些影响。

陈的复信中就有反映："数月前有友告我嘉定《赤城志》（台州丛书本）卷卅七有知州李谦戒事魔诗十首，可知闽浙沿海一带，如明、台、温、福、泉等州，皆盛行摩尼，不独南宋时闽学受其影响，即北宋时道学家所倡导之太极、两仪、阴阳、善恶、天理、人欲等对待名词，殆无不有多少摩尼兴味也。"后来，他在《摩尼教入中国考》中正式提出了这个问题：

> 黄仲清名得一，号壶隐先生。黄氏日钞卷九五有祭叔祖机察壶隐先生墓文，称仲清初学老子，复归于儒，笃教犹子，彬彬儒雅。始余周晬，公赐之诗，匪徒言贺，以远大期。既而稍长，受书吾父，俾继先志，必称叔祖云云。是黄震之学出于黄仲清，而

仲清则摩尼院道士也。

中国封建统治的主要理论是传统的儒家学说，而儒家学说，并不排斥善恶二元之说，因此摩尼教明暗二宗的说教与儒家的理论，亦并非不能调和，故有所谓"道德宗教"之称的摩尼教，据说在宋代就为一些士大夫所信奉，上面提到的黄仲清即是一例。黄震是儒家营垒中人，在摩尼院道士中又有与其有血统关系、朋友关系者，于耳濡目染、面叙笔谈、书信往还之中，受摩尼教之潜移默化，实是自然。故其有赞同善恶二元之说、视摩尼教为道教中特别强调自我修养的一个教派的观点，是不足为奇的。因此，在《崇寿宫记》中出现如下一段议论也是很合情理的，其云：

　　夫天下事不过是与非、善与恶两端而止，自古立言垂训者，莫不使人明是而别非，绝恶而修善，故能辅人心而裨世教。说久而弊，始或纷之，老子宝慈俭而后世事清谈，释氏持戒定而后世讯执着，是岂期初然哉？老子再化为摩尼，而说法独严于自律。如师所云，殆其初之未变者。师而念之、而传之，则道之初在是，释之初亦在是，且有近于吾儒之所谓敬，于以发山川之灵异，恢道俗之见闻，斯琳宫仙馆千万年凭借无穷，岂徒在今轮奂间？

上段议论曾被林悟殊分别引入其《宋代明教与唐代摩尼教》《〈老子化胡经〉与摩尼教》等文中。同时，林氏还据上段文字所表述的黄氏之思想路子，在其《宋元时代中国东南沿海的寺院式摩尼教》一文中指出：（张希声）向统治阶级的人物黄震宣传摩尼之法，由是而博得黄震的赞誉，且为他的寺院撰下了《崇寿宫记》。

黄震的家乡在南宋慈溪古窑（今慈溪市洋山乡黄家村），离崇寿宫仅十来里路，虽然崇寿宫历经历史风雨，已终毁于火，但这位："山水奇绝之处"的"秀特"所留下的《崇寿宫记》却至今光彩熠熠。不唯在本世纪20年代以来对摩尼教研究产生了不可低估的影响，作为地方文献，亦为《慈溪县志》修纂者所注意。脱稿于1991年4月的新编《慈溪县志》就以其为重要资料，在"民情"编"宗教"章内设了"摩尼教"一节，记述该教在慈溪的历史。尽管摩尼教已消逝于现代世界，但由于"宗教是一个动态的概念，是一种与特定的时代相联系，具有多种形态和丰富内涵的社会性的精神现象和文化现象"，这就有理由企待：若将《崇寿宫记》置于慈溪、宁波、乃至浙江的人文地理、历史沿革、经济潮汐、海外交往、阶级斗争、民族关系等背景中来细加考察，又能与多学科的研究取得横向联系，同时，还能就黄震其人与摩尼教的关系发微探幽，那么，其对于摩尼教研究的影响必然会得到更加充分的发挥。

　　案：本文作者王清毅，上文原载《杭州大学学报（哲学社会科学版）》第 22 卷第 4 期（1992 年第 4 期，第 100–103 页）。由于乡镇行政建置的改动，上文发表时原崇寿宫址在浙江省慈溪市淹浦乡东罗村，今则在浙江省慈溪市观海卫镇洞桥村境。又，上文写到"黄震的家乡在南宋慈溪古窑（今慈溪市洋山乡黄家村）"，其括号内之注现时也应为"（今慈溪市掌起镇戎家村）"了。

下　编
慈溪宗教文化

宗教不止是一种信仰，它还是一种文化。从广义上说，宗教是人类在历史发展进程中所创造的物质财富和精神财富的一部分；从狭义上说，宗教作为一种社会意识，在社会的精神生活领域，广泛地同哲学、政治思想、法律思想、道德、文学、艺术等发生密切的关系，形成了独特的宗教文化现象，包容着丰富的文化内涵。无论是就大中华而言，还是从慈溪一地而论，发掘宗教文化中的精华，既是当代文化建设的需要，也是促进社会主义精神文明建设的重要内容之一。

由于诸多条件的制约，本编虽以"宗教文化反映"名之，但搜辑与撰写，则并非能从宗教文化广义视阈来全面考量与展开，而是偏重从宗教文化的狭义范畴在慈溪之发掘与反映，着重采辑由纪传之文、诗歌、民间传说、青词、笔记等文学体式中蕴涵宗教文化的作品与碑铭、摩崖、匾额、绘画、石塔、石窟、上林青瓷等浸润宗教文化的艺术载品（以文献选撷为主），并收入根据搜集的相关资料撰写的事关西医、西乐、西式教育、西方建筑、西方节庆等随西方宗教（基督新教、天主教）传入慈溪而带来的文化影响为内容的篇章。

本编除第一章前四节、第三章之第六节的内容系从相关资料辑录而来外，第一章的后四节和第二、三各章节文字均由本书编著者消化相关资料后撰成。

第一章　佛教文化

甲辑

第一节　鸣鹤山下清泉寺

有那么一首绝句，读来总让人浮想联翩，心旌摇荡，其生命力之久，至今连幼儿园的小朋友也多能脱口成诵："千里莺啼绿映红，山村水郭酒旗风。南朝四百八十寺，多少楼台烟雨中。"唐代诗人杜牧（803-852），以一管生花妙笔，缩千里于尺幅，不只在句间叠用声与色、山与水、村与郭、动与静的映衬，还在两大层次间又以明朗绚丽与朦胧迷离的景物作映衬。这不仅让人看遍那江南春景的丰富多彩和辽阔深邃，也撩发人们对千里江南无限的赞美与神往，尤其是那敷以历史色彩的"南朝四百八十寺"，使人们勾想起当年也曾为江南增春的、坐落于慈溪县鸣鹤山下的清泉寺。"四百八十"是唐人强调数量之多的一种说法。其实，有统计表明，南朝佛寺最多时已远过四百八十之数的。至唐，江南寺院发展更快，可谓是"江南无处不琳宫"，清泉寺的烟容雨态，也自然是杜牧《江南春》众多的烟雨楼台中，不可或缺的景中之景。

鸣鹤山，清泉寺，不管山还是寺，都与虞氏有扯不开的缘。

鸣鹤山因滨临碧波浩浩的杜湖，所以也曾有人叫它"杜湖山"的，但它毕竟还是以"鸣鹤山"之名为远近知称。关于它的得名，有先后两种说法。当地耆老传说：很久很久以前，这座山上栖息着一只丹顶鹤。有一天，此鹤突然一声冲天长唳，张翅展翼，青云直上，翱翔蓝天。人们始终以其壮志凌云的气概和雄美矫健的形象相激励、而赞美，就以"鸣鹤"名山，山有青龙、白虎两峰，犹若鹤之两翼，又别称双峰山；唐代，有一位虞九皋，字鸣鹤，以孝友和文才为世人所推重，他在元和（806–820）间中进士。不久，却英年早逝于京师。大文学家柳宗元的父亲柳镇与九皋之父虞当同事多年，两家子弟同在官舍，因此柳宗元与虞九皋自幼便相友善。九皋病逝，柳宗元含泪撰写《虞鸣鹤诔》，深以生死相隔为悲痛。乡亲们追怀情深，便将此山，以九皋之字，命名为鸣鹤山。山之名，至今虽有二说，但看来，颇以后说为重。

古近入载与提到虞荔墓或清泉寺的文献，笔者见过如南宋宝庆《四明志》、元延祐《四明志》、明天启《慈溪县志》、清雍正《慈溪县志》、清光绪《慈溪县志》《句章摭逸》《溪上诗辑》等等，都说虞荔墓在鸣鹤山，都以为鸣鹤山下清泉寺是虞世南的故宅。虞世南陪葬昭陵是唐贞观十二年（638）的事，舍宅为寺理应在此年之前发生。过了一百多年，想是虞宅岁久当修，于是就有唐乾元二年（759）依寺院规制兴建之举，元延祐《四明志》明确指出主建者是僧人一华。

虞世南，南朝陈永定二年（558）出生于世宦之家，但不幸在天嘉二年（561），当时以文史见长、号为清白的生父虞荔，遽然病故。对此，《陈书》记道："文帝甚伤惜之，赠侍中，谥曰德子。及丧枢还乡里，上亲出临送。"皇帝亲自出宫，送虞荔之棺枢离京返乡归葬，这在当时是备极哀荣的。元代，袁桷纂延祐《四明志》时，记之凿凿："今去寺（时清泉寺已改名定水寺）里许，有虞侍中大墓无恙。"至明天启四年（1624），新编就的县志中还记道："荔墓，杜湖山下虞家湾。"由此看来，分明是墓尚存，址更确。

世南叔父虞寄，无子，世南过继他为嗣子，所以字伯施。虞世南沉静清俭淡泊，勤学博览精思。陈文帝曾召他任建安王法曹参军。隋大业（605–618）中，授秘书郎，迁起居舍人。唐武德四年（621），秦王李世民授任其为秦府参军，迁太子中舍人。李世民即帝位后，任他为著作郎兼弘文馆学士，继转秘书监。虞世南年轻时曾向书圣王羲之的七代孙智永和尚苦学书法，并临、悟王羲之真迹，尽得王书真髓，成为一代书法大家。唐太宗钦慕虞世南书法，还赞他有"德行、忠直、博学、文词、书翰"五绝，是"当代名臣、人伦准的"。爱念所至，竟诏命世南陪葬昭陵。世南过世，太宗赠礼部尚书，谥号文懿。

虞世南缘何要舍宅为寺，目前尚无直接文献资料可稽，只能以世南所处的时代背景，结合其个人与家族实情，来加以推论。我窃以为可能有两大主因促成。

一是受佛教功德观的影响，认为舍宅为寺是功德无量之举。佛教事业的基础是通过施舍才发展起来的，"对佛教来说，在众多施舍中最重大的是兴建寺庙，常见的形式是舍宅为寺"。史载江南早在东吴时就有"舍宅为寺"之举，唐陆广微所撰《吴地记》中就有"通元寺，吴大帝孙权吴夫人舍宅置"的记述。此吴夫人者，是指孙权母。同书中还多有南朝及隋唐间舍宅为寺的记载。唐初，功德之说和舍宅为寺之风继盛，而世南少年时曾就学吴地硕儒顾野王，对吴郡通元寺等都是由贵显之人舍宅成寺，当有所闻见。这对虞世南的思想观念可能不无影响，尤其在虞世南晚年被诏命陪葬昭陵后，深知自己"生不得老返故里，死不能魂归家山"，又已见子孙都是单传，并宦羁关中、身居长安。遥想"鸣鹤山阳旧宅第，朝暮落寞无人居"，不如就舍宅为寺，以成功德；二是出于为守祭生父坟墓作永久谋划。虞世南秉性至孝，考虑到生父大墓在鸣鹤山中，兄世基早被宇文化及所杀，自己骨留长安已成定局，兄弟两人既已不能亲身守祀父茔，而二侄既同死父难，自己子孙脉势不旺，况且此后裔辈是否能落脚乡土，担当守坟祭祀之责，实在也难料定。为此，虞世南想到了江南前已例见的坟寺。所谓坟寺，"是建造或舍宅在家族茔地附近，并为其照料坟墓的寺庙"。据情考虑之后，世南决意将旧宅作坟寺。便一次性资给寺僧山林田地，以为永久性经费之源（当然也包括营办"功德"之费），把今后照料虞侍中大墓的一应事务全托给寺方，也算遂了"欲先世流泽常在子孙，使坟墓永有荫托"的殷切希望。本文中前有提到，袁桷在延祐间曾看到在离寺里许的虞荔墓仍完好无损。这一事实，说明了虞家坟寺在漫长的历史时段，经营有方（至宋宝庆间还有常住田九百七十亩、山六百三十九亩），寺僧照管尽心，显见当年虞世南作出的"以旧宅为坟寺"这一谋划，是十分的谨当，于托管荔墓确有实效。

清泉寺之名，究为何人所起，至今杳无实指。但从江南佛教史来看，自东晋南朝起，凡舍宅为寺的施主，对寺院是有命名权的，而唐宋以后一些王公大臣舍宅为寺后的请额赐名，实际上也是承认命名权的体现。这么说来，清泉寺之名似应是虞世南所起。寺名按明里说，是因志书中所说"寺有泉，甘寒宜煎煮，暑日汲之，久停不腐"而得。若寺名确系世南所定，往暗中臆推，寺名是否还会借泉水之清清，寄寓世南"褒父之清白节操、尚己之清淡秉性"的联想意涵？

清泉寺，入宋后改名定水寺，至"嘉熙初（1237），袁枢密（韶）增田建寺，请于朝，改赐定水教忠报德禅寺额"。但僧俗仍往往以"定水寺"简呼。

"常公开化地，源师讲经处"，元季戴良，当他一脚迈进曾名清泉寺的山门，就这么吟出了游寺诗中的首句，情不自禁地想起卓有大名的唐代高僧法常大师，曾开化于清泉寺。关于法常，我曾应佛教刊物之约，写有关他的文稿时，查阅过收录有常公之传的《高僧传》《五灯会元》，传文中没有明确的常公与清泉寺的记载。我想戴良并不是信口妄语的人，言必有所据。近日在写本文时，去查《九灵山房集》，发现戴良写存了一篇《大梅常禅师语录序》。序文中有这么一段话，值得思考："鄞大梅山之护圣寺，盖师讲道之处，寺旧有语录，尝锓梓以传，后毁于火。……文海郁公，朝勘夕校，裒集成帙。并采摭唐宋以来诸硕德拈提、颂古、诗偈等篇，及凡名人钜公所为碑碣、题咏之类，附之语录之左。……文海求余序其首。"我想，戴良所以说清泉寺是常公开化地，可能就本于此《大梅常禅师语录》中所载及。除常公外，以"清泉"名寺期间，主寺者，往往知名当世，致寺声远播、宗风传扬。虽然宋嘉熙初改额定水教忠报德禅寺，但先前的寺风、宗风、学风、僧德的影响还是深切存在的，元末明初高僧来复主持定水寺期间仍为显见，两位日本僧人慕名来学，成为来复的高足，后兴宗东瀛，成为中日佛教交流史中的一段佳话，是为明证。

历史文献提到，清泉寺，旧有虞世南遗像，颜鲁公所书碑，唐太和二年刘蔚所书大藏经殿篆额、吏部侍郎韩杼材所作的《清泉寺〈大藏经〉记》等等，这些唐代实物富有文献、文物、艺术价值，对于了解与研究虞世南、清泉寺的历史掌故、唐代书家书法、唐宋地方佛教文化、寺院经济等，都是第一手的实物佐证，可惜先后遭人为破坏，或毁于兵火、或失之盗贼、或殃于当事者无知加毁等等，至明季竟荡然无存。

自从虞世南舍宅成清泉寺后，虽然寺院历经唐乾元二年（828）、宋嘉熙间（1237–1240）、元至元甲午（1294）、元至正戊戌（1358）四次见于文献的大修建，和失记的小修，但寺宇主体建筑始终以清泉寺为骨架，这种状况可以说一直保持到明嘉靖之前。清泉寺宇曾在九百多年的春夏秋冬中呈琳宫之壮观，占湖山之奇胜。僧侣居士相集在寺，撞击钟鼓于朝暮，唱咏梵呗以明晦，大德逸士，谈禅论文，会心时自有契融之乐。这儿烟岚氤氲着佛地，清气酿生着文化。可是，时至明嘉靖中，一群倭寇突至，手举罪恶的火把，硬是在眼前的定水寺——昔日的清泉寺——当年的虞宅，燃起熊熊烈焰，灰飞烟灭后，一地焦土，满目废墟。从此曾经的虞氏故宅，在时空里消失了！从此曾经的清泉寺宇，在时空里消失了！从此江南春里，曾经的清泉寺宇的烟容雨态不见了！

事后，县人张鈇触景生情，因情怀人，吟《虞文懿故宅》一首，唏嘘感喟："凌烟阁上图形后，文献而今尚足征。五绝才名钦日角，千秋祀事赖云礽。生前妙墨空遗世，湖上荒基半属僧。对景不须长叹息，萧萧松柏冷昭陵。"张鈇"对景不须长叹息"，其实是欲慰难慰之句，一腔悲愤苍凉总难排遣：虽然你名列二十四功臣，形貌赫然于凌烟阁；虽然你有五绝才名，为唐太宗所钦佩（日角，指代皇帝，上诗中指唐太宗。）；虽然你享千秋之祀，存余荣于身后。但魂游乎昭陵，未能保宅寺于倭火，仅留荒基存湖上！

从此而后，虞秘监旧址里清泉寺的荒基上演绎的是定水寺不绝如缕的故事。时至当今，历史对清泉寺——虞宅，仍有着弥久的记忆。

20世纪80年代初，慈溪县人民政府为它的遗址立碑保护，因为这宅基印着一位走向长安，有功于煌煌大唐的"五绝之臣"和"人伦准的"的足迹，因为这宅基成就了由清泉磨墨而享誉千秋的一代书法大家，也因为这宅基——其基上曾经的清泉寺和它的后续定水寺——客观上为生发层累了以佛教文化为主的地方多元文化，提供了实物、空间载体，遗泽绵绵，功不可没。

佛教产生并喜用"因缘"一词。元明之际的某日，高僧来复由改名定水寺的原清泉寺宇里，挽手相处十年的一位日本高足，依依送出山门。那位高足叫以亨得谦，蹈海东归后，他把对师父的怀念和对这座寺院的眷恋，象基因一般遗传在他法嗣们的心灵深处，燃起徒子徒孙们对祖师的敬怀、对礼拜祖庭的执着和向往。有因必有果。中国社科院王力先生的《定水寺与中日文化》一文，告诉我一个动情的故事："1995 年 9 月，现任日本万岁寺住持石桥亨见先生不远万里，随同日本文物保护研究访华团来慈溪市（慈溪于 1988 年 10 月撤县设市）鸣鹤镇寻访祖庭。在定水寺遗址（也就是早先清泉寺基上），非常虔诚地拈香，祷告祖师，然后捧起遗址的一把泥土，藏入怀中。临行前表示，若贵国时机成熟，重建祖庭时，请务必告知，愿尽力以助。"王力先生还在他的文章中，直率地表白了自己希望定水寺修复和增设虞世南纪念馆的看法和意愿。

王力先生的意愿，可能不仅仅是他个人的一厢情愿，或许也并非是一场风吹无痕的春梦，一旦时缘和合，也许真能喜见定水寺重建后的风采。届时，那曾经的鸣鹤山下清泉寺的烟容雨态，也将复制在这新竣的梵宇里，再现在青山绿水的背景中，笼罩在清新的文化氛围间，泅展在江南春的滋润里，映入中外如织游人的眼瞳内，只是它少了杜牧《江南春绝句》中的古苍色彩，而平添了 21 世纪新的文明气韵，也许还为当年跨国的佛教文化交流，赓续一个中日民间友好的新故事。

第二节　越国公改额定水寺

时当元末的一个秋天，有一位名叫戴良的隐逸之士，忽动游访之兴，偕一好友又一次来到湖山幽秀耸梵宫的旧游之地，信步游目。情动兴发，另有一番感吟："路绕苍松迥，寺俯清泉幽。况复得佳友，来游当杪秋。情随水声远，兴挟山光浮。两涧涉游足，双峰睇吟眸。陆寻虞监宅，林访袁家丘……"读到这首《游清泉寺》的诗，当今的慈溪人才发现，哦，现在观海卫镇解家自然村境，原来曾印过六百四十余年前高士戴良秋游的屐痕。诗中的虞监宅，也就是世南以宅舍建的清泉寺，即后来的定水寺；至于袁家丘，这"丘"字在《方言》第十三中是这样解释的："冢大者，谓之丘。"又有《周礼·春官冢人》说得更细："以爵等为丘封之度，与其树数"，并直白加注："王公曰丘，诸臣曰封。"袁韶位列公侯，其墓自然属"丘"级，韶墓周围当然还可以按规定种上许多棵松树。因此，上诗中"林访袁家丘"，实际上是说戴良与他的朋友访谒了松林青郁的袁韶墓区。

袁韶，淳熙十四年（1187）中进士，嘉定四年（1211）召任太常寺主簿，累迁户部侍郎、户部尚书，曾尹临安府十年。绍定元年（1228）同知枢密院事，拜参知政事。后，出为浙西制置使。端平初（1234）提举洞霄宫。累赠太师、越国公。戴良在《四明袁氏图谱序》中说"袁氏之居鄞者三族，曰西门袁氏、曰南袁氏、曰鉴桥袁氏。……南袁氏有清容先生谥文清者，以奥学雄文为世宗师"，而这位"元之盛际以学问辞章名震天下"的清容先生，单名桷，是袁韶的曾孙，由此溯推，袁韶族出南袁氏。袁韶曾经的一品官阶，不仅使他享受了生前的富贵荣耀，死后还按王朝法律规定在墓前神道两侧高立华表，设石虎、石羊、石马和文武石翁仲各一对，显示着墓主的尊贵身份。所以，袁桷自幼小时起随父辈拜谒气势恢宏的曾祖墓时，最深的印象便是"流年翁仲守"，当然这诗句也表露了他作为王公贵裔的自豪。

我以前曾经有过一个揣想：袁韶墓在双峰山麓的成建与他功德寺的请额，可能有一种隐性的因果存在。后来随着阅读面的有所拓宽和相关资料的发现、梳理，居然竟有想中。

这里得介绍一下功德院。功德院又别称功德寺、坟寺、香灯院等，是坟墓旁设立的僧寺或尼院。僧人或尼姑除负责看守坟茔外，还应在逝者的忌日、生辰设祀献供，并于春秋两季进行祭扫。虞世南舍宅为寺，并广置山林田产以养寺，是为了让寺僧永久守管祭扫近寺的生父坟茔，清泉寺实际就是虞氏功德院。不过，它没有享受皇帝的赐额、赐金、赐物等特权和朝廷准许免交各种科纳赋税的优惠。封建帝皇以功德院敕赐皇亲贵戚、达官宠臣是虞世南过世七十余年后才有的事，也就是始发于景云二年（711）的唐睿宗敕贵妃、公主家建功德院。入宋后，敕赐功德寺盛行，而且凡功德寺均有免租税赋役及度僧的许可、紫衣师号下赐的特典；寺院住持的任免权与寺领管理事务的执行，也均在官权治外，等等。由于优惠多多，自然造成求赐功德院者日益增多。至南宋后期，要求皇帝敕赐功德院已成为王公贵族、高官宠臣群起巧取豪夺公私财产的手段和保障，他们不仅要求皇上敕赐新建功德院，也有蓄谋指占寺产丰裕的有额寺院为自家坟寺，甚至一人占霸多座的。

正是在上述背景下，袁韶经过深思熟虑，将自己墓址选定于慈溪双峰山麓的向阳处，实在是老谋深算的操作：一是袁韶虽想叶落归根，但权相史浩、史弥远等前已在鄞县建有陵墓，并设功德院多至十多所，鄞境的风水宝地、寺产饶足的有额旧寺，几乎多被前于他的高官宠臣所占。袁韶费尽心力，好不容易在鄞西为父亲袁太师卫公找到了一块墓地下葬，勉强就近请建了功德院"广恩崇福寺"。这事更让袁韶明白，看来鄞境已没有自己理想的建墓和请设功德院的福地吉壤了；二是袁韶如将自己的墓室建于双峰山下，墓区三面环山，既有"靠背"，又有左右拱护，并且滨临湖曲，清美幽静，确是一处地理环境优越的风水宝地；三是可以由此理所当然地向皇上要求在近墓之处赐建功德院，好把人脉衰微的虞氏旧寺指占。这事只要一经皇上恩准改额，那梵宫僧寮、一千六百余亩田地山林及其他寺产，岂不是都可由虞转袁？此举虽有鸠占鹊巢之嫌，但既得大利又省工事，何乐而不为呢！

袁韶与儿孙们筹算既定，便时不我待，召集匠夫，兴师动众，经几番春夏秋冬，陵墓终于完竣。紧接着，在嘉熙初年（1237）袁枢密一纸请奏，要求圣上将虞氏旧寺改赐"定水教忠报德禅寺"额。理宗皇帝得奏，他想也没想，慷慨地一道敕令，就恩准了袁韶。从此而后，双峰山下的虞氏功德坟寺就永远地消抹了。袁韶凭借皇权，使袁氏功德院由此显赫在湖山胜地，整个操作是那样的轻松，心绪是那么的忻然悠然。黄泉下的虞荔、虞世南如果有知，那恐怕只能唉声叹气一脸无奈。

也许有人会问：袁韶为什么要把他的功德院定名为"定水教忠报德禅寺"呢？我以为有它的背景与讲究。

因为坟寺与佛教福田思想有颇深的关系，所以它的寺额中常蕴有"报恩报本""替祖先祈冥福，达子孙之孝思"的寄意和深涵"对皇恩浩荡的感激涕零"，凡敕赐功德寺院之名往往冠以报忠、教忠、褒忠、慈孝、显孝、报亲、崇恩、资福等词，日久自然也就成了一种命名的程序。在宋代，佛教中的禅、教、律三宗都有功德院之设，其中禅寺所占比例是最多的，何况虞氏旧寺原也是一座禅院。所以，袁韶功德寺名中出现"教忠报德禅寺"的字眼正是顺理成章的事。至于前置"定水"两字，可能有两种成因吧：一是请额之前已有"定水"之寺名；二是因袁夫人"投钗定水"之故。

名列"南宋四大家"的诗人杨万里（1127-1206），号诚斋。一天，他收到了方外交德璘禅师寄去的蒸木犀香后，即吟诗五首回赠德璘禅师，其中三首诗语都可知当时德璘所住持的寺院是双峰山下定水寺："春得鄞江信，香从定水来。""传语双峰老，汝师是如来。如何一瓣香，却为杨诚斋。""谁言定水禅，入定似枯木。飞入广寒宫，收得香万斛。"又据诗可证知清泉寺改名定水寺，至迟在杨万里寄此诗之前。袁韶请额功德院，是发生在杨万里离世30余年后的事，也就是说，彼时清泉寺早已改额定水寺了。一般地说，按宋代定则，要请赐旧额寺院为功德院，新额中应有旧寺主名在其中。因此当袁韶请功德院额时，自然要冠以"定水"两字了！

袁韶夫人金钗定水的故事，多为民间知、传。如果这个故事当年真有发生，那可能是袁韶与当时的住持僧宝叶源禅师，为突出"神天福佑"的神秘气氛及其显扬效果，而共同策划导演的，由此推想，袁韶请额时，当然也要为此而前加"定水"两字。

不过，故事当年到底有无发生，究竟何时起有此故事的传播，看来也还较难定论。目前就我知道最早涉及袁家投钗定水的文献，是编竣于嘉靖四十一年的《观海卫志》。志中记到："普惠寺，旧名新庵，嘉靖二十年修。寺东有井水泛滥，宋袁枢密之女以金钗投之，波遂定平，遂名定水寺。"光绪《慈溪县志》的编纂者对此提出了批评："考卫城创于明洪武间，建寺当在其后，而枢密韶系宋淳熙朝人，投钗系定水寺事，定水在杜岙（双峰山下），不得以卫城中之普惠寺当之。卫志误也。"卫志将袁家投钗定水误植于普惠寺固系不当，但它也给后人传递了一个信息：至迟在嘉靖间，袁家"投钗定水"一事已多在民间为人知传。或许正因为这一背景，此后天启间编《慈溪县志》，在"古迹"条下有如下记述："定水寺，旧名清泉寺，建于唐贞观间。寺之前有二井，泉漾洄泛溢，袁清荣（袁韶有"清荣居士"之号）夫人以钗投之，旋波宁静，遂更名定水。"以后雍正《慈溪县志·遗事》、光绪《慈溪县志》的相关记载中也都袭用了天启《慈溪县志》的这个说法。县志故事中投钗者都是袁韶夫人。较之卫志，却以女易母，是否系故事在传播中出现演化所至？

如果袁桷的曾祖母当年确实亲践"投钗定水"，并产生过轰动效应的话，我想在袁桷的笔下是应该有所张扬的，但是我细查他的集子，对他曾祖母的传奇活动不但只字未提，看来倒是持否定态度的。袁桷与定水寺住持砥平石禅师交谊很深，互有书信往还、诗作酬和。在他寄给砥平石长老的一首遥想定水寺边清泉的诗及注里，涉及了"投钗定水"一事："寒彻清泉底，山童上水华。定金非在井（罗睺罗尊者语：传昔有一女子坠钗，其水遂定），煮米却成沙。洗目能生电，搜肠可当茶。人持一月去，此月落谁家。"诗中"定金非在井"句，已明白道出定水寺旁所谓的"定水井"，其实并无谁将金钗投入过。至于注中所说由佛界名人罗睺罗尊者的一句话而来的故事，即传说很久以前，有一位得道女子，她的钗坠落水波中，竟水止波平。或许这就是袁夫人母女"金钗投之，波遂宁静，遂更名定水"的民间传说之演传源头？

袁韶请得"定水教忠报德禅寺"额后，曾受朝廷赐金千两，一边增置田产，招纳佃户，一边大兴土木扩建寺宇、增设楼阁亭祠，给孩提时到过双峰山的袁桷留下不可磨灭的所见印象，过了几十年还把回忆留在诗句里，让读到他吟章的人，可以想见当年盛象："阴阴虞监宅，郁郁越公祠""沉沉大士阁，千嶂万夫降""楼阁连云画不如"……当袁桷写上面诗句时，当然希望这也是他而后的袁韶裔孙们能以财势保持和看到的愿景，并很有对自己世族的自傲与自信。因此，他在《福源精舍记》中说下段话时，心里觉着这只是人家的事："吾里卿相什百，各以功德院为请，有以其田园与子孙共分析、求利益。穹楼耸塔，坡阜松柏蔽翳，绵数十里。时运更易，各降在皂隶。孤童负囊，伥伥不能以入，每恨其祖、父作是为无益也。予尝过其祠宇，薪草杂糅，破炉凝煤，而主兹所者，偬然有曰：'彼昔承宠恩，故幸若是。其子孙何能预？'"这里袁桷所说到的，大概是指南宋史氏一门三权相等鄞地豪门贵族的敕赐功德院由盛而衰的状况，及住持僧对其破落子弟尖刻而入理的嘲刺。当袁桷用透着隔山观火的平静，说完上段话后，似乎还甩出了他的一串话外之音，好像他们袁家总不会临到这种凄凉和尴尬。其实他是被感觉糊迷了理性，应了晚于他 600 年的一位新月派诗人的诗境："你站在桥上看风景／看风景人在楼上看你。"当袁桷在看郡邑豪门敕赐功德院由盛而衰的风景时，看袁家寺墓衰败风景的人也已经在"楼上"拭目而立了。

一部二十五史，是城头变幻大王旗的连续剧。江山易主的岁月，通常是人们记忆历史的关键词。元至元十三年（1276）三月，一支鬃毛曾经抖擞过漠风的咄咄马队，以胜利者的铁蹄，敲着威风的得得声，踩进了西子湖头的凤阙金殿。落花流水春去也，天上人间！谢太后牵着宋室小皇帝，凄凄惶惶，泪洒墀阶，惴惴地，和一批妃子宫女、欲逃未及的文官武将，在灭宋主帅伯颜的掳押催逼下，诀别临安，北上元都。随着这一去，大宋王朝的敕赐功德院制也寿终正寝。这一年，袁桷十一岁，离他曾祖父请额定水寺，才不过 39 个年头。入元后，所有敕赐功德寺的产业不再为原寺主所有，它种种的优惠及特权也被一概取消，袁家近四十年的定水寺寺主的地位终被削去。不过由于袁韶的孙子袁洪，作为宋室故官，当文天祥昂扬着气节，以"人生自古谁无死，留取丹心照汗青"的泰然，准备着伸颈待刀，血溅千古的时侯，他以"识时务者为俊杰"的世故，北觐元帝套近乎，以此保住了身家性命，还用累世余财，资助乃翁先前的功德院，让新的寺方，延续先前袁家定水寺的曾经风采和继续照管袁韶大墓。轮到袁桷，他大多数时间供职于元廷的翰林国史院，虽然荣耀而并无实权，但是祖上的财势余荫尚可支持他资助定水寺，与寺方保持着一定的联系。然而，袁桷作古后，两个不肖子孙都不事产业。一个居然学道求神仙，终日寻真餐白石；一个坐吃山空仍从容，散尽藏书换小钱。袁家从此破败不振，似乎再也无后人来资助、照顾、过问鸣鹤山下袁氏的祖坟和旧寺过！日渐月久，神道石马头遭辟，祠亭颓废风雨侵，梵宇楼阁虫蚀拱，四壁败坏鼠缘藤……触目所及，也与史家等豪门一样，原先的袁家功德寺也跳不出封建时代"世事多变，由盛至衰"的哲理之圈，呈一派萧衰景况！

至正十七年（1357）春，高僧来复应选来住持定水寺。初临寺境，顾瞻寺宇颓败之状，不免唏嘘彷徨。但他素能坚韧而任事，劝集众僧，执意中兴，又四出化募，筹集资金，终于使定水寺一改旧观，又在寺周辟室建亭，还能以慈悲心肠关顾袁韶墓区，给如戴良等来访游客、士人缁流们营造了优游山水与观谒寺茔相合一的游驻氛围。

戴良的老师柳贯是袁桷的弟子，戴良本人原就是一位熟通文史的人，现又流寓相近地区，这为戴良了解从虞家清泉寺到袁家功德院的兴衰、及这里的地方掌故创造了条件。因此他在体味这方山水风韵的同时，也颇有对这座最初由虞世南舍宅而创的寺院，特别是袁韶将它请额定水寺后兴衰变迁的感喟，以至直抒："徘徊念畴昔，感叹罢冥搜。古今如大梦，身世一浮沤（水泡）……"当然，诗中也糅有自己身处乱世，前途难卜的复杂心绪。

第三节　透瓶泉

苏东坡游西湖，沉醉于湖光山色的千娇百媚，欣然吟出"水光潋滟晴方好，山色空蒙雨亦奇。欲把西湖比西子，淡妆浓抹总相宜"。意象和丽绰约、比喻新鲜美妙，是诗人徜徉湖山时实景见闻的妙手拈得。宋人武衍为此发表议论："除却淡妆浓抹句，更将何语比西湖！"这层道理，连后来编《大英百科全书》的"老外"也领悟于心，在介绍杭州西湖（西子湖）的得名时，就将上诗中的后二句也照译不误。

苏轼状景描物之细致，设喻造句之精妙，由来共赞，而上诗堪称举世皆知之代表作；同时苏学士又有另一高招：每遇新事物，则能观微而察性，往往随口创新词而定其名，人为之拍案击节。慈溪洞山"透瓶泉"一名的由来与流传，即为一例。

苏东坡曾通判杭州（1071-1074），任上清闲。为睹海市，慕名来至独压溟波浩荡间的伏龙山，山上佛庐崇旷，又有多处幽胜，确是游宿观壧景的极好所在。只是苏学士无缘于海市，待之数日，海市硬是不肯露面。对苏东坡来说，实在是件憾事。无怪清初慈溪名士赵之璧要在其《观蜃楼记》中为苏惜、庆已幸了："苏学士所愿见（海市）而于此（伏龙山）则不得见，而余数得见之，宁非快事！"

然而，古人有云："失之东隅，收之桑榆。"苏东坡虽然没能在伏龙山眺见海市，却缘此而至洞山一品佳泉，酿出"透瓶泉"美名来。

不见蜃景心怏怏。苏东坡一夕与伏龙寺方丈默然对着，忽然间无意问道："附近何处可有上好泉水沏茶？"这一问，可开了方丈话匣子："此去西南有洞山，后梁开平初便建有一寺，本朝祥符间请额'幽栖洞山'。寺周古木遮云，修篁摇翠，更有白瀑清泉，水质清佳……"苏轼听此，顿萌一游洞山之念。次日早早起身，径赴洞山。

古寺云深石径通。缘溪登山，一路竹海松风，更有泉声送到梵王宫。洞山寺住持闻得苏通判前来品泉，延入方丈室后，即命寺僧端上一杯泉沏茶。东坡略略啜呒，就觉清醇满口，便急请方丈引至泉池。躬身细视，只见一潭澄碧，了无纤尘，自面及底，直视无碍；伸手一掬，品之清冽甘醇；依潭稍立便觉清寒袭人。方丈从旁介绍："此间泉水清醇可口，非他水可比，若注于瓶中，能渗出瓶外，可谓一奇。"说罢，便差小沙弥取来一只精致空瓷瓶递给苏通判，东坡接瓶在手，俯池汲泉，不唯满瓶清凉，少顷，果见瓶内泉水一如点点细露直渗瓶外。东坡凝审不虚，举瓶捋髯，一迭声笑道："妙哉，透瓶泉！"泉由此而得名，并传扬遐迩。

到了明代，吴中才子唐伯虎想起苏东坡品泉洞山而起名"透瓶泉"之掌故，为慕此泉之名，特地水陆兼程前来造访洞山。及掬泉而品，果然清冽醇美，觉着此行不虚，当场取纸笔墨砚，书下"以好心来到菩萨所"以一抒情兴。临别，唐寅取泉入瓶，携之还吴，途经越宿，视之仍透渗如珠，不禁连声赞道："苏学士起泉名，真不诬也！"其后，寺方亦以唐寅在寺书迹勒之于石。

清代，有人也因苏东坡与透瓶泉之故事，勾起诗兴，留句于今："透瓶泉目最新尖，似柳州文俊又廉。除与山僧供佛外，只应飞洒老苏髯。"

洞山，在慈溪市掌起镇。前些日子，我去洞山寺，说及"透瓶泉"这一千古美谈的掌故时，当家告诉我，现在的透瓶泉，除与山僧供佛外，人已在计划如何启动、享用苏东坡的"注册"商标，把这一得天独厚的水资源开发利用起来。

第四节　僧人武事片谈

乡谚有"一勿惹黄胖，二勿欺和尚"之语。

回想起来，最早我是从一位村中年轻时曾有拳名的老人处听得此谚的。黄胖，本是乡人对黄疸病的别称，而上谚中则泛指脸色显黄，看似孱弱的病容之人，实是勤习久练的武林高手。这是那位老人对缠他授拳的后生们聊到时，我"听悟"的。那次聊话的内容，虽然时光忽忽，人事迁逝，但大略还能忆得。

那老人感慨说："当年庙会场上，我因不识高低，自恃能拳，气盛好斗，为了虚荣，寻衅外来卖艺的'黄胖'，那'黄胖'初时退让，我却步步进逼，终于烧起了他的狠心，冷不防他朝我虚手煽面，脚下却遭他猛地一扫，我失重倒在地上，正起不得身时，见那看似病恹恹的'黄胖'又突地纵身一跳，像跳高运动员，将双脚如落石般往我一条大腿砸下，我一时痛昏过去，他却乘乱滑脚，逃之夭夭。一条终身落残的伤腿，是我'一勿惹黄胖'的现身教训，此后再也不敢小看'黄胖'。"言外之意，大概在向徒儿们暗示：学拳要德要精，切忌目中无人。实际上也是在为"一勿惹黄胖"的涵义注脚。

至于"二勿欺和尚"，一般人初以为和尚是以念经拜佛为职事，素食少动、气力单薄，所以恃武无德者敢欺敢辱。其实，僧人练武而且讲武德是有传统的。据说释迦牟尼年幼时已习武，出家后修行时，遇到一个强盗要伤害五百个商人，他宁可犯杀生的罪业，果断杀了强盗，救下了五百个商人，这件事说明他既有菩萨心肠，也有金刚怒目；他有慈悲的摄受，同时也能出以武力的折服，捍卫公理，伸张正义，而且影响和升华了佛门武术精神。又，据传禅宗初祖达摩在讲经说法时，见僧徒们精神萎靡、筋肉衰弱，引起他对僧徒健康与弘佛的忧虑。自此以后他告诫徒众：禅坐前后，都要舒展筋骨，坐禅时，在所谓调身、调息、调心之时，要密契内功修炼，还创造"十八罗汉手"的拳术动作供僧众习练。据传，少林拳就是在它的基础上发展而成的。继达摩以后，僧人的健身活动和拳术习研一直受到注重，强健了僧人体格和提升了武术素养，提高了僧人游方、居寺时的自卫能力，也为保护寺院守护寺产提高了安全系数，还在惩凶行善中发挥作用，这不单是影响了佛教，成为佛教文化的一大内容，也为中国武术的发展作出了贡献。千百年来，中国僧人武术，也使僧众中再也不乏勇武者，只是由于他们的重武德、不显技的信守，往往被人所误判，以为僧人软弱可侮，更为恃武缺德者作攻袭对象，以为这些和尚可辱可杀，结果倒霉、遭殃的却是他们自己。僧人武事，历来不仅民间有传说，内外典也有见记，其中还有涉关慈溪的录载。

唐代，经安史之乱后，湟湟大唐，风光不再。战乱、灾荒与残酷的剥削，造成人民大量死亡与流散。朝廷竟勒令"本户逃死，其原来应负担的赋役，必须由邻里分担"，这就迫使更多的农民死亡流散。走投无路的人们于是群起反抗。连江南地区也纷纷揭竿举义，甚至波及浙东。上元、宝应间（760-762）在翁山县（在今舟山地），有一位名叫袁晁的台州人，"聚其类以反"，建立农民政权，"民疲于赋敛者多归之"。义军一路摧枯拉朽，江东十州之地多被控制，甚至势力扩控至苏州一带，大军人数最多时达 20 多万人。当其初起时，袁晁的一支部卒曾浮海登临达蓬山，僧俗从未见过这等"造反"军伍，纷纷避匿。有一位法号惟实的高僧，估计袁部会来，为防大兵上山影响他的静修，就移榻佛迹洞内，并用大石虚遮洞口，然后跌坐榻上瞑目静修。有一天，果然有官卒三百余名，登上山巅。当他们从洞口石隙间窥见洞内有人，屡呼不闻应答，却又不能进洞，索性抬来阔二丈左右的一块巨石牢牢镇塞住洞门，洞内顿时一片暗黑。惟实也不言语，就在榻上，喑呜发声，合掌运力，但见洞口之石前移不止，不一会，洞门居然豁开。众官兵亲眼目睹此过程，又见洞内唯有老僧一人寂坐榻上，一时为之惊呆。稍后，群视惟实为神，齐跪于地，拜服他去。或许有人因此事的撰述者也是佛门中人，难免惺惺相惜，笔下可能为惟实气功注有水分，未能完全"天然去雕饰"。不过，史载袁军确实到过达蓬山，惟实也曾在佛迹洞修炼过。我以为，撰者所述也不会纯系子虚乌有，对"一勿欺和尚"多少还是有佐证之资料功用的。

海外对中国武术，往往称中国功夫。中国功夫讲究内外兼修，内功是练气为主，也被称为气功。唐僧惟实让我们领略了他的精彩气功表演。接下来，我们可循清代慈溪地方士人的记载，看看乾隆朝时五峰寺一位住持僧人的外功（又称硬功）打斗。

掌起镇长溪村有桂家岙，岙中才俊桂志文先生是我的同学，曾听他说，岙前五峰山下有五峰寺。于是我偕友人童兆良（由其女儿驱车）先后于 2005 年、2006 年去过两次，想实地寻觅文献反映的往事旧迹。四围山色中，一寺丛篁间。前临碧潭映招提，旁有幽径贯古今。那是个很环保、极清幽、富禅意、去浮躁、滤世欲的所在，难怪历来释氏青睐。清代乾隆间，那位远方僧人住持于此，确有眼光。当年此僧年五十余，臂力过人，却从不显山露水。先前曾在奉化某寺院住过。奉化年轻小伙多喜练武角力，往往以寺前空地为习练场子。练者声嘶力竭，观者山呼水啸。其僧不耐哄嘈，有一日出寺劝止："寺院是清静之地，不作喧竞之所，请各位包涵移往别处吧！"众人听罢，都一脸怒色，叱僧："你算什么东西？敢来角力吗？"僧回道："老衲不敢与君等角也，惟能一戏。"说时，取一白帕在手，告众人道："愿以此为戏，能近身者胜。"众人禁不住大笑。随即有几个后生挥鞭击帕，结果帕动鞭飞。大伙见状，或用棒、或用拳、或用瓦砾，杂沓齐赴，只见白帕左右浑脱迭跃，辟光出电，像一条白龙盘腾在水，四围但闻风声雨声。此时，旁观者无一不色改胆落，纷纷表示再也不敢放肆，愿拜师求学，僧笑着承允下来。

僧任五峰寺住持后，为寺里定制了一口大钟，铸成后重数百钧（三十斤为一钧），好容易运钟到寺，为了升钟悬挂，众人忙叫工匠搭架。那住持僧闻声过来，边说："别忙。"一边已用两手握住钟口，一举而上，不喘气，不改色。匠人随即环扣停当。住持见众人仍一脸惊讶地看他，竟一改以往低调、木讷的惯态，在众人前禁不住谈起了一次耸人听闻的夜行经历：

"有一年十月间，我游方在外，经过了一个村子，快步急行中，天色却渐渐转暗，隐约看见前方路旁有几间草舍，心里已不想索寞赶路，便上前敲门求宿，一位老妇人开门后说：'这里是荒僻之地，况且我儿离家远出，偏你是个方外之人，实是不便借宿，请你见谅。再往前数里，就有一座寺院。'见她如此说话，我只得前行。走不多远，那婆婆却追着提醒我，高声道：'近来传闻那里有怪异，留个心呵！'我高嗓门回她：'光身一个出家人，没啥好担心的！'我仗着自己有臂力，随身又有一条檀木软担棍，重数十钧，不测时可用它抗御保身。于是在月黑风高中仍然大胆赶路，虽然旷野一片暗茫，丛箐荒冢间时有虎啸狐鸣，却全不在意。行进中终于见到前方树林，傍林还有舍宇。一赶到才发觉那舍宇实际是一座破败寺院，重实的旧山门，虚掩着。才进得门来，便觉着冷气逼人，残宇败殿育黑莫辨。此时，我又倦又饿，只得以担棍柱门，一旁而卧。回想路上那老妇人的追告，心中不免有些着意。约半夜时分，听到门外好似有人推门，突然一声如巨石崩裂，柱门檀木竟一断为二。这瞬间，我跃而起，以背代棍抵住门，外力才渐懈。相持数刻后，却觉推门更为势急力重，人道是情急生智，当我觉着他已不遗余力奋推山门时，我便突然闪让一旁，山门倏开时，只见一黑影入仆倒地，来了一个猪啃泥。我见状，急速运力于左手二指，掐扼其颈项间，又用右手举断檀棍，尽力敲其头，竟然声发如钟噌。惊疑间，二手更不敢怠慢，直到觉着黑家伙已并无动弹，我才喘息始定。不多时，曙光渐起，照见死者头戴露有眼鼻之孔的枯绿色铜制头具、四枚假长弯牙从头罩伸出下巴外，着一身遍缀绿毛的长袍衣，这不是"聊斋"里的僵尸么？这歹徒，不只凶悍，而且欺吓有术，既施暴力，又以恐怖形象惊吓受害者，进行心理攻慑。可怜殿后森森朽骨，许是遭其暴力与猝骇的被杀人所遗？至今虽已成往事，凄惨情景，似仍在目。"说至此，住持一脸慈悲之容。

恶贯满盈的剪径盗贼，邂逅了夜行的和尚，结果在僧人的自卫中，一命呜呼，而这所败寺废殿也从此终止了过往行人再遭歹徒劫杀的历史，从这点来说，这位夜行僧不只是以武术自卫而且卫人无数，可谓是以武行善，无意间也秉承了佛主的金刚怒目、慈悲情怀，给社会多了一份和谐。

第五节　并非寻常的禅师

现当代的名诗人卞之琳，许是对近年间的僧人生态产生过观察兴趣，在民国十九年（1930）的一天，突然触发灵感，跑出一个诗题：《一个和尚》，随即诗句像寺庙里不绝的梵呗经唱，流吟出来：

　　一天的钟儿撞过了又一天，一个和尚做着苍白的深梦：

　　过去多少年留下来的影踪，在记忆里看来就只是一片。

　　在破殿里到处迷漫的香烟，悲哀的残骸依旧在香炉中。

　　伴着一些善男信女的苦衷，厌倦也永远在佛经中蜿蜒。

　　昏沉沉的，梦话沸涌出了嘴，

　　他的头儿又和木鱼儿应对，头儿木鱼儿一样空，一样重；

　　一声一声的，催眠了山和水，

山水在暮霭里懒洋洋的睡，/他又算撞过了白天的丧钟。

卞之琳是好找风景的人，一首《断章》，在一组风景中连环出"位移戏味"、融注进脉脉情思、抽绎出丝丝哲蕴，既为读者提供意境的美感体味，也显现出人性的光辉，还反映了世间物人之相融。而《一个和尚》，则是他找得的一幅僧人风景，是庸常寺僧一天所历的生存场态：对佛经咏念的厌倦，昏沉中发出梦语，木鱼与头儿应对着一样空一样重，声声恹恹，无神的双瞳里，连寺院周遭的山水都被他催眠在暮霭苍茫里，一袭袈裟一钵素食，伴着他又混却了一天的和尚时光。这僧的心行萎靡，全笼在诗人所找的风景里，卞大诗人是用来抨其沉溺于庸颓着的日挨一日，还是哀其甘损僧格而自形卑屑呢；或是对所类此僧的群体，心存悲凉，愤其不振呢；抑或更别有诗旨所寄，我于此不想妄语。不过当时也并非全缺出彩的和尚，以其连剧的故事组合，亮相为另类生态风景，向俗世与僧界宣示着现实的存在与影响。远的不说，即近在慈谿县昌明乡（时东邻东安乡，西接鸣鹤乡，因建置演改，现属慈溪市观海卫镇湖东村境）普明寺，民国十八年（1929）圆寂的佛法禅师其人其事，就堪称可标之例。

这佛法禅师当初投生尘世是在四川潼川府遂宁县的一户农家，虽是穷家小户，本来当得父母呵爱，布衣暖菜饭饱，但才是九岁上的孩童，骈至的却是父母双亡的惨痛遭际，活得比晋代的李密更孤苦。李密虽出生六月，生父见背，行年四岁，舅夺母志。但毕竟有祖母刘氏怜他孤单体弱，躬亲抚养，而家破又无婆祖的他，在孤子无依中挨过的是啼饥号寒泪眼婆娑。无奈里，有人将他送进本籍圆通寺，削发成了小沙弥，师父为他起名佛法，赐字圆明。从此暮鼓晨钟木鱼经呗伴岁月。

苦难之于人，懦弱者视它为消沉的缘由，勇毅者则用它磨砺出锐气，圆明和尚没有在苦寂中消颓，却在十余年的寺院生涯里积修出激进的僧行。二十岁始，朝四大名山，叩高僧大德，数历春夏秋冬，无惧风霜雨雪，跋涉千万里，遍游诸胜迹。由此得以开阔眼界，长见识增慧悟，知律已守僧格，广学躬行，志在普世行善。

佛法禅师三十四岁那年，行脚途经普明寺，已是暮日向晚，就止宿于寺。次日因见寺周户宅虽略逊鳞次栉比，但村落巷通弄接，居人语软性淳，夹快船江田畴旷展，前山近水风景佳美，遂生在此稍游暂滞之意，于是便驻锡于寺。期间，众檀樾眼见他为人朴实处事勤恳，遂起议邀他留寺当家。

檀樾们的信任和诚意，让佛海余下的僧人生涯许给了普明寺，自后每一个故事，都有当家应诺自己的担当。

持寺伊始，一肩高脚担，两头高叠的重货，在佛海的铁扁担上颤出悠悠的轻盈，领引着一列僧众担挑队，上山下畈担柴运谷、送肥割菜，替换了以前寺里的雇工队，普明寺就此漾起了禅农之风，与佛事香火一起殷实着寺院经济。有钱好办事，不几年，加上施主们的热心捐助，建拓了殿宇、重兴了佛刹。

或许有人揣想：这圆明和尚因幼年悲惨，面相可能会因心理痕迹现出蹙眉苦脸。想不到的是这和尚竟有一张弥勒嘴脸，乐呵呵地笑口常开，很有亲和力。敢情在修悟中已然看淡苦难而以苦易乐了。傍寺的男女老少遇上他，都会乐意与他打招呼，而他的菩萨心肠，凡乡邻有事只要用得上，也总是会尽力帮衬。

佛法，中等个儿、清瘦身材，他在人们眼里是个由苦难磨砺出勇毅、兼具文武的禅师：阳和天，一经一帖的诵临，称身袈裟里，飘洒着一袭禅慧和清秀；霜冻季，一招一式的练武，短打衣衫内，透逸出浑身的内劲与凌厉。

寺东有一家近邻，户主姓王名宽友，是位乡绅，也是普明寺檀樾，他儿子比佛法长好几岁，由于与寺方交道较多，一来二往，佛法成了他最相知的忘年方外交。这王宽友的祖上由关头王家迁来，落户竹山桥边，因称竹山桥王家。由于宗祠远在关头，竹山桥族人有事，来去不太方便，再因竹山王氏户烟日多，族人提议在村自建竹山桥王氏公堂，公推王宽友筹建。宽友也不推诿。宣统元年成筑之时，公堂内当悬"三槐堂"之匾，宽友知佛法能写得一笔好字，便请他出手。"文革"中此匾有族人斗胆窝藏，也算躲过一劫，留得余生，至今尚能安然挂在公堂。我碰巧由热心村民罗崇奎陪同，经现已八十多岁的王宽友曾孙王挺维、王挺高兄弟俩的提供信息并打开公堂大门，得以亲睹佛法手书。我虽于书法完全外行，但凭欣赏之直觉，看出这三字写得凝重遒劲，工整中透着清脱，显见出书手的功力。我随即用手机摄存其匾，请教擅书法的胡迪军、陈成益、吴建光、吴铁佶等几位朋友，都说所书虽是其时流行的馆阁体，但确实写得还不错。

佛法这僧的立坐形相颇有"个性特色"，惯常站时宛如前山青松，屹然挺然；常年坐姿除趺足禅坐外，有时会现一足金鸡独蹲、一腿斜前而伸之状。寺周强壮小伙，有力没处用，怪其立坐姿势，欲戏他，占便宜，便从背后突袭，发猛力推撞他，而站立的佛法竟如一尊高大坚重的石佛，沉稳得一动不动；当其坐时，任凭费尽狠力推撼其身，那坐势总是不移不晃。这让小伙们除了目瞪口呆，还是目瞪口呆，一时回不过神来。

又有村人眼见：一日有一水牛，不知何故，沿快船江由东往西狂飙惹事，村人惊慌嚣呼，佛法闻得异常，跑出山门，见奔牛突至，窜身上前，说时迟那时快，闪出两手扼住牛角，猛一旋，那牛被旋成一个四脚朝天，众后生上前合力相帮，将牛蒙眼上罩系以绳缰，就此止住了狂牛生事。

清末民初，社会动荡，兵匪地痞，抢掠百姓，祸害地方，有些佛寺庵庙也不免蒙遭敲诈"造访"。夏秋之交的一天，佛法难得趁暇，出得殿来，伫立山门之前，稍稍透风。近观快船江上，碧水白浪，船帆东来西往；远眺青天底下，翠峰黛壑，山峦高耸低昂。他正欲动兴吟之绪，竟突然传来"这秃头听着，快进去通报，叫当家速捧银两来孝敬爷们！"的叫喊，佛法循声往西一瞥，只见一伙头上歪戴时尚凉帽，身穿中式白绸衫裤，各摇一把长柄纸扇的歹徒，快到身边。"你等痞子不长眼呀，山门上不是坐着当家吗？有种就向他索要银两"！这佛法口声未了，早已一矮身跃上山门顶，定身趺坐。歹徒们虽吃惊眼前和尚有此轻功，但仗其势众，犹是不想退去。佛法于是"嗖"地下身，往这帮家伙中一蹲而起，即时真气运发，袈裟裹气，随身旋扬，衣气所至，众歹徒先是帽飞扇落，继觉突如雷电劈身，一个个疼痛难忍，倒地啃泥，不由得一迭声求饶。佛法喝道："我今日权且放你等一马，若还敢再来本寺敲诈，都休想活着回去！"那伙人齐声回道："再也不敢！"说罢，失魂落魄，跟跄西逃。事后有人问当家："师父，那时你用的是哪门功夫？这等厉害！"佛法随口淡淡答道，是当年在嵩山少林寺习得的"袈裟伏魔功"。

佛法在普明寺做当家整整 34 年，故事颇多。他 68 岁那年圆寂，是民国十八年（1929）八月初五的事，而卞之琳发表诗作《一个和尚》则是在其后一年。卞大诗人因远隔山水，大概原不闻佛法其人其事，更不知有人在民国二十二年（1933）八月还为他撰书《佛法禅师碑记》，记中还冠誉佛法为高僧。

说到碑志墓铭，历史上确有不少奉承死者以达到讨好生者的目的，也有贿借权位势要之人或文名高扬者撰之，以抬高传主与其家族的声望，所以藏纳真气、尊重士节的人士，往往不愿写谀死佞生之文字。明人汤显祖曾在《答陆学博》仅只四句的信里，直白："文字谀死佞生，须昏夜为之。方命（意为'违命'），奈何？"言语虽然委婉，意思却是截铁斩钉。明说这种文字只能在黑夜昧着良心去做，而他则是万万难以从命的。此尺牍如此之短，也表示着汤显祖无须多言的轻蔑态度。其实，撰书《佛法禅师碑记》的鸣鹤乡人楼艮，文名虽不能与汤显祖相肩比，但他也是个纳真气重士节的人。蔡元培先生曾誉赞其时全国办学有三贤，即陈嘉庚、聂云台、吴锦堂。而慈谿旅日侨商吴锦堂之办学，在延聘校长、招纳师资上是出名的广求贤才，首重品德学问，尤其是选定校长更不含糊，明标要德高望重、博学而谨严、不慕名利、于教学不惜呕心沥血者。1908 年冬，吴锦堂在家乡东山头建成锦堂学校，期间，慈、姚两邑，有盛名者，不乏其人。最后定聘的首任校长则是为人方正，淡泊荣利，德高望重，且治学严谨，教学有方的楼艮先生。先生字琴五，不但长校期间，成绩斐然，时亨盛名，更是鸣鹤及附近乡绅百姓所心悦诚服的社会贤达，人们重其言，敬其行，不愧众望所归。至今还多有粉众。昌明与鸣鹤二乡东西毗邻，佛法生前身后情事，附近乡民多有所知所传，楼先生自然也时或有闻，其受命撰碑又仅在佛法逝后三年，凭他的人格与时空站位，碑文所述该不会妄虚造假。

碑传中有这么一长句："(佛法禅师)平日破衣淡食，人弃我取，其素性然也，中年除晚餐。"所述看似佛法平常生活的细节，但在《一个和尚》

中的和尚与那类僧人身上，是看不到佛法这样的素性，也自然不能如佛法那样珍惜社会资源，终年穿破衣、吃淡食，中年起竟省用晚餐，苛刻自己，减刼餐次食量，还常取人家弃掷之物作为生活之需，自甘于清苦。

至于佛法的禅修执着，中年后愈有深化，碑传虽仅用八字"通宵不卧，结跏趺坐"简练地统述之，但佛法禅师只争朝夕，惜时竭力，邃行禅修，究求慧悟的心相神形，已经昭然于一通勒石之上了。

稍涉中国佛教史、或浏览历代僧传，就知有号为医僧者。所谓医僧（僧医）是指僧家之医学，或者具医技之僧人（也包含从事中药生产及加工的药僧）。李唐时的鉴真，是佛教史上著名的僧医代表之一，时至近代，尚有高僧大德圆瑛法师以《题鉴真和尚像》一诗崇仰其仁术仁心，吟赞他"佛家医家世同钦"。佛法医技医名虽然远逊鉴真，但他在仁心仁术上追步前贤的执着和成果，却是可钦可赞。他的行医施药的故事也广为民间传扬，这在楼撰碑文中有佐证性寄语："（佛法）暇则行医施药，不取诊资，活人无算。"碑语虽简短，却把佛法坚持一有空就为男女老幼行医施药，而且从不收取诊资的形象描述得十分鲜活，展示出他的仁心蕴涵，也隐寓他对佛家"慈悲平等，不为自己求安乐、但愿众生得离苦"之旨的传统继承，更表明以行医施药作为他普世行善的恒常践进路向。而碑语中"活人无算"四字，既说明了佛法医术的高明，也隐示了他为此而付出的心力和经历过的不少医患故事，又彰显着他行医施药的累累善积。

悠悠尘世，虽多行善之人，但也不绝造孽之徒。佛法禅师的施药行医，不取诊资的持续行善，那些诓医骗财的庸医劣郎中难免有断财之虑，而戴"有色眼镜"的假道学则认为替女患者治病是和尚借以勾搭女人，于是佛法遭到了阴毒的软暴力袭击，佛法果断以死残相抗，拒受污辱，以保护自己的僧格尊严，表明他行医施药之光明磊落与躬行普世行善的不二决心。楼撰碑语记述了他的刚烈行状："有以恶言相诬陷者，得闻后，立起决心，持刀割势（阳具），血流如注，一时难忍其痛，晕倒于地，经旁人救护，疗养数月，得无恙。"以上碑语之叙事，也反映出楼垦为代表的公众对卑鄙的诬陷谣攻者的抨击，肯定了当时佛法对黑恶势力的自卫反击，是一种昭之历史的公众公正之舆论支持。

初唐僧人玄应在他的《众经音义》（也名《玄应音义》）书中说"舍利有全身、碎身之别"。这全身舍利是指高僧示寂后，其身子经久不烂，常保原形而栩栩如生者，佛家又以"肉身菩萨"称之，视为圣物。《金光明经》认为他是戒定慧之所熏修，甚难可得。

楼撰碑文末段记道："（佛法）先一夕，嘱咐门徒辈谓：'明日我去矣。将肉身移入荷花缸，封固之，厝后园，岁三周，焚化入塔。'廿一年八月，届期开视，体相如存生时瞌睡模样。"佛法禅师圆寂后，居然肉身不腐，成为当年轰动地方的特大传奇新闻，也给他带来了殊荣和神秘色彩。据今当地口传，其时徒辈、檀樾、信众与社会人士力主将佛法肉身装金奉供，因一座地方寺院的权僧强势阻挠而作罢，众人只得仍将佛法肉身复入原缸，并固封，塔而存之。

在慈溪，首位的"肉身菩萨"是唐代达蓬山的惟实禅师（724-786），据说至后晋天福七年（942）尚存于寺。千年后的佛法是慈溪第二位肉身不腐的禅僧。但前者毕竟时距已远，故事又离奇难核，后者生前身后，时近事实，见诸于楼艮的存记，这对以后开展地方佛教文化的研究，助力科研部门破解"肉身不腐"的谜团，给出科学成因，无疑具有特别的资料价值。

人事有代谢，往来成古今。佛法圆寂至今九十余年，如今高明寺中暮鼓晨钟的已是他新的后辈。料想他们不会如下诗中的那个和尚，日起日落中昏沉沉的混，而是面对存在院中的佛法禅师之塔和楼氏撰碑，会时有检省，从佛法的为僧生涯中归纳出应遵的僧格与示训，广学躬行，汲扬他的普世行善精神，继承出新，做个适应新时代的好僧人。

第六节　长溪寺：那年，那火

"磴道盘空上，如螺盘髻旋""路由菁莽丛中出，人在松杉顶上行。一水奔腾谁设险，万山罗列总无名"。这是清代地方诗人跋越长溪岭山道时的径况吟绘。这条岭道南通县城，北出东埠头，西达鸣鹤场、观海卫，不仅是贯通当年慈溪县南北的交通要道，也是由山北入抵甬城的险近之径，难怪曾经的过客中有从兵事地理的视角，发出"磴道辟蚕丛，一夫可当关"的悟叹。大概缘于天下青山僧占多，若山行者在傍午，而且毫无悸心地"临险绝、俯层冈"，那么，视域里是会现出缕缕炊烟，冉冉地，由岭路之旁的溪南古刹袅向云天；虽然不曾"空中闻天鸡"，寂寞的行人，有时也能听得山间荡漾着斋钟粥鼓的余音和木鱼磬钹敲出的梵呗，是那么恬和，恬和中蕴含着佛教音乐的陶然。如果想循声追源，不消说，自然还是那座独处幽僻的溪南古寺。

那古寺，其实并不太古，初建时也不以寺名。元代延祐间（1314-1319）有云游僧人觉莲途翻长溪岭，不经意间发现岭道之西、长溪稍南不远处，有一幽僻清静的谷地，认定正是自己想找的远俗禅修的好所在，于是四处化缘，数岁艰辛，终于创建了长溪庵。明初，僧人慧律重修时，扩建了庵宇，并改名为灵隐精舍。清乾隆朝，号称太平盛世，地方人气旺于昔日，手头宽松的人也确比先前有多。住持广运及其后辈寺僧抓住时遇，一边向财大气粗的檀越和芸芸信众募化集资；一边动手斩荆棘、拓场园、挖池沼、辟山田，大兴土木；又陆续购置法器、用具。数年间，就耸峙出一座梵宫。天王殿、大雄宝殿、栖禅之所、谈法之堂、斋寮庖湢、鱼螺铙磬，凡佛寺所应有者，一概具备。乾隆五十七年（1792）慈溪县令锺德溥应请为寺之山门扁"长溪禅寺"之额。代递时迁，忽忽间，降及道光朝。尽管大清帝国与康乾盛世渐行渐远，政治腐败、经济衰退，社会颓象已经显见，不过，据道光庚子年（1840），访游长溪寺的士人戎金铭所记：长溪寺尚仍"殿宇庄严，堂庑精洁，为邑中名刹"。看来，当地寺院经济受时局影响并不太大，"瘦身"似乎不很明显。

常言道：人有旦夕祸福。想不到的是，时隔不到二个年头，长溪寺竟遭非常劫难。

长溪寺罹灾，说来话长。

从"天地玄黄，宇宙洪荒"一路走来，到18世纪下半叶，以英国为代表的欧美资本主义国家先后完成了产业革命，纷纷以武力为后盾向海外殖民扩张，寻找原料产地和销售市场，以天朝自居、闭关锁国的大清帝国，于是成了他们垂涎的肥肉。而林则徐在虎门滩上点燃的腾空烟焰，则使遥在伦敦的英内阁坚定了以武力打开中国门户，迫使清王朝屈服的决心，开始侵略实践。道光二十年（1840）六月初，由英国全权代表懿律统带的"东方远征军"四千人，乘坐舰船四十余艘，到达中国海面，封锁了珠江口，鸦片战争就此爆发，战争持续至1842年，以清朝失败而告终。

清史研究学者、作家凌力的历史小说《梦断关河》（获首届老舍文学奖），因为以第一次鸦片战争作为人物命运的背景，所以有不少提及浙东之战的文字，就中还写到了曾作为清参赞大臣文蔚扎住的长溪寺被焚之事。虽是小说家言，其实倒并不全是空穴来风。

史载1841年10月1日、10日、13日英军先后攻占了定海、镇海、宁波。道光帝决心不计代价，发动反攻。即于18日任命侄子奕经为扬威将军、户部左侍郎文蔚与前宁夏将军特依顺为参赞大臣，前往浙江主持军事，发起浙东之战。

行前，道光帝曾再三叮嘱奕经："朕惟卿等是望，亦惟卿等是赖也！"

反攻前夕，不谙兵事的奕经曾上长奏一道，详述反攻浙东三城计划，按杭州西湖关帝庙占签"吉兆"的"四寅佳期"（即壬寅年、壬寅月、戊寅日、甲寅时）发起进攻。而出师之期，却被奕经信任的潜伏在帐下的英军奸细陆心兰传泄给了英军指挥官，使袭城的清军遭遇英夷伏击。于是这场浙东之战，从1841年10月18日道光帝命将出征，到1842年3月10日凌晨反攻开始，历时143天，调兵万余，选将上百，耗帑数百万，结果换来的是不到4小时的骚扰式的反攻，然后是英军再反攻。据当地时人所记："道光二十二年二月初四日（1842年3月15日），英夷突入慈城，邑令王武曾遁，朱贵驻营城西大宝山，英夷从山下四面环攻，贵以火铳击夷酋，毙之，而英夷攻之愈急。贵急求救于长溪岭。邑城去长溪岭不及十里，三往不应，再往，则（文蔚率）大兵已从东埠头退去矣！贵与其子昭南战死，裨校兵丁死者二百余人，枪炮震地，烟焰蔽天，百姓死者亦百余人。"（见尹元炜、冯本怀编定，道光二十六年刊行之《溪上遗闻集录·别录》，现有王清毅、岑华潮点校本，西泠印社 2005 年版）硝烟未散，英军则在城乡大肆烧杀劫掠。二月初五日（即公历 3 月 16 日），曾是文蔚仓皇出逃的长溪寺，也在英吉利这伙盗匪的火把里烟焰蔽天，住持济田和尚与众僧欲救无力，只能远隐在丛莽间，一迭声地念念有词：罪过罪过罪过……

长溪寺突遭的劫火，不但让一座幽谷梵宇蒙难而毁，也宣告了浙东之战的溃败之耻，此后连月，英军仍相继四处烧掠，郡无宁日。而寺火正旺时已逃至绍兴东关的文蔚，惊惶未定之际，即受原坐镇东关的统帅奕经之命，与其所领溃军留守东关，以掩护主帅西撤。奕经慌兮兮匆乱间夜渡钱塘江，至杭州尚气喘心悸。谈起浙东之战，对鸦片战争深有研究的学者茅海建先生，颇有感慨，道光帝原本想在浙东平原导演一场威武英烈的壮剧，永载史册，而让人看到的只是一出饱透酸楚的滑稽戏。

长溪寺自那年、那火后，一蹶不振，整整十年间，僧人佛像权以茅舍为栖，直至咸丰二年（1852）好不容易才建起天王殿及斋厨寮室若干间。济田临终之际嘱嗣徒二严和尚："正殿未建，是我没齿之恨，你应成我未竟之愿！"二严和尚含泪承诺。至同治五年（1866），二严终于不负师命，建起正殿，想不到绘塑未备之时，竟因辛劳过度，一病不起。临圆寂之时，二严和尚吩咐其嫡传弟子静观：务必遂我与先师未竟之业，宏寺于当年洋匪未毁之隆！熟知战后信众手头拮据，无力施助寺院实情的慈北士人戎金铭，是三任寺主的方外交，亲睹三代寺主在少有檀越资助的形势下，二十多年来仍能率众以辛苦劳作之收益，省吃俭用之积资而艰难复寺，对他们的决心与韧心，十分敬佩，并深寄对于寺之兴隆的期望。这可以从他留下的文字中读知："嗟乎！自兵燹劫灰之余，梵宫道观其废为丘墟灌莽、狐鸣鸱啸之区何限！间有兴复者，亦惟求大檀越布施，或东西奔募以成之。若不邀檀施、不募一木片瓦，自始创及重兴一派之传，咸悉其日省月积之贮，以尽之于佛，不亦难哉！不亦可书也哉！余益冀静观与其后人：毋忝师老、毋陨前功，更经营积累、茹苦作劳，再二三十年，不将益侈衍以复前庄严伟丽之观也！"

1842 年长溪寺的那幕劫火烧天，与同年 8 月 29 日两名清廷满员在泊于南京江面的英舰皋华丽号上被逼在丧权辱国的"南京条约"上亲笔画押的场面，印证了世乱寺灾、国弱遭辱的必然。虽说春秋轮回已是一百七十余转，但往事并非如烟，总是萦而难散。

天翻地覆慨而慷。当世界跨入 21 世纪之初，敢想敢创的人们，圆了世代宁波人的梦：一桥虹架海湾南北。如今杭州湾大桥沟通了沈海高速，长溪岭隧道成了车行南北的必经之路。而当年步蹬的长溪岭道，已淡出了人们南北交通的径选，曾经的长溪寺自然也鲜有行人与之照面。然而，每当我从山北坐车去慈城或宁波，在穿行长溪岭隧道时，虽过道仅瞬间一闪，却总是要勾起我胸中那蓄积的陈年伤痛，难忘岭上那年那蓬来自英伦远洋舰上大兵的火把，毁掉的幽处近溪的无辜佛寺。当思绪穿出历史的阴霾，有一个壮烈的声音总在内心激荡：我们该为中华民族的伟大复兴去实做些什么？

第七节　匾额摩崖

按照东汉许慎在他所著的《说文》中之解说，匾额是用于"署门户之示"的。历史上第一位题匾额的人，相传是月下追过韩信的萧何。汉初京中楼阙新成，时已成为相国的萧何，被主事人认定应是题写殿名的当然邀请人选，而萧何也没有虚情假意的推却，就痛快地用秃笔榜书了苍龙、白虎二匾，主事者遂即遣人将匾各悬一阙，于是后人就以萧相国此举为滥觞。自此以后，渐为盛事，匾额艺术，也从此滋发。凡宫殿庙寺、亭台楼阁、书斋画舫、甚至街市店堂，无处不匾。而天子士夫、大德鸿儒，大都好为题榜，且竞相亮技，于是商甲周鼎、秦鼓魏碑、篆隶真草，花鸟鱼虫纷纷擅胜。又以雕漆、鎏金诸般工艺辅之，蔚为传统文化之珍品，而众多寺院之寺匾及寺内各殿之榜额，皆成为佛教文化之载体，溶涵浸润于传统文化之中。

慈溪之寺庙匾额，也曾为流风所熏泽，丰富和反映了佛教文化之内涵。址在今横河镇境梅梁山的历史寺院积庆寺，在南宋宝祐间被资政殿学士史岩之请为功德院，而寺额"积庆教寺"居然是理宗皇帝亲书所赐。这使史岩之感激涕零，笔底情涌："臣捧拜（赐臣'积庆教寺'四大字）之余，感天荷圣，欢呼蹈舞，荣耀无极。"凭着这种沐享皇家恩宠的背景和史学士拥有豪富家财的权贵身份，可以想见当年修扩一新的梵宫一定是巍巍乎气度轩昂，然而岁月如流，历史无情，至明季，黄宗羲游积庆寺，所见却只是"乱山草盖三间屋"，一眼衰颓景象，这让他自然勾联起"曾有前朝御笔排"的当年显赫，不禁感喟嘘唏。一晃，连黄宗羲也带着那一幕积庆寺的萧索和江山易主的怏怏，离开清国，走进茫不见头的历史，至今算来也已有三百多年了，虽然那宋帝的御笔赐额，早已杳不见影，但文献上还是明记着的。

除了帝皇，慈溪寺院也有鸿儒大德为之题匾者。于乾隆三十六年（1771）中进士的邵晋涵，不仅入仕后累官至侍讲学士，还曾授编修入四库全书馆主持《四库全书》史部的选录和评论，是公认的清代乾嘉时期著名的经史学家、浙东史学的后起之秀。他就曾应屏山讲寺寺方之请，为之挥毫题书，留迹寺匾，当年编地方志者，以为佳话，载入志书。今岁谷雨时节，由吴君建冲驾车陪同，上得烟雨洞山，古寺访匾。监院广传法师煮茶陪客，啜茗相聊中说及寺中藏有古署一匾，经笔者要求，得以幸览。看来，这是一框历经时序、久受人世风霜，侥幸存之于今的稀物。题额者，是阳羡许榕，从落款之章看，许是从宦书家，原题是"大雄宝殿"，题字端隽遒劲，俊朗洒逸，但是明眼察觉"大"字并非原配，原"大"字何故失却，内中必有故事，只是无法探究。想来，古代近世，溪上琳宫梵宇之寺额及各殿榜署，应多有名家书手为之生色，只是其原物与故事，一如烂漫的春花，终随时间之流，渐逝渐消，不能为后人所知传。

1985 年 5 月，五磊寺经县人民政府批准为佛教活动开放场所，在殿宇重修，焕然一新之际，请得中国社会活动家、宗教领袖、第三任中国佛教协会会长、佛教学者、诗人、书法家赵朴初居士为寺题写"五磊讲寺"四字，继由第五任中国佛教协会会长传印长老榜书"大雄宝殿"，镏金于匾，二位大德名书，益为千年名刹增辉；又有当代著名散文家、文化学者、艺术理论家、文化史学家余秋雨为书"山门"，书法家、美术评论家、第四届中国书法家协会主席沈鹏为题"赤乌古刹"，堪称"双管"齐下，隆播寺声。而面瞰秀丽白湖的金仙寺，也继以赵朴老之墨宝，礼作寺额。下瞰灵湖、幽处洞山的古寺，继五磊讲寺也成开放寺院后，新修殿宇亦悬新匾，如"大雄宝殿"，为赵朴初先生题书；"天王殿"之额，系当代书法界大师沙孟海所书；"洞山古寺"之匾，则为第五任中国佛教协会会长传印大师落笔。至于伏龙禅寺，近年梵宇兴扩中，也恭请大德与著名书家题额书匾，如"韦驮殿"，即出自传印长老手笔；"琉璃宝殿"，则由书坛翘初沈鹏亲书；"天王殿"，是请当代隶书大家、兰亭书会会长沈定庵老先生题写。如游瞻以上各寺之匾额，可能会使过目者觉得，慈溪佛寺好像以当代著名书家大德之书法，开了一个面向方内方外的特殊书法展览会，在浓重的佛教文化氛围里，同时享受到书法艺术至美的欣赏和熏陶。

毛远明先生著有《碑刻文献学通论》，我觉得他对"摩崖"概念所下之定义，较之我已查闻而得的各说都要精确。他说："摩崖，又作'磨崖'，是刻写在山崖石壁上面的诗文、题字以及造像等石刻的通称。"如果说佛寺匾额是以寺院悬挂为展示的、一宗书法艺术与佛教文化互融的传统文化的一种体现，那么，以书法与石刻技艺的结合，内容以反映佛教文化的摩崖，也自然是出现于山崖洞壁的传统文化中凝固杰作之一。这类摩崖，慈溪境内遗存至今的已在多处有多幅发现，尤其在达蓬山佛迹洞，一壁之上，竟然就出现了三幅阴刻于不同年代的题刻。

达蓬山佛迹洞，洞之南壁下部本就有一天然而成的左足印迹，因堪与普陀山"观音跳"的右足迹配对，传以为佛迹，并以此名洞。这显然已沾濡了佛教文化的浸润，而佛迹洞内东崖壁的三则摩崖题刻，更使来游的人们，打通古今的时隔，想象古人曾经在此礼瞻佛迹，访谒禅师的彼时情景，就觉得似乎与他们同时置身在佛教文化的氤氲中了。

其一：巍巍达蓬，跨海之东，古留佛迹，今逢慧公。自来十载，苦志潜踪。达摩面壁，彷佛宗风。乃辟石洞，乃肇大雄。梵音振起，海音聿通。指挥花落，入定云封。佛迹维异，师行维崇，余聆其锋，语语透宗，虎溪相过，敢附陶翁。游佛迹洞，谒慧初大师，率笔志之。赐进士翰林院修撰秦宗游题。康熙丙子年（1695）仲冬。

上刻系正书，正文分14列，每列6字，尾列2字；款6列，自左向右。读刻字就知这是一首四言诗。秦诗题刻至今忽忽四百余个春秋，其间风雨冰霜累相剥蚀，又经有人私意涂改，使其中个别字迹难以明辨而出现同字异认。如"乃辟石洞"句中的"石"字，似可作"古""右"二字看，但从诗中前已出现"古"字，一般应避同字复用复现，再联系语境和整体诗意，觉得还是作"石"字较妥，这是我在请教励祖浩先生时得其认同的。但励后来经实地再细辨，告诉我确认"古"而非"石"。至于"余聆其锋"的"锋"字，也有人以"铎"字看，其实宗门谈禅，机锋相对、藏锋启悟是常象，从这个角度看，秦宗游在谒慧初大师时用"聆听其锋"，表达其时其情其礼其诚，"锋"字堪称舍我其谁了，而作"铎"字看，便会显得茫不知解。至于"虎溪相过"句，有看其中"过"字为"遇"字的。繁体汉字"过"，其刻字一经漫漶，粗看与"遇"字形似相近，颇难确定，也是实情。不过，倘去熟悉"虎溪相过"的出处，则就会认为秦宗游诗中应是用"过"而弃"遇"的。秦宗游康熙十八年中的进士，山阴人，其地书香萦缭，梵宇唱呗，古来儒佛气氛浓烈，这使占籍山阴、本就向学的秦宗游更有条件熟悉"虎溪三笑"的那则佛门传说：在庐山东林寺前有虎溪，相传晋僧慧远居东林寺时，潜心静修，送客不过溪。一日，开创田园诗的隐士陶潜、简寂观的道长陆修静来访，语道契合，慧远在送陶陆二位时，不觉间竟跨过了自我禁足的虎溪，虎号鸣连声，三人才大笑而别。四言诗中"虎溪相过"句，正是秦宗游借"虎溪三笑"故事，来喻指自己得到了慧初大师，象慧远送陶渊明过虎溪那种礼遇，又表明本人与慧初师，一儒一释语洽道契之况与互重缘遇的体现，也反映了儒释文化在二人交往中的融通。

其二：武林钱竽，锦屏陈邦彦，皆奉亲来瞻佛迹。隆兴二年（1164）二月廿四日。

上刻亦为正书，自右向左，外有方形边框，上有似屋顶之尖顶状。据光绪《慈谿县志》，武林、锦屏皆山名。锦屏在嵊县东七十里，《名胜志》

云："状如锦屏也"。由此，可知钱为武林人，陈则是嵊县人了。

其三：县宰唐仲温，携家来礼古佛足迹，访禅师遗趾，扪萝穿石小休洞口，东眺沧海，真胜游也！子士贤、孙祺孙侍行，时淳熙九年（1182）清明前一日。

此刻为正书 11 列，自左向右。

以上三则题刻，记录了南宋淳熙九年（1182）唐仲温、隆兴二年（1164）钱竽与陈邦彦及清初康熙丙子年（1695）秦宗游，分别或携家、或奉亲、或独身从不同地方来达蓬山至佛迹洞，或礼瞻古佛迹、或访禅师遗趾、或谒禅师慧初，透出了他们对佛教文化与僧侣的关注礼敬之意，从一个层面反映了佛教文化在达蓬山的传存影响。通观三则摩崖题刻，笔画端隽，刻划清劲，章法匀整，气韵流畅，充分展示了书法艺术与石刻技巧的完美结合，凸显了艺术地反映佛教文化的风采。还因这洞壁摩崖具有的史料价值、石本文献价值、文物价值，2011 年被公布为省文保单位，实至名归。

除佛迹洞摩崖外，伏龙山北侧峭壁上有北向竖排"无量寿佛"之阴刻楷书四字，据史料推测为宋代题刻，它与此崖另类内容的四幅摩崖在 2003 年共列为市文保单位；洞山寺北古道东侧石壁也有摩崖，是阴文竖刻的"阿弥陀佛"楷体四字，题刻年代无考；还有河头古村遗存有二处摩崖，一在桃花岭北麓，当地俗称阿弥陀佛跟山石上，是阴刻竖排"南无阿弥陀佛"六字，字体细瘦，似瘦金体，外带桃形边框，无款识，另一处在夹岙岭之越岭小路西侧山石上，也是阴刻竖排"南无阿弥陀佛"六字，字体则是楷书，亦无款识。

论字数与内容，佛迹洞东壁摩崖较之上述其他各处摩崖，显得幅多字多而内容充实。其他各处镌刻的都是佛号，而且除伏龙山那摩崖题刻"无量寿佛"外，其余都是称号"阿弥陀佛"的。我揣测，据说古人颇信称念佛号的功德，题刻者以为将佛号示之摩崖，人见之而起意念："诸恶莫作，众善奉行"，这于人于己更是一种功德，便或题或刻，出现了这些摩崖，历经岁月风霜。

第八节　石塔石窟

塔的老家在印度，它是随佛教的传入而在中土出现的一种新的建筑门类。

古印度埋葬人之尸骨的坟冢叫窣（sū）堵波。佛祖释迦牟尼故世，火化后，出现了不少晶莹明亮、五光十色、击之不碎的珠子，称为舍利子，藏瘗这位佛祖舍利的窣堵波，成了信徒们"佛即在此"而顶礼膜拜的对象。窣堵坡（Stupa），翻译成中文最常见的是"浮屠"，后来中国人创造出"塔"这个字。释迦牟尼的众多舍利，被分散各地供奉，汉文中的舍利塔也即佛塔。这些佛塔与佛经、佛像等共为汉传佛教传播的载体。

"塔"，原是汉语系佛教佛塔的专指称谓，但是发展到后来塔也不为佛教所专有了，出现了道教、伊斯兰教的塔，突破了一教独享之专利，而用途上也更有拓展：有用来瞭望敌情、导航引渡、装点河山，也有筑造以求文运昌盛，甚至还出现了所谓改善风水的镇山、镇水、镇"妖"的风水塔。

当你行经长城内外、大河上下，不管是山巅、寺旁、河畔、桥头，还是闹市、幽谷，村前、镇后，往往能遇见塔的身影。有人做过统计，在我国保留下来的古塔，竟多达一万多座，包括遗存在慈溪市境的洞山寺宋代石塔与原座落在五磊山剩日湾的那罗延尊者塔。

洞山寺旁的石塔之所以说它是宋塔，这可从塔的发展史来对证。

唐及唐以前的寺院以塔为中心，往往塔在殿前，或自成塔院。公元960年，赵匡胤发动陈桥兵变，黄袍加身，代周称帝，倡行文治，宋初经济繁荣，佛教发展。佛塔建造达到高峰。宋代寺院则以殿为中心，所以塔在殿后，或在殿旁，形成塔和殿并列的格局。洞山寺石塔具体位置在"阿弥陀佛"摩崖与白云洞之间的冈阜上，亦即坐落于寺外殿旁，格局上明呈殿塔并列之势，烙有塔与寺空间布局的宋建印记。

唐塔平面多为方形，宋塔平面却多呈八边形，少数塔为六边形（偶有方形平面的塔）。宋塔的建筑材料，有木、砖、石、铜、铁和琉璃等。以石为塔，小型塔居多，常见有经幢式塔、宝箧印塔、多宝塔、覆钵式塔以及缩小的密檐塔和楼阁式塔。

宋塔在类型上一般分成两大类：一是体量较大的楼阁式塔，常采用砖木混合结构；二是体量较小的实心塔，其中有一些塔外观虽为楼阁式，其实也是实体雕刻。石塔高大者著名实例有泉州开元寺双塔、邛崃高兴寺石塔等。体量相对显小者，省内则有如：灵隐寺双石塔，宋建隆元年（960）建，二塔相距42米，都为八面九级楼阁式，高约10米；东钱湖畔二灵山上建于宋初的二灵小石塔，高约9米，四角七层，塔心中空；又有建于熙宁元年（1068）的瑞安观音寺石塔，身呈六角形，直径2.1米，原有七层，现剩六层，高约8.2米。而慈溪市境洞山寺旁之塔，原有基座，七级，现残存五级，残高4米。亦系石制，呈六边形仿木结构楼阁式。塔身由经雕块石层层砌叠，自下而上逐级收缩，每层均压腰檐石，檐板瓦翼坡度平缓，雕刻精晰，出檐比例得当。每面都刻浅龛，内雕菩萨与佛像，各呈神姿：或袒胸慈和、或怒目威武、有手执法器、有脚踏莲花、也有跏趺莲台，可谓面面精雕细刻，蕴含着深厚的佛教文化素质。

如果说洞山寺旁的石塔，是源自礼敬佛祖之普义上的佛塔，那么，五磊山上的那罗延尊者塔，则是一座专为五磊寺开山祖师瘗骨的单立高僧墓塔。

剩日湾，在五磊山上。据康熙《五磊寺志》（抄本）所载，土名"直日湾"，在寺之西、水口右，那罗延尊者塔即坐落于该处。岁月不居，赤乌悠悠，至"文革"期间塔身已倾圮，仅存石塔与陶质骨灰甏。石塔高1米，上置倒莲瓣塔顶，下配云纹状塔座，塔座为六角形，净高0.6米，面竖镌楷体阴文"开山那罗延尊者之塔"。1981年10月4日，中国佛教协会来函："三国时梵僧那罗延尊者是早期由印度来华的高僧，他的墓在五磊山麓，应属古迹，拟请加以保护，予以简单修复。"1992年，市佛教部门重建那罗延尊者墓塔于五磊寺西。这座墓的存在，不仅使人遥想五磊寺开山的古远，也让人能寻溯到慈溪佛教文化之源头。

南亚次大陆佛教徒早期的活动场所多在石窟，中置象征物，主要是小型的象征性佛塔，四周小龛居室住人。建筑呈两种形制：一是"制底"式，全窟为马蹄形，前列石柱，后有覆钵形舍利塔，是供养佛像和佛徒礼拜的地方，这种形制，汉语意译为塔庙或称舍利殿；二是"毗诃罗"式，全窟呈方形，四壁凿出许多容身的小窟，作僧侣修行居住的处所，这类形制，汉语意译为精舍、僧房。

作为佛徒修居的石窟形制随佛教的东传，在我国发展成具有各时代各民族特色的石窟艺术，而佛寺建造，主流看，却是另走一路。现存中国最早的石窟是四、五世纪开凿的。在发展过程中。东、西魏出现四方四佛方形窟，至北齐、北周时期转凿三壁三龛方形平顶窟，到了唐代，只开凿大佛龛，而在龛前则配木建宫殿式建筑，把石窟和中国式的木结构轩廊相结合，已是典型的中印合璧式。

　　　　西溪夳里小蓬莱，峭壁何年石屋开。

　　　　记得有僧披一衲，洞中因看紫云来。

这首竹枝词，题名紫云洞，它的时空背景，作者在诗前之序，有所介绍：

　　（紫云洞）在西溪夳，本名石屋。嘉庆间有僧宗法居之，乃建

　小屋庵于其傍。有仙为题一联云："西溪鹫岭金沙地，东埠蓬莱石

　洞天。"

从序中的信息可知，紫云洞原本是以俗呼石屋出名的，位于西溪夳里，至于何年在此峭壁出现洞屋，不得而知。至于僧宗法及其将石屋建为洞天寺，光绪《慈谿县志》则对上序补载为详，说洞天寺县（当年治在今宁波市江北区）北三十五里石屋湾，国朝嘉庆九年，僧宗法自江南云游至此，爱其山邃石秀结茅以居。十四年，募建殿宇并置山田。

僧宗法在所居石屋之外又募建殿宇，这确实不虚。我的已故文友童兆良先生，老家在东埠头，他在一篇文章中说，石屋湾，当地人没有一个不知晓，童年时他曾多次去过洞天寺，简陋的大雄宝殿，紧紧的依偎着被当地人称作石屋的天然石窟。窟高 3.2 米，面积 20 余平方米。窟内四周砌佛

龛，依次排列许多石雕佛像，每天有禅修的和尚，供奉香火。

老童的这段话，突然生发我的联想，有过行脚僧经历的宗法和尚，想是在哪里见识过"凿有大佛龛的石窟，在龛前则配有木建宫殿式的建筑"，启发他在嘉庆十四年（1809）募建洞天寺时，仿唐人"把石窟和中国式的木结构轩廊相结合"，呈现出"宗法式"的"前殿后窟，人工木结构殿宇与天然石洞相结合"的梵宇形制，有意无意地使江南西溪鹫岭金沙地，山邃石秀的石屋湾出现一座"类中印合壁式"的洞天寺，这一寺宇的形制，不要说在慈溪是独一无二，恐怕在东南佛地也极少见遇。

老童在 20 世纪 80 年代初曾受托探迹洞天寺，用文字记下了他的印象："大殿已在 1958 年被拆毁，断墙残垣之间，二座石佛失头少臂；走进石窟，环顾四周，佛龛倒塌，石佛无存，连碑碣也断碎难觅。"

对家乡人文历史颇有探究之好的任永江先生，近前也去踏访过洞天寺，在大殿遗址与井潭中间的荒草丛中，细心的他，竟发现了散存的数截断碑，拼起来看，有"□垂不朽"四字题额，下有助款芳名及洞天寺寺产界址，落款为"道光四年岁次甲申""住僧宗法立"，他在洞内还发现有一天然佛龛，面积约有 3 平方米，原是列座石雕佛像的，童兆良到访时既已石佛无存，后访者自然也只能以石佛"今皆无存"为实言了。

天然石窟洞天寺，寺虽废，而石屋仍在，紫云洞虽没有袈裟亦无香火，但曾经的洞天寺建构，还是能凭文字，看出它受域外佛徒修居的石窟形制的影响。

第九节　荷花莲叶

莲花多别名，如荷花、藕花、芙蕖、菡萏、芙蓉、草芙蓉、水芙蓉、泽芝、水芝、水华、水旦等称皆是。古人还把莲叶称为"荷"，莲子称为"菂（di）"，花瓣叫作"菡萏"，入泥之根即为"藕"，花中之实才叫作"莲（即莲蓬）"，只是后来总其称，或"莲"或"荷"，异字而通名了。

我国荷花的种植和以其花形作装饰，是早在佛教传入之前。1954 年前为慈谿县辖境，现为邻邑余姚市域的河姆渡，曾出土了距今七千年的荷花粉化石和有莲瓣纹的陶器；至于在文学作品中以喻意喻象的出现，据笔者所知，似可追溯到《诗经·陈风·泽陂》和屈原的《离骚》《九歌》等骚赋中。

由于莲花出淤泥而不染、亭亭玉立、脱俗净美的形象及其自然属性，同佛家提倡的"清心寡欲超脱尘世"思想极为吻合，因此被佛门奉为"圣花"、吉祥之花。相传佛祖降生时就站在莲花上，然后东南西北，各行七步，步步生莲花。佛祖得道成佛后说法时坐的是莲台，法相也是莲花坐势。佛教还把莲花的形象和自然属性跟佛教的教义、规则、戒律相类比，形成互相借喻、互为映衬的依存关系，逐渐形成了对莲花的宗教崇拜，在佛教艺术中莲花成为常见符号，被赋予清静祥瑞、驱浊避邪的含义，并象征崇高圣洁和美好清廉。

佛家称"弥陀（佛）之净土，以莲花为所居"，并喻为"莲花藏界"，佛经也称"莲花经"，观海卫城西南隅的莲花藏、三山所东门内的莲花庵之专修净土的庵宇名实的出现，或许就是前言的喻意延转。清光绪年间，伏龙寺住持善庵开池植荷，池名莲花，为放生之用，专立护生禁石，碑言：果能戒杀放生，他生同入莲花之国。可谓善借莲花，以喻佛意者也。

若类推之，佛家称佛寺为莲宫、称僧人所居为"莲房"、僧衣袈裟称"莲花衣"、供奉佛祖的佛龛称"莲龛"、寺院报时的滴漏叫作"莲漏"等等，不一而足。在慈溪的相关文献中，也能觅读，如元人岑栲栳《游东山寺赠尉东冈》诗中，有句"东山景物吾州稀，莲宫璀璨浮春晖"，明显就把东山寺宇称做"莲宫"；明人岑宗繁《游蟠龙山寺》诗中有抒发与佛友共学的感受之句："于今一入莲花社，绝胜山翁醉习池"，这里的"莲花社"，就是佛友共学的社团指称；又有明代一诗僧在其《宿香山寺》中吟云："春宵莲漏永，秉烛写新吟。"反映了他在慈谿香山寺滴漏声声中，不惜以千金春宵痴发吟兴的情状。

莲花作为佛教的艺术题材与佛教形影相随，不仅在慈溪的寺院、石窟、佛龛、佛造像、吉祥幡、蒲团及相关器物上多可目睹，甚至在佛宇的天井铺石上也能所见。笔者在 20 世纪 80 年代曾在上林湖畔普济寺荒凉的废墟里，遐迩那昔年所铺的红石板上绽放的朵朵荷花，庆幸其未被侵华日军的倭火烧萎。

在慈溪，将荷花莲叶之意象作为青瓷制品的装饰，分明与佛教文化的熏播与慈溪青瓷成品烧制的历史相关。

东汉晚期，越窑烧制完成了从原始瓷到青瓷的过渡。孙吴时期，佛教初入慈溪，而青瓷生产也在此时刚现第一个高峰，青瓷烧制受佛教文化的影响已在孕萌之中。在青瓷成品中最早折射江南佛教文化，似可推溯至西晋，因为 1977 年慈溪明湖公社从西晋太康元年（280）墓出土的青瓷堆塑罐，其沿盘口可见堆塑有拱手侍立胡俑（或可作胡僧看）十九人、在腹部的堆塑中已出现了佛像造型。稍后在慈溪石堰立新大队出土的西晋青瓷双系罂，它的肩部则有贴模印佛像铺首一对。东晋南朝时期，相比于其他越地窑场生产的萎缩，慈溪青瓷的烧制却仍显发展，而且慈溪也沾濡时风，其时已有梵宇掩映在窑烟飘绕中的傍上林湖的青嶂里，大概也在杜牧的"南朝四百八十寺"之中。因受当时当地佛教文化的影响，慈溪青瓷，从艺术装饰的视角，荷花、莲瓣纹饰应运而生，成为一艺绝秀，体现出瓷品对佛教文化的反映。此后历隋唐五代北宋，慈溪青瓷的荷花、莲瓣纹饰不绝如缕，直至南宋，竟还有余绪。这可以从慈溪博物馆典藏的几件青瓷遗珍，获得大体印象：

青瓷莲瓣纹鸡首壶，南朝成品，腹上部就刻划了用以装饰的双层莲瓣纹。在 1973 年由慈溪明湖公社出土；

青瓷划花碗，也是南朝烧制，它的内外壁刻划的都是莲瓣纹。于 1980 年在石堰公社立新大队出土；

唐代青瓷划花碗，它的内底就刻划有线条挺拔流畅的荷花纹。1985 年从东安乡灵湖村出土；

青瓷三足蟾蜍砚滴，烧制于北宋，工艺精湛，形制巧妙，堪称唐宋青瓷珍品。它由蟾蜍和托盘组成。蟾蜍首仰昂、口微张，目圆瞪，前足呈撑势，后独足曲蹲，背布瘰疣，中开一孔以注水。托盘浅坦，卧足，呈荷叶状，两侧内卷，内壁刻纤细叶脉纹。1983 年慈溪彭东乡寺龙村窑址出土；

青瓷荷花水波纹粉盒，盒内外刻划着荷花纹和水波纹，是北宋时成品，1986 年由慈溪彭东乡寺龙村出土；

由底盘和托盘组成的青瓷盏托，托座呈覆莲状，中空。北宋产品，1978 年在慈溪明湖公社西埠头大队出土；

青瓷莲瓣纹罐，敛口，鼓腹，腹外壁刻划莲花纹，胫部则刻划着莲瓣纹，产品年代已是南宋，系 1976 年于慈溪鸣鹤公社瓦窑头大队出土。

如果你再打开《上林湖越窑》（慈溪市博物馆编，科学技术出版社，2002 年版。），则可读知 20 世纪沿上林湖窑址的考古调查中，专业人员在早已火熄烟净的古窑里采集到的大量标本，让人赏眼悦目——别小看那众多尘封的陈年古瓷，只需拂去历史尘积，竟能亮出一朵朵一叶叶一重重清新的荷花荷叶与莲瓣。

上林湖北沿的鳖裙山有南朝古窑，产品以碗为大宗，现存遗碗中有内底微凹，呈一圆，外侧划七个莲瓣纹的；有内底微凹，呈一圆，圆外划六个莲瓣纹，外壁刻划重莲瓣纹的；有内底划五个莲瓣纹，外壁刻划重莲瓣纹的；有内底微凹，呈一圆，外壁刻划带筋重莲瓣纹的；有内底一圆，微凹，外周划十个尖瘦莲瓣纹的；有内底呈一圆，微凹，外周划九个二层莲瓣纹的；有内底一圆，微凹，圆内外分别划莲瓣纹和带筋二层莲瓣纹的；有内底一圆，微凹，圆外划十一个莲瓣纹的；有内底一圆，微凹，外缘有三道弦线，弦线外划七个二层带筋莲瓣纹的；碗内外口沿下各有一道弦线，内底一圆，微凹，外缘有三道弦线，弦线外划十个尖瘦莲瓣纹的。除了以上各种款式等碗出现不同形式的莲瓣纹饰，这窑中出产的盏、钵、壶、罐、灯、砚等器物，也多以刻划莲瓣纹或覆莲瓣纹为装饰工艺。

至于在木勺湾、菱白湾、横塘山、孝顺山、马溪滩、拙网山、高岭头、荷花芯、皮刀山、沈家山、狗颈山、庄基、后司岙、牛角山、罗家岙等环上林湖诸窑，在唐至北宋，窑烟蒸腾五百余年中，其经烧的罐、壶、盘、钵、盒、灯盏、盏托、洗、杯、砚、水盂、盆、篮等青瓷成品，也大多以荷花、荷花纹、荷叶纹、龟心荷叶纹、莲瓣纹、莲珠纹为主要装饰图像，这在采集到的大量标本中都有反映。

晋武成先生虽客寓慈溪，但对上林湖青瓷标本的收藏与研究可谓癖爱深深，襟湖的古窑址，长年可见他流连的身影，识宝的慧眼，让他采集到不少珍贵的标本，其成编的图文并茂的《上林湖青瓷标本图录》（宁波出版社，2011年版。）中展示了不少有荷花莲叶为饰的器物残片之摄存，或明或隐地告诉读者唐宋时期上林湖青瓷莲饰艺术的多样花与丰富性。在唐代标本中，有刻划双层荷花叶、六片莲花瓣、瓣内细布脉线的；有刻饰三张荷花叶、四片花瓣、瓣内脉线明显的；有刻划五片花瓣外围重瓣的；有刻三连柄莲叶纹的；有刻细开片、内底两组荷叶纹的；有盖顶为纽叶柄型，盖面又联刻四张立面式荷叶纹的；有刻内五荷花瓣且各瓣多脉线、外四萼片的；有器内底为中间莲脉纹、外围则刻荷叶侧面纹的，有荷花鱼纹饰，内底荷花、内壁荷叶鱼纹；有器壁透雕，内底细线荷叶、器壁透雕莲花，等等。五代吴越时期的标本虽仍是器物残片，但莲饰样式明显较此前为多，工艺更为精致，这许是与吴越国时期钱王世家的崇佛与以上林湖青瓷作为贡、销大宗之源相关。举见标本如：有一香熏残片，内底就在划写莲花瓣时，侧面增刻了莲蓬；有一碗底的残片，中以复线划园，园内中刻一颗大莲蓬，环刻八颗小莲蓬，园外刻重叠莲瓣；有双线四莲瓣，各莲瓣中刻小莲花，在四瓣相交之中心，还刻了凸出的独莲子；有双线交枝四区莲纹的；有缠枝荷花花苞纹的；有双缠枝莲而反旋向对称的；有篦线纹铲边莲花、三重莲瓣为饰的，有中柱面九莲子、柱壁模印覆莲瓣的；有五压楞、内底模印双缠枝莲纹的；有残盖饰鸳鸯荷叶纹，圆圈式缠枝卷叶纹、中间一只鸳鸯的；有荷叶龟纹，荷叶茎脉密旋，中间一金钱龟的。等等。入宋后，王朝与民间对于上林湖青瓷的依旧青睐，沿湖佛寺、窑场的香烟与窑火的日夜缭绕升腾，佛教文化与青瓷烧制的互为影响，自然会体现于瓷品的荷花莲叶的装饰图像与工艺上。北宋标本显示：上林湖青瓷品除承五代的四区莲花纹、四区交枝荷花纹、双缠枝莲等饰纹外，在工艺上颇求精细、不乏创新，标本中有四区莲花纹以十字简线、篦线莲瓣纹出现的；有以中间所刻莲子为轴心，然后刻分向旋曲荷叶茎线的；有双缠枝莲纹以开光式对称侧面立体莲花出之的；有五旋双粗曲线、对拱式篦线荷花瓣纹的；有荷叶形纽盖，荷叶茎形纽，放射状直线作叶脉的；有堆塑莲瓣盖，盖用许多小莲瓣架空堆叠的；有模印双缠枝莲花的；有四花瓣芙蓉纹，花瓣内刻短篦线的；有四花蕊芙蓉纹、六组双线竖楞线莲花瓣的；有浅浮刻莲花纹的。等等。

诚然，作为佛门"圣花"的莲花，仍体现在慈溪的佛教文化、青瓷文化等地域文化中，但自从北宋理学家周敦颐（1017-1013）在《爱莲说》中视"出淤泥而不染，濯清涟而不妖，中通外直，不蔓不枝，香溢远清，亭亭净植，可远观而不可亵玩焉"的莲花为"君子之花"后，君子人格、君子文化，已成为中华民族的价值观与传统文化的重要组成内容，至今仍具有积极意义，这或许也是慈溪地域文化的一种隐性闪光吧。

第十节 精舍书声

"精舍"一词最早出现在《管子·内业》中。有"定在心中，耳目聪明，四肢坚固，可以为精舍"之句，尹知章将句中"精舍"解释为："心者，精之所舍。"意思是精神所居之处。但此词后来有多义，而且在不同历史时期，涵指也有所相异。宋儒王观国指出："精舍本为儒士设，至晋孝武立精舍以居沙门，亦谓精舍，非有儒释之别也。"照他所说，"精舍"已从原先的精神指向，而演替为指代特质空间。唐代的精舍多指佛教的禅院，而宋元明的精舍则指"读书著述的学舍"，这些学舍中有的还兼开讲堂。现境内，明代有名儒华颜在洞山教寺聚徒讲学，这一时段他让洞山教寺具有兼开讲堂的"精舍"性质，只是彼时洞山教寺并未冠以精舍之名。有清一代，精舍除了与佛教相关之外，还指设在寺庵的供士生读书、注经、考史的学舍，一些规模较大的学舍堪与书院相比类。清代慈北杜湖东旁就有一座与佛教相关的学舍，叫杜东精舍，光绪《慈谿县志》对它有简洁释名："县北四十里（杜湖东），旧称普明庵，后因士人多肄业于此，更今名。"

乡绅宓平，嘉庆间曾受人之嘱撰有《募修杜东精舍引》，这或可说是目前仅有的关于杜东精舍的一篇存世文献，现将其白文（未曾句读的古文）标点后，录于下：

杜湖迤东三里，林壑尤美，有兰若临溪面山，远隔村落，颇称幽邃。康熙间，尚德上人偕严叟君锡梵修其中，其高足弟子祖灯，续置稔田十亩，以供饘粥。同时罗叟应聘夫妇并奉佛教，即其地捐筑禅屋，有堂有庑，缭以周垣，即今已百有三十年矣！

鸣鹤一乡，佛庐相望，而士子讲学之所，则自杜洲书院荒废以来，往往寄寓僧寮，依佛宇下。因是圣经释典，列牗并陈，弦歌与梵呗相应和。昔范文正微时，读书醴泉寺，画（划）粥断斋（酱菜或腌菜），后成名人大儒。夫岂以经生肄业为久恩释子哉！

乾隆间，封翁陈五峰先生延蛟川杨西园前辈设帐是庵，课其子弟及同里。从学之彦，每届岁科两试，游庠者蝉联鹊起，一时称最盛。后十余年，主讲席者为宓燕山先生。先生壬子（乾隆57年，公元1792年）秋捷，庵有奎光之兆。其时及门英俊则有陈双湖、魏竹苑诸同人，今皆掇巍科、擢高第，后先辉映，洵为丛林佳话。惟是庵历时已久，阅士颇多，两歌梁木之坏，屡惊破壁之飞，栾桷庯庨，丹青剥落，盖亦颓乎其旧矣！封翁陈杜唐先生念此为童子时弦诵地，首先捐赀，俾住持及时修葺，属余小引，付僧募成之。

夫希圣学佛，业判两途，乐善好施，理归一致。是所望于搢绅先生、阀阅士女，或尚因果而广种福田，或慕书香而增修桂籍，各从雅愿，共酿兼金。庶使祇园艺苑，得复旧观，逢掖方袍，均沾大惠。

是庵旧名普明，今颜曰杜东精舍，俟征记于大雅君子云。

因上文标题中出现了"引"字，就此涉及"文体"话题。我们平常所说的文体，指的是独立成篇的文本体裁（或样式、体制），它属于形式范畴。各种文体各有一定的规格与模式，体现其文本从内容到形式的整体特点。《募修杜东精舍引》中的"引"字，向读者亮出这篇文章的文体属性是

"引"。引，一般都是写在正文的前面引领正文，简要介绍写正文的缘起等等。宓平的这篇"引文"，按情说，似应是《募修杜东精舍疏》的前领文，并与疏文一起榜贴而广告，谕众明事乐施、广种福田，以期能集资修葺杜东精舍。

据宓平引文可知，杜东精舍，本是庵院，旧名普明，创自康熙年间。初始住庵禅修的是法号尚德的僧人和一位严姓的老居士。后有尚德上人的弟子祖灯禅师续购熟田十亩、同时又有信佛的罗应聘夫妇出资为此庵增筑了禅屋，还成建堂庑，四周砌起围墙。从此经营庵田及募化的收入、与拓建的梵庐，为贫寒经生士子寄读听讲和乡里设塾课童创造了经费贴补与学习的空间条件。庵方的慈悲公益襟怀、信众的众善奉行意念、乡人的育才愿望等诸多缘合，助生了民间办学、助学，延续相承，颇见成就。

封翁是封建时代因子孙显贵而受封典的长者。乾隆间的陈五峰先生，就是位享有这一荣誉称号的老人，其子孙想来许是持普明庵勤学底气而上进，获得功名，因此他懂得也更热心以办学为任，注重培育子弟与同里后辈。他曾选聘镇海杨西园先生来普明庵执教，十来年间，每届学生，经过考试，多有为府、县学所录取，可谓"游庠者蝉联鹊起"。杨先生而后，来庵主讲席的宓燕山先生，也是一位名师，经他教授的学生，也一样为上级学府所青睐，其中如陈双湖、魏诸苑等，后来在科举考试中皆名列前茅。由于从钟鼓梵呗、琅琅书声的普明庵出去了不少优秀学子，庵的助学成就也成了丛林佳话。

春雨秋风夏日冬雪，季节轮回时光剥蚀，普明庵在延绵助学的一百三十余年来，梵庐虽经小修，但是难免瓦碎砖松屋漏壁动梁柱裂损檐梢断折，渐成危房之势。此时，也是一位陈门封翁、对普明庵深有母校情结的、与族先贤五峰先生一样热心办学的陈杜唐先生，看在眼里，忧在心中，遂顿起一念：募金大修庵舍。真是心有灵犀一点通，与庵中住持相商，二人竟然想到一处。细读"引文"，其实还有一位与他俩有同见的助学热心人，那就是本土士绅、杜唐先生的校友、撰引作者宓平。

杜东精舍的募修虽是鸣鹤乡土办学助学的历史记忆，而杜湖东旁那梵庐曾经的书声朗朗，却是后人仍萦耳际的动听的声音、可闻的书香，如轻风吹皱杜若湖，眺湖入眼底现一圈圈涟漪，读宓撰引文，也许会催生本土读者对民间办学助学动机、方式与效果的历时联想，随之粼粼波漾敬怀乡先贤的心绪。

第十一节 "二节"活动

佛教有两大节日，是在农历十二月初八日和七月十五日这两天里。前者是佛成道日，又称腊八节；后者是佛欢喜日、自咨日，又称盂兰盆节。

据佛经说，释迦牟尼佛的诞生、出家、成道、涅槃同是四月八日。但随着佛教自印度传入中土后，中国佛教习惯以四月初八为佛诞日，二月初八为佛出家日，腊月初八为佛成道日，二月十五为佛涅槃日。在与中国传统文化的逐渐融合过程中，从南北朝时开始，传统的腊八祭日就与释迦牟尼成佛日统一在一起，于是腊八节也成为中国古代宗教信仰和佛教节日相结合的产物，也可谓是中印合璧的节日。而且作为佛教节日，它还跨越寺庵的院门高墙成为民间普遍的岁时风俗。

在我国，远在周代，腊八那天原就是一个重要祭日，人们要用猎获的野兽祭祀天地、神灵与祖先，酬谢这些神灵一年来的护佑之功，祈望来年的继续庇佑。而在佛门，这天是佛祖释迦牟尼成道的日子。《佛所行赞》对此有记述：释迦牟尼为求人生真谛，进入伽阇山苦行林修法，静坐思维，净心守戒，日食一麻一米，虽苦修六年，形容枯槁，肋骨凸现，但没能悟出一点儿门道，认为苦行不是个办法，于是到清澈见底的尼连禅河里，洗去身上污垢，觉得心灵也经受了涤荡，上岸后顿感身心清爽。然而，由于长期的苦行生活，肢体还是疲惫无力。一位放牧河边的姑娘，用泉水把杂粮和野果熬成乳糜状的稀粥，献给释迦牟尼。释迦牟尼食粥后，恢复了元气，精神振奋。自此舍弃苦行，恢复饮食，行至菩提伽耶的菩提树下铺草趺坐，静然入定，终于在腊月初八这天悟道成佛。后世佛教僧人就在腊月初八这天诵经纪念，并效仿牧女的做法，煮粥供佛，所以腊八粥又有佛粥之称。

过腊八节，僧人自然要上殿拜佛、听方丈说法，但重点是在共食腊八粥上。腊八粥通常用五谷杂粮再加红枣、杏仁、核桃仁、栗子、花生等为料，用文火慢慢煮熟熬烂，别有风味。寺院煮腊八粥，除供佛和僧人自用外，还常常分送附近百姓，用以结缘，也有百姓自煮供佛供祖或赠施于人，因此出现了吃腊八粥的风俗，过节的气氛浓郁热烈。

据载明清二代宫廷也流行过腊八食粥。小和尚出身的朱元璋做皇帝后，吃腻了山珍海味，有一年腊八，他突然想起儿时饥饿难耐挖鼠窝藏粮以熬粥的奇味，下令太监用五谷杂粮煮粥吃。朝中文武百官相效成风，甚有互敬互赠，自上而下助推了腊八节日气氛。清代京城喇嘛寺院雍和宫从初七一早，生火连煮六锅腊八粥，第一锅供佛，第二锅送入宫中，第三锅送王公大臣和大喇嘛，第四锅赏文武百官，第五锅雍和宫众喇嘛自食，第六锅加上前五锅所剩下的，布施给前来助兴的游客及附近的穷人。清代道光帝还做过一首《腊八粥》诗："一阳初夏中大吕，谷粟为粥和豆煮。应节献佛矢心虔，默祝金光济众普。盈几馨香细细浮，堆盘果蔬纷纷聚。共尝佳品达沙门，沙门色相传莲炬。童稚饱腹庆州平，还向街头击腊鼓。"

上有所好，下有所效。明清二朝，腊八节不仅佛寺尤为虔庆，官方民间也呈一番"佛粥"景象。这在慈溪（除太平军入慈溪等特殊时段）也不例外。改革开放以来，不仅在慈溪的佛教活动场所出现比往昔隆重的腊八佛节的举庆，也衍旺民间煮、送、食腊八粥的传统习俗景象，而且在社会中注入了人际关爱的腊月温暖。

说到盂兰盆节，其源起，则出自《佛说盂兰盆经》，经载：佛陀弟子目犍连，静修得道后，由道眼发现母亲堕落在饿鬼道中，饥不得食，瘦骨嶙峋，连忙用钵盛饭，借道力送至母亲手上，但还未入口，饭却在手中化成火炭。目犍连见救母不成，伤心大哭，跑去求佛陀，请他设法搭救娘亲。佛陀说，要救你母亲，须借重十方僧众道力，七月十五是众僧结夏安居修行圆满之日，可在那天，敬设盛大的盂兰盆供，供养十方僧众，仗众僧道力，救脱你母。目犍连依言而行，救母亲出离了苦海。目犍连由己及人，问佛陀道：以后佛弟子是否也可像我一样通过盂兰盆供救度亡故父母？佛陀答曰：从今后，凡佛弟子行慈孝者，都可在七月十五那天，广设盂兰盆供，供养众僧，能为现生父母增福延寿，为过去父母离苦得乐，是报父母之恩的好方法。

西晋时，竺法护汉译成《佛说盂兰盆经》，目犍连救母故事和盂兰盆供能救度亡故父母、能为现生父母增福延寿之说，便在提倡孝道的中国自上而下传扬开来。盂兰是梵语，义是倒悬，盆是汉语，是盛供品的器皿，言此供具可以解先亡倒悬之苦。如此看来，盂兰盆会，其实是场固定节期的孝亲活动。

南朝梁武帝在农历七月十五日首开盂兰盆会，场面阔气。唐代京城盂兰盆供奢丽，常例皆于殿前铺设供养，倾城巡寺随喜，节日景象煞是壮观。宋元以降，盂兰盆节渐有演改，由孝亲而转向祭、施亡人，更有放河灯、放焰口等之举，仪式也日趋世俗化。慈溪地方影响所及，也例有所同，譬如慈溪宗汉街道海月寺内，现存勒刻在清代咸丰三年的焰口会碑，其中就刻云："夫世之所以设焰者，不以非其鬼而诏之，实乃悯其鬼而荐之也矣。……相传七月良辰，云是兰盆佳节，感时序而不觉兴叹，扶古冢而曷禁伤情。于是道光拾式年间，……公议定于每年七月间在是庵请僧就坛，捐赀设焰，共成胜会，以表微忱。其会相传已历多时，……既已开创于前，自宜善成于后。"可证盂兰盆会节，逐步演变成了一种民间习俗。

乙辑（丛录）

第一节　士释吟存

雁峰寺（在雁门岭上）

（清）范观濂《雁峰寺》

雁峰寺外见长垣，每逐行人过雁门。曾向此间留一宿，仰看山路画中行。

伏龙寺（在伏龙山上）

（宋）张　虑《游伏龙》

万丈巍巍独仰攀，登临自觉小尘寰。溪桥云蔽水流碧，山石雨过苔点斑。
风静月边孤鸟度，潮生天际一帆还。欲将羁迹从禅学，无奈烟尘满故关。

《登伏龙寺》

晨游顷入云霄头，气盖遥空六合秋。平地鸟飞千里树，碧天峰落万层楼。
图书冥度沧烟复，法象随着太宇浮。身在九重仙阙上，清机自得梵王幽。

（宋）朱景献《游伏龙山》

凌云峻岭隔凡尘，岭外湖天别是春。一千丈岩人已往，五百年事迹徒陈。
自传道貌今无垢，不脱禅衣句尚新。信是飞仙游戏处，何须云外望三神。

（宋）黄　震《伏龙广福寺》

壮哉天造伏龙山，独压溟波浩荡间。百怪鲸鲵俱帖息，半天风雨共高闲。
盈眸缥缈三神境，跬步巉岩九豹关。只恐此龙难久伏，云雷天色正斑斑。

（元）黄　玠《独上龙头叩龙腹》

龙头之西有伏龙山，首枕巨海，上有古寺，云岚之气尝蒸蒸然如黄梅时。
唐会昌中，诏毁天下僧寺。寺僧作诗云："云中有寺不可住，天下无家何处
归。"有旨不得毁。癸酉岁，余与族叔族弟及戴彦季同游，获观先祖遗墨。既

暮，余与族弟先归，山半值大雨，山上晴朗如故，作诗以纪其事。青山如龙行
且伏，渴欲饮海海不足。轻衫短屬小筇枝，独上龙头叩龙腹。龙腹空洞声瀧
瀧，岂有神仓闭神粟。楝花风起鲦鱼来，远望渔艘似浮鹜。痛思我祖伯丰氏，
遗墨宛然三过读。无食无家走千里，尚赖余休守觚牍。瓜瓞子母相钩带，断蔓
残根仅能续。徘徊瞻眺不胜情，贫贱何由复邦族。忽从岩半黑云生，归去惊雷
撼崖谷。相望咫尺异阴晴，众客山椒我山麓。

（明）戚继光《伏龙寺题壁》

梵宇萧条隐翠微，丹枫白石静双扉。曾于山下挥长戟，重向尊前醉落晖。
衰草尚迷游鹿径，秋云空锁伏龙机。遥看沧海舒长啸，百尺仙桥一振衣。

（清）薛士珩《登伏龙寺》

夜来闻说伏龙巅，晨起推窗不爱眠。楼远山深迷树木，峰高日近类云烟。
眼花那处寻悬壁，思渴无时想碧泉。何日罡风抟我上，放歌长啸倚山前。

（清）傅公孝《伏龙松》

伏龙松与各处不同，昔年登山苦迁移非其候，因嘱懒耕上人寄我。十余年
来，竟尔忘怀，昨来访，余作五古一章，以索之。

惟松有本性，不畏霜与雪。凡木虽扶苏，我不因人悦。独与松为缘，心契
久还结。伏龙松更奇，支离与众别。天然成夭矫，无藉人剪折。嘱公移数本，
窥其见晚节。迟之十余年，未慰我饥渴。差逊渊明园，三径荒难阅。今喜公来
访，话旧肠先热。见有下手处，许诺欣勇决。还山请岳神，移根向岩穴。位置
幽斋前，伴我老岁月。

（清）郑兆龙《登伏龙山寺》

山势如龙伏，高高峙海边。两崖无绿树，一路衮青天。健足扶筇立，中途
藉草眠。冈头亭少憩，回首已云巅。从此循危磴，长蛇鱼贯行。向前风欲阻，
下瞰石疑崩。人立依沙细，禽飞贴浪平。甬东真渺尔，太白自高横。磴断即崇
岭，嘉名锡大云。石根长郁怒，岚气日氤氲。中外双眸尽，华夷一指分。啸声
云际落，下界定应闻。石路沿林转，林开净域登。客参曾见佛，主失昔年僧。

泉白萦新竹，枫青络古藤。徘徊吟读处，悲感意难胜。千丈岩头立，胸怀实壮
哉。地从东北尽，潮自古今来。谁把红丸掷，空悲白发催。风云生足底，我欲
往蓬莱。仙人不可即，归宿寄僧寮。月色山中静，梵音云外娇。未容耽妙理，
暂借涤尘嚣。为有朝暾约，神魂且寂寥。天鸡唤我起，迥立向秋空。倏跃三更
日，疑熔万斛铜。火龙盘海赤，朱鸟浴波红。俯念尘寰客，多应在梦中。省公
我旧友，不见重歔欷。诗践当时诺，人寻故路归。露华沾满屐，火石拾盈衣。
待到柴门里，闲云一片飞。

（清）范用贤《祝千日禅师五十》

君在伏龙山，相距六十里。晨夕罕周旋，清规常盈耳。
君今已五旬，愧我非诗史。忆昔山居时，擘画鲜宁晷。
不避俗尘嚣，禅门始就理。苦志谁能知，修持各有纪。
心洁如莲华，性空若流水。瓶中佛爪花，尤爱读书子。
慧眼推远公，彷佛神足比。醍醐斟天浆，何必术与杞。
愿借优钵罗，为君卜年齿。

《登伏龙寺》（八首选一）

石路沿林转，林开净域登。客参曾见佛，主失昔年僧。
泉白萦新竹，枫青络古藤。徘徊吟读处，悲感意难胜。

（清）董　治《千丈岩》

在伏龙山，悬崖壁立，登者多栗。相传岩下海面时见白莲花座，有舍身者
从岩顶跳下，花必接而擎之，行出大洋而没。后有官斯土者，觉其异，实药豕
腹投之，没后波涛掀天，大蛇死浮海面。

千丈岩舍身处，海上莲花妖且艳，一跌便到西天去。邑中大令太好事，药
豕杀蛇莲花止，恸哭村妪何处死？

（清）释敬安《秋日登伏山》

鹫岭郁崔嵬，登临亦壮哉！秋声生远树，落叶掩荒苔。
海阔孤帆度，天空一雁来。故乡不可见，愁绝暮猿哀。

《宿伏龙山》

岩边日色下枯藤，蜡屐来游喜不胜。半岭人穿红叶树，上方钟破白云层。

青松影落寒溪水，明月光涵古殿灯。暝宿山房诸籁寂，萝烟一榻伴孤僧。

（民国）方锺毓《哀伏龙寺》

千年古刹付劫灰，可怜佛子亦遭灾。寄语登高寻芳客，国耻应毋忘是庵。

（民国）虞天石《伏龙寺被日寇纵火焚烧步韵和方锺毓》

千载建筑千载灰，今朝欢乐今朝灾。年来血泪遍地满，莫将心力吊山庵。

沧海桑田一劫灰，百年千载片时灾。最是丧心病狂人，不怪胡虏怪小庵。

（民国）虞金迅《同题有和虞天石》

古迹今时遭劫灰，佛国海天尽受灾。登极大云岭上看，应是瓦砾已非庵。

毛翼虎《再登伏龙山》

再登九别伏龙山，依旧海天缥缈颜。梵宇新成近古木，临风凭眺意悠闲。

《伏龙寺旧址》

觅得古刹颓垣留，想见当年寇祸仇。往事依稀浑似梦，素心人早去荒丘。

佛迹寺（在达蓬山）

（宋）舒亶《佛迹》

苍崖绝壁印苔痕，陈迹千年尚似新。杖屦纷纷走南北，几人不是刻舟人。

（宋）周锷《游香山佛迹寺》

灵山名达蓬，香水霭苍葡。龙祇久覆护，云物翳深谷。拂衣向劫中，神斧断苍玉。至今天人尊，灵迹印金粟。颇闻开士谶，飞雪隐岩麓。坐令湖海间，香供走川陆。巍巍虔报地，色相俨金屋。缅想旧巾瓶，犹能慰心目。篮舆访莲社，一笑欣自足。抚事动幽静，畴能念荣辱。松炉袅如见，余力付棋局。更觉梦中身，翛然百无欲。

（元）戴　良《游香山》

薄游东海日，已羡香山名。飘泊遇知己，招邀偕夙情。漾舟孤浦发，抱策古原行。迤逦遵净域，纡徐款禅扃，披云礼梵像，漱玉事尊经。洞寻佛迹古，井瞰锡泉清。前峰象腾势，后崖狮化形。忍草林际碧，觉花川上明。尘中累可绝，物外理宜冥。愿言持有漏，即此问无生。

（清）陈　仪《宿佛迹寺》

山行无远近，偶此桑下宿。阳光閟层崖，阴籁转虚阁。澹澹烟归松，微微月生竹。山高夜气永，僧古冬心独。香积有余味，蔬果矧已熟。斋磬一饱分，跏蒲万缘足。劳生鼠穷五，寂境龟藏六。睡醒佛灯孤，空堂掠蝙蝠。

（清）王　焘《佛迹禅院》

何年留佛迹，古寺已荒凉。庭草几回绿，岩花犹自香。
空山谁伏虎，世路总亡羊。若问瞿昙意，轻风满竹廊。

（清）徐时梁《游佛迹寺》

流落寰间迹，于今几百年。人来山顶小，松影佛头圆。
碑字新盘藓，溪痕旧滴泉。暂时游此地，使我意陶然。

（清）戎金铭《大蓬山佛迹岩》

扪扳崖云数重，佛留幻迹古苔封。恨无谢朓惊人句，题遍岩边百尺松。

香山教寺（原址在达蓬山，同治元年遭毁。）

（宋）舒亶《香山野步》（二首）

龙护空堂钵，云笼古殿灯。经窗僧待月，茶井客敲冰。惊雁回峰影，疏星亚塔层。心清更无睡，未羡杜郎能。空涧寒探月，高斋客聚星。霜分破窗白，山献隔帘青。窥水知僧定，占云识地灵。时时惊鹤梦，木叶下危亭。

《题香山汤禅师》

千古神僧旧石扃，清风如在地还灵。溪形偃月无穷碧，山气当云不改青。
果熟猿猱时啸聚，锡飞岩穴尚芳馨。西来祖意谁人问，老柏森森翠满庭。

（宋）刘应时《谢香山禅师惠水岩新茗》

雨暗水岩春意浓，尚思采采隔珍丛。睡魔正压眉棱重，珍重南屏信息通。

（宋）范成大《题香山寺》

抖擞轩裳一哄尘，任教空翠滴乌巾。老身已到篮舆上，处处青山是故人。

（元）释了堂惟一《香山汤禅师濯足亭》

上牢添器费工程，巧处偏于拙处呈。濯足溪流显灵异，当时那辩浊中清。

（明）钱仲《游香山寺》

萦纡石径通苍峤，寂寞禅关瞰碧湍。暂住游轮成小憩，试凭虚阁纵遐观。

春云晻雨千山湿，花信惊风三月寒。恐负韶华心未畅，开樽取醉一盘桓。

（明）周旋《赠纲上人住香山寺》

一径穿云入上方，雨花台畔竹西房。溪声流月窗扉净，花气蒸林草木香。

喜得主僧如慧远，谩将清供礼医王。高情拟结东林社，自笑渊明作吏忙。

《游香山寺》

石径绕溪濆，盘纡入寺门。香床禅境寂，金界俗尘分。

败壁藤穿遍，清池獭搅浑。千年遗圣迹，僧履尚留痕。

（明）徐一忠《过香山寺》

禅房深处寄高眠，下界红尘迥自悬。密筱覆窗影泛泛，暗泉穿窦响涓涓。

一生行脚曾无定，半日逢僧亦有缘。况是支郎风度好，夜深相语佛灯前。

（明）陈恭《宿香山寺》

路转溪桥别有天，青山面面曲栏前。背人鸟啄生台饭，对客僧谈宿世缘。

欲去更凭香阁望，不归仍伴白云眠。淙淙涧底流寒玉，并逐松声到枕边。

（明）叶维荣《香山寺》

流泉垂永壑，窈窕出东林。绝构通山鼠，空廊住野禽。

总消经世念，应起入山心。日暮寒云底，依微舞梵音。

（明）陈志《游香山寺》

白云深处隐名山，仙客相携始一攀。佛迹印岩烟宇净，僧碑蚀藓洞门闲。
蓬莱缥缈金铺界，石柱平分玉笋班。千仞振衣聊一啸，恍疑天籁落人间。

（明）刘宪宠《宿香山寺与茂园上人》

支提方丈梵尘空，胜日相将心赏同。野外冻云分断岸，岩阿残雪舞回风。
万缘未了惭陶令，一衲犹能识远公。为问公余重醉酒，待看祇树满园红。

（明）释圆诠《香山寺》

万叠春山碧，幽溪不易寻。泉从峰顶落，云度岭头深。
寺古传金相，林空响锡音。到来谐夙愿，不复向东林。

（明）释佛嗣《宿香山寺》

濯足寻香谷，怡然感道心。疏钟传短竹，初月照高林。
梵宇经函古，烟霞佛洞深。春宵莲漏永，秉烛写新吟。

（清）屠粹忠《香山寺次壁上韵》

霜碧松阴傲，苔青竹影浮。断崖扶月上，野水接云流。
栎老荒禽啄，灯昏古佛愁。林深人影寂，万籁一钟收。

（清）姜宸英《香山寺泉》

何处涤尘虑，数里闻清响。泩流青松根，潆洄绿苔上。
揭来秋正中，缺月犹堪赏。不知夜浅深，默默成孤往。

《香山寺题大光道人画》

同香山寺续宗禅师语次及画师，云："前三年有道人来此住五十余日，留两画去，不知其所从来，予视其跋语，盖避世人也。"（余因题）诗云：

空堂寂寂似无僧，四壁萧萧多雨声。不识何人画山水，三年前在此中行。

《晓发自汶溪抵香山书舍题壁》

予少惬幽性，泉石每攀援。今兹山行迫，何为久盘桓？
自嗟幼不学，所失非一端。宁戚悲饭牛，鼓角涕潺湲。

主父旅泊深，敝裘无鲜完。我行别母去，戚戚少所欢。

行李杂经史，呻吟随猱猿。山行肆微眺，颇觉襟袖宽。

信美非所适，吾行多辛酸。岂非区区私，亦为饥与寒。

曳履初日出，到山浓露团。布袜无完好，礼拜空蹒跚。

寺僧如旧识，一见倾心肝。枕衾既已施，几榻亦易安。

野性遂疏拙，弥月未言还。黄叶堕飘飘，丛篁散深恋。

何当铩羽客，惊风恣飞抟。息影复来归，日夕明霞餐。

《寄问香山寺续宗禅师》

数年不相见，莫自老容颜。余亦风尘客，终朝思旧山。

龙吟大壑静，月隐孤峰闲。了了达蓬路（寺在达蓬山），从君一启关。

（清）陈吴狱《同友人游香山》

不如携手乐山阿，日写黄庭未见鹅。郭外寒烟迷柳浪，渡头小艇挂渔蓑。

深林庵古藤穿壁，翠岫松苍鹤聚窠。忽读残碑凭吊远，乘风曷禁共悲歌。

（清）郑性《晓度桃花林转上达蓬山探佛迹至香山寺午饭》

身出门来心向家，行行漫复上桃花。小春暖日醺人酒，深谷青精醒客茶。

洞好不缘佛迹在，途迷刚为达蓬又。游踪笑我无凭准，午饭香山兴未涯。

（清）周维械《香山寺》

翠绕松溪千百折，烟横竹坞两三家。禅扉不掩稀人迹，清磬一声惊暮鸦。

五峰寺（在桂家岙南五峰山麓。）

（宋）舒亶《题五峰兼简英禅师》

何人缩地海东偏，灵岳分来不计年。几见彩云争照日，直疑仙掌欲擎天。

依稀古国松千尺，迤逦前山石一拳。四面开轩看不足，老僧时立碧溪前。

（宋）王庭秀《五峰寺》诗

度崦得幽胜，遵溪步横斜。哀湍泻曲折，虬枝老蟠拏。

危然五峰高，突兀凌晨霞。若有神物护，遗此瞿昙家。

何年老苾荔，巾钵寄枯槎。乳麛馈朝供，野禽或衔花。

尔来三百年，拓址夷嵖岈（山深貌）。缔架俯层巘，栋宇日就奢。

古殿仪像设，栖云拥栏牙。董修奉檀施，钟鼓惊麞麚，

中有无尽灯，赓续岁逾赊。大千破幽暗，照了无等差。

逢禅颇修洁，恫愊初无华。十年坐空谷，日月绝纤瑕。

运水及搬柴，为众作生涯。前山逢老妇，试问赵家茶。

（元）释大始《次韵定水竺昙和尚所赋禅偈八首，幸希印证为感》

山中行

石桥窅窕连云横，烟霞泉石自可乐。锺鼎玉帛何足荣，木客临流或长啸，山猿抱子时相迎。本无相亦无名，扫除百丈野狐精。随身竿木聊作戏，闻见由来忘色声。

山中住

白云长绕经行处，食钵时分碧涧流。衲衣闲挂苍崖树，林疏买竹更须栽，屋满牵萝还旋补。也随流也识主，黄独充饥聊自煮。千丈岩前瀑布飞，闻看青天吹作雨。

山中坐

万别千差都照破，题诗寒拾是同流。说甚瘦权并癫可，佛也何妨立地成，劫亦不消弹指过。信非它实由我，开口唱时拍手和。下视尘寰事可嗟，扰扰何殊蚁旋磨。

山中卧

全身靠倒须弥座，日用常行总现成。木佛烧来堪向火，万象森罗替举扬，石女木人同唱和。般若因苦提果，儱侗（意同“笼统”）从他热瞒过。通宵有路直如弦，坑堑何人遭落堕。

山中富

木石从来是我侣，香林吹动旃檀风。流泉散作狮子乳，杂华世界总珍奇，

五浊众生何困苦。弊生虮朽生蛊，岂但今朝连昨暮。握手齐登妙觉场，大地拈来无寸土。

山中贵

虎穴魔宫同舍卫，佛子还居佛子场。轮王自受轮王位，笑看龙象尽瞻依，善化豺狼莫吞噬。饫禅悦饱法喜，众若尘沙谁算计。灵鹫峰头极唱时，增上慢人从退避。

山中贫

清苦何愁物外身，饱腹旋炊菰米饭。裹头不戴莲花巾，行处支藤堪作杖，眠时藉草便为茵。斯可乐更何嗔，俨如兜率逢天亲。翛然不管人间事，花开花落春复春。

山中贱

莫笑寒微无志愿，拈却青州旧布衫。堂堂摆手轻朝冕，静看明月到天心。闲挹清风来水面，任优游无谤怨，祖令箪提若雷电。马厩牛栏荐得亲，正觉场子普光殿。

（明）翁鸣皋《送僧宗仁住五峰寺》

山堂云榻几年同，忍送寻幽住五峰。何日偷闲过竹院，神光顶上看芙蓉。

（明）释佛嗣《住五峰寺》

耽幽喜住碧山中，万迭烟霞隐乱峰。日色遥传斋阁磬，潮音初散讲堂钟。焚香静夜还挥麈，下榻兼旬为听松。海内只今闻谢展，独怜猿鹤伴仙踪。

（清）郑 性《自游五岳归里，访五峰安公次韵》

世故家缘总不关，客归又上五峰山。一双空手秋光里，二百狂吟晚照间。逸兴逢公逾浃洽，好音怀我极幽闲。眼前多少烟云簇，西华中嵩似未还。

（清）戎金铭《三月十三日同鲁思则由塔岭登五峰山》

看山不觉入山深，踏遍幽溪复碧岭。古木时花携酒赏，巉岩怪石拨云寻。我乘幽兴偕佳客，鸟悦晴光弄好音。少坐僧庐啜春茗，五峰浓翠落衣襟。

《五峰寺》

峨峨五峰山，中藏五峰寺。窈窕入松径，微霭滴幽翠。

溪转岚影交，门阃涤阴闭。僧楼郁迢峣，丹室结深邃。

境静涤俗尘，别有古天地。山衲尔何修？消受烟霞味。

倚槛瞻五峰，高插云际媚。似有仙佛来，默然感吾意。

心以清闲起，讵虑烦恼至。是当老山阿，于焉歌癙寐。

（清）方翔藻《宿五峰寺怀智轮禅师》

投宿招提境，枯禅我亦如。山空归倦鸟，堂静罢鸣鱼。

月上奇峰出，风来古木疏。智公今日在，愿近戒坛居。

长溪寺（在长溪岭西山谷。旧名长溪庵，亦曾名灵隐精舍。）

（清）郑梁《自后海返宿灵隐寺》

晓翔沧海暮栖山，一梦何曾着世间。夜半空床天暑失，山虫奏乐响珊珊。

案：明初，长溪寺曾改名灵隐精舍，因有郑梁将长溪寺称为灵隐寺。

（清）郑性《宿长溪迟晟公不至》

岭路不嫌偏，空期在日前。篱稠门紧闭，院静犬沉眠。

款客多君子，传灯一普贤。我来争去得，好雨好留连。

（清）蒋学镛《夜宿长溪岭庵》

虎爪当门印，鸦啼绕树喧。僧归背落日，犬吠出颓垣。

香界三间屋，祇林半亩园。长途疲脚力，还欲访溪源。

（清）叶炜《过长溪岭》

稠叠云山不计重，独来放眼向云空。摩崖松籁凌霄汉，奔壑泉声挟雨风。

寒着马蹄秋草白，暖浮鸦背夕阳红。斋钟粥鼓溪南寺，听到西岩响未穷。

（清）叶元垲《过长溪岭》

迢递长溪路，溪流曲折通。鸟啼芳草绿，人依夕阳红。

寺远僧归早，山高云过蒙。钟声起何处，飘渺暮烟中。

（清）叶元塑《游长溪寺》

香雪满前村，曾游不二门。禅堂参谙拜，僧话叙寒温。
千载同流逝，三人只我存。那堪重回首，月下拟招魂。

（清）叶元垚《寒食经长溪岭》

陟险气预阻，远势极峥嵘。夙念积磊砢，至此弥不平。
乱石错盾戟，杂树扬旆旌。磴道忽中断，盘旋心怦怦。
寸趾轻转侧，俄顷安危并。自昔畏风鹤，矧乃经甲兵。
空山十日雨，草甲应已萌。一经余烧痕，东风吹不青。
是时值寒食，何处棠梨馨。墓祭杂新鬼，野哭无人听。
狂飙撼地轴，苍莽移东溟。崇冈一以振，众峰欲无凭。
其巅毁危构，独拄犹力撑。峭壁有时裂，隐隐藏震霆。
触热不可逼，石气变为赪。劫火所历处，惨淡愁山灵。
即此耳目间，往迹几变更。乌乎闾阎端，虎豹严重扃。
天心有由感，民困仍未醒。愿借河汉水，一洗东南清。

（清）叶金胪《长溪岭》

迢递入默林，平麓境犹旷。石梁通径幽，风磴激泉爽。
沿溪转深处，楸箐何苍莽。忽睇前峰高，觌面堵屏障。
舆夫奋疲力，盘屈踏云上。蹑虚身倒悬，缘峻首随仰。
一步一扬簸，岭峦皆滉漾。介焉凌绝顶，孤亭兀相向。
天风度钟声，绀宇在遥嶂。息户悟化机，触景会幽想。
尘扰如可躅，跨鸾踞仙掌。

（清）戎金铭《雨中过长溪》

宿雾双崖合，山昏若暮天。雨声喧木叶，人语入溪烟。
古刹寒云里，残钟断雁边。劳劳为底事，趼足意凄然。

《初夏早过长溪》

登岭如登天，蹑衣云中步。夏初山气寒，矧复早行路。
残月照人影，晓禽语烟树。寺钟寂无声，僧梦未应寤。

《长溪寺》

久坐不知晚，远山红叶曛。鸟啼萝径石，僧卧寺楼云。

自得闲中味，何来物外氛。归途踏芳草，微觉有清芬。

《晚赴长溪寺》

遥山漾浮烟，深林落暝翠。沿溪寻樵路，步步入幽邃。

褰裳蹋高磴，沙砾穿双屝。疏钟岭上传，修篁藏僧寺。

举策一叩门，庭宇云叆叇。沙弥进粗饭，蔬笋亦堪饵。

坐谈灯影残，蘧蘧成美睡。

《夜雨宿长溪僧寮》

夕云生暝寒，竹林洒微雨。独眠青豆房，梦觉晓禽语。

《夜雨晓霁同思则行竹林漫咏》

晓起喜新霁，林间偶一过。溪流添雨活，竹影向阳多。

梵磬出烟树，山禽语薜萝。何年共招隐，相伴入岩阿。

茅山广福精舍（在后茅山上）

（清）戎金铭《茅山广福精舍》

路入竹林邃，翠滴衣襟浓。依微露僧寺，云表鸣清钟。

洞天寺（在西溪岙石屋湾，旁寺有紫云洞）

（清）范观濂《紫云洞》

西溪岙里小蓬莱，峭壁何年石屋开。

记得有僧披一衲，洞中时看紫云来。

洞山寺（旁灵湖之将军山上）

（元）岑安卿《洞山十咏》

松龙

轮囷屈挛势，偃蹇蟠伏影。山神惧飞腾，萦缚藉藤绠。

斤斧不敢施，蛰卧恐其醒。鳞甲生阴风，飒我毛骨寒。

蛙石

子阳千载魂，化石疑未死。胀腹犹彭亨，屹此自尊嵬。

怒气足倡勇，能为越王起。坎井乐苟安，焉知东海水。

镜池

熔铸匪炉冶，寒液凝不裂。虽无磨淬工，俯视香奁揭。

能涮百虑空，了不见生灭。水鉴惟外形，心渊湛秋月。

梅沼

孤根悬倒影，仿佛浮灵槎，疏疏枝间雪，淡淡波中花。

松竹复相亚，偃蹇同敧斜。折香汲深寒，清供推禅家。

将军石

奇形奋雄武，可拜不可触。虽无三品封，阅世知几国。

似逃秦王鞭，来听山鬼哭。翻思雷万春，受思如檽木。

乌石岭

山溪本崭岩，着脚畏顽石。何人琢玄璞，甃垒界墨色。

恍疑踏鲸背，步武便短屐。日暮知僧归，山空闻卓锡。

豹关

日光烂阴崖，壮气振林木。炳炳金钱斑，雾泽文彩足。

夜深忽咆哮，惊却老僧宿。起视山月高，余音在空谷。

透瓶泉

崖阴滴珠玑，清蓄鲛人泣。瓷罂汲新寒，满贮归须急。

外渗如方诸，中干匪人吸。君看铅汞流，金铁犹漏湿。

琴峡

石束清溪流，琮琤玉声碎。如闻操履霜，堕却思亲泪。

伯牙寡所知，锺期乃同志。至今流水音，寥寥在兹地。

桂轩

谁知广寒宫，有此嘉树植。年年风露中，黄金吐秋色。

秋色天上来，开轩为我得。笑彼挥斧翁，劳生竟何益。

《用韵简休远上人》

乾坤散清气，诗文肆咮哇。讴吟出天然，岂事攫与挐。

金銮敝贵幸，玉烛歌调和。苏黄与李杜，后继竟谁家？

辉光掩朝蝀，绮丽欺春葩。温然悦情性，清矣寒齿牙。

顾予私淑人，景慕空年华。古来蔬笋林，味此间亦嘉。

名虽厕后髦，迹每沉邱阿。一斑窥管豹，两部听春蛙。

苟无入神趣，徒若缠病疴。禅林得幻悟，学业日以加。

线溜溅崖壑，终焉赴洪河。大辂鸣和铃，慎勿较柴车。

前诗举相戏，勿谓语意颇。宗门说圆顿，宝偈河沙多。

师当复悟此，行坐甄叔迦。

（明）释宗泐《洞山泉为谐舜咨赋》

此水何年有，潇潇日夜声。不教人外见，偏向洞中鸣。

客思初无睡，禅心自不惊。休论为世用，且作在山清。

（明）华颜 白云封古洞，明月照空山。

（清）陈曙《洞山寺》

古寺云深石径通，泉声送到梵王宫。老僧问我游山句，只合寒林落叶中。

（清）范观濂《洞山寺》

洞山古寺瞰香湖，岁月传闻纪赤乌。多少名公曾到处，断碑残墨有存无。

（清）戎金铭《洞山寺题壁》

尘迹不到处，烟霞古洞山。幽禽悦真性，孤磬悟元关。

花落庭愈静，林疏僧自闲。周何终有累，俗虑未全删。

《赠遇安上人》：（上人籍江南之溧阳，以选贡生中岁出家，与问蟾先后寓天童，为梅岩和尚所善，又寓洞山数载，复归天童，今年八十余矣！）

  野鹤孤云性，空山有老僧。不谈人世事，只守佛龛灯。

  鬓似秋霜白，心同古洞澄。闭门趺坐者，谁识是张凭。

  不卧洞山楼，茫茫二十秋。远公已杯渡（谓梅岩），

  灵彻又云游（谓问蟾）。冷落无同调，凄凉独自愁。

  为余谈往事，老泪欲双流。

  佚名：雾锁锦镜池，潮涌将军石。

  佚名：泉瀑涓涓净，山花霭霭飞。白云回合处，应是高人栖

  案：上诗末句中"高人栖"亦有作"至人归"的。

  正觉禅寺（在方家河头，后周广顺元年（951）僧清肃建，名回峰院，宋治平二年改正觉禅寺，寺内有清风轩）

  （宋）王曙《回峰院》

  山势欲压海，禅扃向北开。鱼龙腥不到，日月影先来。

  树色秋蘖出，钟声浪答回。何其随吏役，暂得拂尘埃！

  （宋）王亘《清风轩》

  海风拍枕灯初暗，山雨打窗人正寒。料得此轩秋更好，怒涛推月上阑干。

  （元）袁桷《宿清风轩》

  天风净云衣，海眼卷石发。醉起扑残灯，独看端正月。

  案：上之袁桷诗录自《民国镇海县志》卷三十六寺观之正觉禅寺条，址在西绪境，而钦定四库全书版《清容居士集》中诗题为《次韵宿清风轩》，题下小注"澥滴正觉寺"，"澥滴"疑为"澥浦"之笔误，澥浦址在前绪，而前绪境内并无正觉寺，自然也不会有清风轩了。

  史祥寺（在白沙山）

  （清）沈潜《游史祥寺》

  苍翠盈盈度石疊，风屯古寺动旍旛。山围天际侵云路，沙劈松崖放水根。

  世外星星劳水月，梦中刻刻换乾坤。不如片晷蒲团暗，千界千年任吐吞。

（清）陈同文《史祥禅寺杂兴》

西风萧飒野烟屯，秋净寒潭落水痕。一片夕阳明媚处，西山红树映僧门。
细磴纡回石径开，霜林欹侧野风摧。山僧拥帚浑忘扫，落叶萧萧满碧苔。

（清）范观濂《史祥寺》

史洋寺，乡中俱呼作水洋寺。有寺原名是史祥，久为多士读书堂。史缘重
改乡音旧，我亦随人话水洋。

（清）戎金铭《同洪冶亭、沈问渠游史祥寺》

幽路入山深，楼台闭绿阴。云边峰影出，树外夕阳沉。
偶度松篁曲，遥闻钟磬音。叩关天欲暮，仰首见归禽。

《史祥寺楼月夜怀沈朗庵表兄耀资西寺》

寒月照林树影疏，僧寮独坐小窗虚。因思潇洒云卿子，黄叶楼中夜读书。

《月夜怀史祥馆中诸子》

相忆不相见，其如契阔何。今宵好风月，诸子隔烟萝。
古刹尘心净，空山道气多。怜余徒慷慨，安得慰蹉跎。

普光禅寺（旧名普照庵，官塘北，掌起陈家河边。）

（明）钱文荐《过普照庵》

隔岭人踪绝，穿云鸟道长。崖青飞鬼火，海白现龙光。
破衲容僧傲，疏钟警客忙。惟应依静侣，扫石坐焚香。

屏山寺（在竹山岭南，邵晋涵扁"屏山讲寺"于其门。）

（清）邵晋涵《屏山讲寺题壁》

山势如屏拥物华，萧萧筇竹万竿斜。一村半露樵人室，十亩深藏梵志家。
路绕川原停野骑，岭分南北缀晴霞。更多牧笛疏林外，信口翻成蒳蘭花。

（清）岑相《九日登竹山》

江上孤亭泊短槎，翠微直上不嫌赊。泛萸且尽一时乐，簪菊那知两鬓华。
红叶远迷樵子路，白云深护梵王家。归途几立斜阳下，目送飞鸿落远沙。

（清）戎金铭《屏山寺》

白云低护一山松，溪外声传古寺钟。不速客来秋色暮，自闲僧老世情慵。
依禅寒篆有清气，娱佛幽花无冶容。小坐烟霞方丈室，萧然虚白在心胸。

圆觉庵（在淹浦塘下，明崇祯间建。）

（清）韩协用《避难至圆觉庵》

扰扰干戈苦未休，况添新病重人愁。漫思东岭幽居好，促织篱边又诉秋。

（清）戎金铭《端午后一日，圆觉庵听天台僧妙理讲经》

散步过兰若，禅僧正说经。语言殊透达，心地定空灵。
頑石点头悟，痴龙仰首听。楞严除七妄，藉此豁尘冥。

资西寺（初名资西庵，在师桥大古塘北。）

（清）沈潜《游资西庵》

自言动定亦何常，好共清籁话一床。野放潭空幢影净，霜残秋逼磬声凉。
云何汉落鱼龙语，如是云沈树石苍。面壁犹怜多一苇，回头海岸不须航。

（清）董步瀛《资西寺》

胜迹资西寺，探幽入境深。茑萝新石壁，阶砌老苔阴。
修竹冲云汉，山僧谈古今。幸逢一夕话，参透利名心。

（清）陈濂《宿资西寺》

红尘飞不到僧家，为有青山面面遮。鹤带晚霞归竹径，钟催明月上梅花。
深杯得款诗喉润，对榻谈空道味赊。社拟东林如可结，好移几杖伴袈裟。

（清）叶燕《过资西寺》

寺古称幽绝，僧闲许共行。坐溪花溅客，倚树鸟啼晴。
谢屐空怀往，林栖足此生。前村报钟鼓，灯影隔篱横。

（清）范观濂《资西寺》

蕉石山房旧寓斋，四年来往半边街。塘头不远资西寺，每想来游愿竟乖。

五磊寺（在五磊山上，旧曾名灵山禅院。）

（宋）舒亶《登五磊寺》

五磊峰高笔插天，苍松合抱几千年。尘氛洒落非人世，风露清明近月边。
枕上数声敲夜磬，庭前百亩起春田。我来独步苍苔色，不着篮舆两两肩。

（元）曹汉炎《游五磊寺》

咿轧篮舆入暮云，青山应认旧时人。竹深残雪犹藏腊，溪暖枯梅剩得春。
瓦鼎香清初熟茗，地炉红爇半枯薪。分明身到桃源境，隔断人间颒洞尘。

（元）丁鹤年《游五磊普济寺》

迢递过兰若，淹留为竹林。竦钟云峤回，孤烛雨窗深。
日啸非怀昔，狂歌岂避今？只缘诸漏尽，不受一尘侵。

（明）桂彦良《自双峰上五磊寺》

下车晨过杜湖岭，喜见壁立之双峰。
十里松风奏《韶》《濩》，一泓秋水潜蛟龙。
仙禽古树集梵刹，细草幽花迎竹笻。
斋余宴坐山阁静，夜深隔屋闻疏钟。

（明）周旋《五磊寺》

佛屋山隈出，未登先惬情。空林闻叶落，峭壁看云生。
白石如人立，清溪似玉鸣。老禅能爱客，扶杖出门迎。

（明）周礼《五磊晴岚》

雨歇云收山气浓，晓来遮遍翠芙蓉。
小童门外忽惊报："失却前村五磊峰！"

（明）冯起纶《游五磊追和舒学士韵》

石磴红泉泻远天，经过九曲俯三千。不知身在鳌峰顶，自觉心闲佛火边。
花雨随人生晓梵，松涛卷韵入春田。十年犹记支提路，才信山灵好并肩。

（明）姚宗文《上五磊参拙岩大师》

整顿篮舆投佛国，到门斜日已苍黄。路盘九曲穿东岭，寺压千山出上方。

勘破蜉蝣禅榻梦，消除尘劫定中香。得师提唱惟心话，心想皈依大法王。

（明）阮震亨《上五磊奉拙岩和尚》

海岸振天衣，雷声彻四围。龙归丹壑净，鹿饮玉泉肥。

山回无波浪，时清有蕨薇。巾车冲暑过，松径引凉微。

阁道拥珠岩，飞甍驾石帆。天花充佛供，云叶满僧衫。

月洞悬相照，风铃响自飐。联翩鹉鹤影，长此绕松衫。

（明）袁宏勋《游李家竹园随过五磊》

随路青山俯竹园，人家遥在翠微村。清泉白石菖蒲涧，细雨轻风薜荔垣。

马鬣封高占王气，虎气桥近识仙源。春游杖履浑无碍，独上岩峣望海门。

寺门危倚白云端，磊落群峰聚米看。竹覆僧房春寂寂，人来樵径磴盘盘。

仙关对劈山灵见，方丈平临海色宽。况有清泉堪酿秫，逃禅吾欲醉蒲团。

（明）冯元仲《五磊寺濯锦溪》

寻常花影何须濯，独有梅花心不落。谁将锦字洗清流，一片浮云填夜壑。

石岂无言泉欲香，高高下下非穿凿。听得烟声万树笼，杖头何用夸行脚。

（清）释道忞《丙戌孟秋退居灵山即事次权首座韵》

门庭施识愧诸方，得意佳山且退藏。俯听潮音知市遥，凭看星汉念峰长。

谷兼云锁禽宜惑，丛以檀园草亦香。寄语遨游山海客，灵峰不是旧排场。

（清）释道忞《狮子岩》

势欲翻身天上辊，鬖鬖直插万峰头。金毛忽变西风里，万岳苍黄四海秋。

（清）释道忞《砥柱石》

滔滔万壑下西峰，力砥中流气岸雄。只欲狂澜趋正道，不知立老凭春风。

（清）释道忞《鹰窠石》

幽溪高托千寻石，眼界横将宇宙空。肯构不仍凡羽施，门庭别是一家风。

（清）释道忞《望海亭》

四壁挑空山浪浮，夜观星汉晓观楼。十洲自出重檐下，岂是山僧阔两眸。

（清）释道忞《九曲岭》

通霄路接水云趋，只恐方来落半途。留得转身吐气处，为人直杀却成纤。

（清）释道忞《象眼泉》

无热池南象口通，绀泉眼复迸灵峰。青天谩自夸澄滢，烁破还他一鉴中。

（清）钱豹《游五磊寺》

雨久溪容湿，晴怜野色青。寻幽到海岸，古寺得山情。

片月疏松影，千僧一声磬。老人留余住，语默见生平。

（清）释介庵《狮子岩》

避迹烟霞体段空，青苔芳草壮威雄。纵然不露真牙爪，狐兔经年自绝踪。

（清）释达变《五磊山》

海门涌出五峰奇，玉殿中开古寺基。落落风清僧世界，灵山千古却同时。

（清）释达变《濯锦溪》

深红浅碧浣清澜，蜀锦吴绫水底摊。露布山家春富贵，分明觌面不相瞒。

（清）释达变《象眼泉》

尽道雷惊花入牙，认知眼活涌泉赊。寒光烁破三千界，云月溪山共一家。

（清）释达变《眠牛石》

角蹄铁硬无拘束，脱去毛衣有骨坚。百草头边曾不入，乱云堆里任横眠。

（清）释拙岩《次舒学士登五磊韵》

台阁参差耸梵天，峥嵘龙象指千千。掀腾岳色开空际，滂湃涛声彻耳边。

海印全彰新日月，家风重拓旧园田。于今独步云霄外，满目峰峦孰并肩？

（清）释拙岩《答冯次牧居士》

牧公以诗翰见寄，云古志中有题五磊诗数章，并有登山之约，因次原韵寄之。笔墨叨新已在三，春光明媚映空潭。青莲洞里镌新句，天乙峰前放晚参。半偈初传元胜迹，一番来惠似优昙。杖藜佛日如相过，烁烁山花待晓岚。

（清）葛世振《寿拙岩和尚用舒龙图登五磊山韵》

云峰高处不容天，松老何尝记得年。已放石门人世外，独存梅径野篱边。
时方五月香蒼卜，雨遍千家织秀田。历尽春秋磊磊石，群山未许可齐肩。

（清）闻性道《上五磊谒拙岩和尚》

昔年曾向此峰游，无尽云从五磊浮。知有高人能吮钵，懒随浚壑问藏舟。
千华影里迢迢梦，万树声中夜夜秋。不作世间耳与目，自然独出众山头。灵山普济锡祥符，时为天书封禅愚。往事荒唐皆漫灭，新成杰构费辛劬。心从实地人多仰，法借浮幢道弗诬。更惜遗编少记载，碧空鸟影未尝无。

（清）王雅《谢拙岩和尚开示》

招提传五磊，意履长相谋。微阳暖冬序，撰策成兹游。螺径盘九曲，象泉带鸣彪。涌殿压山破，琅珰动金镠。山川经洗削，何处着行骖。忆昔文德中，璇题焕雕鬏。日月转双毂，蘐庐历征邮。再来鹤骨老，碧眼照丹丘。坐穴榻成井，胁席违春秋。蒼卜不可遍，孤月印九州。纵作铁门限，桴扣谁能收？我来礼白足，蕴义疏重幽。饫我林泉味，冰雪净肝喉。但愁增七慢，未获证三休。师笑了无碍，圣谛在归求。义出威音外，神理恣冥搜。睇彼山头米，炊烹慰饥调。大类家东亭，风垢苦未瘳。脉脉卧云心，何年委鹿裘？回首山月影，绮语忏磨兜。此诗亦何为？点划了不留。聊申别来意，碧云天际头。

（清）陈元长《赠拙岩和尚》

师德邈云汉，师名重千古，师意明于月，师智过于祖。
茫茫世界中，大道奉蒹花，绳继殊难办，沄潢盘燧圊。
到处空王座，椰栗充环楮，惟师挺人杰，嶷然出侪伍。
虐岳通光气，悬崖绝众咻，珍重一毫端，千霄不容斧。
以是砥中流，渊然大慈父。惠好思畴昔，盘桓倾肺腑。
愧我困风尘，下劣不足数。负师十五年，迟暮悲铩羽。

此事非辽绝，惟人自退沮。或以源流异，悬隔毫厘许。

十步九太行，壮士不能鼓，惟师示坦夷，咳唾沾法乳。

问讯每相招，缠缚何自苦，前迹悔趋荣，百城历艰阻。

凿方规大圆，良玉见委土，誓从薜叶下，采蕨轻圭组。

（清）韩淳甫《三石门》

空山不放忙人度，销断千峰万峰路。谁能壁立扫春云，大笑一声关不住。

倚门傍户非丈夫，直排阊阖何须顾！虎豹九天吠我来，蛟龙蜿蜒骑我去。

掉臂且穷五磊山，山山松竹惊初晓。悔把苍苔尽日扃，想遇同心叹迟暮。

（清）周近梁《同郑高州游五磊寺》

忽入苍崖九曲中，黄茅疏处路微通。身从梅坞穿杉径，寺对狮岩踞象峰。

绀碧字镂金佛殿，蘘盐味袭淡家风。挑灯闲共论兴废，却喜兹游不负侬。

（清）李暾《同郑性、张锡璁游五磊，宿灵山寺》

石门兀峙守山灵，峭壁斜阳映短亭。九曲湾环千树碧，五峰低小四天青。

敢云济胜真无敌，但欲探奇到未经。岳渎人间游不尽，自嗟双鬓已星星。

约略规模似径山，凌霄峰忆独跻攀。两游已毕今年事，一病应非故我颜。

小样楼台成古朴，大家风景异人间。中兴欲乞高州记，恰值吾曹话往还。

（清）郑性《同李暾、张锡璁游五磊宿灵山寺》

顽沙钝石几年灵，竟作吾曹歇脚亭。过岭不知山曲曲，到门惟见树青青。

狂宾却主宵分韵，村媪随僧晚课经。浴罢少焉庭际立，小春时节满天星。

家在南山寺北山，机缘半世杳跻攀。莫言五岳归空梦，已对千华觉厚颜。

旭景倒开窗隙里，香烟浓染殿墙间。人逢胜处应超累，一宿何妨再宿还。

（清）张锡璁《同郑性、李暾游五磊宿灵山寺》

寻山随处慰山灵，不厌何须认敬亭。太白霜清千树赤，妙高云净万峰青。

旧游自昔能常到，胜地于今得未经。天许此行风日美，檐花又见一天星。

十年梦想到兹山，石磴云梯此日攀。路入松杉消俗韵，峰从金碧借秋颜。

恨迟半月携双屩，急向千华觅五闲。更看楼头东壁影，宝山从此不空还。

（清）魏士杰《登五磊峰》

我登五峰顶，更上万松台。搔首一长啸，秋声四面来。

浮云吹不动，落日有余哀。归去天将暝，柴扉喜半开。

（清）叶　愚《庚子中秋，与诸友陪舅氏梅塘先生玩月于五磊下院。今再过之，门径寥落而先生已作古人。怆然成咏，并邀友泉、菊人同作》

夕阳衰草影离离，重叩禅关泪欲垂。古树已非前度色，老僧犹记昔年时。

佳期三五曾携客，同调联翩各赋诗。今夜五磊山下月，也应全为照相思。

（清）叶元垚《清明前二日，招同人游杜若湖，即登五磊峰，诣灵山禅院》（四首录前三）

积雨一朝霁，如梦忽而醒。东风吹晓寒，群鸟乐其声。

携侪恣所往，六七沿堤行。众荄暖欲苏，细苗方半青。

弱柳已生稊，佣态犹怋惺。菜畦遍黄花，目夺微旸明。

湖流荡群影，杳霭无尽形。穷源辨微径，迓面前山迎。

以兹快攀陟，少焉扪藤萝。

淑气集幽涧，暗绿与之媚。仄径被群阴，午日光暧暧。

迢递上层巘，不知境深邃。徐行得坦途，一峰倏向背。

梵钟越冈阜，寻声不停睐。古柏森列行，吐子袭幽霭。

松枝犹未齐，散点作岚翠。于此思偶憩，孤亭屹前盖。

天宇现层碧，修竹围岩峣。古刹近始见，安置称山腰。

到门方苦饥，一径趋僧寮。地湿为郁蒸，苔藓纷堂坳。

曲室半倾敧，所赖束缚牢。结构自何年，早已致零雕。

为言具粗粝，既饱亦陶陶。出门更延览，四望云气交。

不知身已迥，复见孤峰高。远视苍林间，细径围周遭。

境僻稀游人，或有牧与樵。日暮聆松风，飒飒生寒涛。

归路转清旷，且辞跋涉劳。

（清）尹金葵《五磊纪游》四首

山斋雨初歇，风日清且静。有客话名蓝，未往意先骋。

相将入山岙，线路尚泥泞。拾级梯断崖，拨云度遥岭。

马鬣谁家茔，碑剥字难省。翁仲立斜阳，苍烟淡孤影。

一峰抱白云，起伏如狮子。石城在山半，

数堞不百雉（狮子岩下有石如城，高数尺，围径数十丈）。

度矼入幽谷，怪石相对峙。屹屹三重门，

潺潺一溪水（三石门屹然，两石门对峙，中通人行）。

路险不通舆，径仄才容趾。矫首心飞扬，奇观乃有此。

兹岩特奇诡，一一如人迭。上有两大礨，承以四方石。

其旁似老人，枯藤覆长额。瞪目瞰奔流，探首窥行客。

攒云知几层，去天不盈尺。容我陟其巅，

星辰倘可摘（迭石岩在九曲岭北，老人峰在迭石岩西）。

峰回路欲迷，一径更幽异。四面无人声，滩流雪花沸。

仙人去不还，石白生芳荔。指爪留遗迹，药饵余香气。

止水澄且鲜，小饮清人肺。向来业垢躯，

借此聊被襡（半岭有石潭，宽径尺余，深三寸许，旁有指膝痕，若据地跪饮状，相传是神仙迹）。

（清）江五民《和钱子青游五磊寺韵》

乐事人生得几回，相逢自合笑颜开。登山脚健当飞锡，遇水缘深且渡杯。

有佛在时无恶浊，是仙到处即蓬莱。王侯虽富谁谙此，买得来时恐不来。

（民国）释太虚《鸣鹤场赴五磊灵山寺》

孤鹤曾闻鸣九皋，杜湖行尽接迢嶤；连绵不断三山远，卓立无依五磊高。

一路松篁青嶂映，数声钟磬白云敲；天花散作灵峰雪，策杖寻幽兴更饶！

《五磊晓发》

五磊飞微雪，千峰蘸暮钟；枕寒清梦彻，窗晓白光溶。

开遍瑶花树，门残银甲龙；行将下山去，白雾尚朦胧。

《自五磊赴慈溪，芝峰、亦幻、惠知风雪相送，宿普济寺，书赠悟开寺主》

嵩山立雪有神光，立雪程门朱学昌。风雪相从二三子，慈湖水接白湖长。

释芝峰《癸酉冬因惠知主持五磊入山偶占二律》

五磊压群峰，巍巍气象雄；超然尘世界，涌出法王宫。

空中鸣梵籁，云际落疏钟；不待仙人鹤，双松欲化龙。

古寺修篁里，高人日焚香，定深鸷鸟堕，法说毒龙降。

忘世魏和晋，看山青复黄；庭前双古树，时有鹤来藏。

胡宅梵《五磊寺》

五磊越近到梵宫，海气山光满眼中。突地孤岩疑伏虎，参天双桧欲腾龙。

花明柳暗幽且艳，曲院幽房阻复通。景色留人归步懒，竹林西畔夕阳红。

释妙善《五磊讲寺》

赤乌开基千余载，数度繁荣数度衰。欣逢盛世承雨露，五磊古刹尽朝晖。

清隐庵（在大霖山，原名清隐庵，又名羊角田庵、阳觉寺，后改阳觉殿。）

（明）袁宏道《阳觉寺》

万壑松涛万竹烟，摩崖直欲抱清天。步穿险磴云双屐，笑破浓萝绿一肩。

僧住人踪不到寺，客攀鸟道偶寻禅。数声清磬冈峦回，澹却维扬鹤背钱。

定水寺（在鸣鹤山下，里杜湖边）

（宋）杨万里《遗定水寺庐陵僧德璘》

春得鄞江信，香从定水来。今年有奇事，正月木犀开。

万杵黄金屑，九蒸碧梧骨。诗老坐雪窗，天香来月窟。

山童不解事，着火太酷烈。要输不尽香，急换薄银叶。

传语双峰老，汝师是如来，如何一瓣香，却为杨诚斋。

谁言定水禅，入定似枯木。飞入广寒宫，收得香万斛。

（元）戴表元《拜袁越公墓因游定水寺有怀源老》

乃翁已作飞仙去，犹得潭潭好墓田。老树背风深拓地，野云依海细分天。
青峰晓接鸣钟寺，玉井秋澄试茗泉。我与源公旧相识，遗言潇洒有人传。

（元）袁　桷《髫龄侍诸父拜双峰祠堂未尝敢有题咏，二十年来，接武于玉堂瀛州，霜露之思，缺然有腼。近闻平石长老兴废补仆，光绍前闻，遂述旧怀为六诗，且申叹仰》

沉沉大士阁，千嶂万夫降。近树青禽独，前松白鹤双。云霞生几席，星斗列轩窗。俯首京城客，生涯愧老庞。

惭愧双峰老，光明两足尊（新妆释迦像）。午窗钩竹影，冻笔点梅魂。斋近乌啼树，禅回虎伏门。春来有新雁，劝我趣归辕。

经院辛勤日，千金记始兴（创寺时以赐金千两，经始今八十有四年）。雨荒虫蚀栱，壁坏鼠缘藤。旧观丹青复，诸天锦绣承。短檐增突兀。会见出卢能（书来修选僧堂。旧有术士言，太高裨沙门减其柱，然，青班亦不闻有显者，故未及之）。

阴阴虞监宅（虞永兴宅），郁郁越公祠。掬水不入献，布金犹受疑。流年翁仲守，往事苾葛知。涧水交流处，曾传玉带垂。

寒彻清泉底，山童上水华。定金非在井（罗侯罗尊者语，传昔有一女子坠钗，其水遂定），煮米却成沙。洗目能生电，搜肠可当茶。人持一月去，此月落谁家？

跏趺千树暝，弹指百花春。道以东岩的，诗于北涧新。归云呈住相，行箨扫空尘。灵鹫谁公论，啼猿正恼人。

《寄砥长老》

双峰不受暑，杰阁称幽禅。蕉叶绿云扇，藤花白雪毡。
见龙增涧水，喜雁点江天。笑我开平客，于今第几年？

《次韵砥平石》

金门吏隐愧相如，岁月逡巡翰墨疏。挂笏有时看白雁，濯缨无复恋金鱼。
倦游筑室成真隐，作意还山了旧书。更与老禅深结社，平生黑业总消除。

《次韵谢定水》

禅板蒲团振祖风，故将妙语起衰翁。青毡旧学惭多缺，玉佩清朝愧寸功。
直以简编窥往圣，敢将翰墨拟宗工。壮年永感辞庭训，晚岁何由继五公。

《次韵砥平石》

廿载冰霜兴已终，复于马上送年穷。双峰阁上凭栏立，疑有子规啼晚风。
燕山长驿四十五，雪拥金台玉作层。疑是黄蘗消不得，何年投老得依僧。
我翁绿野旧精庐，楼阁如云画不如。赢得高人敧枕卧，胆瓶冰蕊乐冬余。
恩师高住湖边寺，清夏菱花阅锦波。妙趣通玄邻粲可，清言协律成阴何。
砥师平地涌金仙，不诧虚空不说禅。怪我往来增白发，云龙新碾汲清泉。

（元）贡斯泰《奉题见心禅师天香室》

老禅夜执吴刚斧，斫得灵根下甬东。沧海月华生贝阙，广寒云影落珠宫。
散花天女元来幻，金粟维摩本自空。别有清芬吹不断，宝幡时动鹤林风。

（元）张翥《寄四明定水见心复禅师》

闻公近住慈溪寺，今是璘师第几灯？笑我在前图作佛，只今投老欲依僧。
瓶中舍利藏来长，窗外猕猴唤得应。会拂尘衣上方去，天香树底乞花蒸。

《答复见心见寄》

莲花峰下天香树，吹老西风几度秋。僧宝师真洪觉范，诗穷我亦孟参谋。
文章宇内宙年事，身世江湖万里舟。甚欲相期石桥路，更须同访羽人丘。

《寄宝林同别峰定水复见心》

宝林老子虎耽耽，定水道人蒲作庵。归老尚须游越绝，寻师先拟到精蓝。
越江碑在当重读，禹穴书藏会一探。我亦三生学环者，定从佳处结禅龛。

《寄见心上人次韵》（二首录一）

自入赤墀青琐间，旧游禅侣亦阑珊。青山只忆招提境，白首初辞供奉班。
马为空群犹踸踔，鸟能求友自关关。终期一舸相寻去，知在姚溪第几湾？

（元）释来复《求古斋为慈溪孙原礼赋》

巢居不羡葛天民，好古知君学不群。座列龟图陈妙画，壁藏麟史见遗文。

慈湖易有诸生讲，董庙碑从孝子闻。勤读何须寒映雪，邻窗灯火夜能分。

《文溪为黄继文赋》

家住文溪溪上头，红蕖绿草满汀洲。疑从剡水移舟入，错认巴江学字流。

日涌波涛春涨合，星涵奎璧夜光浮。寻源有派通洙泗，千载风雩咏未休。

《次韵蒲庵纪梦诗》

梦入幽奇任访寻，无边化境总有心。天浮沆瀣月如练，水浸玻璃沙涌金。

隐隐禅钟和梵呗，重重宝网间珠林。飘然忘却人间世，自是从前愿力深。

《次蒲庵立春日雪诗韵》

玉雪吹花迥绝尘，乾坤瑞色一时新。瑶宫冻合疑无夜，珈管灰飞浩有春。

少室安心非别法，程门问道竟何人。梁园乐事都如梦，词赋徒夸笔有神。

《桂亭》

谌家亭子构来新，丹桂丛深远俗气。万粟吹香来白昼，五株连秀倚青云。

扫花曾与仙娥约，捣药应从玉兔分。最喜诸郎都好学，长吟凉月白纷纷。

《闲居漫兴》

百年同旅泊，生世不如闲。众水浑归海，孤云只在山。

游神超物标，混迹寄人间。去住应无碍，前津莫问关。

十笏栖禅地，身闲乐有余。绿荷缝坏衲，紫芋给香厨。

月色千林迥，泉声四座虚。任缘甘潦倒，莫讶与时疏。

《湖上泛舟》

泛舟湖上去，浩思入青冥。一水天开镜，四山云作屏。

闲情惟自适，大梦竟谁醒。沙鸟知迎送，飞来满雪汀。

万顷湖光好，清游与客同。凉生菰叶雨，香度藕花风。

云水登临外，乾坤笑咏中。贺公今不见，百感意无穷。

《题山居罗汉图》

金芝玉树烂云虹，五百僧伽化境通。变现有身份刹土，去来无迹住虚空。
鹿衔花绕天姝座，龙献珠迎海伯公。曾见石桥行道处，白莲香散吉祥风。

《山讴四首》

闲占云霞作近邻，芋田虽薄不嫌贫。五风十雨清平世，万壑千岩淡泊身。
南岳马驹应有谶，西河狮子久无人。金襕谩笑藏鸡足，传到龙华是几尘？
林下归来已倦谈，蒲团静寄倚寒岩。苍烟古木秋空迥，红日江花曙色酣。
身外一闲聊独遣，目前万象任交参。青山只恨无深处，每被时人识草庵。
驮经白鹿卧当门，满径苔花长雨痕。尘土竟无闲岁月，湖山终有静乾坤。
半龛薜荔云生衲，一酌醍醐雪满樽。宴坐任从沧海变，大千豪氂共谁论。
潦倒山林久任真，荷衣不染六街尘。身知乱世惟贫好，心到闲时与道亲。
猿挂松枝寒啸月，鸟衔花片暖啼春。云泉自昔多清赏，消得浮生有几人。

《送西域丁鹤年兵后还东昌省亲墓》

寇乱移家去鄂城，白头重到影伶俜。田归东里新编甲，墓指西人旧姓丁。
樵木不侵经世变，松楸无祭泣山灵。野棠花落啼鹃急，一酌椒浆老泪零。
燕云何处是并州，赤壁矶头问去舟。海阔山长羁旅梦，天荒地老死生愁。
他乡寒食身千里，故陇斜阳土一抔。为语东归华表鹤，英雄余骨几人收。

《送荣首座还日本》

扬帆八月挂长风，直溯扶桑碧海东。雪窟潮翻银瓮白，天门日涌火车红。
虾夷觅偈迎沙岛，龙伯分斋候水宫。应有国人来问讯，散花围座听谈空。

《送日本谦以亨上人游吴》

海门红日大如车，浙水西游欲问家。虹影绕函随设利，天香飞盖满袈裟。
悬灯竹寺秋吟桂，持钵王城晓饭麻。遥看太湖三百里，乱峰苍翠拥晴霞。
南宗自古盛中州，雷动风行八百秋。金刹近从兵后废，青山无复昔时游。
象龙围绕知何地，狐兔纵横守故丘。祇树会应逢长者，一龛且为白云留。

《送日本安上人游钱塘》

武林金刹势嵯峨，何处青松问鸟窠。山作龙飞分两乳，江如雷吼注千波。
春泉洗钵丹砂井，夜月翻经白石坡。莫讶扶桑红日远，南天雨露九重多。

《屏迹四首》

十年不出寺门前，喧寂都忘日晏然。独有夜明帘外月，寥寥孤影照深禅。
西日沉光挽不流，茫茫风海几时休。冥观浩劫空三际，百亿须弥一芥收。
淡泊相遭寄一缘，森罗万象屋头边。闲门不掩云长锁，自拾枯松煮涧泉。
江风山月尽同欢，妙道何须问指南。生铁铸来三寸舌，赵州无我不曾谈。

（元）毛翰《游定水寺访见心长老不遇偶成二绝奉简》

一水潺湲绕寺门，远从西涧过松根。寻源欲向千岩去，越国祠前落日昏。
天外双峰拥翠屏，茆亭清晓入云登。不教猿鹤知名姓，懒着诗题最上层。

（元）释自悦《夜宿定水见心和尚天香室分韵得花字》

我爱清泉大士家，秋风双桂发奇葩。老璘好事蒸金粟，秘监留诗护绛纱。
白兔夜春云外杵，素娥晴拥月中车。谈空共绕旃檀座，时有诸天雨好花。

（元）桂德称《澹游亭为定水见心禅师赋》

夜读澹游集，晨登澹游亭。亭深昼寂寂，树暗秋冥冥。
连山列剑戟，惊湍撼风霆。祇园在咫尺，绀宇辉晶荧。
上人托玄赏，清谈萃群英。澹然得真趣，游哉此忘形。
俯仰隘八极，搞诃烦百灵。天梯近可陟，雾槛空无扃。
金仙海上来，野鹤云间鸣。消摇万物表，尘世徒营营。

（元）赵学子《律诗二首呈见心禅师》：至正乙巳予以使事至自庆元远
涉慈溪，入定水山中，求谒见心禅师，以塞夙昔景慕之愿。既见留，宿慈
云阁且三日，又同游鸣鹤金仙寺，登楼览眺，谈咏终日，不胜其清乐也。
遂赋律诗二首呈上。

水绕山围紫翠重，禅关犹在乱云中。双峰老树巢鸣鹤，两涧清泉卧蛰龙。
岚气湿衣梅子雨，天香凝座桂花风。论心得住慈云阁，高倚虚空听晓钟。

双峰东隔湖一湾，层楼突倚林石间。客浮舴艋来深壑，僧着袈裟入乱山。
沧波明与远天接，白鸟静对孤云闲。又得清游洗尘虑，相陪杖锡不知还。

（元）释文静《天香室为定水见心和尚赋》

天香兰若倚高岭，双桂花开秋正深。鹤唳空山凉月白，龙归古洞碧云阴。
一窗风雨高僧定，满壁珠玑好客吟。主杖何时问幽寂，旃檀林下远相寻。

（元）释克新《次韵奉简定水见心和尚》

海内兵戈已十年，山中楼观喜峥然。豫章空翠重霄落，丹桂天香上国传。
朝士寄诗来禁苑，岛人求偈下蕃船。长思一策双峰麓，明月松堂听鹤眠。

（元）戴 良《游清泉寺》

路绕苍松迥，寺俯清泉幽。况复得佳友，来游当杪秋。
情随水声远，兴挟山光浮。两涧涉游足，双峰睇吟眸。
陆寻虞监宅，林访袁家丘。徘徊念畴昔，感叹罢冥搜。
古今如大梦，身世一浮沤。不娱无生乐，终缠有漏忧。
晤言资道侣，冥理契缁流。咄嗟已成累，竟动故园愁。

《游定水》

常公开化地，源师讲经处。人物有古今，山川无新故。
橐驼既西峙，鸣鹤亦东鬶。清泉列广沼，苍松夹永路。
入寺结青莲，爱方熏玉树。三足想后因，四禅感前悟。
此生真幻化，学道乃迟暮。感叹顾昔心，怅焉起遐慕。

《蒲庵》

眷彼水中蒲，采之将何以。母老不下堂，儿行在万里。
空门隆孝思，除是睦州师。

《天香室》

咄此月中桂。移根向金沙。清香满幽室，天都亦未加。
忆在梵王家，曾看优钵华。

（元）丁鹤年《秋夜宿定水寺天香室有怀见心长老》

寂寂双峰映涧流，重来托宿敞云楼。窗涵虚白三更月，帘卷空青一色秋。
颇有高情酬胜赏，可无奇句入冥搜。天风开遍岩前桂，谁为蒸香寄澹游。

《送锽声外侍者还定水寺》

侍者乃见心长老入室高弟。侍者还山修白业，何须门外问三车。微尘有相
皆成幻，大道无歧直到家。月满秋岩收桂子，雪消春涧采蒲芽。阿师弘教成狮
子，伫见传衣后代夸。寺有天香室、蒲庵，故云。

《寄铉宗鼎》

时在定水蒲庵闲居。定水寺号双峰，在海滨，地名鹤皋。开士幽栖何处
是，一庵潇洒旁双峰。弹琴夜和鸣皋鹤，咒钵朝降渡海龙。万里思乡瞻北斗，
十年学道事西宗。故人海内皆星散，忆尔山中冰雪客。

（元）宇文公谅《送见心归定水寺》

定水招提鸣鹤东，鉴湖归去泛孤蓬。铢衣不湿荷花露，玉麈遥生桂子风。
山静只看云自动，江清莫讶水如空。沃州有约寻支遁，还须谈经共野翁。

（元）笃烈图《定水述怀呈见心》

定水源深湛不波，老禅每爱客相过。山连乳窦人烟僻，地接蓬莱海气多。
金殿春明曾射策，玉堂天近想鸣珂。却愁道路风尘隔，惊见萧萧两鬓皤。

（元）吉雅谟丁《送见心归定水兼柬倪大尹》

袈裟晓上甬东船，无数天花雨法筵。人向定中知后夜，客从林下问先天。
宝幢云湿龙初起，祇树风生虎未眠。想见登临多讽咏，邑中况有大夫贤。

（元）王元裕《游定水访见心不遇简》

海涌双峰舞翠鸾，玉虹喷薄走清湾。长松夹道暝欲雨，独鹤唳空秋满山。
天香上浮月月窟，仙乐下奏非人间。十年旧雨在此夕，为待阿师飞锡还。

（元）朱 右《宿定水》

晓起林峦宿雨开，宝坊近在白云隈。潭龙护法依僧住，天女散花冲雾来。

十里柽杉当涧道，二时钟磬发楼台。艰危只合寻幽隐，布袜青鞋共往回。

（元）亦速台《游定水访见心禅师漫成口号录呈一笑》

佛国金银紫翠间，凭虚一览洗尘颜。室依丹桂秋还扫，门依青松夜不关。
四海风烟犹格斗，诸天日月自清闲。欲陪瓶锡逃危世，布袜青鞋共往还。

《重游定水登樵隐亭怀见心方丈》

不见高人何所之，闲登樵隐坐移时。略无尘土侵衣袂，时有风飙乱鬓丝。
清响绕林人伐木，绿阴满地客哦诗。平生亦有云泉兴，拟约陶潜寻远师。

（元）揭 汯《秋日至定水寺，见心禅师邀余泛舟湖中，诗以纪胜》

平湖古寺泉，演迤十里长，上人喜我至，相携泛汪洋。
发棹晴宇动，浮云乱波光。沿堤揽寒绿，傍渚搴幽芳。
景会愿已惬，趣深虑俱忘。始游本邂逅，清赏成徜徉。
日落渔艇集，隔浦遥相望。尘缨一已净，无用歌沧浪。

《题见心禅师天香室》

蒸花向禅室，花熟室皆香。蔼蔼蟾宫里，幽幽鹫岭旁。
定余清更妙，经罢味偏长。前古流芳在，相传岂敢忘。

《题蒲庵》

见心上人筑室寺之东涧，曰蒲庵。盖取睦州禅师编蒲屦养母之事，时上人母留江右，归养未得，故为是扁以寓思亲之意，敬斋御史为道其事，赋诗奉寄。种蒲编作屦，卖屦养慈亲。自信超三界，应思得此身。前人功已就，后学悟方新。况有风尘隔，中宵泪满巾。

（元）逊都月鲁不花《方外高风敦薄俗》：至正乙巳秋八月，访见心禅师于定水，出翰林欧虞诸公往来诗文，皆当代杰作也，叹赏久之。因语及同年鼎实监州，将携家赴任客死于鄞，贫不能丧，见心买山以葬，使其存殁皆有所托。感其高义，因成一律以谢。

名山登览意舒徐，不觉留连七日余。童仆饱餐香积饭，主宾间阅翰林书。

买山葬友开神道，度子为僧奉母居。方外高风敦薄俗，同年感激更何如。

（元）江 晃《宿定水寺天香室赋赠昙铉上人就呈蒲庵禅师方丈》

双峰大士法龙象，座下参徒多俊良。白足妙年来帝阙，青灯旧业带天香。

春翻贝叶云生几，夜卷梅花雪满房。莫厌幽居太清苦，老禅衣钵许传芳。

（元）熊 爟《夜宿见心上人房漫成口号录以一笑》

古寺长廊过客稀，独寻僧舍静相依。暮檐细雨兼花落，春槛轻云着树飞。

行畏俗尘还倦出，坐贪禅寂故忘归。汤休才思清如雪，应念何颙兴不违。

（元）杜 岳《奉寄定水见心禅师方丈二首》

东游每忆清泉寺，大士谈空住上方。世外昙花垂雪朵，云中桂子落天香。

海神送供应时到，野客催诗只自忙。久欲相期寻惠远，白莲还种虎溪旁。

双峰秀出芙蓉好，几度看云坐不归。红叶寺前僧觅句，白沤湖上客忘机。

自怜泛梗随流俗，每欲诛茅傍翠微。若许西子分半榻，定从林下扣云扉。

（元）张克仁《题见心禅师天香室》

双峰曾忆老璘翁，丹桂移栽自月中。灵种不经樵客斧，清芬先到梵王宫。

九霄夜滴金茎露，八月凉生玉树风。珍重豫章居此室，蒸花容我听谈空。

（元）黄 昪《寄定水见心禅师》

定水之山云作围，白花满林鹦鹉飞。知师此处乐禅寂，笑我何时谈妙机。

山阁乌啼窥食下，海宫龙出听经归。是中真境自清净，门外任人鸣铁衣。

（元）陈履常《夜宿定水见心禅师天香室分韵得松字》

夜宿清泉最上峰，老禅留客话从容。吟听雪瀑鸣双涧，坐受天香落九重。

蕉叶倚窗空幻影，梅花绕屋绝尘踪。投闲但使能忘世，辟谷何须问赤松。

（元）释元旭《奉寄定水堂上见心和尚法兄禅师》

曾共湖山作胜游，杖黎来往更风流。一时俛仰成陈迹，千里飘零尽白头。

落日青天无过雁，秋风沧海有闲鸥。好泉闻道甘于醴，安得同消万古愁。

（元）刘仁本《天香室为定水寺复上人赋》

瞿昙丈室小蓬莱，谁送清香天上来。金粟千锺如药捣，玉娥一夜窃奁开。

冰魂乍返蟾光满，露气初凝鹤梦回。忆得前人诗句好，曾挥两袖步瑶台。

《再赋天香室分韵得天字》

金粟如来骨已仙，清香还向月中传。衲僧结构蟾蜍窟，药灶熏蒸脑麝烟。

斫树何人持玉斧，开奁无语对冰田。却收万斛归方丈，净洗姮娥色界天。

《赠僧铉二首》：原注癸酉进士伊苏达，实蒙古人也。仕至松州长，廉介自守。侨四明，竟坐贫以死，而无所归。方外交复上人度其次子铉为僧。余尝于寺之天香室见铉侍上人侧，眉目清秀，能读书，颇嘉之。且义其事，为赋诗云：

渥外龙驹来大宛，驮经曾踏祇树园。老僧买地瘗神骨，稚子出家酬佛恩。

绀室天香生桂魄，青云高义属桑门。此郎自是传衣钵，况有诗书气脉存。

双峰老子能兼爱，十岁孤儿将奈何。朋友无归于我殡，死生有托此僧迦。

一花新发优昙钵，孤冢还同窣堵波。好向诗书修白业，父恩师业两难磨。

《题复上人为径山悦禅师求欧阳学士碣铭行卷》

径山天下称名刹，授记僧中识此郎。乞与阿师藏舍利，远干太史求文章。

孤云回驻双峰寺，千里归来一锦囊。却爱遗芳传桂子，至今戒室有天香。

《次韵奉答定水见心禅师》

一壑崎岖又一丘，双峰还忆旧追游。风流此会人俱健，感慨重来路阻修。

竺国瞿昙深丈室，桑干戍客念并州。何当早见升平业，得与溪山共倡酬。

（元）乌本良《见心禅师以诗寄中丞月公，命余兄弟同和》

去年曾共看芙蕖，今日秋风木落初。只道锦幪游处熟，岂知金策出林疏。

奉亲独比陈尊宿，访古不忘虞秘书。欲过山中听软语，几番西望立阶除。

橐驼山下路幽深，翠霭飞来白昼阴。老衲候人登石岭，中丞问俗到山林。

睦州蒲向闲边织，秘监诗从定后吟。月窟天香如昔梦，室中谈笑想同心。

（明）乌斯道《次韵奉寄定水见心禅师方丈，乌斯道再拜》

一别老禅三载余，每怀溪上笑谈初。春山细雨沾乌帽，晴日闲花堕碧疎。

九日登高曾有约，二王小楷未能书。至今不到天香室，深愧尘埃少涤除。

矫首令人感慨深，浮云蔽日阁曾阴。六时花散金银刹，千里尘飞剑戟林。

经罢看山长独坐，定回倚石自微吟。绝怜松下清冷水，好与人间洗渴心。

（明）桂彦良《双峰》

下车晨过杜湖岭，喜见兀立之双峰。十里松风奏韶濩，一泓秋色潜蛟龙。

仙禽古树集梵刹，细草幽花迎竹筇。斋余宴坐山阁静，夜深隔屋闻疏钟。

《蒲庵》

青青者蒲，在彼中渚。采之缉之，可以为屦。鬻屦以养，以养其亲。昔谁行之，睦州其人。青青者蒲，在彼中河。母不克养，伤如之何。母居西江，道阻且修。曷云迎来，以解我忧。青青者蒲，在彼中泽。爱构我庵，爱饰我室。天乎有知，母来无迟。母如不来，我心孔悲。

（明）桂瑮《天香室》

老禅飞步广寒宫，分得嫦娥丹桂丛。金粟秋蒸云满屋，钵衣夜定月当空。

灵山微笑知谁会，天竺清游许客同。欲袖余熏来下界，散花长吟宝林风。

（明）王鏓《送荣上人住定水寺》

云影蓬莱日正红，故乡千里此相逢。明朝一夕南飞去，知在湖山第几峰。

（明）郑重《送荣上人住定水寺》

杜湖湖上老禅关，松竹荒凉夕照间。今日远公飞锡去，绿阴依旧满空山。

（明）张鈇《虞文懿故宅》

凌烟阁上图形后，文献而今尚足征。五绝才名钦日角，千秋祀事赖云礽。

生前妙墨空遗世，湖上荒基半属僧。对景不须长叹息，萧萧松柏冷昭陵。

（明）阮震亨《由西埠经西峰定水寺》

三春云树划天开，十道晴峰卓地迥。好鸟衔烟冲涧过，游鱼沓水上溪来。

微行少妇攀鲜笋，出牧村童摘小梅。我亦幽寻经古寺，倚松拂石洗残杯。

（清）叶愚《跋族侄琴楼追和白湖竹枝词》（其八）

秋风吹梦到禅林，桂子香中静拥衾。共说诚斋遗句好，断碑数尺已难寻。

（其十九）

世外逃名有罍公，蒲庵心迹略相同。荒烟蔓草残碑在，老屋颓垣野寺空。

《杜湖即景》

杜若名谁记，平湖四望通。山光团古刹，波影落长虹。

茅屋枫林外，渔舟荻岸东。夕阳明断塔，并入画图中。

（清）姚燮《过定水寺》

荒凉竹阅背山开，钟碎无蠡佛有苔。抱木窥人多鸟雀，分寮职事半童孩。

元关上界扃真宰，残灯西天堕劫灰。且列蒲团膜拜去，夜庭月满梦当来。

（清）叶元堦《读书定水寺寄城中诸友》

巉巉列峰下，曲曲幽涧中。依形结古屋，石像余雕攻。

垣倾络翠葛，门侧横古松。食力未粗具，茹素斋厨空。

经呗无新声，孤僧鸣夕钟。麋鹿入庭卧，荒苔见遗踪。

兹来息行笈，恍与昙迦逢。暂住觉虑淡，久栖与物融。

执卷自怡悦，妙理无终穷。云深隔城邑，心好无由同。

（清）叶元壁《夜雨宿定水寺》

绕砌繁虫激响哀，感时独客鬓毛催。当关古木秋风肃，照雨深灯佛殿开。

涸迹长途犹泛梗，空山片石已生苔。澄怀止水心无着，静听钟声落酒杯。

《重过定水寺》

旧梦寻苔石，幽庭长薜莎。法华常自转，溪水不生波。

属涉静中趣，因知劳者歌。林栖信娱悦，心赏在岩阿。

（清）叶元坊《定水寺》

清翠扑栏干，烟篁露未干。四山溪水落，六月草堂寒。

钟梵更空寂，盘餐共懒残。一林清话罢，随意弄鱼竿。

《自定水寺度雁鸿岭》

曲折入险邃，势欲无平冈。松枝层级上，倒垂郁青苍。

烟霭吹成片，气自连混茫。岩花抱孤艳，细岭吹芬芳。

磴势目忽断，湖流面相当。此中带岚彩，泛作晶碧光。

真宰能坐照，元化无隐藏。即此溪流响，冷然流韵长。

（清）戎金铭《游定水寺》

行尽长堤游兴饶，偶寻古寺过溪桥。楼当岭树秋先觉，山带湖云容更娇。

满屋烟霞供啸傲，一庭花鸟伴清寥。老僧不与人间事，独对残阳看碧霄。

案： "士释吟存"节中诗，本书编者多由散作辑入，唯上"定水寺"诗，除由散作选录外，则从《澹游集》上卷录之。为使读者了解《澹游集》，特选引元人杨璲之序如下：

　　比余过双峰造定水禅寺谒见心禅师复公于丈室时，公方类录《澹游集》，命工镂刻，印缮成帙。余得受而读之，皆一时在朝名公卿大夫、洎山林韦布知名士与公往来赠遗诗章及碑刻记序文字，而余有赠公蒲庵诗亦得纪录于次。嘻！其美矣！夫君子之交无取乎世俗燕乐财利用，故昔人有澹如水之论。然道之所存文之所发，英华之外著，实和顺之积中。譬之云汉之昭于天，山川草木之丽于地，焕然烂然蔪然森然，固不得以澹言也。呜呼！道在天地间一而已矣！形之言论，陈之词章，自坟典而下，升降盛衰，与时消长，历千万载而无穷，于今片词只字之妍，将欲使之传播，悠远而不泯，是固仁人长者之用心也！公明佛氏学，妙圆空寂之趣，亦何藉于诗文之黼黻，然性情之适，歌咏之工，莫非修习操存之积，顾岂易而得之哉！况夫真元会合之盛，天地泰和之余，发之诗文，体制之浑融，尤夐出乎前古上者，于公此编已可以得其梗概，读者其不可以苟焉漫焉而已也。

至正二十五年岁在乙巳余姚杨璲序

金仙寺（在白洋湖畔）

（明）俞咨龙《金仙寺》

缁衣邻鹤氅，释寺号金仙。两水涌明镜，孤峰撑碧天。
雀喧因佞佛，鹿睡欲参禅。四壁山花绕，香分炉内烟。

（清）郑性《初秋金仙寺楼，用壁上东门韫山见迟韵》

三春忽以迈，九夏复骤过。山楼逢新秋，日月真如梭。
楼前湖久涸，土坵安得波。农夫俱束手，天道谁调和。
目此心孔棘，生涯遑计他。静言思旧游，好诗故人哦。
挥毫一和之，语语皆悲歌。僧家有苦茗，不可得良醅。
念远莫能致，如此犹醒何。旱魃未能除，秋光将蹉跎。

（清）郑羽逵《次南溪金仙寺壁上诗》

兄来萧寺纵频频，得意翻怜我更新。山色横连云气好，湖光远度夕阳春。
花能媚客长含笑，僧解吟诗迥出尘。回首劳劳燕市梦，何如此地能留人。

（清）释圆微《同南溪登隐山次悉师韵》

郑子性近禅，夙因能自省。虽挟济世才，气与僧同静。
嗤彼熙攘人，名利竞锥颖。遇合一穷通，世态齐炎冷。
谓我隐山巅，绝似蓬莱境。携手亟登之，偃坐依松影。
相视剖胸臆，指点情怀逞。逡巡悉师至，共此眼前景。
上山日未昃，下山村火耿。流光转瞬间，归装莫忙整。

《偕李东门、康敬山、范宗垣静观楼晚眺》

山色偏宜晚，诸君漫忆归。云连芳树起，鸦带夕阳飞。
湖上渔歌息，岩边樵客稀。凭栏试极目，烟霭袭人衣。

《李东门以浮钵山赋见示，谢诗》

湖（白洋湖）中一拳石，宛如钵盂状。谁其能持之，乞食青天上。

忽逢东门翁，见之不肯放。倚槛得得吟，搜剔时时向。

笔底走龙蛇，胸中原雪亮。从兹笔与诗，永为佛供养。

（清）李暾《金仙寺和韫山梦醒忆家次韵》

饥寒免吾家，强健喜吾母。遂得岁月舒，任我山川走。

胜地会意深，羁迹何妨久。君胡卧僧楼，愁起雨声陡。

性情写其天，把读难释手。人皆同一生，生皆计入口。

岂人皆曰然，而我独曰否。但念少壮老，人之生亦偶。

达观无修短，齐物何妍丑。烂柯事或真，金仙骨亦朽。

（清）叶锡凤《夜坐静观楼有感》

潇潇疏雨遍山窗，兀坐萧斋影作双。水涨渠塘喧野蛤，风敲院落吠群龙。

最堪误我书千卷，何以酬人血一腔。惆怅半生成底事，孤灯明暗听钟撞。

《丁亥秋，读书静观楼，雨中凭眺，见远渚鸿雁感赋》

寂历萧斋俯碧波，满天风雨奈愁何。遥看鸿雁呼群宿，偏是云烟深处多。

鱼步水寒空见影，花汀秋老几经过。明知寥落难栖止，且喜无人设网罗。

《鸥飞阁望雨》

偶来小阁倚窗疏，遥对寒山近对湖。碧水渐随轻雾远，层岚淡与白云俱。

苍茫独立谁相问，风雨孤吟我自娱。为忆潇湘清夜景，何如身在辋川图

（清）叶声闻《白湖竹枝词》（其六）

四围山色四时清，一派湖光一镜平。曾向镜湖亭畔过，鸥飞阁上读书声。

（其十七）

梵王殿外暗香多，深第薰风拂芰荷。恨杀村狂蹂躏后，更无人唱采莲歌。

（其二十）

古寺庄严法象雄，一联佳句忆罗公。雪明千嶂原非色，月漾重湖即是空。

（其二十一）

碑传米芾见应稀，昙噩犹存藓作衣。孰是蔡中郎爱古，摩挲一字一珠玑。

（其三十）

招提古壁画模糊，珍重花缦色相殊。安得云初写生手，屏风八尺鹤皋图。

（清）叶 燕《赠福林寺明上人》

湖光山色拥清寒，烟雨霾头苦未安。杖锡飞应惊颢雀，菩提挂拟擂躬桓。
隐颐说法肩高顶，刮背参禅溜合冠。我怪老僧无定相，莲台早作钓台看。

（清）叶 炜《偶过金仙寺》

愁多无术净胸襟，一炷旃檀听梵音。闻道吟诗都罪过，怕将圆觉悟禅心。

《金仙寺古松》

托根梵舍有因缘，受佛摩挲顶自圆。秋籁因风畬铃语，夜阴和月伴僧眠。
龙身自结之而势，麈尾曾参般若禅。试叠蒲团学趺坐，法云荫我色苍然。

《晚过金仙寺登抑洪亭》

隐山日暮钟声起，隔岸炊烟散远汀。飞鹭影争湖面白，宠灯光照佛头青。
懒穿竹径寻僧话，闲觅岩泉倚杖听。报导海门明月上，攀萝更坐抑洪亭。

（清）厉 志《游金仙寺》

湖上招提锁碧烟，萧萧门榜署金仙。四时花发多啼鸟，六课功余半力田。
客至无因留芋火，山空有字纪碑年。邻村更说精蓝好，乘兴还过一问禅。

（清）叶 愚《金仙寺方丈菊花》

不尽登高兴，重寻初地来。如何九日过，犹有菊花开。
瘦影侵禅榻，余香入酒杯。天寒蜂蝶少，为尔独迟徊。

（清）姚立庵《和叶艾庵白湖竹枝词三十首次原韵》（其十五）

要探野趣老年华，好去湖边作住家。古刹门前千顷水，静观楼外四时花。

（其十八）

古寺金仙七宝装，琉璃一盏殿中央。笙笳铙鼓喧阗甚，佛会归来已夕阳。

（其二十一）

云初妙手昔时稀，不画天魔画白衣。莫笑僧痴珍破壁，空门原不尚珠玑。

（其二十四）

西风也放锦芙蓉，漫道功名尽是空。昙噩文章留古迹，至今名在断碑中。

（清）叶元垲《金仙寺昙噩碑》

直乘枯木达天关，蜕骨千秋无复还。妙墨如何不飞去，尚留片石落人间。

（清）叶元垲《游隐山》

趁得斜阳上，山敧借树扶。几堆村屋小，一点海帆孤。
绀宇悬青嶂，红亭瞰白湖。欲寻梅径返，好鸟劝提壶。

（清）叶元壁《薄暮登望湖楼》

涉世抱湮郁，触绪寡欢悰。偶见清静景，如与佳侣逢。
湖楼敞疏棂，苍翠涵澄空。暝色入静穆，群象归陶镕。
汀芦延洲树，倒影交蒨葱。游鳞忽四散，高鸟度其中。
尘机方偃息，一动还忡忡。日翻原上麦，云移山顶松。
光景忽变迁，节序惊遽匆。堤草已新碧，野花非故红。
众植具生理，首夏纷蒙茸。我心结寒气，华春犹凛冬。
象外意闲适，藐焉愧兹躬。宇宙本高旷，吾生自卑庸。
此地有山水，亦为灵秀锺。林木足蔚润，须识栽培功。
得暇堪寻趣，当境即可通。真源苟悟彻，妙蕴宜无穷。
归路映余绚，残霞升前峰。

（清）叶元坊《白湖晚眺》

兴来每独往，薄暮景幽清。斜日延山远，残霞带水明。
钟声萧寺静，天色镜湖平。飞鸟亦知倦，遥归相与鸣。

（清）叶元尧《鸥飞阁》

兀坐感人事，纷奔劳是非。沙鸥无远隔，荒渚自相依。

沧海波涛迥，青冥俦侣稀。薄烟湖色静，孤鹭好同飞。

（清）叶金寿《登望湖楼》

众山环翠白波流，一曲清歌感旧游。

山外斜阳湖上雨，藕花香里话僧楼。

（清）叶金铿《鸥阁梵音》

何处辟禅关，金仙古寺间。阁中僧磬夕，鸥鸟乍飞还。

《望湖秋月》

老僧颇好事，小筑画楼高。月色中秋满，何当醉浊醪。

（清）郑启业《鸥飞阁雨望》

偶来小阁倚窗疏，遥对寒山近对湖。碧水渐随轻雾远，层岚淡与白云俱。

苍茫独立谁相问，风雨孤吟我自娱。为忆潇湘清夜景，何如身在辋川图。

（清）王焘《清明题白湖金仙寺》

春风吹到绿杨边，寒食清明又一年。今古湖山只如此，东西踪迹有谁怜。

长堤芳草佳人路，小屿桃花渔父船。正是有家归未得，金仙寺外听啼鹃。

（清）施烺《白湖塘上》

三面岚光映夕曛，一塘横亘水沄沄。白湖堤畔鸦千点，红树洲边鹭几群。

晚渡渔舟双桨月，下山樵担一肩云。金仙寺与湖头庙，秋色年年各半分。

（清）范观濂《金仙寺》

金仙寺对白洋湖，寺号金仙仙有无？但看湖山金不换，人来此地即仙乎！

（清）戎金铭《白湖》

独向湖堤缓缓行，春光淡沱最怡情。匪因协气餐山绿，自足盟心鉴水明。

仙馆树深幽鸟语，僧楼烟淡午钟鸣。何由唤得天随子，棹入澄波共濯缨。

（清）梅鼎和《金仙寺》

寺门敲破白云封，万籁无声彻梵钟。劫后园林新补筑，春来花木正纤秾。
湖光涌翠珠宫耸，山色团青贝阙重。到此欲抛尘世事，可能终日倚长松。

（民国）释太虚《宿鸣鹤场金仙寺》

背山面水金仙寺，形胜双龙护一珠；放步眠牛青草地，冲寒观鸟白洋湖，
九皋鸣鹤遗亭在，千灶烟胜成市初；即此人间开佛国，扶摇直上作溟圆。

（民国）滕明伦《白洋湖》

水影山光两混涵，白洋湖畔好停骖。小灵峰下金仙寺，多少清阴护佛龛。

《金仙寺》

金仙古寺极清幽，满目湖光槛外浮。绕遍回廊通曲径，一声孤磬散闲愁。

胡宅梵《金仙寺》

山色青青古寺东，一湖碧水到门中。风前修竹参差绿，日底娇花浅淡红。
禅室佛堂幽且寂，回廊小径曲还通。纵横塔影松间乱，隐隐经声落碧空。

《过金仙寺》

湖光绿映寺门红，贝叶清修色相空。鼻也有功香不断，一途消受桂花风。

释亦幻《志喜（七律四章）》：

欣闻浙江全省干部工作会议召开胜利闭幕，率成七律四章呈
谭启龙书记，用表敬意，兼以代简：

卅年往事最难忘，巨眼延辉炯炯光！剑履威临马上国，笑谭
声慑草头王。共工一怒天能折，砥柱中流石敢当。阶级真诠参道
破，披风如对丈人行。

畴时謦咳的心长，直指当前示大方。苏粪充帷徒自饰，美人
是计欲谁郎。蟆蛸但撒弥天纲，尺蠖偏劳大地量。我自灵台成左
僻，观潮几度梦钱唐。

神洲旺气极玄黄，有劲东风拂拂扬。的是斗争丰硕果，端因

革命拓洪荒。艰危不惜甘身犯，生死由来共我忘！巨制诗史无等伦，英雄姓字字喷香。

风光特好人迟暮，病后予惊发更霜；伏枥难堪羞老骥，征途幸未作羔羊。敢夸市隐骄伦俗，犹是书傭肆蠹狂。理得心安一现实，可悲岁月日消亡。

乙卯（1975）孟秋七三病叟亦幻于幽花丈室

《呈何老克希述怀三十韵》

霭霭白洋湖，烟波足浩渺。湖山开画屏，招提见林杪。中有出定僧，禅余常自扰。感时忧愤多，爱憎诚未了。偶逢素心人，谈论忘昏晓。慨彼蒋王朝，殃民事不少！暴戾而恣睢，民恨如鹏鸟。国弱遭倭侵，神州日缩小！将军人中英，眼光殊皎皎。示我光明途，启发入幽窅。建国须革命，仙山非缥渺。解放为人民，正义谁敢蔑！抗战经八年，誓必黄龙捣。胜利复金瓯，河山期再造。八方起风雷，红旗如日杲。革命奋雄师，渡江同声讨。蒋军八百万，溃如秋风扫。伟哉我中华，风光何限好！忧乐与人共，几人反何老。忆昔临浙东，威如风行草。扬鞭下鲁齐，美蒋为倾倒。北战与南征，功业犹可考。我生本无庸，觉悟苦不早！青眼幸低垂，为我洗旧脑。思想忽豁然，尘垢荡若澡。勉力效驰驱，敢将微命保。别来四十年，报施何足道！伏枥志犹存，微诚见怀抱。愿寿比乔松，心香日夜祷！

一九七六年 白洋湖畔出定僧亦幻于上海幽花室

案：以上二首为金仙寺原主持亦幻诗作，录自沪上宓学澍先生所藏亦幻手写稿。幽花室是亦幻晚年沪上之居所，他逝世于一九七八年五月八日。

西信庵（在金仙寺侧，旧名张仙院，也称信修庵。）

（清）叶士俞《题信修院池》

文园幻出六牙池，今我逃禅异昔时。草色欲寻诗里梦，月明自有夜深期。石床花落随风舞，定水龙归带雨迟。此日相逢非偶尔，未堪举与外人知。

（原诗题下有注：院本方丹陵先生书室，近舍作祇园，时同社中诸子登临池上分韵志事）

（清）叶 愚《西信庵感怀旧游》

招提傍山麓，古木荫清池。暇日曾携榼，频来为赌棋。

故人今不见，逝者已如斯。总有清樽在，天寒孰共持。

（清）叶声闻《白湖竹枝词》（其十九）

西山大隐著先声，西信庵前石亦清。不道前贤栖迹处，还教岩岫共埋名。

（清）姚立庵《和叶艾庵白湖竹枝词三十首次原韵》（其二十七）

云当帘栊雾当帏，山楼面水荡晴晖。隔湖西信庵前路，每见樵人带月归。

（清）叶金铿《西信传梅》

此地何人隐，烟霞问水乡。虞公千载去，苔锁古梅荒。

护国庵（在棋盘山，曾有宋祥兴时"护国"旧额，询之老僧，传宋帝赵昺航海过此止宿，因以为名。）

（清）释圆微《护国庵书壁》

穷山兰若半倾敧，犹说屏君留步綦。白雁风高增怅惘，青鸳地僻偶栖迟。

荒庭花草曾迎辇，破壁莓苔未置碑。万里厓门空极目，不堪吊古独来时。

泽山庵（曾名夕庵、又名硕盘，在上泽山麓）

（明）阮震亨《夕庵》

西来大士新莲社，东发先生旧草堂。鹤梦翩翩何处觅，碧山松顶白云乡。

《硕盘》

百里天风海国寒，夕阳云断促归翰。渔师罢钓长竿静，犊子驱车下泽安。

花蝶梦中供信宿，梅梁匣底识衣冠。东流激箭知何极，留得青山且耐看。

海岸庵（旧名兰若庵，在观海卫治东北。）

（明）阮震亨《兰若庵与沈霁襄闲谈》

开堂唤得客心清，点勘尘因付一铛。即色即空微有悟，为人为我复何争。

海潮动处观澜定，云汉高时问月明。若个芒鞋堪自在，青莲焰里见平生。

回龙庵（在浪港山下）

（明）钱文荐《过回龙庵》

仄径遥临水，层廊抱曲峰。海宽无过雁，冈折有回龙。

蜑户瞻僧肃，鲛人礼佛恭。尘装犹未解，瞑坐傀孤松。

（明）阮震亨《与回龙寺僧》

高揖天风海上行，老龙长此护香城。遥汀鹤梦传宗语，古洞松呼赞净名。

塔影近从烟际落，檐花时共月华明。逢师直指回头处，坐听寒潮夜半生。

（明）沈启宇《回龙寺即景》

书卷摊何处，幽斋面碧岩。池开初上月，壁挂半张帆。

石罅清泉迸，烟崖老树嵌。竹疏风偶弄，草杂手频芟。

好鸟巢窥户，晴岚翠滴衫。无心耽寂寞，此境隔尘凡。

梦觉钟还唤，吟酣偈亦喃。遥观沧海阔，云气拥轻衫。

普同庵（与回龙庵相连。）

（明）阮震亨《普同庵晚翠》

灵山当北立，梵海普同音。龙受法华记，闻香时一吟。

（清）叶愚《游普同禅院示宝木上人》

径转荒湾又一村，果然修竹解藏门。入山颇觉人情古，出世方知佛法尊。

清磬数声醒午梦，夕阳满地净吟魂。钹囊鞋袱前因在，灯火禅房与细论。

西园庵（在观海卫治西北。）

（明）阮震亨《与西园庵僧》

劈面曾参一指禅，海云生处枕潮眠。池分竹晕含新月，石绣苔痕识古年。

笑拟冰蚕穿火宅，闲看野马走霜天。渊明自有篮舆兴，好就庐岑十八贤。

仙居庵（在上林吴山西湾，俗谓东山寺。）

（元）岑安卿《游东山寺赠尉东冈》

东山景物吾州稀，莲宫璀璨浮春晖。过湖人骑白雪马，待客人立青苔矶。

花边飞杯酒一斗，石上解衣松十围。最爱东冈老禅伯，夜窗为我谈元机。

（明）宋元僖《过东山寺航毒海房留题》

湖曲藏深院，山空出远钟。心迷佛场选，诗入碧纱笼。

僧老看孤榻，兵余忆旧松。自怜花竹畔，独畏酒杯浓。

资敬庵（滨上林湖，确址不明。）

（元）岑安卿《吴南伯、王子英、李元善会于林湖资敬庵各有诗，予遂叙和》

役役岁将暮，闲暇不易得，高贤会山阿，恨此云雾隔。

敬亭新归人，金台旧游客，偕彼东皋翁，于焉话畴昔。

心契金兰交，意探山水迹，我穷不出门，颇觉天地窄。

君虽倦游归，有志终致泽，长歌楚狂词，痛哭贾生策，

努力青云衢，毋使头遽白。鱼潜碧渊中，鸢戾青云表，

志士各苦心，肯嗜颜色好，声气幸不殊，诗书事探讨，

赓歌叙缱绻，翰墨遍挥扫，三英倏胥会，翠崦深杳杳，

有同松竹梅，凌寒挺清峭，我亦物外人，胸怀自明了，

退藏岂余心，畏此风波浩，未言折鎗鎗，政坐污皦皦，

古道日沦丧，交谊今复少，如何二三子，真情见怀抱，

倘可立下风，毋讥原壤老。

普济寺（在上林湖山之西麓，俗谓西山寺。）

（宋）陈尧咨《无题》

山远峰峰碧，林疏叶叶红。凭栏对僧语，如在画图中。

案：上诗本无题，编者因私以"无题"名之。又，诗作者有争疑，励祖浩先生据郑嘉励《越窑"置官监窑"史事辨析》一文之考辨，认为陈康

肃公实为陈文惠公陈尧佐之误。

（元）岑安卿《宿蟠龙寺简王东皋》

羡君携子向僧房，闲户读书秋夜长。赋熟两都夸早慧，学承三世见遗芳。
松声出壑苍龙怒，竹影当窗翠凤翔。最是个中风月好，我来犹喜话连床。

《三寺云深》

群峰西南来，迭翠环且聚。绝顶生夜凉，光浮玉毫兔。
沆瀣洗我心，高吟振寰宇。

《重峰寺祈雨后柬李元善二律》

麈尾高挥演大乘，火云不散愈嶙嶒。漫同三岛吟诗客，闲访重峰醉酒僧。
翠竹阴移凉梦远，碧莲香散暮云凝。归途未即天瓢注，犹有长风解郁蒸。
玉勒花骢达宦乘，我惟两脚踏嶙嶒。山林不见休官客，云水何如问道僧。
老鹤梦回清露滴，佳人信杳碧云凝。五旬不雨心如醉，赖有新篇破溽蒸。

《烟寺晚钟》

绀宫崔嵬插苍冥，暮阴凝紫蒙丹青。华鲸吼彻日西坠，片月渐渐升东溟。
老僧暮归尚余暇，松间引鹤揩枯藤。不知谁写逼真景，耳边彷佛闻余声。

《悼凯南仲》

蟠龙老僧凯南仲，平生信实无嫌猜，袒肩不倚薝卜树，结跏应坐莲花台。
我来问信默无语，纸旛漠漠飞尘埃，不如彻此方解脱，菩提明镜何为哉。

（明）岑鼎《上西山寺》

每忆蟠龙山上寺，白云深处布袍行。长松万个似人立，秋水一湖如镜平。
抱子黄猿垂涧饮。哺雏苍隼护巢鸣。十年故旧惟公在，林下相逢眼倍明。

（明）岑宗紧《游蟠龙山寺》

自是幽人僻好奇，溪山载酒赏芳时。花燃微雨千机锦，柳拂轻烟万缕丝。
憾不吟怀追杜老，叹无画笔继王维。于今一入莲花社，绝胜山翁醉习池。

（清）岑 鼎《题普济寺壁》诗

浮屠绀碧旧传名，今日探幽取次行。十里晴山云气敛，千竿修竹露华清。

廊留先泽扶残碣，座拥奇书课短檠（家展濠叔设帐于此）。

芳磬一声归去晚，翠微斜照夕阳明。

（清）岑振祖《宗叔西麓招同香弟、九侄舟进上林湖，登岸游普济寺，访元先海亭公碑刻》：井亭感旧记遗诗（元宋庸庵有《重过上林井亭感旧》诗），今返林湖暮齿时。四世剧怜抛故里，一舟特为访残碑。书堂开处绵香火（寺房向为族中诸宿老开书馆之所），山木深来聚鹿麋。惆怅斜阳送归去，最多往事费寻思。

（清）岑省安《游上林普济寺山》

今日南游普济山，从容徐步过长湾。扶疏古木通云外，淡荡和风到竹间。

草色迷离花径暮，湖光秀彻佛堂间。东西岙底先茔系，上下滩头旧戚攀。

未夜鸣钟声远播，长天乐酒醉忘还。遥思宋祖何今在，栲栳依然石室关。

（清）岑梦青《寺山偶咏》

才入深山心地宽，四围屏障迭峰峦。耐寒森立松双品，避俗静参竹几竿。

山雀飞鸣任意听，岭云出没无心观。回头即是炉中火，炼得浮生半日丹。

（清）叶炜《泛上林湖，法舟上人止宿普济寺》

篷小船轻橹漫摇，上林湖上尽逍遥。闲凭鸥鸟机全息，久别芒鞋足渐骄。

幽径碧苔留展印，小窗红烛检诗瓢。休言方外无供给，明月还来伴寂寥。

案：是夕，叶炜止宿普济寺，与僧法舟结为方外交。

（清）戎金铭《林湖》

环湖无面不青山，石柱（山名）中阑又作关。

僧寺半依千谷树，人家各占一溪湾。

清华岚映松筠邃，明净沙容鸥鸟闲。

斜倚箬篷看不厌，恍疑身置阆蓬间。

《普济寺》

寺在林湖西山，粤匪焚后，屋颓坏殆甚。满眼皆幽翠，
祇园无俗尘。山高云伴佛，僧少鸟呼人。断碣埋荒蔓，
颓垣倚绿筠。不堪凄寂处，老衲话悲辛。

《散步湖上》

晴春最是闲游好，矧复林湖景最佳。独客看山过古寺，老僧采药陟层崖。
禽咸悦煦初调舌，樵亦哦云自畅怀。为扫石苔盘膝坐，岚光山色与心偕。

（民国）周楚材《游上林湖至普济寺》（五首选三）

曲径傍清溪，禅门竹影齐。莲花空色相，贝叶证菩提。
佛阁看云起，僧楼听鸟啼。上方风物静，能借一枝栖。
相对蒲团坐，梵音静处添。红鱼捣般若，青磬礼华严。
塔影横禅室，钟声响佛檐。超然尘世外，不着半分炎。
竟日匆匆去，归桡趁晚风。櫜开春水绿，帆挂夕阳红。
涧草封仙路，溪云锁佛宫。湖山回首望，尽在暮烟中。

（民国）华衡《游上林湖》（五首选一）

万壑群山满浙东，果然名胜不相同。千竿翠竹环禅室，一角红楼露梵宫。
亭户钟声闻隐约，沿溪松盖色茏葱。此中便是蓬莱境，消尽繁华俗虑空。

东福昌教寺（在游源，始名永寿院。）

（宋）孙应时《入福昌寺》

风日萧萧林翠开，支筇古寺独徘徊。山中不怪无人识，十五年前一度来。

长庆院（旧梅川乡内。）

（明）宋僖《八月廿六日游梅川长庆寺有感》

古寺历尘劫，空山见清秋。木叶日夜落，海气东北浮。
涤烦憩微迹，望远增隐忧。行吟瓦砾间，盛观焉可求？
草露岂常湿，岩云亦暂留。转思学仙者，脱身事长游。
在世曷自苦，起灭同浮沤。

白云庵（在坎墩，后名凝福庵。）

（清）施烺《和净业述怀诗》

闲云野鹤本无贪，何处飞来入此庵。千里沃洲抛眷属，半江坎水寄僧龛。

君无俗骨禅能受，我有仙心术未谙。梅社聊吟方外客，一杯香茗话喃喃。

案：白云庵释净业，俗家新昌。他是施烺诗友、方外交。坎上有诗社叫梅社，净业与施烺为社友，多倡和。净业有《闲居吟》《述怀》诸作，惜未传。现仅能从上之施诗，遥想净业曾有《述怀》之作。

宝林寺（在潮塘南岸。同治间毁于兵火，光绪三年里人复建。）

（清）郑龙云《秋日重过宝林寺》

宝林旧名刹，此日复经过。地僻秋先到，林疏鸟更多。

满庭延蔓草，半壁绕藤萝。不见高僧岛，惟留古柏柯。

案：作者姚之青墩人，晚年徙居山阴，善书，能画，兼工诗。同治元年太平军曾火烧宝林寺，此诗当是龙云于此后经寺址，就所见所感而作。寺在光绪三年有里人重建。

西洋寺（在浒山东二里许。）

（清）释懋林《题寺壁》诗

西洋野刹夜荒凉，缓步阶前倦倚廊。欲坐蒲团何处放，天台云路月茫茫。

《暮秋》

秋老遗残菊，林疏出远山。空村犬吠少，疏雨雁声多。

诵偈涛声静，焚香月影疏。

案：释懋林，天台人，俗家姓蔡。来西洋寺数月，有上二诗。

（清）高杲《怀上人》

禅关道味胜骚坛，忆别西洋音问难。披去衲同蕉叶碎，挂来瓢带夕阳残。

三更月满中天定，一窟云深两膝蟠。梵版粥鱼都不管，起将倚树听流湍。

案：西洋寺僧懋林，与高杲是方外交、诗友，懋林曾为高杲谈先前寺中天台老僧事，高杲曾作诗纪之，但今已佚，只存了上首《怀上人》诗。

渣溪寺（原在眉山大岭西，后移小岭巅。）

（清）马瑶《古寺荒址》（眉山十景之一）

紒宫绀殿堕渺茫，托迹山坡寺址荒。树蔽昙花萎洞壑，风飘法雨泣松篁。

百般兴废随云散，一段慈悲剩水凉。可恨遗踪磨未了，还教吊古断人肠。

西福昌教寺（在乌山，亦称乌山庙。）

（清）胡遥峰《卷阿八景诗并序》之一：古福晨钟，古福在卷阿（云南金事胡时麟别墅）正南，即乌山庙，旧为福昌寺（即西福昌教寺）。

何处洪钟搅梦时，声声打破未稽迟。朦胧月夜空山寂，窈窕霜朝古刹遗。

岂是僧谦鸣得意，可教陶亮听攒眉。吴中千里驹名震，一种清音独自知

积庆寺（在梅梁山。）

（明）孙鏊《雨止将赴姜上人湖寺之约》（二首）

理楫欲何去，祇林在烛湖。晴川初息浪，新水尚迷途。

积雨肥葵蕨，迎舟有鹭凫。渊明不戒饮，惠远酒先沽。

禅房连雨后，萝径碧垂垂。久订高僧约，休孤野鹤期。

溪清宜泛棹，花发待衔卮。更有山中味，杨梅赤满枝。

《过烛溪湖积庆寺避暑示姜上人》

寻幽古刹烛湖中，极浦长汀路未穷。岭道迂回千嶂出，波流屈曲万溪通。

黄梅半落疏疏雨，翠竹清含淡淡风。支遁买山深处隐，纤尘不到梵王宫。

《积庆寺二首》

逃禅兼避暑，入寺坐来清。佛阁层层小，林霞隐隐明。

一僧云外至，万籁涧边鸣。已办登山屐，幽岩石蹬横。

梅雨初晴后，清凉碧落西。佛龛悬树杪，山殿与云齐。

灵鹊随檐报，哀猿入暮啼。高僧有真趣，留我共幽栖。

《积庆寺》

古寺碧森森，残碑苔藓侵。风敲松落子，藤绕树垂荫。

鹿走高岩迅，莺藏密叶深。丁丁幽谷里，伐木有余音。

《听僧诵经》

心定户常扃，天空月一庭。风清通竹径，夜静诵莲经。

蒲叶裁新簟，荷花插净瓶。瑶函三万品，止许鹤来听。

《泛烛湖昼憩招提纪兴，次三兄韵二首》

随风波面纵轻桡，杖挂余钱尽买醪。浓树不分芳草绿，青山多接碧天高。

已知朝露如人世，宁避秋霜入鬓毛。松递笙簧来梵宇，恍疑洞口击云璈。

寺边杨柳石桥横，僧着袈裟柳外迎。云隔山头迷日色，水连湖口动溪声。

夹篱木槿悬花紫，绕院松阴到榻清。才入沙门炎暑净，林风先透葛衣轻。

（清）释独朗《烛湖双镜》

磨砻古镜纳闲云，当鉴寒蟾二水分。宝剑是谁挥破后，圆明处处尽知君。

《象峰回顾》

六牙奋迅妙高峰，撩住虚空称独雄。回首千峰钦拜伏，湖光射日映山红。

《寿山积庆》

圣公摹得寿山书，耀后光前学有余。积庆淳风松拂韵，翛然清况一如如

《寿松鹤唳》

竹友霜情雪作官，青山不计几逢冬，坚持洁白忠心赤，野鹤飞来韵古风

（清）黄宗羲《同泽望芝儿宿积庆寺遇独朗定空》

乱山草盖三间屋，曾有先朝御笔排。故物至今留赑屃，流年只好抹皮鞋。

松涛欲泛禅床去，寒叶已将佛迹埋。欲为一番多话旧，反来牵课道人怀。

（清）孙文明《次丹扶往积庆寺归自湖上》

溪桥几度入山遥，兰若闻钟转寂寥。岭树悬萝唯鸟到，岩扉依竹有僧邀。

禅房径古青苔绣，金殿烟生绛蜡高。日夕还吟湖上景，花风月露又中宵。

（清）王后昌《过积庆寺，》

夹道松篁密，禅关向夕阴。山僧憨似鹿，石濑响于琴。

访胜乘清兴，探奇惬素心。乱梅飞不尽，余片点衣襟。

（清）张廷枚《积庆寺》

当年功德竟何如，门径萧萧雀可罗。满院夕阳人迹少，一龛黄叶雨声多。
但余覆土荒荆在，未见横空海鹤过。十尺模糊残碣在，还教剥藓细摩挲。

（清）戎金铭《自梅岭至积庆寺》

游山不厌深，摄衣登修岭。下岭脚愈健，径入幽邃境。
树阴黯溪唇，岚翠活峰顶。烟霞自名贵，云日转华靓。
循麓陟高垄，古墓垒圆囷。石马眠莓苔，翁仲立泥泞。
华表鹤不归，冷日写碑影。感彼陈死人，潜寐何日醒。
想其生世时，辛苦事钟鼎。风吹钟磬音，佛楼出清迥。
松围灵宇幽，竹密豆房静。倚栏看遥峰，悠然饮清茗。
夕照云树辉，虑淡众缘泯。顿作遗世思，于此诛茅隐。

（民国）孙云裳《积庆寺》

一片松风拂面凉，盘行石径类羊肠。山门寂静少人迹，佛殿荒寒空燕梁。
瀑布飞流归曲涧，丛林露隙射斜阳。人生到此消尘虑，何必稽山镜水傍。

法华禅寺（址在旧云柯乡西界塘下，今属周巷镇境）

（清）许稼庐《重过法华寺》

野寺荒凉冷海隅，禅房寂寂一僧无。回思昔日重游地，罗汉殿前逐队呼。

万寿寺（在周巷镇湖塘下，寺之东楼颜曰"满绿斋"。）

（清）徐昆田《万寿寺"满绿斋"六咏》（其一）为《午村炊烟》

傍午炊烟起，前村入遥望。参差分远近，袅娜胜晨朝。
宿雨浓于染，微风淡欲消。生涯僧最好，顷刻满归瓢。

案：万寿寺僧有题咏各诗，乡人景文光曾录成一帙，付寺收藏，民国初已佚。

平王庙（在周巷。）

（清）劳云客《题"三笑图"》："昔时惠远今曙霞，清僧还着晋袈裟。"

又赠句"野鹤忽不栖佛地，诗僧且许叩禅房。"

案：劳云客与平王庙僧人曙霞相结契，曾有诗。曙霞，曾受戒五磊，以梵行称，又从劳诗看，曙霞亦解诗、能诗者。

第二节　涉寺纪文

龙山隐居记

明·郑真

鲛门为海道绝险。自鲛门西行六十里，有山曰伏龙，蜿蜒磅礴若头之昂鬣之张而尾之掉也。山有古招提，为唐僧常公禅悟之地，崭绝处跌石尚存。武宗时，勒僧人归宗，僧上偈云："云中有寺不容住，天下无家何处归。"帝悯其意，寺得不废。崖石间有泉曰海眼，泉出如缕，昼夜不竭，以供五百余众。山之左右斥卤沮洳，亭监旁午，溜鹾水煮盐；内则良田万顷犬牙交错，岩崖林麓高下掩映，长溪飞涧控引绵络。山曰达蓬曰石塘，湖曰凤浦曰沈窖，岭曰雁门，石曰鸡头，皆其远近形胜也。慈溪罗友闻，杖策来游，辟一室在龙冈之阳，高明敞朗。鲸波际空，一瞬万里，蜃楼蛟室、云烟风雨变化不测，友闻日与宾客徜徉其中，且为之曰："孰使予乐而忘返者，非斯居也耶！"

……

案：郑真，字千之，鄞人。继祖、父，致力治四明文献，著有《四明文献录》。又与兄郑驹、弟郑凤并以文学擅名于时。曾与金华宋濂共作《著存堂记》，真文先成，宋濂自叹不如，竟为之搁笔。元末明初，郑真曾与凤浦湖畔方、钱两氏文献家有密切交往。上录非《龙山隐居记》全文，仅标点、节取涉及伏龙寺在唐代史传之事的段落，以正近年坊间册子中的"伏龙寺由鉴诸禅师始建于唐咸通三年（862）"之说。《龙山隐居记》，收在郑真《荥阳外史集》，见一九八七年上海古籍出版社影印文渊阁四库全书第一二三四册。

观蜃楼记

清·赵之璧

海滨有名山，曰大蓬，昔秦皇帝东游，登此山以观方丈、蓬莱，欲见缥缈三神山者。其东北十里，有伏龙，名山对立，如龙之蜿蜒蟠伏也。秦时，地至大蓬已尽，而伏龙尚在海中，后变斥卤为田，则伏龙乃在田，而半犹在海上。

上有伏龙寺，自山麓盘旋二、三里至于绝顶。寺居洼间，形如釜底。山，石体而土肤，其松礌砢皆轮囷，若移之园墅，皆为佳景。寺则卉木周匝，修竹环绕。四旁幽兰最盛，春时每得香风相送。其寺额、碣题皆雄杰遒古。寺宇森洁可爱。东行数百步，为自满仓，山间有石坎，可容斗粟。去数百步，为千丈岩，石壁峭立千仞，嶕峣特出。其下与海水舂撞，汹涌溯轰，人将至巅，体辄浮悚，然宜于观海。踞高纵观，辽廓万里，至水天混连，森茫无际而止。然尤宜于观蜃，夏、春每出，是为雨征；或久雨初霁则见。

语云："蛟龙吐气成楼台"，而不尽于楼台也。然见为楼台矣！凡重檐碧瓦、螭首梵甍、楹柱勾栏、窗棂门槛无不毕具。若有人登临其上也，俨然楼台也。时为大盖，则褾斿旆旆而飞扬也；时为笔砚，则砚大如山岳，以五山、七山之峰为架而阁笔焉，当以大地为纸供其挥洒乎？沧海其墨池耶？时为城廓，则雉堞分明，楼橹雄峙，屹然万里长城耶？凡居民于海滩聚土成堆，取卤煎盐，形如累累列塚，俗名曰"溜"。蜃时为"溜"，亦如列塚累累状。或时为桥，则联合海上诸山，群洞穹窿、栏柱整饰，雄跨千百里，大抵浓云布势，如墨画肖形，移时销归无迹。

王弇州所谓："此即方士所云'缥缈三神山，近则海风吹之而去者'也。秦人不知，绐令庶几一见以实其言。宋苏学士东坡，住定十日，欲一见而不可得，后于登莱祭海而见。夫以秦王所欲见而卒不可见，苏学士所愿见而于此则不得见，而余数得见之，宁非快事乎！然余曾到登莱见海市，今观于东西霍山，与登莱实无大异。

余奔走四方，别此山寺二十余年，妻叔郑君铨，博雅君子，携酒邀余复登。如久远游而初觌乡井，如久索居而再见故人，共步岩巅，因得述其见鼋之景。君铨曰："鼋果尽此乎？子但知其所得见者耳！"然余止能记其所得见者如此。

案：本文涉伏龙寺，录自民国《镇海县志》卷三十七·古迹。

送阐上人住香山序

明·乌斯道

浮屠氏其遗世而独善者耶？曰："非也！"；其避喧而习静者邪？曰："非也！"。然则，何如殆亦一视而同仁者耳！当其玄发初剪，畦衣始挂，则惧吾心夭阏而弗通，蒙昧而弗明。于是乎蹑穷崖之巅，蹈虎狼之窟，收视反听，寂焉孤坐，以造夫昭明高朗之地。及其户牖四辟，天宇豁如，而无所凝滞，于是乎布筵开法，祛妄解惑，以济乎群生，是则其始也切切焉，其终也汲汲焉！凡所以为己者，实所以利人也。若是，则果非遗世而独善、避喧而习静者，殆亦一视而同仁者矣！

吾方外友阐上人，郡之名家子也。少慕浮屠氏，受经于慈溪之龙山寺（**案**：此龙山在今余姚市境，其时辖慈溪，非今慈溪市境之伏龙山），寺逼近官道，迎送宾客无虚日。即杖锡江湖间，冥心兀坐，恨山不深、林不密，所见甚超诣。久之，典法藏于金陵之蒋山，道益隆而名益著。及四海弗靖，无逃遁之地，复归龙山，独处一室，泊如也。

今受知于司徒荣禄方公。公命住持同里之香山寺，上人力辞不许，乃勉就命于其行。吾党相知者，莫不为上人喜。盖太平无事时，方袍圆顶之徒，云兴雾合，居安养饱，又有据象筵握麈尾以主之者，居相望，故不役志于道者寡。上人方矗矗自修，不暇深遁之可也；及兵戈抢攘之秋，丛林大刹悉为灰烬，东南山水间虽无恙，而梵呗之声几绝矣！老成宿德，不啻若晨星霜水，故役志于道者，上人乃考钟伐鼓，以倡其道，虽欲遁之，可乎？上人为人利已之道，兼尽之矣！然浮屠之住持，犹吾儒之仕也，学优则不可不仕，仕优则不可不学，上人其勉之哉！

里中诸公，尝与上人游者，相率为饯，命予述其事，不得辞。

案：乌斯道著有《春草斋集》，上文出自该集，集见一九八七年上海古籍出版社影印文渊阁四库全书第一二三二册。文中有述高僧祖阐因受司徒荣禄方公（即方国珍）之命往香山寺任主持事，故录引之。

明州香山寺志序 己酉

明·黄宗羲

儒者专意经纶，其运动开阖之所以不得不归之朝市，而山洞崇幽，风烟迅远，势相阔绝，于是学仙者私据之而别生事端，便复傲朝市以所无有。洞天福地之说出，猿鸟亦受驱役矣，释氏庄严宫室遍于域中，又复于泉石灵响佐其螺钹。凡寺有志，此近来之一变也。然而庸俗去鸟，无与于文章之事，而使名迹销沉，清言漏夺，大抵以时人所作充赋，留秽简牍耳，纸上姓名，一一已为虫鱼唼尽。昔忞公以天童、储公以灵岩属余发凡。念士既不得志于时，便当十岳之上留其足迹，而乃俯循儒墨于文网之内，琐琐一方，此心未折，以故力辞而止。

己酉十一月，来游达蓬，续宗上座出其所著《香山寺志》，求余为序。诠次不烦，与前年所序赵禹功《称心寺志》皆名笔也。灯下展阅，铿然橡栗堕瓦，不异李五峰宿石梁时。又念头颅如雪，何可必遂，不如一丘一壑，光景绝可怜爱耳。

此山东临沧海，多海市，秦始皇尝驻跸于此，以其可达蓬莱，故谓之达蓬山。《封禅书》言"三神山去人不远，诸仙人及不死之药皆在焉，而黄金银为宫阙。未至，望之如云，及至，三神山反居水下；临之，风辄引去，终莫能至"云。颇怪此等妄谈，不可以欺愚者，以始皇之明察，方士焉能以凿空乌有之事令其听信？吾至此山，而所谓黄金银之宫阙，居人无不见之，然后知方士之言，未尝无所据也，始皇即欲不信，得乎？盖登州海市，掩映远山，望之如云，而此山临视咫尺阑楯之底，其谓反居水下是也。嗟乎！此山培塿，以始皇之力，终不能有。而二三寂子，黄金银宫阙且收之为篱落间物，其亦可慨也夫！

案：此文录自沈善洪主编、吴光执行主编，浙江古籍出版社 2005 年 1 月版的《黄宗羲全集》第十册第五 – 七页。

游香山记

清·柯振岳

邑东北之境，香山最奇。

癸丑三月二十日，余、厚庵邀同人驾晚潮而前，天初明，尚未至香山也。四顾清旷，与常境已特殊，复前进里余，登岸。约三里，至应氏别业。南度桥，缘溪行三里，过狮山、象鼻，望香山寺在隔溪篁竹间，僧舍隐隐可见。同人咸欲往，厚庵曰："徐之"。又半里至山麓，自松径逶迤升半岭，忽闻风雨声满厓谷，厚庵曰："此瀑布也"。转侧数十武，见飞泉破峭壁下，踞石坐玩者久之。

秦始皇好神仙，求"海上三山"，相传达蓬山其驻跸所也，故名之曰"达蓬"，或曰"大蓬"也。

予自石壁仰视，计其高三倍于岭。既，望香山前进地势，险窄皆鸟道，左旋若下，右旋忽上，泉流汩汩，乱注碉壑，若与前答响，而势仅半之。然回顾向所经象鼻、狮山，已隐伏无所见。

须臾，升其颠，群山远近，仰者、俯者、走者、峙者、还顾者，不可数计也。而大海横其北，沧茫晦暝，咫尺疑挟风雨至者，香山已然，况达蓬乎！

山故有下佛迹寺，寺外竹千个，梅八九株，垂实累累，尝之，味差苦。入寺，两旁树雪球花，烂漫可爱。汲新泉，煮新茗，禅室数间，萧然远也，而雷声殷殷催人归矣。香山寺，唐僧惟实建，裴刺史所称"圣迹"在石，岩谷流香者也。

归，便道度石桥，桥下小鱼数十头，如游泳镜中，悠然濠梁间意。溪以北，疏林斜倚，芳草覆径，兰若一二在山半。援竹上，有坪盈丈。自坪睨兰若，碎瓦隤垣，仅足蔽风日。昔号极盛，今已极衰，陵谷之变，何可胜道！抑登峰者必造极而后止，假令穷一日之力，尽探达蓬之胜，所见当更有异，乃闻雷遽返。中途，雨，比达应氏别业，而雷雨交作。

薄暮，冒雨归舟，达蓬竟不得至焉。夫香山信奇境，而达蓬又何如也？

案：柯文记游香山，述及香山寺，故录。

长溪寺记

清·戎金铭

慈谿县治之北二十五里，有岭曰长溪，危峰陡绝，鸟道纡回。岭之西，山围谷邃，松篁交翳，为长溪禅寺。

余于道光庚子，始游其地。殿宇庄严，堂庑精洁，为邑中名刹。识济田和尚，举止端闲，吐词清雅，瞿昙氏之佼佼者。岁癸卯，重至，寺毁，惟茅舍数十间。与济田谈焚寺始末，感叹久之。至今已三十余年矣！

今春三月，偕姚江鲁白复游。夜雨，宿僧寮。静观上人以其间兴废洊更，无碑碣可考，丐为记。其言曰："寺旧名灵隐精舍，创于元，重修于明初慧律师，岁久圮废。寒烟古木，荒溪败草，栖乌雀而穴狸鼪者，不知几何岁月矣！皇朝乾隆间，笪谷祖师榛、大如老人名广运者，芟洎斩棘，结庐以卓锡焉。旋垦辟田园、深凿池沼。后，宗玉、晓悟、省悟、易悟诸师，建天王殿，构大雄宝殿，栖禅之所、谈法之堂、斋寮庖湢、鱼螺铙磬，凡释氏所应有者，无不具。而长溪之名，乾隆五十七年慈谿令锺公德溥更之，悬其额于山门。道光辛丑，英夷陷明州，参赞文提军征剿，驻札寺中。无何，慈城陷，夷人登岭爇寺，实二月五日也。尔时土匪蠭起，斫竹伐木殆尽。咸丰壬子，济田和尚始建天王殿及斋厨寮室若干区，议肇正殿之役，而示寂焉。临化，召二严师，嘱之曰：'正殿未建为没齿恨，若当成吾未卒之愿。'二严志之不忘。同治丙寅，始建正殿，绘塑未备，亦园寂矣。嘱观一如济公之嘱严者。先人之言犹在于耳，观敢不亹没以竟二师未竟之业？其为我并书其废兴之大概焉。"

嗟乎！自兵燹劫灰之余，梵宫道观其废为丘墟灌莽、狐鸣鸱啸之区何限？间有兴复者，亦惟求大檀越布施，或东西奔募以成之。若不邀檀施，不募一木片瓦，自始创及重兴，一派之传，咸悉其日省月积之储，以尽之于佛，不亦难哉！不亦可书也哉！余益冀静观与其后人，毋忝师老，毋陨前功，更经营积累，茹苦作劳，再二三十年，不将益侈衍以复前庄严伟丽之观也哉！因徇其请而为之记。时光绪六年岁次庚辰六月某日也。

案：本文是否为碑记，似难确定，故暂以纪文而录此。

游史祥寺记略

清·柴梦楫

距予家不十里，而有山曰白沙，入山数里，而有寺曰史祥，皆产杨梅之薮也。《东坡集》有"吴越杨梅，闽广荔枝"之对。予未食荔，盖不知，逮游于闽，得啖之，足称绝品，又想杨梅而不得。逾七年归，方仲夏，杨梅累累可爱矣。内兄洪商越曰："今岁史祥之约不可已也，当以厌君七年之欲耳"。

及期而往，寺旁之杨梅盖千万。每一树可数斛，枝垂干压，山风飒来，声如击鼓，筱筱落地，厚且寸许，人不避，衣衫尽赪。予取之，商越曰："是不足食也！"为选其硕且紫者盈筐焉，沉之溪，少顷，杂小石揉之，溪流皆绀色。入齿寒而甘，身爽然，不知人世有此味拟之。

曰："君未见夫'龙果'也，盍观之。"夹树行越数里，石壁如削，飞瀑之倾自溪者，高则龙挂，低则雷鸣，毛发森森欲竖，云是龙潭也。潭之旁，有一树，倚岩半偃，老根纠盘，棱棱露鳞甲，而枝叶则左拏右拒，若乘瀑之下而欲冲举去之也。商越曰："是树不知何年，实皆白，必龙食之而人可取。"予曰："龙食谁知者？"商越曰："龙过必挟风雨，以杨梅落地为验。"拾一二啖之，美更出他果上。因俯视潭倒影处，形若奇鬼搏击人，气蒸蒸直上将丈余。商越曰："龙在也。"急走，逾两峰方坐。而潭已在山足，云雾隐隐，俨有物据焉，心怦怦犹动不止。

案：本文涉史祥寺，故录之。

募修杜东精舍引

清·宓平

杜湖迤东三里，林壑尤美，有兰若临溪面山，远隔村落，颇称幽邃。康熙间，尚德上人偕严叟君锡梵修其中，其高足弟子祖灯，续置稔田十亩，以供饘粥。同时罗叟应聘夫妇并奉佛教，即其地捐筑禅屋，有堂有庑，缭以周垣，迄今已百有三十年矣！

鸣鹤一乡，佛庐相望，而士子讲学之所，则自杜洲书院荒废以来，往往寄寓僧寮，依佛宇下。因是，圣经、释典列牖并陈，弦歌与梵呗相应和。昔范文正微时读书醴泉寺，画粥断齑，后成名臣大儒。夫岂以经生肄业为久恩释子哉！

乾隆间，封翁陈五峰先生延蛟川杨西园前辈，设帐是庵，课其子弟及同里从学之彦，每届岁、科两试，游庠者蝉联鹊起，一时称最盛。后十余年，主讲席者为宓燕山先生。先生壬子秋捷，庵有奎光之兆。其时及门英俊，则有陈双湖、魏竹苑诸同人，今皆掇巍科、擢高第，后先辉映，洵为丛林佳话。惟是庵历时已久，阅士颇多，两歌梁木之坏，屡惊破壁之飞，栾栾庙庥，丹青剥落，盖亦颓乎其旧矣。封翁陈杜唐先生念此为童子时弦诵地，首先捐赀，俾住持及时修葺，属余小引，付僧募成之。

夫希圣学佛，业判两途，乐善好施，理归一致。是所望于搢绅先生、阀阅士女，或尚因果而广种福田，或慕书香而增修桂籍，各从雅愿，共酿兼金。庶使祇园艺苑，得复旧观，逢掖方袍，均沾大惠。

是庵旧名普明，今颜曰杜东精舍，俟征记于大雅君子云。

案：杜湖之东旧有普明庵，后因士人多读书肄业于此，改称杜东精舍。清人宓平为募修杜东精舍而撰此文。

修藏阁疏

清·释弘觉道忞

五磊名蓝，灵山古刹，草创初成，未能完备。请有大藏，如来妙意。有经无阁，难以安置，普告众檀，并诸同志，四十八愿，愿愿不异；大家出手，助成胜事，一弹指顷，楼阁圆成。明窗净几，聚集群英。古镜鉴形，其形自精；古教照心，其心自明；一言之下，心地开通，功超旷劫，顿彻圆宗。或谓西来，不立文字，今钻古纸，昔人所忌。余则应曰：是大不然。祇园遮眼，觌体现前。尔若会得，牛皮也穿。不即不离，事事无碍。我为法王，于法自然，同入华藏毗卢阁，即是诸佛同聚会。

修造疏

清·释弘觉道忞

见琼楼于一茎草上，非功力之能加。撮大地于纤粒粟中，贵当人之自信。布发果吉祥有地，插标岂大智无人？句章五磊名山，海上灵山古寺，丹崖戛汉，碧嶂凌云。象王舒回顾之容，横开宝刹；狮子踞盘空之势，力捍精兰。百亩春田，迈种灵苗独秀；万株行树，冲霄逸翮常栖。石城岗千寻，壮雉堞之雄，搅海狂风吹不入；梅花径廿里，延妙严之路，众香佛国步无差。徘徊浚水岩前，彷佛天河之下降；徙倚白龙潭上，依稀玉甲之开明。崭颜削出，崇闳既门墙而岸岸；密护周遭，亥郭亦关锁其重重。展矣小有之天，允也应真之堀。但昔本袈裟院子，蜂房蚁室，宁曰一檫以维新；适今改龙象丛林，容与超遥，庶几更张而文旧。打开毗耶离库藏，全凭木上座神通；平铺给孤独，黄金祇在，须达翁挥霍。空中楼阁，会看纸上浮来；物外乾坤，有异笔尖点出。

为下院手书立约

清·释弘觉道忞

从石㳠头至常住，仅三牛吼地。今下院之设，本为善信登山风雨不时，暂尔憩足之场，然山门弊端，从此遂开矣。老僧诚恐有等六群败类，不受主者规绳，托此连旬竟日，居息偃仰，行诸聚落作不律仪，方丈既隔越罔闻，执事复无由举简，则他日之祸我丛林，实此下院之为厉阶也。山僧虽在天童，而呼吸相关，不得不为你辈防微杜渐，除往不咎外，非常住公务，仍前在此一食一宿，不拘客情旧住，俱以犯重论计。住持摈斥下山，不容其住，如当事不举，罚亦如之。方丈与大众同视。

游五磊寺记

清·柴梦楫

予乡有山曰五磊，危峰五出，跨鸣鹤而俯杜湖，白云紫气，晨夕容与。距予家十里而近，可攀而望也。维时秋爽，偕予同志，徒步往游。自湖堤纤道而行，至石㳠山麓矣，有古庙湖山之胜一览尽之，而巨柏纠蟠动人毛发。予不敢憩，摄衣而登，五里而至鹤峰，扫石坐焉。乱山嶙峋，群于是匿。有绝奇者，凌空挺怪其形，毅然若壮士擐甲持矛策马而赴敌，险势欲崩也；有极媚者，滴翠堆云，其态婉然若美人，淡妆浓抹，对镜而自怜，秀色堪餐也。是即五丁手凿而公输构成之、僧繇手写而摩诘丹青之巧不是过，然皆小山，而问，则无名。内惟一峰，颓然自放，昂首于天之外，罗诸山而膝下实之，箕踞北向，似与海上蓬瀛争雄长者，即五磊之中峰也。其他四者，迹稍逊而力能自立，不作诡随，亦雄矣！

至此而望寺，亦甚近，葱茏翁蔚中，经声出焉，而终不可见。余乃疾趋而下，不数百武而至山门，松杉一带，掩映衣裾，飞鸟回翔亦在左右，僧且延伫而揖也。大雄之殿，高出层霄，僧众外绕，头陀中坐，庞眉古貌，光朗照人。与之语超然越俗，曾不自言其为国师也。从来名下僧，每虚援声利、空中俯仰、提贵攀豪，语语不绝口，而御人于国，衒俏于市者，率一唱而百和，诧鬼惊神，俨然活佛者皆是也，兹岂其禅隐者欤！

既而作茗饮，山肴继之，一匕一匙都无尘意。饭毕行游，首视巨锅，则深广数丈，受米至数十斛，流水在上出自竹中，无余不足者，杳不知其从来也；次至僧寮，如鳞如栉，缭绕相通。僧各一床，瞑目而趺，见客不为礼，寂乎若入无人之境也；次登经阁，高差于殿，明窗四敞，青山外窥，远树内接，飘飘岚气时飞而下，泠乎可掌而掬也；旋至方丈，则绿阴之丛，屏山带溪，松涛乍响，湍濑应之，来自耳畔，萧疏不一，又若此身御风而莫知所之也。

至问以孙孝子之墓志所云，刲肝饲母获神救以苏，卒葬于是者，则已芜没于荒丘蔓草间，而不可复识矣！

时将薄暮，予兴已阑，遂辞而归。樵夫牧子，俟我山足，回至鹤峰，日影摇摇近悬湖上，千顷尽赭，色若镕金，闪烁夺目，青螺数点，烟霭横生，俱改作旌旆迎之西下矣！

五磊山与五磊寺

清·郑辰

五磊山有五峰，磊磊相比如聚米所成。人谓："五磊云兴则雨"，常以为候。有五磊寺，吴大帝赤乌间僧那罗延创始，唐文德中令頵师建院，名曰灵山。宋祥符赐今额。宋舒亶有"苍松合抱几千年"之句，曹汉炎诗"分明身到桃源境，隔断人间頃洞尘。"知山水之灵奇，丛林之鼎盛，由来旧矣！

鄞周吾学礼诗曰："雨歇云收山气浓，晓来遮遍翠芙蓉，小童门外忽惊报，失却前村五磊峰。"姚中丞宗文《上五磊参拙岩大师》诗曰："整顿篮舆投佛国，到门斜日已苍黄。路盘九曲穿东岭，寺压千山出上方。勘破蜉蝣禅榻梦，消除尘劫定中香。得师提唱惟心话，心想皈依大法王。"冯大参起纶诗曰："石磴红泉泻远天，经过九曲俯三千。不知身上鳌峰顶，自觉心闲佛火边。花雨随人生晓梵，松涛卷韵入春田。十年犹记支提路，才信山灵好并肩（自注余昔宦闽，两游支提，兹山仿佛其胜）。"阮给练震亨《上五磊奉拙岩和尚》诗曰："海岸振天衣，雷音彻四围。龙归丹壑净，鹿饮玉泉肥。山迥无波浪，时清有蕨薇。巾车冲暑过，松径引凉微。阁道拥珠岩，飞甍驾石帆。天花充佛供，云叶满僧衫。月涧悬相照，风铃响自澍。联翩鹇鹤影，长此绕松杉。"先高州寒村公尝与周皋怀先生近梁游此。皋怀诗曰："忽入苍崖九曲中，黄茅疏处路微通。身从梅坞穿杉径，寺对狮岩踞象峰。绀碧字镂金佛殿。虀盐味袭淡家风。挑灯闲共论兴废，却喜兹游不负侬。"又，《寺中偶成绝句》曰："矮纸长笺次第舒，群僧环案蜜蜂如，欣然留作山门镇，乞得寒村太史书。"先大父南溪公有《同李寅伯暾、张岂罗锡璁游五磊，宿灵山寺限韵》，诗曰："顽沙钝石几年灵，竟作吾曹歇脚亭。过岭不知山曲曲，到门惟见树青青。狂宾却主宵分韵，村媪随僧晚课经。浴罢少焉庭际立，小春时节满天星。家在南山寺北山，机缘半世杳跻攀。莫言五岳归空梦，已对千华觉厚颜。（千华阁为寺中胜处）。旭景倒开窗隙里，香烟浓染殿墙间。人逢胜处应超累，一宿何妨再宿还。"寅伯诗曰："石门兀嵲守山灵，峭壁斜阳映短亭。九曲湾环千树碧，五峰低小四天青。敢云济胜真无敌，但欲探奇到未经。岳渎人间游不尽，自嗟双鬓已星星。约略规模似径山，凌霄峰忆独跻攀。两游已毕今年事，一病应非故我颜。小样楼台存古朴，大家风景异人间。中兴欲乞高州记，恰值吾曹话往还。{时啸川和尚为其师拙岩求寒春先生《中兴碑记》。"岂罗诗曰："寻山随处慰山灵，不厌何须认敬亭。太白霜清千树赤，妙高云净万峰青。旧游自昔能常到，胜地于今得未经。天许此行风日美，檐花又见一天星。十年梦想到兹山，石磴云梯此日攀。路入松杉消俗韵，峰从金碧借秋颜。恨迟半月携双屩，急向千华觅五间。更看楼头东壁影，宝山从此不空还。"

五磊山有象王峰，为五峰之一，灵山寺宅其腹。

东曰望海峰，孤标秀出，罩络群山之表。上有望海亭，下视千峰，云升霞举，夜半日出，吞吐红涛，诚胜绝处。姚江陈伯含诗云："万山山下云如海，一望空天上有亭。何必数椽容我足，自然长啸任人听。"羽衣鹤氅之士知有乘青锺至矣。亭北有小石城，高三尺，长二里许。

东北下数武，曰白龙潭，一名浚水。宏觉禅师诗云："灵湫共说玉龙蟠，月老风高谁下纶？长见银光生碧落，为霖知是挟云还。"

又东北为白马岙，匹练神区，群空万骥，予友陈子诵帚居焉。"风月双湖闲画舫，烟云五磊拂书巢"，余所赠诵帚句也。

循岙而西，曰石漱，俯临杜湖，有亭翼然。湖之滨，方春三月，娈童歌客笑咏阳春，爱深渌水；又如红袖焚香，青旗赛社，登山礼梵，不绝如蚁。行旅过瞩，亦有慰于羁望矣。

象王峰之下有象眼泉，深寸许，纵广尺余，其水绕象鼻湾至寺前，西注真照池。阳燠不耗，阴霖不滥。僧显权有"寒光烁破三千界，云月溪山共一家"之句。

真照池当寺之阳，右有止翠桥。过桥曰积翠池，藏云溪西来注之，沿坡漱石，回澜縠转，澄潭一泓，青山入鉴，仁智之性与山水效深矣。

池东直径曰杉堤，堤西曰松行，自九曲岭抵寺径也。清凉泉在其南，并注池。

寺右曰天峙峰，有叠石岩，峰前石如飞鸽，曰鹁鸪石。西曰剩日湾，那罗延尊者、智环禅师二塔犹存。又西曰石城冈，石壁层深，巍然雉堞，若攒图之托霄焉。冈之南即狮子岩也，岩西有台曰西眺，下为六岙，有八角墓，孙孝子之翰葬此。

又南为九曲岭，姚宗文所谓"路盘九曲穿东岭，寺压千山出上方"是也。岭西北曰虎岩，与狮子、浚水、叠石、祖印、归龙诸岩相望。岭半有潭壶井，清泉皎洁，照彻飞鸟。西有鹰窠石，峭壁搏霄，悬崖万仞，观者目眙。

九曲南下曰三石门，东、西两石屹立如门。姚江韩淳甫诗云："空山不放忙人度，锁断千峰万峰路。谁能壁立扫春云，大笑一声关不住。倚门傍户非丈夫，直排阊阖何须顾。虎豹九天吠我来，蛟龙蜿蜒骑我去。掉臂且穷五磊山，山山松竹惊初晓。悔把苍苔尽日扃，相遇同心叹迟暮。"凡自相岙、谢家岭至九曲者，必由三石门而过。中有径二十里，曰梅花径，夹路梅林幽香苾茀。拙岩僧有句云："眼中看得千枝秀，脚下行来廿里香。"韩淳甫诗云："山上山下梅花身，溪边石边梅花影。觅身忘影笑梅花，梅花有神独清冷。我来花影两不存，孤月黄昏度前岭。眼前无不是梅花，廿里泉声花梦警。"

沿梅花径而出，寒碧涟漪，攒花若带，岩披霜叶，峰次苍松，丹青绮分，望之蔚然，曰濯锦溪。冯元仲诗云："寻常花影何须濯，独有梅花心不落。谁将锦字洗清流，一片浮云填夜壑。石岂无言泉欲香，高高下下非穿凿。听得烟声万树笼，杖头何用夸行脚。"

绕溪而西曰唐李村。周皋怀诗云："流水潺湲度石矼，人家烟火远相望。竹兜过处香风袅，一树梅花出短墙。"出村即相岙。皋怀诗云："淡淡春山浅浅波，临溪茅屋倚高柯。石桥旁偶斯须立，悴㶾红衣步屧过。"相岙者，相传虞世南生此，故名。

五磊又有瘗猫麓，山有小残碣一片。其文曰："五磊寺有猫，畜之十三年，一旦合爪而死，瘗于山麓。铭曰：生而养，死即瘗。繄汝猫，人是类。类于人、口于人，铭口。"是碣不知立于何代不可考。

案： 清代慈溪人郑辰有《勾章掫逸》十卷，上文取自其卷七。原篇无题，而文中既记吟五磊山亦记吟五磊寺，录入时笔者因拟题为"五磊山与五磊寺"。

谛闲老法师灵龛归葬五磊山记

《弘法社刊》记者

庄严肃穆佛门空前盛典

灵龛过处万人空巷争观

本埠观宗寺中兴老法师谛闲圆寂后，经该寺继任主持嗣法门人实静法师于十一日举行追悼典礼一节。已详志本报。兹悉前日（十二）为各地护法信士及善男信女之公奠。自上午起及至傍晚止。分批举行。共计男女来宾三数千人之多，至午夜始举行哀奠。……礼成后，再由主奠者领率群众退入龛册……是日男女往瞻遗容者，不下万人。附近毛家弄横街头一带，途为之塞，……若大之寺院，竟挤得水泄不通。……此诚谛闲和尚高行嘉德感人之深有以致之也。非独吾甬所稀见，亦近晚数百年来所未有，盖僧界第一人矣！昨为举龛安葬之期，及晨七时许，开明街直至东大街、江北火车站一带，停足以观者达数万人。不久只见音乐扬扬，由开明街迎龛而来。虽瞻观者众多，竟无一人喧哗者。……灵龛到达车站，由天童寺圆瑛、育王寺源笼、七塔寺本舟等率两序（僧众）设路祭，所供五牲素鱼素肉素鸡素鸭等惟妙惟肖。奠毕，将龛笼运登预备之专车。车上满扎柏枝鲜花。九时许，汽笛一鸣，车轮转动，万众敬仰谛公之灵龛，始向慈溪方面开去，归五磊山之净土矣。至于观众不及瞻仰者，失之交臂，均抱向隅之叹云……

案：本文节录自 1933 年 2 月宁波观宗寺《弘法社刊》第 20 期《谛闲老法师灵龛归葬五磊山记》。

蒲庵记

元·张耆

予性淡夷，乐山林水石之胜，故喜与禅僧道人游，至其馆辄如归，人亦弗我厌也。

自去淮海居燕代，虽仆仆车辙马足间，退则萧然，若忘不知年岁之不足。回思方外故人，亦避乱远引，莫得而询焉。益知云鹤之所如，非尘人之能物色踪迹也！

见心复公自慈溪定水寺遗我以书，且征记其所住蒲庵。一老道人岁晏得庵数椽，吾意其廉以蒲、席以蒲、复以蒲，不啻足矣，而复名庵以蒲，不几赘耶？且蒲生陂泽间，根荄泥淤、水鸟攸居，春苗可菹，秋干可刍，其在植物亦贱而污者也。师乃珍重如此，抑又奚欤？大抵佛法万通，何往非道，结蒲禅坐，何事非学一草之微，何物非寓彼梗楠之材，可以构厦，芝兰之芳可以服玩，顾不取彼。若曰把茅可以盖头，竹枝可为精蓝，则此蒲庵含容法界为有余矣！

姚江越溪，蒲生漫漫，风败雨漏，随补其处，我伐易获用莫胜。既视夫崇饰土木眩曜丹膜为世假观者，恶足以谈蒲之妙用耶！

> 至正廿又三年九月九日蜕庵退叟张翥书于京居之虚游轩。

案：蒲庵系元末定水寺住持见心来复在定水寺所筑之室，室成筑后，请张翥作上记。

天香室记

元·杨彝

慈溪双峰曰定水禅寺者，自唐以来曰名刹。其主僧往往知名于时。

初，宋庐陵僧德璘与杨文节公为方外之游。居是山日，尝以桂花蒸香饷公，公为作五诗报之。今寺主豫章见心复禅师幼而习焉。及是，稽之郡乘而信。至以询之山中之人，则弗知也。师叹曰："以文节公翰墨之重，顾是犹有遗焉，甚而不可诘知，则古人之迹以无征而埋灭者，可胜道哉！"于是命匠氏砻石，刻公所为五诗，置诸燕坐之室，仍择言于诗，扁其室曰"天香"，而属余为记。

世传灵隐老僧为骆宾王，其续宋之问诗"天香桂子"之句，至今为山中奇胜。矧我文节公德业为当世四朝寿俊，文章所被，林壑增焕。师之是举，非特补双峰一代故实，且使士夫之来游、来瞻者，一旦接公声闻于二百载之上，而"天香"题品，遂与灵鹫、春淙同一响应。但不知璘公与师，是身之前后为有辨否也？

师履行高卓，不涉世流。至于留意斯文，则稽古尚贤，而与众人之所嗜好者异矣！然余于是抑有问焉，当其秋高气清，丛桂作花，于时天香发闻，在林满林，在室满室，宴坐之际，根净尘销，群用皆寂，而闻闻者则无所住也。苟惟闻闻而已，则从中证者，又不知与二公当时为何如也？师相顾一笑。

> 至正十九年己亥秋七月晦日翰林国史院检阅官杨彝记。

案：本文录自《澹游集》。

天香室记

元·胡世佐

四明定水寺有双桂，当宋时住山璘禅师尝蒸花为香，遗诚斋杨公，公酬以诗，有"天香来月窟"之句，为当时传诵。

至正中，见心复禅师来主是席，恐湮没而无传，乃取诚斋诗语扁其室曰"天香"。悠然中处，一性如如同乎太初，与神为徒，视万有齐一，无禅触其机，谓之觉；士羡其文，谓之能，皆声应气合出类拔萃。尊者贵者显者异者，若平章廉公、公谅左丞、金公元素、周公伯温、参政危公太朴为薇垣之良；承旨潞国张公仲举、直学士张公志道、典籍官高公则诚，俱翰苑之英；太子左谕德魏国李公惟中春宫之选，尚书贡公泰甫六官之长，皆自内廷承命外出者也！中丞月公彦明，经历察公士安，御史笃公彦诚、刘公子干、周公养心，俱宪台雅德；宪副颜公景渊、张公师允、宪金揭公伯防，并风纪俊才；至永嘉太守刘公德玄，学充若虚，守定若迂，凡物偶而至者一掷度外，托文辞以为娱。

惟此十数巨公之与吾师，不期而应、不求而合，时从入室为记为铭为诗而同声同气之友，亦从以入户外之屦。盖不绝也，非惟户不绝屦，而高风雅致不绝于左右，吟咏之声不绝于口，挥洒之笔不绝于手，文之成者，斑斑然可以垂令名、播清芬于永久矣！嗣是者能于燕坐之间、经行之际，销妄尘于诸根，发真闻于自性，物我两忘，知见双泯，则斯室也，虽旃檀众香之国，盖不足以喻其净妙高广矣！而凡朝游夕咏于兹者，其所以获普熏之利，又岂少哉！

余老矣，惜不得操几杖一游其间，而与见心共论之。姑陈其臆说而为之记云。

江浙儒学提举天台胡世佐撰

案：本文录自《澹游集》。

高明致见心函

高明顿首载拜奉状定水堂头见心和尚座下：

去岁慈水一别，又阅寒暑。萍蓬之踪，栖止靡定，故不克时致暄凉之问。今夏来鄞，蛰居北郭，兼坐微恙，瞻仰清泉林壑，如在夜摩睹史之境，安得青鞋布袜，一游其间耶！元德管勾去，曾烦为呼名道意，计达禅听。每闻士友多有留山中者，空寂之门，而能容纳湖海朋友，意者香积一钵之饭，自足以饱会众耶！深用敬羡，兹更恃爱，有渎凌知事湖海佳士也，达官显人多礼遇之。今还余姚，假道林下，闻盛名，欲一见，明不揆疏贱僭，为作书上闻，盖此公抱病西还，逆旅凡百不如，得于天香室中，暂栖一宿，获聆法海，则病魔当退三舍矣！佛法欲令一切众生皆得安隐，仰惟慈度，必不讶其渎也。《天香室铭》向尝具草求教，谅必加删润矣！未由趋侍，冀为大法珍重不备。

方内高明顿首载拜奉状

案：上函录自《澹游集》。

双峰天香室雅集诗序

元·杨彝

慈溪双峰有古清泉寺，今号曰定水者是也。寺迁于近代，去古址稍东。营构高下，随山为势，而林泉幽胜当为一邑之冠。豫章复见心禅师居是寺，实以学行见知于时，故名大夫士咸欲往游焉。至正己亥季冬廿有五日，江浙分省郎中刘君德玄，员外郎陈君克履，枢密都事王君若毅、谢君玉成，洎明道书院山长项君伯温，龙泉主僧白云悦公，皆素为知见心者，乃相与来游。

先是广东帅府都事龙君子高辟地山中，因胥会于寺天香之室。刘君以时事多虞，吾属幸以致理之暇，获追迹山林，以从容于文字之乐，夫岂易得哉！于是相率分韵赋诗，以纪一时之胜，而气味既同，谈笑相得，留连咏歌，竟夕达曙，至以忘寝，其为乐可知矣。今见心合所赋诗如干篇，将

刻石以传而属余序之。夫山林因人而胜，在平世言之，固以会合为难。盖
赴功名者，或简于游适，专业壑者，或寡于知己，虽时相值而中有不相孚
者。矧当风尘之际，而克萃儒释之宏彦，摅华发藻以辉饰山林，信不易得
也！然则编而勒之以传诸后，是特非增兹山之胜，抑使夫知诸君之所以佐
时兴理以成勋业者，其志盖为有在而谢太傅终始不逾东山之意，于是而可
征也，故序之云。

次年龙集庚子春正月浙河杨彝序

案：本文录自《澹游集》。

弘一大师在白湖

亦幻

弘一法师在白湖前后住过四次，时隔十载，详情我已记不起来。大概
第一次是在十九年的孟秋，以后的来去，亦多在春秋佳节。他因为在永嘉
得到我在十八年冬住持慈溪金仙寺的消息，他以为我管领白湖风月了，堪
为他的烟雨同伴，叫芝峰法师写一封信通知我要到白湖同住。隔不多久，
他就带着他的小藤箧、《华严宗注疏》和道宣律师的很多著作惠临。我见到
他带来的衣服被帐，仍都补衲成用，倒并没有感觉什么出奇或不了解。这
犬儒主义式的行脚僧的姿势，我在厦门已司空见惯了。只是这么老也孑然
一身过云游生涯，上下轮船火车，不免不便，我心中曾兴起不敢加以安慰
的忧忡。

我现在已经记不清楚了，《清凉歌集》与《华严集联三百》是哪一本先
在白湖脱稿的。我只记得他常对我称赞芝峰法师佛学的渊博，要我把《清
凉歌集》寄给他作成注解合并付梓，想利用善巧方便来启迪一般学生回心
向佛，而种植慧根。现在开明书店出版的《清凉歌集》后附《达恉》一篇，
就是芝峰法师的手笔。

弘一法师此时的工作，我记得好像是为天津佛经流通处校勘一部《华
严注疏》，一部《灵芝羯磨疏随缘记》。同时他在白湖所研究的佛学，是华

严宗诸疏。每日饭后，必朗诵普《贤行愿品》数卷回向四恩三有，作为助生净土的资粮。法师是敬仰莲池蕅益灵芝诸大师的，我揣想他的佛学体系是以华严为境，四分戒律为行，导归净土为果。我与他居隔室，我那时真有些孩子气，喜欢偷偷地在他的门外听他用天津方言发出诵经的音声，字义分明，铿锵有韵节，能够摇撼我的性灵，觉得这样听比自己亲去念诵还有启示的力量，我每站上半天无疲容。当时我想起印度的世亲菩萨本信小乘，因听到他的老哥——无着菩萨在隔室诵华严十地品就转变来信仰大乘的故事，我真想实证到。六祖大师听到人念《金刚经》彻悟了向上一着的功夫！我哪里晓得我会沉沦到此刻，还是一个不能究通半点己躬下事的愚人，惭愧令我不敢思想去教化什么人。

是年十月十五日，天台静权法师来金仙寺宣讲《地藏经》《弥陀要解》，弘一法师参加听法，两个月没有缺过一座。静师从经义演绎到孝思在中国伦理学上之重要的时候，弘师恒当着大众哽咽泣涕如雨，全体听众无不愕然惊惧，座上讲师亦弄得目瞪口呆，不敢讲下去。后来我才知滚热的泪水是他追念母爱的天性流露，并不是什么人在触动他伤心。因为确实感动极了，当时自己就写了一张座右铭："内不见有我，则我无能；外不见有人，则人无过。一味痴呆，深自惭愧；劣智慢心，痛自改革。"附上的按语是："庚午十月居金仙，侍静权法师讲席，听地藏菩萨本愿经，深自悲痛惭愧，誓改过自新，敬书灵峰法训，以铭座右。"我平生硬性怕俗累，对于母亲从不关心，迨至受到这种感动，始稍稍注意到她的暮年生活。中间我还曾替亡师月祥上人抚慰过他的八十三岁茕独无依、晚景凄凉的老母。弘师对我做过这样浩大的功德，他从没有知道。

胡宅梵居士的《地藏经白话解》，是在弘一法师的指导下编写成书的。我想天下必定有许多如我之逆子，会被这部通俗注解感化转来，对于劬劳的母亲孝敬备至。静权法师曾发誓以后专讲地藏弥陀两本经，我希望到天台山去请他讲经的人，能够永远体达这二位大师的弘法志愿。佛教本是以感化社会为责任，现代登座谈玄的大德，徒涉博览，落于宋学汉学家的空泛窠臼，实是失却佛教本来面目，应得迅速地来改变他们的作风。

经筵于十一月二十日解散，时已雨雪霏霏，朔风刺骨地生寒。白湖冻冰厚寸许，可以供人赛跑，文字上工作什么都做不成了。弘一法师体质素弱，只好离开白湖，归永嘉的"城下寮"去。我送他坐上乌篷船过姚江，师情道谊，不禁黯然的感伤。此别直至明年春光妩媚的三月，他始由瓯江返抵白马湖的法界寺和晚晴山房两处少住，旋归白湖。赠我绍兴中学旧友李鸿梁他们替他摄的照片与剪影多帧。那时他的著作是灵峰大师的年谱。后来他在《现代僧伽》上看到闽院学生灯霞发表文章《现代僧青年的模范大师》赞叹蕅益大师的道德学问，足为现代青年僧的模范。他对此文较满意，因此那篇年谱便没有写完。后来编选蕅益大师的言论成一册《寒笳集》，或许就是这工作的变相了。

那一年弘一法师五十岁。有一天他在谈笑中说到，春天在上虞白马湖的晚晴山房——朋友醵赀造给他住的一座朴素别墅，春晖中学师生联合经子渊夏丏尊诸先生要为他举行祝嘏，他就让大家买水族动物放生。他说他事后回思起来倒还怪有趣。我顺着这话脚，就要求他在我们白湖留个纪念，他呆上半晌说："这样吧！趁这四众云集听经的机会，我们就在大殿里发个普贤行愿吧！"当时那张发愿的仪式单，完全出于他的精心书写，我保管了许多年，今亦散佚。那时我只有二十八岁，诸位法师要我站在主持席上搭起红祖衣领众，大殿两边站着靠两百个四众弟子，东序静安长老任维那，西序静权法师炳瑞长老为班首，弘一法师却站在我的背后拜凳上，要跟着我顶礼，颉之颃之，好像新求戒弟子，叫我只是面红耳赤地觫然发寒怔，流冷汗，觉到长老们亦会滑稽。午餐，我还清楚地记着，诸位法师围坐在一桌吃饭，因为是罕遇，反把空气变得太严肃了。胃口一点都勿开，没有把菜吃完就散席。我统计这次的聚餐，说话只有寥寥两三个"请"字，但相互合掌致敬之动作，倒有数十次之多呢。故我无以名之，曾名之为"寂寞的午餐"。后来弘一法师责怪我不应该这样铺张的，我想回答他："你不知一般和尚的习惯，是做过功课必定要吃的！"但我耐住未发声。

弘一法师在白湖讲过两次律学。初次就在十九年经期中，所讲三皈与五戒，课本是用他自著之《五戒相经笺要》，讲座就设在我让给他住的丈室，他曾给它起名为"华藏"，书写篆文横额。下面附着按语："庚午秋晚，玄入晏坐此室读诵华岩经，题此以志。"因为偏房说法的缘故，只有桂芳、华云、显真、惠知，和我五人听讲。静权法师很恳切地要求参加，被他拒绝了。第二次是在廿一年的春天，他突然从镇北的龙山回到白湖，说要发心教人学南山律，问我还有人肯发心吗？我欣悦得手舞足蹈，就以机会难得，规劝雪亮、良定、华云、惠知、崇德、纪源、显真诸师都去参与学习，我自己想做个负责行政的旁听生，好好地来办一次律学教育。有一天上午，弘一法师邀集诸人到他的房内，我们散坐在各把椅子上，他坐在自己睡的床沿上，用谈话方式演讲一会"律学传至中国的盛衰派支状况，及其本人之学律经过。"后来就提出三个问题来考核我们学律的志愿：（一）谁愿学旧律（南山律）？（二）谁愿学新律（一切有部律）？（三）谁愿学新旧融贯通律？（此为虚大师提出，我告诉他的。）要我们填表答复。我与良定填写第三项，雪亮、惠知填写第二项，都被列入旁听，只有其他三人，因填写第一项，他认为根性可学南山律，满意地录取为正式学生了。

这团体有否什么名称我忘记了。教室是他亲自选定在方丈大楼，因陋就简到极点，没有作任何之布置，仅排列几张方桌成直线形，仿佛道尔顿制的作业室。他每日为学生讲述四分律二句钟，学生一天光阴，都熟读熟背来消磨。他又禁止人看书籍报章，并且大小便等亦须向他告假，我因为主持白湖未久，百务须自经心，没登楼恭闻。听说只讲到四波罗夷，十三僧伽婆尸沙，二不定，就中辍了，时间计共十五日。中辍的原因是什么？和他为什么要自动发心讲律？原因我一点都不明白。据我的推测，他是为一时的热情所冲动，在还他的宿愿而已。

这讲座亦曾订过章程，但经弘师半月之内三改四削，竟至变到函授性质，分设于龙山白湖两地，倒有些像流动施教团的组织，可是仍只存个名义。崇德，华云二生，奉命移住龙山半月返白湖，云是复有别种原因，弘一法师要走了。

写到此处勾起我更沉痛的回忆。在"九·一八"那年的秋天，弘师想在距离白湖十五里路的五磊寺创办南山律学院，我应主持桂芳和尚之约，同赴上海寻找安心头陀，到一品香向朱子桥将军筹募开办费，当得一千元由桂芳和尚携甬。因为这大和尚识见浅，容易利令智昏，树不起坚决的教育信念，使弘师订立章程殊多棘手。兼之南山律学院，弘师请安心头陀当院长，因为他到过暹罗，他在沪来信坚决要仿效暹罗僧实行吃钵饭制度，说是朱子桥将军他们都欢喜这样做，这更使弘师感到注重形式的太无谓，故等到我回白湖，事情莫名其妙地老早失败了，弘一法师亦已乔迁宁波佛教孤儿院。现在白衣寺的头门前，还挂着一块弘师自己写的"南山律学院筹备处"招牌，就是那个时期的历史产物。关于这件事，我曾与岫庐合写过一篇《南山律学院昙花一现记》，发表于《现代佛教》上志痛。所以我上面说弘一法师第二次回到白湖讲律的动机，全出于还愿性质，在教育上无多大意义，乃指此事而言之。

弘一法师移住龙山，这时系属第二次。他与龙山伏龙寺的监院诚一师认识，为我介绍，初次去时记由胡宅梵居士送去的。这会复往宿止的重大原因，或许就为每日讲律使他感到累赘，不能如向之悠然可为自己工作。若说学生们还有什么使他认为行为有缺点，这未免太失察。我已述说过，学生他们甚至于大小便都不能自由行走，封禁书报不准翻阅，这些条件都能做到实行二周了，诱而教之来弥补知识的贫乏，应属有望。

弘一法师究竟为什么又来一次退心律学教育呢？不久的后来，他寄给我一封很长的信，大意是要我彻底地来谅解他的过犯，他现在已感到无尽的惭愧和冒失云。并且说他在白湖讲律未穿大袖的海青，举动荒谬，违反习惯，承炳瑞长老慈悲纠正，甚感戴之。这些话我知道他得自龙山海印师之举似，但确实出之于炳长老之口。"宏法各有宗风，法师胡为而歉然"呢？我这么写信答他。

弘一法师要朝我忏悔，现在始明白全是为了一点读书方法问题。事情是这样的：他要我圈读《四分律行事钞资持记》，并嘱我以分科判工作，虽然不是十分正式，但我对他的话句句拟实行的。我一向读书浪漫的色彩很浓郁，有如漫游名山胜境，随处会流连忘返。所以我常拿着一本《中国哲学史》，一年半载读不完，一本《西洋哲学史》或《文艺思潮》，我会痛恨原作在中国翻译得实在太少了，叫我读起来枯燥寡味，老是东采西找补充读物，不肯随便放过。现在我最赞成读书要先读外国文的主张，意思是表示我在武院跟过名教授陈达、史一如诸先生，读英日文功课，因为贪懒，此刻做学问工具不够，精神上有无限的痛苦，想以这心领身受的刺激，来警惕朋友。

话回到读书问题上来说：灵芝大师《资持记》本为疏释道宣律师的行事钞之作。如训诂家之解经有时把行事钞的文义支离破裂得端绪纷披，虽然淹博，初学读之很难引起盎趣。但弘一法师因为过于崇拜他了，禁止我们拿钞来读，反使我们时兴"数典忘祖，多岐亡羊"之感。我禁不住学律反而要来破戒，到他房内携出《行事钞》参阅，这举动引惹他不满了。善知识的教诫，理由纯粹出于热望学人的深造，我是为求知而研究学问的，我敢回口什么吗？我很喜乐地把那本书仍庋藏到书橱，决定用加倍的脑力来实验法师的严峻教授法效率，决定以深入来报答法师诲人不倦的殷勤！经过这起教训，我已能坦然宁心地仔细翻览南山各种钞疏了，我现在对律学能略略懂得一点，就得益于此时。我能够彻底认识佛陀对弟子的慈悲，与哀悯弟子的苦衷，愿坚决地为中国佛教整理而奋斗，做一个忠实的佛教徒，也在此时才志愿坚韧起来。他为我做过这么大的功德，他哪里会知道。

所以，当他写那封信来时，我告诉他我已不是黄口小儿了，我没有半点觉得你有对不起我之处。我以后更想受到你大善知识手中的恶辣楗椎，希望你永远不嫌我的愚蠢，好好地教育我成材。而我一句未分辨到上次什么有这叛逆行为。

弘一法师在房中教我读律部著作，我总坐在他的坐椅上，他自己却拿另外一把椅子坐在我的左边，要我逐字逐句，义意分明，音韵平仄准确地，从容缓慢地先来读一遍，然后他讲给我听。这种好似良师复好似严父的教育，我恐怕自此再不会有机会受到，我想到这里，真眼酸欲泪。平常我们写信给师长辈说"长坐春风"，说来似乎甚容易，其实天下究有几个人能够受到这种爱的教育呢？

弘一法师爱好欣赏每本著作的文字。据我的观察，他的兴趣是沉溺在建安正始之际。对于诗亦一样。不过他不喜欢尖艳，他好陶潜和王摩诘一派的冲淡朴野。他有一册商务国学丛书本的《右丞诗》，曾用许多圈点，并且装上一个很古雅的线装书面，给人猜不出是什么书，而且常和那本长带身边的古人格言在一起。我想鲁迅翁亦很好六朝文学，如他抄编的那本古小说钩沉，弘师见到必很高兴。这是一本鲁迅翁在北平绍兴会馆时代修养文学而抄集的书，待等《呐喊》出版受到中国文化界热烈地欢迎，不得不把作风就此改变。而弘师呢？他出家后第一部著作，是仿效道宣律师的文字写成之《四分律戒相表记》。这书出版后，颇受到世界佛学家之称许（如日本文化界接到这书后，寄回的谢启有数十种，今都保存在白湖），所以他不肯把写作的工具轻易调换，就越发沉溺于鲁迅翁初期之所嗜不欲自拔。他们两个在文学上的天才，大抵不相颉颃，不同处就在于转变问题。

有一次弘一法师突如其来地问我，"道宣律师的文字好处在那里？"我那时欣赏文学的能力很低，批评文学的词句又没有，我偶然勉强地说出一个"拙"字，又恐不大妥当，连忙加上是幽涩意义的解释，他便说"你读南山道宣律师的著作进步必定会很迅速。"现在我晓得他是在诱导我。

总之，我们从弘师本身看起来，他那时的生活是朴素闲静地讲律著作写经，幽逸得无半点烟火气。倘使从白湖的天然美景看起来，真是杜工部诗上的："天光直与水相连"中间站着一位清癯瘦长的梵行高僧，芒鞋藜杖。远岸几个僧服少年，景仰弥坚！

案：亦幻法师的《弘一法师在白湖》，是一篇记录弘一法师在金仙寺行事的目前尚存的主要文献，其中还涉及弘公与五磊寺、伏龙寺的一些信息，故录引于此。

白湖讲舍缘起

芝峰

慨夫去圣浸远，玄道无闻，慧日晖沉，长夜未晓。扶起刹竿，续佛慧命。聚上乘众，究最胜宗，朝修夕学，钻坚研微，耆阇山耸，那烂风高，景仰灵踪，期于叶契。然而教海无涯，法藏深广：性相经论，慧观渊源，大小律仪，行为规范，逸迈翱翔，无亏轮翼。一脔自赏，失于狭也；博涉非精，失于滥也。故伪似乱真，义纲割裂，狮弦绝响，法镜蒙尘。惟金錍刮目，空华乃息，皓日丽天，爝火斯冥。明辨法相，显彰性空，海藏骊珠，允推唯识，初学研求，无惑多歧，扩而大之，一以贯之，其在兹乎！其在兹乎！窃案志行共趋，为真和合。泥龙祷雨，权言讳过，香象截流，至喻深期。弃麻淘沙，唯金玉之是珍；笃行正思，乃于邪僻而无录。怀道之士，共赐览焉！

慈溪金仙寺开白湖讲舍道场

《海潮音》记者

舍主亦幻法师

舍长芝峰法师

芝峰法师现应慈溪金仙寺住持亦幻法师之请，主办白湖讲舍道场，注重造就高深佛学之僧材，不尚学校形式，芝法师佛学深邃，道行律严，为虚大师门弟之首座。曾主讲闽南佛学院五年，为一有悲心恒心之僧教育家，久闻海内。近因隐修山林，顺金仙寺寺主之请，发心讲学，四方高材学僧投皈从学者必众云。兹将白湖讲舍简章披露于下：

白湖讲舍简章

一、定名　本讲舍设于宁波慈北白洋湖滨金仙寺，故定名为白湖讲舍。

二、学旨　本讲舍专为有志研究高深佛学者而设，但求精神奋勉，态度诚笃，不尚学校形式。

三、学程　本讲舍重自力研读经论，由讲师负疏讲指导责任。以法相三论为必学，以大小乘律为必修。初办时期先讲读《成唯识论》，抉择佛法名相，以祛遣一般义学者颟顸椷侗之观念。

四、学期　本讲舍不分学期，合者留，不合者自由可去。无外缘者留，有外缘者自由可去。

五、学员 本讲舍比丘学员须具有自己研读经论能力，年龄二十岁以上三十岁以下。品行端方，性情和悦，身心强健，无诸嗜好者。

居士发心旁听，须得舍长允许，遵守讲堂规则。

六、学绩 本讲舍学员成绩以研读札记，听讲笔记，及时讨论问题之文章为标准。优良精进者，随时奖励之。不及格或故意旷怠者，舍长得令随时退学。

七、入学 本讲舍学员概用通讯投考，经舍长审查，具有第五条之资格，即通知许可入学。

八、开讲 本讲舍有四人以上之学员，即开学讲读。

民国二十二年十月舍主亦幻舍长芝峰同订

案：20 世纪 90 年代后期，金仙寺当家德慧曾复开"白湖讲舍"，然不久即因故停办。

佛教团体纷购宋碛砂版藏经

《海潮音》记者

太虚大师指导下之中国佛学会其所以设立者，缘为专门研究佛教之学理而设施者也。近闻该会之正信护法诸居士等，因或充实该会图书馆内容起见，各自认捐购请《影印宋碛砂本大藏经》一部，以供学者之阅览研究，诚为佛教界高等文化机关也！

又丹阳海会寺为全县最著名之古刹，洪杨劫后，殿宇悉为灰烬，仅留者平房数间而已。入民以来，守让和尚来主寺事，惨淡经营，重建经楼殿堂可数十楹。现有其法嗣正缘和尚主持，克承其志，对于建树不遗余力，近以经楼空树，藏经阙如，殊非其事，乃与监院贯通谋募请《印宋本碛砂大藏经》一部，地方各界闻说其事，佥予赞助，已募得相当经款云。

又慈谿金仙寺亦幻和尚，亦独自请购一部，备设讲舍参考阅读云。

乌山庙新构延祐轩记

明·胡时麟

乌山旧有西福昌教寺，在其麓，面南稍西。周广顺名资福院，宋大中祥符为永乐院，至政和赐为寺。宋末遭乱，缁徒无行，尽废其产宇，遁散不知以何时也。山之西有庙，亦废。

余高大王父亘六君，屡弗无子而无有征也。当寺之左偏，有地二亩许，在岩石之下，且于山为中，左右翼而下，一川中流，亘六君有之。度寺不可私创，则请于神："捐岩下地以为神栖。"神无不可。于是使工为植而庙成。高大王母自是举三子。二、三传，其支允各有举制科者，仕郡邑长、仕台省侍，有显名，人以为神庥焉。

庙广七室，中祀梁武。梁武生不履东越，卒于吴，荷荷没世，若何土人荐之以血食？不已哂之乎！梁武生故帝者，而中乃受教西土，卒也制于强臣。或以为佛之不恤，奈何释冕为同泰隶？然梁武则以此躯为幻者也。生之不有，死何有焉？彼佛以为返其真，不足诮，又何诮于梁武？然土人必有梦寐其影响而祀之者。

山石粗确，而予族多虓壮之士，家自为伍而进谒，庙亦有灵左右之。余少时见山木蓊蘙，虎据之生子为患。负力者率十余众，持矛革舄，从亭亭履岩石，下瞰虎穴，投石击蒙丛。虎惊，跃而出，张牙上奔，举矛刺之，中目。虎怒，窜去，伏于莽中。复投石，虎从墙跃出，三刺得虎。其后累逐累得之，无死于虎者。

嘉靖间倭入寇，大舰夜泊海浦，族众一呼千人，腰间或带苓箸，曰："予杀倭，当纳首其中耳！"倭常授首，得之，并断其刀剑资以为功。倭亦惧，对人曰："予尝以五十、七十躞南京，不之畏，独畏乌山耳！"或有警，辄齐兵耀武于塘。如不急，或不出。然暮夜则有黑衣千余，马声杂沓。夜行者见之，谓乌山备倭者，避之田间须其过。至晓问人，曰"无之"，乃知为山灵也。故予不曰佛也而曰神。

乃今则稍异矣，生齿日烦，而窳怯不格，土张空彀，悬柝不鸣三徙岁矣！谓山无灵，崇禳犹故；谓人无眸，苏盘日修，何以故也？予尝闻之，樗蒲之徒宵而集，晨而散，负者群屇相呶诼。炎月当阒去门，偃息其上，而遗其下体，庙貌何在，而鼠之无礼也。岁云旱矣，祷者盈庭，众出举幡行于苗径，周十余里，一人鸣金，拜以百计，十步一举，日复如之。顽嚣之徒厌倦阻众，辄大言而呼，谓"奚不之近而之远？且雨自下，人力何能？何为跋涉我踵而摩我踝也？"礼毕，众稍解，矢诚者留，与巫祝焚香诵经。一夫乘酗，将卷其帙，诟曰："西魃嘘风，每夺我雨，我东雨师莫之御也，何喋喋《法华》之为？"予让之去。而灵亦无嗔心，故予不曰神而佛之。虽然，土人之意则云神耶、佛耶予不敢知，予所为知者，尚克相予云耳。

先是庙廷有楮亭，无他构。其后为屋三间，中为行，左为驷，右为木驹，而皆垩给之。俗又谓神佛不一好，有嗜歌舞者。当其中复为轩三间，纵之，以便舞优，扁之曰"延祐轩"，徙故楮亭于驹室之檐外，中道如屏。古者有社，祭禳谷土，而今无之，此或其遗意云。

案：本文有涉乌山西福昌教寺之文字，故录此。

新订积庆寺开国公祀产簿序

清·史积才

溯我祖寿乐公资政殿大学士奉化郡开国公，事君以忠，事亲以孝。母孙夫人寿臻八旬，思航海登普陀。公忧之，因凿东湖霞屿若洞天，以奉母欢，建寺请额。配孙氏，封河南郡夫人，葬东湖尊教寺后山。继配郡主赵氏，封吴郡夫人，与公合葬余姚龙泉乡烛溪湖梅梁山之原，建积庆寺，以奉祀。

夫以公生重圭累衮之后，开衍庆袭美之裔，积功累行，传之无穷。我史氏自鲁徙杜陵，自杜陵徙溧阳，渊源有自。而江之南北浙闽诸省，皆从溧阳始。至明、越两州，则由太傅忠宣公始，厥后我开国公归葬勾余，建寺曰："积庆"，其所由来者渐矣！

　　传及进义尉暲孙公为上宅始祖、晒孙公为中宅始祖、中奉大夫昌孙公为下宅始祖。此我子姓所以有三宅之支也。住望梅庵村者为上宅，住横路村者为中宅，住城南高谊坊及东兆、陡曡、瑶街弄、郁家湾等村者为下宅。凡遇开国公祀事，三支轮流分值，奉俎馂余，聚族罗拜彬匕乎确守高曾规矩。至嘉会堂祠祭，新置田亩若干，每年除祠费外，贮息增产。祠祭自元旦、春分、秋分、长至，咸荟集祠下，历年以来并无簿据。

　　予忝列房长，用殷匕致廑焉。岁甲午春，爰命孙子宝春履亩绘图，分列疆界，为图三十有三，外登田亩字号，收花输粮等各节目，咸载于簿，并附以史氏所助寺产，朗若列眉征特，得以谨守储峙，且于尊祖敬宗，收族之道，亦必当如是，而心即安。簿成，为书其颠末缘起如此，以告来者，是为序。

岁道光十八年闰四月谷旦
十八世裔孙积才谨识

　　案：上序托田戈先生自上海图书馆藏之清·史善豪纂修《余姚半霖史氏小宗支谱》得之。

重修积庆香火院记

清·史善豪

　　我姚烛溪湖有史氏积庆香火院在焉。自宋资政殿大学士寿乐公创以守墓事详邑志，乃代远年湮，废弃久之。至元季迁姚始祖讳昌孙、讳暲孙、讳晒孙相与游山玩水。一日，至是湖，登梅梁山，见山岙有名宦古墓、越溪山坪有神像古庙，数十步登而上之，见山颠又有萧然废寺一所。三公摩挲断碣，溯阙由来，始恍然知从祖寿乐公守墓寺庙焉。公等念有一本，目击心伤，喟然曰：“自宋及今，时不甚远而荒废至此，敢不任为己责。”计维捐资重建寺庙俱新，犹恐后人仍蹈前辙，因复损资倾囊赎山置田，以肃春秋祀事者，历有年所见奇可公手录。越明季而庙貌复颓，祠宇亦朽。赖中宪大夫讳立模，举宗人廓而新之，而庙貌祠宇俨然若昔。不料中宪公殁而其子讳自上幼也。其间我族衰弱，继起无人，卒至业被豪占，所有寺庙山田尽归他属。迨自上公崛兴，倡宗恢复立碑成祀，不惜捐资倾囊以应，稍赎其素为人所渔者。而环寺为山、环山为田，售几如昔矣！至万历辛卯岁，捐资折胙，复为鸠工庀材，再新寺庙，兼廓旧规，觉创业有加于平昔。然历年多，安保永固而不朽？是以越本朝嘉庆年间，族伯讳积琪请以折胙捐资，创造家庙。时念及烛溪湖寺庙坍塌，亦宜修葺，事未毕而公逝世。其弟讳积璜相继完业，则庙貌祠宇及诸所复见焕然。然而公钞尽矣！幸族伯讳积才职此祠事，花息存资，经理多年，始得宗祠公钞除修祠宇外，续增祀产，备后生息，扩充事业。曾于道光年初，与豪先君谈及满志续谱，奈事犹未能举，公遽赍志以殁。其次孙玫继起，同五弟瑞共襄祠事，一秉至公，续谱告竣。见寺中佛不成像，庙内神不成容，遂对豪等商请宗长，开销公项数十贯钱以作装塑费用，致使佛光灿然、神像威严，亦我族光焉。

不意咸丰辛酉冬，粤匪窜境后，族侄瑞辞世。幸其兄玫抱病犹可主持一切。豪窃思瑞出百金保全祠宇，即此谱多散轶，亦既公议续修。然烛溪湖祠宇庙貌颠倒非常，敢膜视哉！豪爰商诸族侄玫、伊弟琎二人，均是意也。第公项无几，虽捐资折胙，资不副用，奈何！豪再三思之，意以为我寺山林茂密，删而出拚，以助不给，何如？二人胥以为然。爰请命宗长，会议宗人，捐资折胙，拚召山林，于戊辰夏兴工续谱，至秋未竣，命族侄琎伊侄赞青督理谱匠，豪乃邀集族弟善备、族侄孙容等同赴寺，鸠工庀材、商立章程、饬敦匠事，凡祠宇庙貌及诸所，斜者整之、污者新之。朝斯夕斯，曷敢告劳。追维先代之创是业也，备尝艰苦，积累功成，谁不仰而思焉？豪自顾目眊，艰于笔记，爰命族侄孙赞青历历书之，以昭来许云尔。是为序。

时

同治九年岁在庚午仲夏谷旦

五十五世孙善豪谨识

案：上序托田戈先生自上海图书馆藏之清·史善豪纂修《余姚半霖史氏小宗支谱》得之。

重修积庆寺记

民国·史宝梧

积庆寺者，我上祖宋资政殿大学士寿乐公守冢地也，事具邑乘。

是寺，历元、明、清三朝，代有修葺、置田、新庙、塑像等事，次凡七八。盖其缔造维护之艰难，有如此者。

当洪杨乱，寺罹兵燹，赖豪善备容三公鸠工庀材，始得修复。迄光绪丁酉时已数十载，风雨久侵，荒废不治。寺遭侵欺，一变而为瓦砾，苍凉弥甚。时宗长节升公过其地，怆然挥涕曰："此我上祖之遗迹也，其可不顾及乎？"乃邀积本、善本二公，醵金兴材，苦心戮力，虽逢风雨寒暑，工仍举，督责不稍怠，甚至折祀产以佐竭。蹶岁已亥迄庚子，始完成。于是正殿巍然，不复畴昔状也。又营侧屋数楹，为族人来寺相墓之休憩处。而致淳公臂画修赀，亦与有力焉。次年，复藉悠临公装修寺中佛像，轮奂尽美，顿逾旧观。公等绍述先志，亦云备矣。

今公等先后物故，而节升公哲嗣泉义公等不忍德泽泯灭，爰命宝梧表而述之，以昭示来许云。

民国癸亥闰二房支壮侯六十世孙宝梧记

案：录自余姚市博物馆藏民国《余姚半霖史氏小宗支谱》

第三节 诸刹碑铭

莲花池护生禁石

盖闻护生者，以戒杀好施为首；积德者，以放生赎命居先。乃我伏龙寺者，唐代诸鉴禅师开山以来，历千年矣！而于此举，凡古刹之必有放生池也，非唯关一寺之风水，抑且消十方之灾氛。衲虽发心已久，缘愧力难支，陈疏恭叩信士黄继芬先生、信士黄继曾先生，同发慈悲善因，共助穿凿一池。如有发心赎命放生，以可满愿。所谓古人渡蚁中状元之选，护鹅获菩提口口因，孔氏放龟，酬之金印，杨生救雀，报以玉环。行善不口果报，自是果报无穷。是故，沈芝塘先生曾曰："生为天地德，庆余积善家。至言详《易》理，因果无定差。念佛则作福，行戒杀放生，乐善能不倦，是径路修行。"又曰："现世有罪有福，有苦有乐，皆是宿生因地；今生有福有寿者，前世布施斋戒也；有福无寿者，虽布施不戒杀也；无福有寿者，专持斋不善舍也；无福无寿者，悭贪杀生也。佛教曰：则是因是果，不出自心，自利利他，岂关余物。如此较量，果能戒杀放生，持斋念佛，现世必登仁寿之途，他生同入莲花之国。"是为引此布闻。

大清光绪二十七年岁次辛丑二月观音大士诞辰之吉，本寺住持善庵募立。

案：莲花池护生禁石今犹在伏龙禅寺旁，碑文有高国明抄供。碑中"诸鉴"是"鉴诸"之误写，"乃我伏龙寺者，唐代鉴诸禅师开山"之说，实是善庵对寺史了解有误而失实。

伏龙山刺史桥碑

盖闻此桥自宋朝年间王安石先生建造，以关合山之风水，而获众檀之嘉祥。不料于嘉庆初年，修忽坍塌，衲念先贤古迹，欲思发心照式重建，又刺史门内碇子二道，亦望筑成，至辛丑秋，适逢向方大利恭叩

崇本堂虞助洋壹佰元　虞善卿先生助洋拾元　徐氏成西助洋肆拾元

虞和增先生领众捐洋念玖元　虞善兴先生助洋拾元　周门洪氏助洋叁拾元

杨蘭苏先生领众捐洋念伍元　郑蔚生先生领众捐洋拾元　郑门方氏领众捐洋念玖元

天叙堂虞助洋式拾元　史芝锡先生领众壹佰角　袁氏培哉助洋式拾元

滕裕通先生领众捐洋式拾元　源茂号郑助洋陆元　李氏崇良领众捐洋拾六元

郑文珍先生助洋拾伍元　王震康先生领众捐洋伍元　郑门王氏助洋拾元

王继芬助洋拾式元　黄绍麓先生助洋伍元　颜门童氏助洋拾元

树滋堂虞助洋拾元　张奎燮先生助洋伍元　刘氏福林助洋拾元

树德堂虞助洋拾元　李瑞常先生领众捐洋伍元　叶氏培志领众捐洋壹佰角

虞明德先生助洋拾元　郑畊尧先生助洋肆元　黄氏善德领众捐洋伍元

德昌号程助洋拾元　释明提师助洋拾元　各户零捐大洋拾伍元

虞成畴先生助洋拾元　释芝芊师领众捐洋口拾元　各户零捐龙洋壹佰念角

光绪三十年岁次甲辰六月大士诞辰之吉

本山住持善庵募立

案：上碑文由高国明君钞录后提供。碑文中所述桥为王安石建造，当系传讹。

重建伏龙禅寺天王殿碑记

天王殿者，乃梵刹之第一重殿，供奉弥勒菩萨、四大天王和韦驮菩萨诸护法守寺佑民至尊之所在。伏龙禅寺肇建于唐，琳宫踞巅，禅脉悠悠，天王殿诸尊功在其中焉。

古云："国难，寺则多厄"。民国辛巳六月，伏龙禅寺火毁于侵华之军，天王殿亦烬其时。

方今，政通人和，国运昌隆，因缘殊胜，寺之复兴，当其时也。而道风纯正之传道法师，于公元二〇〇六年夏应邀前来主寺，大孚僧俗之望，于共襄复兴之举，如帆得风。宁波市兴旺集团董事长、乡贤达朱海伦先生者，向受伏龙山佛教文化之熏陶，佛缘非浅，善根深植，缘闻传道法师复兴伏龙禅寺之誓愿与筹措，愿倡功德之举，慷慨解囊，献善款五百万元，以为重建伏龙禅寺之天王殿、并重塑殿内二菩萨和四天王金身之资。酌定殿为仿宋古建筑风格、重檐歇山顶结构，高十六点二米，建筑面积三百九十九平方米。朱先生与主事者，建殿殷切，即着本寺工程管理小组主管，延应曰权主持设计、聘章思祖负责施工，礼鄞州正鑫雕塑厂制作佛像，旋于公元二〇〇九年十一月举行天王殿奠基庆典法会，又于公元二〇一〇年六月继行天王殿上梁法会。赖佛力护佑，参建人众齐心协力，公元二〇一一年元月天王殿安全竣工，特礼请书法名家沈定庵居士、中国佛教协会会长传印长老分别题写天王殿与韦驮殿额，以壮观瞻，继于公元二〇一二年元月举行开光法会。建寺造殿，功德无量，此役也，历时仅二年而告成，殊非易易。朱海伦先生与家人王凤珍、徐申华、朱夏生、徐虹、唐海亮、朱美娜净资捐建，当彰而嘉之，以为勉众。主事诸公、参建员工亦功不可没。爰奉嘱授记，遂述其因缘始末，以勒石示存。

　　　　佛历二五五六年公元二〇一二年岁次壬辰春龙山朱海伦乐助

　　　　　上海高式熊篆额　邑人王清毅撰文　江苏王爱兰书丹

明州慈溪县香山智度寺真应大师赐号碑

　　宣德郎知开封府陈留县同签书兵马司公事兼管勾沟洫河道盛次仲撰并书，内殿崇班越明台三州都巡检司田奕篆刻。

　　上即位之十二年，诏改熙宁为元丰，是季春，盛次仲得邑慈溪，而邑经饥疫之后，幸岁荐登，民仅安集。越三年，自浙以东，春旸生旱，苗立将槁，民有惧心。遂率县尉源钧，走境内之名山灵潭，涉旬雨不报。惕然问诸乡人，皆曰："香山寺常寂大师可祷。"与源宿斋。晨往，雪心稽首，直以至诚抵之，曰："师有惠于人，而县令惟之信也，今日之请，民心迫矣！惟能不崇朝而雨，乃师之致若然，当诣府言状，祈易师之伪号于本朝，以为之报。"既祷就次，方且踌躇，而仰云作，晚照尚明，雨已追道，甫及东郭，而滂沛矣！酒官田仲孙，空邑人迓于五里，艾稚欢叫遮道，踊跃而忘其顶踵之濡也！是岁旁邑诉旱，慈溪独大稔。及白府如祝词，太守朝议王公海，不以县令之言为轻而壅于上闻，具奏。天子可其奏，付礼官易号。明年六月，勅下，赐号真应大师。

　　谨按本县图经与行状，大师名惟实，唐开元中，示迹于杭州富春之汤氏，受道于越州会稽之宗本师，演化于明州慈溪达蓬山之佛迹庵，而建寺于庵下之香山。迨今逾三百年矣！寺之东南隅，真身在焉。常寂乃钱武肃之伪号也，凡六乡之民祈禳水旱，保求嗣续，行状载之甚详。今民间以汤字其子者，识所佑也。故予列于府云：如蒙本朝显号，不独为民崇报，可以助三登于圣世，保百男于天支，则号曰真应不亦宜乎？塔南十举武，有连理木，二根一本，耸秀凌云，而造物之理殆不可穷，其生与师俱生，而人莫之识。是日见之，因图以上府，而亦得奏御焉。呜呼！大师佛性解彻，超出口劫，岂有意于身后之名哉！方其与物出入立相口化，则出而示相所以生者，盖未尝生也！入而不寂，所以死者，盖未尝死也，是将真机付迹，妙应随方，使见闻者知所响悟，则凡有名者，可为人也！又况得名于圣人平治之时，而垂无穷光耀于海隅泯昧之地，则为人者，不其高明广大欤！

敕下之日，予已代归，今县令沈裎实奉承之。住持僧观超乞记其事，而令以首事于予也，故属以为之记云。元丰五年六月记。

慈溪县尉口师成　前慈溪县尉源钧　慈溪县主簿刘斧　左班殿直监慈溪县茶盐酒税田仲孙　慈溪县令沈裎　权明州观察推官叶仲询　权奉国军节度推官龚士震　奉义郎签书奉国军节度判官厅公事骑都尉王修　承义郎通判明州军州兼管内劝农事上骑都尉赐绯鱼袋盛俑　朝议大夫知明州军州事兼管内劝农使柱国太原县开国男食邑三百户赐紫鱼袋王海立　郡人陈奕模勒

案：达蓬山上原有香山教寺，为唐代高僧真应大师惟实道场。唐天宝中结庵，广德初建寺，大历中赐香山智度寺额，后仍名香山寺，同治元年大殿遭洋兵所毁。

常寂大师行状碑

佚名撰

明州慈溪县香山智度寺真身常寂大师行状

大师讳惟实，俗姓汤，杭州富春人也。祖阀不显，故忘其讳。初，母梦吞明星，因而感孕。生于唐开元十二年甲子四月二日，祥光照室，异香袭人，父母邻里皆惊视之。生四岁不语，及失所怙，忽谓母曰："生鞠之德，天高地深，愿归佛，图以报罔极。"母氏知其不凡，为投会稽秦望山善慧禅师出家焉。

大师天资明了，夙悟佛性，十五落发，二十受具，初探律藏，戒行自严。一日辞其师曰："禅寂之理，为最上趣，安用守此陈迹，空老岁时。"于是自吴返越，从宗本禅师密受微言，入室未几，顿然超众。师曰："道无

隐见，一以贯之其在实也。东有名山，实可往矣！"遂振锡至慈溪县之若
岙山欲居，而神人夜告曰："达蓬圣迹名山，宜矣！"大师以谓冥合师言，
待旦而行，果得所谓达蓬山者，深岩绝壑，石壁削立，而壁间隐然有大佛
足迹，遂结庵焉。时天宝十四年乙未也。

　　大师齿方三十有二，聚徒讲道，远近归心。会海寇袁晁党散掠浙东，
俄有数百人突庵威侮，众皆奔散。唯大师据石瞑坐，群寇乃铲石塞洞，又
驱巨石欲断穴口。大师从禅定起，喑呜作声，以一掌举之，盗相惊顾呼，
以为神，遂摄心引谢。乃顾酋魁，为开谕善信，而人人叩头向化，相与肩
石为阶、为垣、为门庸、为床坐，致恭效力而退。后岁余，语其徒曰："难
复作矣！汝等避之，吾亦当迈。"比冬大饥，盗贼蜂起，公行劫掠，野无噍
类。明年难息，复还其居。至代宗广德二年甲辰，大师以岩居不足以容大
众，乃投锡山麓，开基建寺，乡人助顺，不日而成。大历八年，刺史裴儆
奏请谓："山接仙蓬，地控溟海，圣迹在石。乞以香山寺为额优。"诏从之，
仍岁许度僧七人。大师始自天宝化行甬东余三十载，道德名实加于上下，
故刺史裴儆、赵恒、李长，司马陈护、邑大夫周颂、阎信美、张涛、周曜、
宋革、柳宽，皆当时名公，承风问道而恭事焉。以贞元二年十二月二十八
日中夜顺寂，趺坐而逝。僧夏四十三，天寿六十二，受业弟子智藏、智晉、
智真、智通、智棱、智全等建塔于寺之巽隅百步。越明年二月一日，举全
身葬焉。开成三年，寺僧南瑶刻铭塔旁，以纪妙行。

　　咸通十四年癸巳八月，忽有途人负漆器五百事入寺，曰："汤和尚于浙
西丐缘，先遣至此。"众以寺无汤僧外化，而问其所在。曰："溪边濯足，
随将至矣！"众趋出迎，俱无所见。惟濡迹草径直抵坟塔，而遗屦在傍，
乃悟大师之示相焉。既闻，公发塔，其全身俨坐，而髭发秀长，神色如生。
负者曰："即汤僧也！"寻，具幡呗，仪引出圹，殿以奉之。昭宗乾宁三
年，丙辰四月，有睦州陈氏至，曰："家有幼子久撄沉疾，值汤僧行化，因
以情告，而教某立疏为佑，约至十六岁，来明州慈溪香山寺还解。其子既
安，如期来谢，僧好食糖饼，今亦备供。"众曰："此真身显化耳！"遂延
至堂上，一见愕然。自后，远近士庶，奔走瞻奉，或保佑男女，丐乞嗣续，

诚之所投，罔不感格。至于水旱祈禳，应如响答。天福七年八月，吴越王闻而降制曰："惟实禅师自超彼岸，空仰芳尘，掩其禅扃，在兹国土，必有以俨真乘于象外，助主化以风行，宜锡殊恩，以光遗相，可追谥常寂大师赐紫。及钱中令出为州牧，迎致府廷。初，未笃信，乃索针刺肤，而应针飞血，惕然悔谢。愿留城中之兴国寺，以就晨夕之敬，舁及城门，举者莫前，加力虽倍，屹如山立。"公曰："师其欲故山乎？"焚香以验之，烟果西向，遂遣使送归。大师经时髭发或长，净心者多为之剃削。后因一比丘尼愿结缘未释刀，似有坏相，始加漆饰彩绘焉。大师晦身僻，尤闻于时者，久多遗落。其略亦见于《宋通慧高僧传》："所居之庵佛迹与飞锡之地涌泉及平生所用铜净瓶、手巾筒仍在，唯锡杖发囊并道具，为有力者取之，今则亡矣！"吾生不辰，闻此有道，不敢以告人，但私记其仿佛，庶几福民应物之迹不泯后世，而遭遇圣代当有知大师者云。谨状元丰三年秋本县以祈雨之验，太守朝议大夫王公诲奏其事，蒙朝廷下礼官易谥，礼官牒州须大师行状，而索之住持僧观超，乃得此本。其跋尾但云："天圣八年秋，住持僧惟德重录。"而莫知其何时人撰次也。明年夏，既奉敕更谥"真应大师"，而子已代去，因归其故本，而惜其字多漫灭，又考其文有"圣代当知大师"之言，则今日之知应矣！然则斯文所作亦有道者乎！遂手自缮写以付观超，庶久其传焉！

　　　　　五年壬戌六月巳巳宣德郎知开封府陈留事盛次仲居中书

　　　　　　　　　邑人朱宗昭、宗立施财立石

　　案：诚然，寺庵碑铭蕴涵一定的佛教文化，但也免不了会有一些糟粕参和其中，读者须应甄别。如上碑中关于汤和尚圆寂后，尚能真身外化诸事，就需理性分析。

香山智度寺新钟铭

　　慈溪香山智度寺作钟楼而钟不称，于是正觉禅师谋新之，一冶而就，实元符改元十一月五日也。是寺真应大师真身在焉。冥感旁通，四走檀施，则是钟不日而成，岂特人力也哉！亦乐居士舒亶闻而赞叹，为之铭曰：三界冥冥，白日夜行，非雷非霆，闻者震惊。是声是空，破一切聋。十方三世，不离其中。是声非有，假一切手，复归于尽，谁作谁受。是大因缘，具大神力，非声而声，不德而德，其万斯年，与世作则。

香山了义禅师塔志

清·姜宸英

西北隅香山寺，为吾邑祖刹，有泉岩林木之胜。余少时读书其中，与续宗禅师晨夕论议，间以吟咏，多所省发。师每言必称其祖了义禅师，而是时师化去已数年矣。请余词志其塔，予许之未就也。抵今二十余载，续师命其孙某来，曰："吾师没而吾年亦七十有九矣。君复不铭是，吾终不得见子之文也。吾负吾师于地下矣。"予应曰："诺！"

按状，师讳隆柢，字茂园，别号了义，姓嵇也。生而有慧性，六岁随母严氏入寺，见诵经者侍立，谛听终日不忍去。十八始执业于香山湛然师，时天台无尽大师开讲《观经》《妙宗钞》于郡城延寿寺，师往，参毕就坛受具归。感寺大殿剥落，身募资，抵闽载木归，竣工，请云栖冲庵法师究论《楞严七处征经》三伏腊。至崇祯丁卯而寺宇宏起，金相庄严，道俗相与瞻顾赞叹，而不知其所自己。

复携续宗听讲于阿育王寺，参学于天童密云大和尚。密问以《楞严七处征心》，因度糕与啖，次顿有领悟。后复延雪窦石奇师往持山门，而身自奉之。自是香山法席遂为诸山归，仰师之力也。

师虽屡参大德，问答有契，然不欲为近世儇薄禅子擎拳竖拂，习为谩欺，以声利相鼓动，故受持经行，端念佛三昧，积终身不改。昔人有言曰："凡浮屠之道衰，其人必小律而去。"经由师是道也，佛教其有济乎？虽其有济，佛之徒其庸知重乎生，不知重于时，没而又无所信于后，宜续宗之惓惓以请，盖不独冀其师之有传，亦将以大庇其教于无穷也。

师示寂于顺治辛卯之五月十三日，塔于殿之东北，寿六十七，为僧腊四十有六年。

案：了义禅师卒于清顺治八年辛卯（1651），卒后数年，姜宸英寄住香山寺读书。二十余年后，因寺僧续宗之请，为其师作此塔志。

重建五峰禅院碑记

五峰寺在慈邑西北三十里，其地四面皆山。所谓五峰者，寺后山也。寺当山麓，平夷可数百步，其南有石径通出入，志谓"五峰亭亭相峙，其下两崖屹立如门"是也。自唐僧志坚创始于元和中，其后废兴不一，要不可深考。其见于邑志者，谓宋祥符初，曾改名广福，及宣和、靖康间，王直阁廷秀游寺诗约略可举而已。百年以来，破屋颓垣，俱不可问，惟寺前双石阙，犹欹立榛莽中。里人好事者，因其旧址，结茅三间以栖遗像，先后有僧数辈，俱以饘粥不给而去。

乾隆庚寅，智轮照大师自天目来，爱其地清幽而远俗，因挂瓢焉。师本吾邑鸣鹤乡人，从天目峻极老人受法，戒行清严，为邑人素信。至是远近檀施，不戒而集，徒侣亦日众。师因众资，次第营建，凡堂殿楼庑以及方丈之室、香积之厨无不备，综其费且逾万。自辛卯迄己亥，不十年而蒇其事。嘻，亦神矣！

余自蜀道归，始与师交。其时寺已落成，因嘱为之记。余惟唐元和至今几千载，寺之兴，凡再见于北宋之季，直阁诗所谓"迩来三百年，拓址夷谽谺"者也，嗣后不闻有更新者。而师鸠工时，掘土至寻尺许，得断砌残础及瓷甓瓴瓦之属无算，则寺废已久，至师而继兴。然则谓瞿昙氏所在若有神物护，其信然欤！因志其大略以复于师，俾揭石焉。其众檀姓氏，另有述，不赘云。

乾隆岁次甲辰春三月文林郎知福建建宁府瓯宁县事冯丹香撰、候选知县陈同文书

其碑背面有楷体镌字：重兴五峰天真禅寺，系天目玉林国师派下，第三十六世名际照，字智轮，同徒了亮、了性等。

案：碑文光绪《慈溪县志》卷四十二·旧迹二·寺观下有载，但今对照高国明实碑拓文，原个别错衍已予订正。撰、书碑文者皆慈谿人，且在光绪《慈谿县志》中有传。冯丹香，字燕山，清乾隆二十八年（1763）进士，补福建瓯宁县知县，迁吉州知州，工诗善书。陈同文，字翰青，清乾隆三十六年（1771）中乡试副榜，精楷法。

永远碑记

慈谿县政府布告民字第 405 号

案据本县五峰寺住持僧岳川呈称：

为滋扰寺庙、损害寺产，呈请出示禁止，以保寺产而维安宁事。窃缘本寺名五峰，在慈邑西北三十里，为唐代僧志坚所创建，至宋代祥符初年，曾一度改名为广福庵。嗣后，历代相沿，兴衰不一。至废清乾隆年间，有智轮和尚自天目来此，爱其地清幽，堪为修道之所，爰即驻足于此，募化十方，重建殿宇，并置有寺产。考查碑记沿革，事迹历历可稽。厥后，历由僧众相继住持，受理无异。前因内部发生纠葛，致寺内住持虚悬，负责无人。衲因无住持，非系久计，至去年五月十四日，曾有本寺邀请诸山长老及地方檀越在寺开会，并呈请本县党政机关派员莅会指导，公议结果，仍推衲为本寺住持。照监督寺庙条例第六条规定，取得本寺所有一切管理职权。兹因自前岁发动全民抗战以来，常有地方上不肖份子，谬称五峰寺为翁、洪两姓之家庵，来寺膳宿，滋扰有时，并将本寺产业加以损害，此种越轨行动，若不严予禁止，则管理职权实难行使。特此具呈，请求钧府察核，准予给示仰告，禁止滋扰，以保产权，而维安宁，实为德便等情。据查寺庙财产由住持募化而来，他人自不得藉端滋扰。据呈前情除批示外，合行布告。嗣后如有不肖之徒来寺滋扰，或损害寺产山场情事，准许该住僧指名报县，定予究办不贷，仰告凛遵毋违。特此布告。

县长章驹

民国二十八年二月

案：本书编者曾在 2005 年与友人童兆良同去五峰寺时发现内存二碑（二碑曾因故散出，后有近寺桂岙村民桂志文等护存，并移至寺）：一为清刻《重建五峰禅院碑记》，一是民国间所勒《永远碑记》。以后王清毅邀高国明同去寺行实碑之拓。拓件中，"中华民国二"字后盖有"慈谿县政府印"之篆文方印。

洞山院住持墓志

吴越宝正三年（928）六月

夫□德□世，作用而皆合众心，高士□谋，欲变道则尽之……矣。师即湖州德清人，俗姓费氏，受业乎径山，建初兴国大师之弟子也。……卅余秋，访揽名山，化缘此境。灵绪乡百姓□及□，北为院，至□立约四山分水标界，檀越任绰、潘务、于师景等卅四人闻迹请置院住持，则开平二年矣。尔后暂回龙开付院□师……贞明七年二月内，行道遇风已迁变。当年檀越主任赟、于行能共廿六人再请住，已今寶正三年戊子岁六月甲戌朔四日丁丑，师迁化也，甲子六十七，十一甲申葬乎此山。小师从志、思绍、思宗，前二人皆□叔父，故为记耳。铭曰："师终此院，□乎此山。周回朝岳，势若龙盘。坐壬向丙，坟宜永安。四畔之青峦隐隐，一条之□□□□。"□□□□，奉□国□。聊述兹石，标乎岁宅。

> 梁吴越国明州静海县洞山院。

案：上系由吴建冲君藏砖，志砖裂成两块，高 31.8 厘米，宽 31.5 厘米，厚 5 厘米。志文刻划草率，有些字因岁远湮漶，辨识颇为不易。

洞山寺田山碑

本寺创建于赤乌年间，为北乡有名之古刹。胜迹难以枚举，文人骚客题咏甚多，其详备载邑乘。

历朝来，寺之兴衰不一。今上纪元之十六年，十方檀越范介纯、范庆承、任雪墅居士等，为保佛火计，禀县改作丛林。兹将寺中旧产，及近年新置产业，统勒诸石，以垂久远。惟愿后之住僧，永守弗失，且更廓而充之，庶几醍醐沼上长灌醍醐，欢喜园中都成欢喜云。

寺前殿九丘计六亩九分。

岭路沿田四丘计一亩正。

钱家弄田贰丘壹亩五分。

王家门前田贰丘计叁亩。

任家漕田一丘壹亩一分。

高车头田一丘壹亩贰分。

大路下田一丘计四分正。

庙路下田贰丘计六分正。

大田塍下田一丘计贰分。

笆下田一丘计叁分正。

舌田一丘计贰亩正。

溪塘下田一丘计一分。

西前洪田一丘计五亩四分，杨开丰喜助。

司城跟塘下邱家田一丘计三亩贰分正。

长爿秧田一丘计四分。

共计田贰拾七亩三分正。

寺前口西山一爿，上至山顶，下至山脚。

寺后山一爿。

徐家洋山一爿。

西沟山一爿。

寺沿长池山一爿。

畚斗湾山一爿。

世峰湾山三爿。

下将军山两爿。

叶家山一爿。

老坟山一爿。

东口口山一爿。

共计山拾四爿正。

光绪贰拾柒年岁次辛丑腊月谷旦，洞山寺住持闻照立。镇北修致范汝楷书丹。

案：上之碑文以童兆良《溪上寻踪》录文为本，后按拓而校改之。

以好心来到菩萨所

明·唐寅

以好心来到菩萨所

案：据乾隆《镇海县志》：洞山寺左泉味甘美，取泉入瓶，越宿透露如珠。明唐寅慕泉来此，题曰："以好心来到菩萨所"，字迹尚存。

重建五磊寺佛殿记

清·葛世振

粤稽摩耶陀国有伽耶山寺，佛初得道之所在。佛言若能补理故寺，是为二梵之福。然则有山有寺，有故有补，理固已见诸大藏。此法遍满十方，无分内外，凡名山大川间，莫不坚兹茎草，以传波罗，越地奈何雷逐飙驰，桑枯海浅，识灰于昆明者几人哉？犹幸此道长存，历劫不坏，今乃梵宫丛于天下，名释荟于寰中。而其先独有横一杖以振千百年垂断之绪，真鹫岭之孤忠，曹溪之至孝也。密云悟和尚，不俟驱役长庚，自然空悬皓月，薄海内外靡不照临。山翁忞和尚为十二子之一人，当时劲骨坚心，即雁行太白峰而弗屑也。自太白飞锡五磊。

五磊者，吾四明属邑慈谿西北之名山，有佛故宫焉。开山则吴赤乌之那罗延尊者，建院则唐文德之令额，重葺则宋天圣之岑继。考其旧名曰灵山，赐额曰五磊普济，其年曰大中祥符。历代相承，兴废迭见。至有明万历戊午，重修者为守智福顺。此时禅宗寖衰，僧与寺仅存其名，惟山翁和尚手排三石门而入，于是群峰若象王、若狮子以及天马，宝盖森森，罗拜座下，有子曰达变权、拙岩怀，时时左右侍。迨山翁迁广润，而达变禅师接席。其人甚古，其道甚纯，才二载而寂。拙岩禅师继焉。师名期怀，号狮岩，檇李盐官人。时维己丑，兵饥洊至，坐绳床，靡易寒暑，阅二十余序，屡有建置。至佛殿之兴善，承山翁之志而成，尤为伟绩。先是运木龙游，旱暵甚，一夕，孝江潮涌，通明得达，咸诧神济。乌龙潭有巨木，围三十余者四，相传千年物也。有力者不克伐，至此俯然听命，以壮柱石。蟠文陆离，霭呈香结。远近趋助者，皆负粮担屫，日以千计；四方钱粟，不啻雨于天也。旧址隘，扩冈陇而深广之。为楹者三，周以卷幄。其崇以尺计者五十；纵以尺计则六十又五；广则如纵之数而加十。丹腾不采，久而弗黝也；蟫片作罦罳，高而愈光也；梵卍窗镂，层分正侧。槛搴库露，复牖重门，佛天像设，隐现于法云空际，备极神功之巧。虽贝阙金宫，藻林璇苑，亦应逊其壮丽。所睹世之琳宇多矣，独此称得未曾有。殿前为阶、为甬路，辟井如殿之广，甃以贞石，缛文如线。经始于康熙庚戌春正月，明岁冬落成。费工七千有奇，乐从者不与。縻钱三万贯文，粟如其工之数。师以圆机，提法方厚，秉心任力，以先人孚天而信众，戒律精严，梵修笃挚，非现身古佛，何繇得此于今世哉！余也寒铁自惭，高冈徒望，云青天半，依希伽耶之西来；雷震空中，彷佛摩陀之东度。石室久已毫焚，蓬山敢辞砚削。敬为之记，而系以铭曰：无身之至，化无尽意。毫发既牵，动为众激。东溟一丸，西峰半壁。敕大天龙，卫此丈室。丈室有人，捧老印密。弹指云兴，振衣电掷。结宇金毛，现城宝擘。青莲始春，碧月昼出。掩映花台，崔嵬雁宅。天应人呼，山渝水涤。虹干千围，凤翎万翼。汉女驱涛，巨灵开陌。透五磊关，证三摩域。狮子非岩，象王有级。襟抱旃檀，影舒蒼卜。毕天不朽，古椎是立。螭绕紫珉，屃承丹画。道可长存，字应弗蚀。

千华宝阁铭

清·洪昆

阁踞五磊众峰之颠，岁癸卯，拙老人始为创建，弘觉禅师额之曰千华宝阁。高五十尺，纵广十有余丈，金碧栏楯，妙严层出绀宇，为浙东第一供。放光毗卢如来，一光一化佛，一佛一镜轮，千轮互映如帝纲摩尼，文殊普贤二大士，分别左右，东西安大宝藏，缨缦幢云，绘五十三参百城故事。我老人行道晨夕其中，开道心地示揭人天，此取千华纲训义也。素缯交参利益，见闻随喜。其下即法堂，予尝登灵山叩老人衣祴下事，而知老人即以色声作佛事，诸仁者遍界毗卢庄严，触目于十身五眼。自心生灯明，想智毋愿王；自心生补处，想顽弥藏海；自心生瓶写云兴，想不隔一尘。洞开楼阁，叶涌莲花，随其心净，岂不共踏毗卢，人人庆快者哉！铭曰：

巍巍宝阁，迥出天际，狮吼象回，扬灵觉帝。

华藏门庭，浮幢体制，稽首愿王，刹竿涌地。

以大悲轮，普摄一切，揭示人天，了无剩义。

宝纲金幢，洞开佛慧，花鬘灯云，弘宣妙谛。

口咄南询，芒鞋钝置，弹指千年，自心笋翠。

不厉层城，毗卢一会。

延寿堂记

清·倪长圩

记之作，记五磊灵山寺之寿延堂也。山在慈谿县西北四十里，其发起来落未详，审名实而推之，磊三石也，块特崖异而后磊之。嘻，一磊奇矣，况五乎！吾闻入五磊者，由相峉、梅花径、濯锦溪溯流洄沿，过三石门，登九曲岭，逶迤而前，灵山寺在焉。丛林称曰五磊灵山寺者，禅窟也。堂上知识拙岩禅师，阐临济宗弘觉之子，密翁嫡孙。以乙丑顺治六年，继达变禅师席。壬辰扩寺之右前为延寿堂五间。其为式也，上楼下堂，高二十五尺，广六十尺，额其楼曰还源。往来偶迹则使寄适斯楼。而楼下之堂则延寿。

云延寿者，丛林所必有而灵山无之，兹始设矣。延者，待也，寿者，尽也；延者，长也，寿者，留也。待尽不为，不达长留，亦不为不愿。己事已明与己事未明，咸此之观。夫生老病死，三于此计久远也尔。于是象王步稳矣，狮子声震矣，九曲岭峻矣，三石门高矣。大抵寺自那罗延后，智环禅师一振之，智环后，拙岩禅师又振之耳。昔年弘觉禅师入住，意在兴起，未几，应云门请，遂嘱达变禅师主此，再岁而寂，其冬始有今禅师主持之。明年为庚寅，造普同、达师二塔毕，壬辰建楼及阁，丙申禅堂、方丈落成。不强外施，次第树立，以事各有缘然，实其道德弘渊也。吾尝因秀峰岫禅师见之于苏州双塔矣，孤冷高洁，又退然也，讷不出口，而辩才无畏也。昔于达师闻而知之，今于吾师见而知之，皆弘觉位下实实会的人，非他项背也。有功斯堂者，为法檀禅德力造，有志士也。并记。

谛闲大师碑铭

蒋维乔

大师讳古虚，字谛闲，号卓三，浙江黄岩朱氏第三子。父度润，母王氏。师九岁入塾，聪慧异常。未几，父病殁，家贫，奉母命随舅氏习药业。舅氏精岐黄，一日有壮者就诊，师素稔其康健，忽以微疾不起，因知人命无常。问舅氏曰："药能医命乎？"舅氏曰："药只医病，安能医命！"师大悟，遂有出世之志。年十八，随俗授室，有儿女。自设药肆于黄岩北门，兼理方脉。所业多未如愿，妻、子相继病亡，慈母亦见背，时师年二十，乃遁入临海县之白云山，就成道师剃度。不数日，兄踵至，逼令还家。逾二岁，兄亦殁，仍复入山。二十四岁受具于天台国清寺，得戒后，在寺参究念佛，是始精勤不息。曾冬日打七，某午，方坐定，止静三板，方越耳际，忽觉身心脱落，一刹那，即闻开静之声。私问邻单曰："今日不坐香耶？"邻曰："顷一枝大板香才毕，云何不坐？"乃自知在定境中，固应尔尔。年二十六，至平湖福臻寺敏曦老法师座下，听讲《法华经》，敏公命充侍者。初听讲，茫然不知所谓，维那授虚法师以法华会义示之，开卷了然，如睹故物，遂竟夕不寐，潜心研究旬余，玄解顿开。每以所悟就正于虚师，虚师为之惊叹。时大座宣讲法华仅及半卷，至"五千退席，暨诸佛唯以一大事因缘，故出现于世"段，为全经之纲领，虚师请于敏公，以师复讲小座，敏公不许，坚请再四，始勉允之。师就座，一启口即滔滔不绝，敏公方退座归寮，登楼甫半，驻足听之，至小座竟，亟招师入寮，询以所得，师亦不自知其故。年二十八，遂升大座，于杭州六通寺开讲法华。某日，讲至舍利弗授记品，寂然入定，默不一言，逾时出定，则舌灿莲花，辩才无碍。一世说法利生，其端实肇于此。师自审年齿未尊，不愿多升大座受众礼拜，讲毕即回国清寺掩关。翌年，迹瑞融祖为上海龙华寺方丈，命师出关相助，任库房事。师在寺，一方供职，一方听瑞芳法师讲《禅林宝训》，大海法师讲《弥陀疏钞》，旋由融祖授记付法，传持天台教观第四十三世。年三十一，辞库房职，留寺阅藏。越岁，在龙华开讲法华，听众至二千余人。期满即往金山江天寺参禅，留二年，至慈谿芦山圣果寺掩关。而金山同参数十人追踪叩关，启请指示，乃在关中讲法华，逾年出关，至龙华寺讲《楞严经》。旋复掩关于永嘉头陀寺，三年出关。年四十六，即为头陀住持。越岁，朝五台，入都请龙藏。三年退席，专力宏教。年五十三，又住持绍兴戒珠寺，兼上海龙华寺主席。民国纪元，最后住持于宁波观宗寺。寺为宋延庆寺观堂旧址，元丰中，四明五世孙介然法师按照《观无量寿佛经》，建十六观堂，以修观行，故名观宗。自宋迄清，兴废靡常。自师任住持，遵四明遗法，以三观为宗，说法为用，改称观宗讲寺，募建大殿、天王殿及念佛堂、禅堂、藏经阁，规模焕然，蔚为东南名刹。民国四年，孙毓筠承政府之命，于北平设讲经会，延师讲《楞严经》，士大夫及都城四众赴会听讲者，虽列广座为之不容。师自二十八岁初升大座以后，江、浙各丛林之礼聘讲经者，岁无虚席，至是，年已五十有八，始为士大夫宣讲，其教化乃普被南北焉。时国内有毁庙兴学之议，地方庙产多生纠葛，内务总长朱启钤，拟订寺庙管理条例，咨询于师，而着为令。总统袁世凯题额赠师曰："宏阐南宗"。都中筹安会正筹备帝制，授意各界劝进，且及方外。师语人曰："僧人惟知奉持佛法，不知有民主君主。"讲经期满，即振锡南归。民国六年冬，北平复设讲经会，请师开讲《圆觉经》。七年春，都人士公推徐文蔚南下，迎师航海北上。既抵北平，日则手编讲义，夜则升座宣说，显觉得亲近吾师，实在此时。师称性而谈，于讲义外，多所发挥。遂约江妙煦、黄显琛二子，每夕各为笔记，归妙煦整理，翌日呈师印正。师讶然曰："余昨日尚有如许言说，实不自知也！"其始咸以为吾师奖进学人，故作斯语；厥后历次呈稿，都如是云云。因切问曰："师自身说法，果不自知与？"师曰："然"。显觉等皆以为异。师乃举昔时讲法华至舍利弗授记品，忽焉入定故事，详情见告，乃恍然于师之讲经，深得语言三昧，与专恃记诵者不同。笔记编定，师特锡名《亲闻记》。先是师以振兴佛法，首在造就人材，故于民元前二年，就南京僧师范学堂监督，招青年僧徒，分班讲授，能行并进。会光复军兴，相机中止，遂就观宗寺设研究社，以竟其志。至是讲毕将归，为叶公绰、蒯寿枢二居士言及之，二君慨任巨资，专备培养讲师之用。师归而筹备，于民国八年，成立观宗学舍，自任主讲，罗致学僧，授以台宗大小诸部，由是人材蔚起，至今法徒分座四方者，不下数十人。十七年，改并为宏法研究社，承传弗替。民国十年，浙省当局目击时艰，人心日下，延师讲《仁王护国经》于海潮寺，军民长官、地方绅耆皆列席肃听，其盛况亦前所未有也。东省哈尔滨地居边远，伊古以来，罕见沙门踪迹。比年关外善信创建极乐寺，师门俵虚实为住持。民国十八年，就寺传戒，请师为得戒和尚。维时吾师寿已七旬有二，间关跋涉，不惮烦劳，及期授比丘戒，赓续百余坛，自下午四时升座，至翌日上午十时圆满，诸执事皆更番休息，两阿阇黎亦迭经退席，似疲乏不能支者。惟师趺坐坛中，历十八小时有余，端然不动，亦不饮食便利，见者咸肃然称奇，而不知师之常在定中也！夫大教兴替，会有其时，然得人则兴，古今一辙。师生于末法时代，一人精修，化及天下，微特天台一宗赖以中兴，于全体佛教亦有扶衰起敝之功，因缘时节，夫岂偶然！且弘扬自宗，排斥他宗，历代大师亦不免蹈此积习，而我师虽宗天台，对于他宗绝无门户之见，有非古人所能及者。至若师之密行，尤非浅学所知，就其可见者言之，则日诵《普贤行愿品》《金刚经》《圆觉经》《观无量寿佛经》念佛万遍，以为常课，朔望加诵《梵网经》，菩萨大戒，终身无少间，自行化他，老而弥笃。民国二十年，犹应上海玉佛寺之请，开讲楞严。高年矍铄，自春徂夏，凡四阅月，绝未请人代座。已而复应无锡居士之请，为讲省庵祖师劝发菩提心文，然后返甬。壬申夏五月，自知尘缘垂尽，往生不远。电促弟子宝静回寺，付以法命，为观宗住持兼宏法研究社主讲。七月初二日上午，忽向空合掌良久，云："佛来接引，老僧将从此逝。"唤侍者香汤沐浴更衣，索楮笔写偈云："我经念佛，净土现前，真实受用，愿各勉旃。"写毕，命全寺僧众念佛，趺坐莲龛，含笑而逝。师生于戊午年正月初六日丑时，圆寂于壬申年七月初二日未时，世寿七十有五，僧腊五十有五。于是年冬，塔于慈谿五磊山之旁。举龛之日，远近来会者数千人。遗著有《大佛顶首楞严经序指味疏》一卷，《圆觉经讲义》二卷，《金刚经新疏》一卷，《普贤行愿品辑要疏》一卷，《观经疏钞演义》一卷，《始终心要解》一卷，《观世音普门品讲义》一卷，《二玄略本》一卷，《念佛三昧宝王论义疏》一卷，《水忏申义疏》一卷，《八识规矩颂讲义》一卷，皆已刊行于世。铭曰：

　　宋明以来，禅净盛行，余宗衰敝，惟是天台，一脉相传，至今弗替。前有慈云，后有灵峰，我师继起，如象如龙。说法利生，四十八年，示寂伊迩，犹讲楞严。自南而北，结集法会，百数十所。若经若论，尘说刹说，二十余部。振兴大教，首重育才，弘法社启，义学朋来，法乳流衍，光光相望，分主讲席，遍于十方。教宗法华，行在弥陀，应化事毕，离此娑婆。岁次玄黓，鹑尾之辰，安详坐逝，高谢天人。五磊之山，密藏之居，色身如幻，果证无余。皈依四众，十余万人，无边悲仰，泐此贞珉。

仁和叶尔恺柏皋氏法名观澄篆额

弟子蒋维乔竹庄氏法名显觉敬撰

江阴庄庆祥翔声氏法名了于谨书

　　案：授记付法谛闲为传持天台教观四十三世的高僧，是时任上海龙华寺的方丈，有称其为迹瑞法师的，如上蒋撰之碑铭中，及慧岳、东初、于凌波的著述中。但也有如林子青、林真智等则称其为迹端法师。笔者愚以为蒋维乔一是谛闲亲近之人、二是与迹瑞时近，由此推论当以名"迹瑞"为妥，"端"与"瑞"抑或形近误笔而致，后成传。

谛闲法师塔记

张秉全

师讳古虚，字谛闲，号卓三，浙江黄岩石人，俗姓朱，光绪五年师二岁，诣临海白云山出家。越三载，受具于天台国清寺。冬参夏学精进不已。年廿六岁，至平湖敏曦老法师座下听讲法华经，悟一心三观一境三谛妙旨。年廿八岁升大座于杭州六通寺讲法华经，至方便品，寂而入定，大开圆解。光绪十二年，受迹瑞融祖衣拂，传天台教观第四十三世。师自廿八岁至七十五岁，凡四十八载，讲经百数十会，足迹遍及塞北江南。法化之盛四明之后第一人也。若夫师之行持，则日诵普贤行愿品、金刚圆觉观经，念佛数万千声为常课，寒暑不辍，志而弥笃。民国纪元，任宁波观宗寺住持，广造殿阁，整肃僧规。旋复创设观宗学舍，自任主讲，培育僧材，造就者众，南北各省弘法诸师皆出其门，台宗赖以中兴。民国廿一年七月，自知报尽，乃于初二日午前集大众，索楷书笔书偈云："我今念佛，净土观前，真实受用，愿各勉旃。"端坐莲龛，含笑而逝。师生于咸丰八年正月初六日，寂于民国廿一年七月初二日。世寿七十有五。僧腊五十有三。塔于慈溪五磊山。遗作多种，永仰高风。

壬申夏月张秉全撰 陈雁书

五磊讲寺敬立

一九九二年

案：谛闲法师圆寂后，塔葬于慈溪五磊山牛角峰西麓，由居士弟子蒋维乔撰《谛闲大师碑铭》。"文革"期间，墓塔、碑铭俱毁。一九九二年，重建新塔于寺西。上所列张秉全《谛闲法师塔记》系录自翁欣闻《近代名僧谛闲》一文之附录。其句"索楷笔书偈云：'我今念佛，净土观前，真实受用，愿各勉旃。'"句中"楷"应是"褚"之误，"观"是"现"之误。

定水源禅师塔铭

元·袁桷

大雄氏以已说剖三宗。禅学汪洋广博，言意承接，绝去文字，稍契入，辄证为知道，小智大黠，相煽以自高。律教废弃，食不知耕，居不知工，恣情于无畔岸，而道益以昧。惟妙源师独忧之。自嘉定十七年受具戒即游方明本心。久而曰："不耐尘劳，心曷以制？愿习贱事以调御。"寓本州天宁寺，岁大饥，赤足踵门以化。后始历清职，曰："吾得无愧名教矣！"其师愚公，持正议，不肯下宰相吴潜。潜怒，系狱辱之。退居精舍，独侍侧辨难，卒有疑义，愚公启机以示曰："汝今太平矣！"愚公住径山，即俾首率僧众。愚已老，学子林立寮下，析微统宗，愚喜，力赞之主平江荐严，内外事不一废。举鼓山国清，辞不就。主泉州水陆院，治若荐严，而俗士益信慕。愀然曰："吾宁久是！"携锡以归。

桷先曾大父太师枢密越公功德院曰定水，伯父宾州、先府君处州议曰："寺缺主者，善趋谒迎奉。吾兄弟不受，能以寂照解脱为义，则庶几冥福。源公行坚望高，使力请，必不让。"以素所往来者通意，乃欣然以来。桷是年十三。或问曰："吾儒性善，与佛所言同否？"曰："同感物而动。汉儒失之，由是有不同焉。"后乃曰："儒释二教，分别有异，在治人治心。治人在五常，治心在四大。修五常，治人之本；修四大，乱心之本。道微世衰，诚得一人焉不可得！"涕泪交下。谓桷曰："禄损则福益，盍慎诸？"布衣铁袜，终日尸坐。语彻机迅，奔电绝鏊，不可制伏。稍敛戢，则瞬息在几席。禅人仰之，四方士尤宗之。精于诗，故宋名士喜之，然不肯表襮。旧筑居于越之云顶，将终，愿解定水以归，且命无建塔，无火化，以任其坏。其徒不忍，卒埋是山。以至元十八年卒，寿七十有五。俗居象山县，姓陈氏，为僧五十有九年。

铭曰：道弊于文，卮言以宣，羸简速超，悟者曰繁。空浮变腾，若火燎天。服奇食珍，谓合自然。师实已忧，荣戚靡睹。或逃于谷，或伏于莽。惟大雄是遵，惟古德是祖。机以峻传，言以戒辅。通黜兴废，道曷敢替。

幽扃潜珍，户屦属系。彼昧其承，卒黭以逝。昭铭授徒，勿圮勿翳。

案：从铭中可看出袁韶受敕定水为其功德寺时，邀来首位主寺僧即是妙源禅师，亦即源禅师。

重修定水教忠报德寺碑记

元·贡斯泰

距慈谿县四十五里，鸣鹤山之阳，橐驼峰之东，有寺曰定水教忠报德禅寺。左山右湖，奇胜为一县之冠。青松夹道，绿竹沿涧，逶迤曲折，行十余里，乃至山门。始建于唐乾元间，相传为大梅常禅师开化之地。有泉出山之东麓，甘洌，盛夏不竭，注之饮，虽久不腐，故名"清泉"。其所藏大藏经乃唐人书，吏部侍郎京兆韩杼材为之记。

岁久寺坏。宋嘉熙间，太师越国公袁韶遂大新之，奏赐今额，盖宝叶源禅师之所营度也。

我朝至元甲午之岁，东洲永禅师来主是山，更创大殿。去今六十余年，又复倾圮。其他屋宇堂室，亦癏焉若不可居。寺之耆宿与大夫、士皆曰："此非有大作为，不足以成此。"乃择硕德通材者三人，上之行宣政院。

至正十七年春，径山南楚悦公高第弟子见心复禅师，应选实来。师坚悫而任事，辩博而识微。既至，顾瞻彷徨，晨夕勤悴，将图兴作。会东南兵动，徭役繁兴，寺之力益困。一日升堂，白于众曰："吾徒逸居安食，惟佛是依，今虽财力殚竭，独无一人与我共图之者乎？"寻有耆旧仁英捐钱五千缗为之倡，未几，施者踵至，曾不逾年，大殿告成。又有僧大用劝集众力，于殿壁后塑观音大士及诸天龙鬼神之像，金碧涂塈，五采辉焕。而钟楼、经藏、三门、两庑、庖湢、库庾，以次完葺。凡其翠幢孔盖、宝函珠笈、羽翣华灯、珊瑚玛瑙一切供养之具，靡不周备矣。

寺旧有两大桂，茂甚。宋庐陵璘公住山日，尝制其花为香，以遗诚斋杨公，公答以诗，有"天香来月窟"之句。师因扁其坐禅之室曰"天香"。

先是众僧圆寂者，辄阇维而投其遗于水。师曰："寺有塔葬，其来远矣！兹独无之，不其缺乎？"乃相地于寺之西偏橐驼峰下，品为三塔，砻以密石，覆以崇构，宏深峻整，小大秩然。工既讫，师乃致书福建行省左丞铁君周贤、海宪副张君师允，求余记其成，久之未有所复，二君又数遣使来趣，遂为之言，曰：吾闻佛之道，一传而为伽叶，二十八传而为达摩。达摩，东震旦初祖也，五传而为忍。忍一传而为明、为能，遂分南北宗。能之后，派列为五。今东南最盛者惟临济一宗而已。大抵禅之为学，以寂为宗，以悟为证，以无有为有，以不空为空，不即不离，不拘不泥，如摩尼珠，如止水月，二相不生，万境俱彻，此其大较也。然非有坚苦之操，专静之力，明慧之照，则不足以得其三昧而成妙觉也。今师传法于南楚悦公，纳交于闻人硕士，由儒者之道，究浮图之说；又能即空为有，拓旧为新，以起数百年之废，而其所为诗文，亦皆幽深元远，超然颖脱，非其有得于坚苦专静者，其能卓越明慧若此乎？即是三者以观夫大圆觉海，虽曹溪、临济，百丈之所以开法示人者，亦岂外是哉！为之铭曰：

> 粤有觉王，为世大雄，十大弟子，皆人中龙。
>
> 其奥为禅，爰始迦叶，达摩西来，既离而合。
>
> 至于曹溪，实传忍公，临济杰出，益宏宗风。
>
> 江海之东，寺曰"定水"，大梅常师，聿创其始。
>
> 历年既远，殿摧堂倾，两代相望，继作重兴。
>
> 去蠹为坚，易漶为饰，百废具举，惟复之力。
>
> 击大法鼓，树大法幢，升堂举翼，其道孔扬。
>
> 诸天龙神，骏奔拥护，各奏尔能，为国之祜。
>
> 夏无苦雨，冬无凄风，海邦口谧，时和岁丰。
>
> 三光垂祥，六沴不作，飞潜动植，咸若有觉。
>
> 于穆圣治，包坤络乾，与佛同体，以福元元。
>
> 弛其武功，洽此文德，亿万斯年，永建皇极。

案：上文录自《澹游集》。

定水教忠报德禅寺记

元·危素

慈溪西北有山曰鸣鹤，唐乾元二年建寺名曰清泉。世以为秘书监虞文懿公故宅。吏部侍郎京兆韩杼材记之。宋改曰定水。绍兴七年然禅师更为禅刹。枢密越国袁公韶，施财作佛殿，赐额曰教忠报德。国朝至元卅有一年，东洲永禅师重作焉。至正十七年，见心复禅师来主斯寺，盖上距永禅师甲子一周，视其倾圮，遂图营构。奈何宿逋重而赋役繁，力有莫能举也。谋于寺之耆旧，僧仁英首捐五千缗，以倡施者。创于是年之季秋，仲冬落其成。殿后塑涌壁观音大士像，乃寺僧大用集众力为之。先是寺无三塔，遗骸并葬池水，复师以为非禅祖创规立法之意，因度善地于寺之西偏，囊驼峰下而为三塔。至于三门廊庑、钟楼经藏、温庾废坠者，以次修葺而新之。

是役也，兴于斯时不可以无述也，则具事状，航海抵京师属余为之记。尝闻其地之境，万松夹道，双峰环绕，山之东麓有泉甘香清冽，盖胜处也。昔庐陵杨文节公，有答僧德璘送木樨之诗，今传于世，而定水之胜闻于天下久矣！且世间之事废兴相因，当其废也，苟有能竭力而图之，尚恶得而终废哉！以定水一寺界于山区海奥之深僻，犹必待人而后兴，有志于天下者，可以观于此矣！杨袁两公于余有先世之契，而复师世居丰城，则又有乡里之谊，故为之记云。

至正二十年八月辛亥，通奉大夫、中书参知政事同知经筵事提调、四方献言详定使司事临川危素记并书，翰林学士承旨、荣禄大夫知制诰兼修国史兼太子左谕德魏郡李好文篆题

案：上文录自《澹游集》。

重修定水教忠报德禅寺记

元·周伯琦

至正十七年岁丁酉之春，见心禅师复公受行宣政院檄，主慈溪之定水教忠报德禅寺，睹其殿宇倾废，躬誓于伽蓝神，期必兴复。耆宿僧仁英感其诚，即致钱五千缗为之倡。其季秋九月重修大殿，冬十一月成。僧大用鸠众力作涌壁于殿之后，塑观音大士及诸天龙鬼神像，庄严精巧，金耀碧绚，厅形异状，动心荡目。于是悬钟之楼、庋经之藏、两庑三门、庖湢诸室，次第缮完。其寺之西偏，橐驼峰下创三塔，砻石为穴以藏遗骼。其余赀所为以如此。讫工，走其徒托枢密佥书邬密公，求记诸石。复公曩以学行见予，亦灵彻文畅之流也，又恶乎靳。

慈溪于四明为属邑，寺距邑四十五里鸣鹤山之阳。乔松行列，幽涧萦纡，茂林修竹，迭嶂平湖，辉映左右，为一方之胜。寺始建于唐之乾元，名清泉寺。相传大梅常公基之。盖山之东麓有泉焉，香洌可鉴，大旱不涸，故名。经藏亦唐人所书，盖古刹也。宋嘉熙中，越公袁韶惜其废，施财重建寺宇，请于朝，改今名。其时有宝叶禅师源公主之。入国朝至元甲午，东洲永公又重盖大殿，至是余六十年矣！庭前双桂甚古，有禅师德璘者，尝蒸花为香，以遗诚斋。杨公万里答以诗，有"天香来月窟"之句。复公今榜其方丈曰"天香室"，取诸此也。

噫！自佛法入中国，而伟才英气不得于时者，第屈意倾身为之徒，以学其法终其身不变。兵兴余十载矣，州无完郭，郊无完室，生生几息。而复公以此时兴坏起废，于干戈百战之余，略无难色；其徒又能应答如响，以成其师之志，可谓笃信其法者矣！非其才气有过人者能之乎！宜其弘法为教，而有以动夫也！今夫衣冠而仕者，服一官，肩一职终，更而无纤毫建立可书者，比比皆是。彼不用于世而能有为此用，于世而无能，为其亦可感也，夫其亦可叹也！夫是为记。

至正二十一年岁辛丑正月既望，中奉大夫、江浙等处行中书省左丞周伯琦撰并书篆。

案：上文录自《澹游集》。

天香室铭

元·高明

定水寺在慈溪之鸣鹤山，宋庐陵僧德璘禅师居此寺时，寺有古桂二章，至秋花最蕃。禅师尝蒸花为香，以遗杨文节公，公答五诗，至今林下传诵为美谈。今此桂尚蔚然秀盛。至正十七年，见心禅师来主斯寺，念前辈之流风雅韵宛然犹在，辟室而名之天香，取文节诗语也。翰林杨君彦常尝为记之。见心复征辞于余，余因思昔山谷老人问道黄龙晦堂心公，心公告以孔子"吾无隐乎尔之意"，山谷未悟也。一日因山行次，偶闻桂香袭人，心公谓山谷曰："此正所谓吾无隐乎尔者也"。黄遂顿悟。今见心之以天香名室，盖借璘公之旧话，以提唱晦堂之真机耳。见心博学多闻，而素深于宗旨，彼以天香名室，岂偶然哉？乃为作铭以演其义。余不解禅学，辄妄意臆说而为斯铭者，盖欲假是以参叩见心，欲其如晦堂之开晓山谷，非第如杨文节之酬璘师而已。铭曰：

六尘之香，外境所发。至人妙用，即尘为法。

为问兹香，来从何来？谓从天耶，天何为哉？

了知斯义，无隐乎尔。四时天香，无灭无起。

我观此室，如维摩居。三万狮座，包容无余。

盖此天香，满大千界。故知此室，其大无外。

山空水清，风凉月明，妙香所熏，世梦皆醒。

醒后觅香，了无一物。心境俱忘，而况兹室。

我谓文节，未契璘叟。直须黄龙，点破黄九。

爰作铭诗，以叩祖禅。庭前柏树，笑余多言。

前翰林国史院典籍官永嘉高明撰

案：上文录自《澹游集》。

金仙寺泰上人舍田之记

元·释昙噩

朝列大夫浙东道宣慰副使金都元帅府事姜元佐书并篆。

盖元年诏悉役僧道士，有司不察，役如律。寺观为困。至元间，江南内附，登户口产业之版于天府，视僧道士四民外，听以素所有为常住给之，复其身。僧道士稍肆或兼并，以自私田多至数百千亩，无虑奉养过当，殊戾清静寂灭意。上居民间久，耳目所闻睹，故即位有此诏，然其论犹仅当登版之后者。诏始下逮立廷中，受期会簿书、约好吏，并缘虽固登版者，莫解免，即有政费辄倍。常住无所得资，每系累棰捞相属。大山长谷屡终日行，阒弗闻鱼唄音。所造则佛菩萨像尘网暗，破炉、凝煤、釜鬲，毁弃沟畎。予时归处里巷，会使驰驿，致香币补陀，祝厘教门，事得专达，道城还，信宿涵虚馆舍，因率侪类诣，上书言弊。使省书谕曰："非上本旨也！夫谓登版后岂常住云乎，且祖宗成宪具在，慈悲之化，方世所祈。向上意凡欲以裁正其末耳！兹顾重伤本果以闻，行且罢矣！已而，罢。

金仙寺元泰师惩焉，委质剂常住为田百亩，来谒文以记。惟圣人辞爱亲、释尊显，高举深遁，迄践性灵，以出生死，垂矩范以迪来学，然其后犹以欲败。今师能奋绝流俗，攻淡薄、治恬默，以口服道真。呜呼！其可劝已，岂特识哉！寺隶慈溪，其徒皆乐善好施，而师其尤也。是宜记。

天历三年四月望日记　知事居敬　耆旧普明、师宜、静逸、净修　住持一宁等立石

庚午岁四明张周士刊

案：光绪《慈谿县志》有昙噩之传。姜元佐以泰定二年莅浙东，见至正志。其衔与上所署合。天历仅二年，至是年已改元至顺，碑犹书天历三年，盖文宗袭位在上都，吾乡遥隔数千里，四月间犹未奉改元之诏也。此碑毁于道光乙未，装本犹有存者。咸丰甲寅，鸣鹤场盐大使董毓英募资重刻之，较原本仅隔一纸。吾邑碑版经后人重刻者，惟此碑尚称完好。

故浏阳教授李君墓志铭

元·戴表元

　　君讳梦登，字仲实，李氏，越余姚人。余姚之李，自远祖唐相国绅帅越，迁其籍。……大德丁未孟春，有命授浏阳州教授，五月二十六日以疾卒。……子男二，长文龙，早世，次德麟。余之生长君（梦登）十月，为同甲，尝入太学，于君家世为同舍。比来明，同游相好。……慈水之招提曰金仙，与（其）祖茔相望，捐田租三十斛以奉相火。族故稀少，岁时会集，必尽欢洽。有不给者，亦赡周之。呜呼！贤者德麟，将以某年某月，葬君某山之原而请（予）铭。

　　案：原铭在引录时作了删节。

重建金仙寺碑文

清·叶联芬

　　八万四千区，灵推西竺；四百八十寺，盛数南朝。开十地之通门，辟三乘之广路。鹫宫崔崒，极虹梁紫柱之奇；鸡刹逶迤，擅螭角丹垣之胜。银绳密界，璇镜高悬。座显庄严，金粟共玉毫齐放；池开功德，禅风与梵泽俱流。自古为昭，于今不易。然而难逃者恒河沙劫；易变者沧海桑田。

　　有如慈北金仙寺者，梁大同间始名精进庵，唐乾元间改名福林院，至宋治平二年，乃赐额金仙寺者也。背隐山之麓，山顶有亭曰"抑洪"；面白湖之滨，湖心有屿曰"浮碧"。渟膏蓄黛，饮景含虹。流涧而挂新旛，鹤下岭而飞旧锡。参来梵呗，声通西信之庵；悟到潮音，响沸东汀之水。堂开思补，听法僧来；楼峙静观，读书士集。洗苔斑于乐石，舍田摹县噩之文；剔薜晕于经幢，参壁读云初之画。辉生龙象，界悦天人。善哉鹿苑之遗规，允矣鹤皋之胜迹。无何旃蒙纪岁，荧惑流灾。俄惊社鸟之鸣，几类池鱼之厄。绛云飞而焰炽，赤熛怒而烟腾。一炬有似乎秦宫，三噀难期诸郭宪。嘶悲白马，劫换红羊。双树全枯，香消薝卜。三灾并到，光灭琉璃。盖自火不戒于庸流，而寺之非复常住也久矣。虽然，问西归玉马，履中原者致慨黍禾；抚南渡铜驼，怀故国者兴嗟荆棘。兹则支那胜地，瓦砾一堆；阿耨通津，蒿莱半没。不有于有，何无于无，有心人岂忍置之而不思兴复哉！

乃有道法上人者，抟沙感往，覆篑期来。倡插叶之缘，拓沿门之钵。为婆罗救度，踏破草鞋；为毗勒护持，横担栲栗。于是信修须达，喜舍兰陀。营给孤独之园，金能布地；慰阿鸠留之愿，指亦流泉。而上人乃举鞞章，操量鼓，具梁卵焌黄而卜吉，计竹头木屑以程功。运慧刃而助班斤，转智珠而营慈室。拔离火宅，无非甘露之门；吹出香台，便是大风之沫。迄于今，天都架玉，地阙铺金。开梵帝之宫，展镫王之席。辉煌大殿，绀碧千寻；曲折回廊，青红四壁。窗舒意叶，何殊七万二十宝装；室布天花，即是广一由旬金版。功深于作镜，法妙于转轮。此诚由长者慨施净财，而实则上人之克肩巨任也。

芬修未能成，学何敢佚。听生公说，我愧钝根；思灵运言，人期慧业。旧游如昨，炉中芋火犹红；新构初成，社里莲花欲白。祇愁杜撰，开口空谈文字之禅；倘许皈依，洗心且结巾瓶之契。

金仙寺长生净土会碑记

净土不独在西方，方方皆有；极乐不定出，堪忍当处岂无？经云：欲得净土，当静其心，如其心静，即佛土净。梵语阿弥陀、华语无量寿亦云：无量光佛者，觉也。指吾人之自性曰寿曰光，乃心性寂照之异称也。夫修净土，必要其念佛发愿求生极乐者，当知阿弥陀佛即法界藏身，极乐世界即莲花藏海。故见一佛，即见无量佛，生一土，即生无量土，念他佛即念自性佛；以法身不二、自他不二，能念所念俱不二，故一念想，应一念佛，念念相应，念念佛。唯此念佛法门，乃我本师释迦世尊彻底悲心，欲令众生唤醒自己主人翁耳！佛法自天竺来，至东复以及九州岛岛岛之外，流布寰区，迄今二千余年，绵延变世相承，曰教曰律曰禅，分门设化，独净土一门，最为兴盛，亦最为圆融。而三家之大善知识究竟指归，莫不栖心净土，亦莫不主张净土，穷其所以建法幢宏斯宗旨，无非符弥陀之本愿，畅释迦之悲心。后世佛弟子能宏斯道者，皆是重宿愿力秉敕度生，为法王之使臣，作慈父之冢嫡，真菩萨也。梵语菩萨，华言大道心众生。癸卯冬，予募请藏经来寺，炳瑞禅人为永开净土，以接庐阜之风，置产勒石，请为记，予即喟然叹曰：寥寥宇宙，泛泛波流，往而不返者众矣，能知归宿者，几何人哉！净土为苦海之彼岸，吾人之故乡，子能操舟扬帆，邀请善信同驾慈航，不患乎不达彼岸，不殊故乡。是在长平捩柁，不惜余力可耳。果能如是，即此便名大道心众生。请雕贞珉，用昭来世，质诸后贤，谁曰不可？是为记。

台宗讲席卓三氏谛闲撰

附列乐助田地并落土名于后

上岙火烧场大路上共三块，计田陆亩伍分

白洋湖沿计田贰亩三分零

上岙何姓祠堂边并滥田两爿计田贰亩伍分

上岙箬鱼头铜盘两爿计田壹亩伍分

湖西山田四爿计田四亩三分零

烟墩沿后姚共四爿计田四亩三分零

以上共计民田贰拾壹亩零，永为净土会内开销之资。定每年夏历新正初五起至腊底至，邀净师五众，每日五课常规，逢弥勒圣诞、礼忏设焰、申会芳名、蔬果银箔俱照本方常例，永遵奉行。是为记。

民国八年岁在己未仲夏

案：上篇碑记，获自翁欣闻先生所录白文，经编者标点录此。

惠敷桑梓 重光古刹 姚云龙先生功德碑

姚云龙先生（一九二四—二零零八），慈溪鸣鹤人。自幼沐淳厚民风，结佛缘种善根。早年旅居香港经营国药，声誉卓著。念念不忘故里，花甲返乡，遂发大愿，出资百万港元建造成云龙中学，时一九八八年。金仙寺乃先生故里浙东名刹，历千百年屡建屡毁。先生祈乡里昌盛，愿古刹重光，遂于一九九零年捐资佰万港元独资承建大雄宝殿，后再捐人民币贰拾柒万元塑殿内佛像，为禅寺基础建设捐资陆拾万元。维桑与梓，必恭敬止。二十年间，先生为乡里兴办学校医院水厂敬老院等捐款合人民币逾壹仟肆佰万元。先生并非巨商，自奉勤俭，倾其所有惠敷桑梓，恩泽后人。先生弥留，嘱托子女，承续善业，勿忘故里。云山苍苍，白水泱泱，先生之风，山高水长。

金仙禅寺监院德慧立
二零一一年五月

普济寺陈公诗刻

山远峰峰碧，林疏叶叶红。凭栏对僧语，如在画图中。

案：嘉泰《会稽续志》卷八有记："陈康肃公为漕案行窖所，尝来游，有诗刻石寺中"。

永锡庵墓田碑

宋·释道玘、祖贤

乾隆《余姚县志》引万历《余姚县志》："普济寺之天王殿，有永锡庵墓田碑，时宋景定四年也。道玘、祖贤二僧为其父母创庵，割田以给僧。"有云与普济院湖光共揾。

案：上碑录自《慈溪文献集成（第一辑）（民国）《余姚六仓志》（王清毅岑华潮点校）

普济寺舍产净发碑记

普济寺舍产净发碑记至元六年碑陷寺壁

元·岑良卿

　　盖闻浮屠氏之教，祝除毛发，焚弃冠环带裘，以自绝于俗。甚者入山林、践荆棘，卧息蛇虺，袒裸雪霜，或刲割屠剐，焚烧烹煮，以其肉饲乌鸟蚊蚋，曾莫之恤。彼学佛者必如是，而后道可成乎？何其自苦如是耶！岂绝俗而后志益坚，毁体而后行益力欤？然则释氏于一身尚且视为非有，身外之物宜一切无所爱吝矣！

　　窃怪乎世之学佛者，荣侈其宫室，广置其土田。事有常规，养有常具，用有常赀，役有常仆，凡所以为身谋者，动无不周，视绝俗毁体以自苦者异矣！今夫穷乡僻壤，寺之小者亦不下数十人，而凡为僧薙发者，必有常供，实赖常资以给之。

　　今普济寺尚缺焉。至元六年二月，寺僧凯始慨然舍其山田若干亩于本寺，以专偿其费。且伐石请记。庶几山田不至于湮没焉。厥后闻者回应，僧法恩等亦各舍田归之常住，以给公用。先是，僧拱北、允慈所尝舍者，其数并刻诸石，兹不书。

　　噫！佛之道难矣，苟能稍究生死之际，乐深山绝世之居，安菜根草果之素，于其身外俱无所有，庶几得佛之万一焉。或者托迹空门，视常住为己有，瘠众自肥，以私己亲，曾不知其身且为幻，况肯舍私有以济众乎？斯人之徒，闻凯师之风，亦可以少愧矣！凯之志有可嘉者，是不可以不记。

　　凯，慈溪人，尝游武林名山，归老普济寺。凡其所有，皆舍之祠庙，此其余也，乡里咸称淳谨好善者云。

　　岑良卿撰。

　　案：上碑记录自《慈溪文献集成（第一辑）（民国）《余姚六仓志》（王清毅岑华潮点校本）。

福昌院藏殿记

宋·孙应时

余里舍之东二十里，其乡曰上林，其溪坞曰游源，有佛氏之居曰福昌院者，唐长庆四年僧众曜之所基也。例毁于会昌，复于大中。其始曰永寿院，钱武肃王时改焉。至宋绍兴初，僧惟岳更其殿而大之；法莲者为轮藏而屋之；体修者募其藏之书，皆未就而死。于是其徒中炜等五人相与谋继其役。乡土寒啬，无所贷乞。中炜独苦心强力，寸累铢积，不弛不亟，四十年而毕成。今其藏宇囷囷隆隆，金碧玲珑，函书满中。殿则翼翼鳞鳞，周楣重轩，像饰一新，盖其费缗钱二万焉。里中长者，嘉其劳也，属余记之。

噫！佛之入中国千载矣，其宫室满天下，瑰侈穷人力，或百倍于兹。儒者病焉，欲排而去之莫能也。余思之矣，蚩蚩之民，其心思智虑耳目精神不能自主也，而主于习，习斯信，信斯久，久斯化矣！古者，礼乐达乎天下，民朝夕习而化之，而后世之民，不复知礼乐为何物矣。今自通都大邑，以及穷乡荒聚，必有佛氏之居为之依归，则犹三代党庠遂序之所也。其钟鼓仪物、讽诵讲说，则犹三代弦歌乡射之具也。儒者不能以道得民，而佛氏得之，将谁责欤？古今道术之变而关乎天地盛衰之运，将谁能任之欤？然则凡佛之徒尽心力于其法者，余方叹且愧焉，奚暇訾也！乃不辞而为之记。

初，与炜并力者，曰从六、从本、从德、宗鉴，其佐之者，曰中秀、中闰。

庆元二年，岁在丙辰二月甲戌，余姚孙某记。

案：上之碑文，录自光绪《余姚县志》卷十一·典祀。

永乐禅院碑记

清·胡价人

永乐禅院，距余家仅百余步。总角以来，时相往还。见夫木鱼斋鼓，庄严毕具。辛酉、壬戌，粤匪窜扰，村落为墟，丛林名刹多付兵燹，而禅院无恙，佛力无边，于此为证。

余自甲子以来，下榻其中，几逾十稔。奈代远年湮，榱桷宗溜，诸多剥落。前住持文林师，颇矢清规，克知节俭，将庵产租息铢积寸累，囊橐渐充，众推堂叔立名董理其事，而喜助钱五十千文，于同治十一年重加修葺，共计工料钱四百十七千文。

迨去秋，文林师圆寂，其徒增瑞接住，众议将文林师遗资续购庵产，置得丁地三十一亩零。恐日久弊丛，爰将新旧庵产灶甲塘下亩分，开明于后，俾垂久远云。

案：上碑录自《慈溪文献集成（第一辑）（民国）《余姚六仓志》（王清毅岑华潮点校）。

朝北丛林书版

清·释达源

盖闻能仁寂嘿，现日轮相之身；妙法总持，出兜罗绵之手。经传庆喜，衣付饮光。补处一生，慈氏之名早著；明心九载，菩提之号已传。诚今古之宗师贤愚之矩范也！

衲去圣时遥，望洋知慕，欲雕镂宝座，装塑金容，徒布座以嗟吁，竟探囊而羞涩。有居士陈殿飏先生者，捐长者之金，施仁人之粟，饬材、饬力，镂华藏之台，鸠匠、鸠工塑光明之相，觉花舒放，善果圆成。爰述俚言，以光盛举。

乾隆戊子，嘉平上浣日书。

案：上碑录自《慈溪文献集成（第一辑）（民国）《余姚六仓志》（王清毅岑华潮点校）。

乾隆间重修宝镜禅院碑记

清·胡□

　　龙口、卷阿，皆之罘太史胡公遗迹，而卷阿庄独存。先是太史立此庄，犹营菟裘也。香泉涵碧，"玉尺"留题于是，庄之胜在池矣！□其继配包宜人，栖心佛典，属天瑞长老诸梵修事，斯"宝镜堂"额以称，而天瑞实为此院开山。中间得综佩□差振者，犹幸有朗澈、敬云两上人耳。数十年来，玉池波涌，宝镜重光，揆厥所由如终愿，长老固已尚矣！要惟□定远禅师洎法修上人，实能宏宣法教，大启宗门焉。定远目隐双瞳，心澄止水，拓遗构，焕新模，疏浚磨砻，渐次就绪。而法修实继述之矣，更从而式廓恢张之，使卷阿旧庄既占梵宇琳宫之胜，而山园田地亦新业倍于旧遗。（下阙）

　　案：上碑录自《慈溪文献集成（第一辑）（民国）《余姚六仓志》（王清毅岑华潮点校）。

积庆教寺碑铭

宋·史岩之

　　惟南大岳，有师思大，传智者师，捷得三昧。

　　妙法云何，比象莲花，圆顿深入，真净不瑕。

　　燕于姚江，象教流荡，疑对鹫山，而游龙藏。

　　聚沙成佛，合掌入圣，一念玄关，十方圆镜。

　　相维烛湖，岩壑生秀，赤城在东，天姥殿右。

　　童、育现前，太白、东吴，三乘八部，翕集圣徒。

　　梅干龙根，飞跃天御，风雨悲鸣，复其本处。

　　衢昏未晓，阴遨失道，慧鉴慈灯，佛日宵杲。

　　神光绚发，玉璞金精，山中夜杌，惕然震惊。

　　旃檀之林，曰惟尔邻，夜梦大士，现宰官身。

　　尔昧曷师，惟慧惟觉，尽契圆常，得游极乐。

矧惟九峰，飞云相望，眷言此山，蛾眉之阳。

慨兮如存，昔式斯藏，相彼越人，昔我攸牧。

梅在于阗，栀在于隩，珠璎效异，毫相绚曜。

礵碱承陛，银黄拂楹，夕灯晨香，祝我睿明。

皇心载嘉，昭回下饰，锡尔多庆，遍于万国。

法卉昙华，三千大千，臣拜稽首，天子万年。

天龙按部，以引以翼，沙数有尽，金坚无极。

宝祐四年四月吉日记。张即之书。

案：上铭文，见光绪《余姚县志》卷十六·金石上。积庆教寺，在梅梁山。此碑铭是南宋理宗朝资政殿学士鄞人史岩之为自己的功德院所作。

积庆教寺碑

宋·史岩之

"积庆教寺"，臣闻御书之宝。天子有善，逊德于天。人臣有善，归诸天子。故天应谦逊之福，而君人者亦将下下以成其政焉。天人上下之间，非相为次，所以示顺也。天保之作，合鹿鸣诸诗以相成也。曰除，曰庶，曰宜，曰兴，曰增，以祝君之福矣。又等之以山阜，尊之以日月，下至于禴祠、烝尝之事，苟可致其敬爱者，犹期以万寿无疆之休报之至也。既又

望其如松柏之茂，举群臣庶民无不显承庇覆，以遂其千万年尊戴之愿。诗人祝嘏之旨，抑又深矣。

臣恭惟皇帝陛下睿明，天纵圣敬，日跻以六经，校德论功，不在五帝资材之下，与三后协心底道，欲同万世家国之休。故贤臣嘉宾得尽其心而群黎百姓诒尔多福。迨我今暇不遗故旧之思。倬彼昭回时侈云章之赐，乃宝祐甲寅之岁月旅蕤宾清燕之间，亲洒宸翰，赐臣"积庆教寺"四大字，和梅梁、烛溪诸扁，为字八十有一。龙光贲于口口，虹气贯乎山川。臣捧拜之余，感天荷圣欢呼蹈舞，荣耀无极。退伏惟念臣世受国恩，父子弟兄俱玷事任。而臣出藩入从，取数尤多。虽十年闲退于山林，而一饭不忘于

君父，辄援李丹国清之比，以效韩琦龙兴之祝。不谓土关睿听俯赉天题嘉微臣报上之忱，有诗人祝嘏之义。臣之愚陋，曷克称蒙。盖尝孝之故典。厥有二臣，贺知章赐观千秋，魏少游锡寺天书，伊今之逢，可谓千一。臣既只若宸旨昭揭，宝坊乃与梵侣开士名香普熏，载拜稽首而扬言曰：天下无德外之福，故诗人祝君以福，必本诸德，天保定尔。既欲安定，尔位使之坚固也。俾尔单厚，俾尔多益。又欲每事极乎仁厚，多所益利也。盖有一之未厚未益，非君德之大全也。厚则不薄于人，益则无所损于下，为民为物，安得不蕃且庶乎？

天子之福，在乎养人，积是不已，则受天之庆宜君宜王，宜民宜人，无所往而不顺矣。岂特微臣一门受陛下安吉之福哉！臣不佞，敢以诗人归美责善之谊诵为陛下下献。惟圣明留神，臣不胜拳拳。

宝祐四年四月吉日，正奉大夫、奉化郡开国侯、食邑一千五百户、食实封壹佰户臣史岩之拜手稽首恭书

口口口同口奎刊

案：碑文中有"伊今之逢，可谓千一。"史岩之，字子伊。句中的"伊"，是史岩之的自称词。

重修积庆寺碑记

赐进士第，资善大夫，吏部尚书，侍经筵，同邑陈有年撰文。

赐进士第，嘉议大夫，顺天府府尹，同邑沈应文篆额。

赐进士第，行人司行人，同邑陈鑅书丹。

余不佞，少则闻吾余姚有积庆寺云。而寺自宋资政殿大学士岩之史公创以守冢，世守其祀弗替。而公之裔世居半霖者，即其寺檀越也。及余壮岁登朝出入中外，而自戊子岁遂得谢江右中丞，持节还里。乃继峰史公亦解河东绶归。

史公者，余不佞莩葭戚也。一日造史公，相慰劳，而公若有所乞于不佞者，嘿嘿不竟吐。逾再岁而再过，公有仲子之戚，欷歔呜咽者久之，遂

语不佞曰："不谷向欲有所乞于明公，以先人之业故。而嘿不忍竟发者，以儿熙足请也。今不幸不谷以病废，而儿熙复骤夭，则先人所未竟者惟不谷任。惟是不谷同世祖岩之府君所建积庆寺及墓在龙泉乡者，迄今世祀垂四百年矣。而庙貌祠宇及诸所创业俨然若昔，赖吾先中宪益廓而新之。迨先中宪殁，而不谷稚而鬓也。里中豪有力者，睨以为史氏将日微，且此故先朝遗物，争啖以为已肉，图必得之。告讦于官司者无虚岁。不谷虽羼然孺子乎，谊不忍于先学士，复何忍于先中宪公？于是倡宗人十数辈力为抗，而寺僧诸者执义而多敏智人也，不惜间关捶楚，用百死争之。不谷复又出橐中百余金而佐，遂以其余稍赎其素为人所渔者。而环寺为山，环山为田，售几如昔矣。最后，诸僧以老不任，而不谷遂亦叩籍奔走世途。虑业之张而且后弛也，复又延黄僧、姜僧若郑僧递为主持。当其时，祠宇以岁月久不无颓毁，赖郑僧复能精勤敏于事，遂以辛卯岁复鸠工庀材，再新庙貌，且廓其诸所创业，加于平时，此实先人邀天之福，非藉明公一言碑之，无以诏来者，且无以杜觊者。惟明公为衰宗计不朽留意焉。"余时方迫于南台新命，不果诺。

又碌碌数年，适今岁杪秋，余幸得谢统钧再还里，而公亦谢世再岁矣。乃公之伯子辈复来讨旧盟，且曰："不孝孤举宗以俟先生碑久矣！且于先子有成言，其幸哀怜之！"予不佞，于公雅负诘责，又所习闻于少时者，敢不唯唯？虽然公畴昔之告我者，亹亹数什百指俱矣。夫复何言？夫复何言！第不佞所习见，世之宦族名家，间一二善能嗣守者，亦近在五世之亲，远不能出绝服之外，一值颠困转徙，而弃之若敝屣，此其于世比比。

乃史氏去宋及今，论其世则不啻更代，叙其谱则不啻十传，而敦仁崇祖之思百年一日，千指一心，当里豪之攘臂而起也，史氏戈戈耳。公独念始，不顾身名，一倡而举宗不惜捐资倾囊以应，遂复其旧，而拓其新，较于世俗恒情，奚啻百倍？则自今以往，宜即世世，吾几不能知其终始者。斯诚难哉难哉。而尤有其难者，诸僧直为史氏住持耳，独能不乘利，不惕威，捐躯忍志为史氏图数百祀之业，即所称古节侠士出死力为人排难解纷者奚让焉。思又难之难者也。余闻公临属圹时，犹惓惓以先业及碑文为念，乃知公之笃于追远，诚不以死生之际易情者。余不佞，愧惟夙负公，则罪在不佞。然公而有灵，将有不朽于世世者，又奚俟不佞？且不佞何能不朽公，庶几藉此以万一慰公，兹亦不负公矣。

公讳自上，举乡进士，任山西平阳府同知。其宗人效劳于先及捐分助碑者，俱列于左。诸僧名德桂，黄僧名净杲，姜僧名成谦，郑僧名守清。同勒碑文，郑僧也，得并书。

万历己丑季春吉旦立

案：录自上海图书馆藏史善豪纂修《余姚半霖史氏小宗支谱八卷首一卷》（清咸丰三年史氏刻本）。

天台山通玄寺独朗日禅师塔铭

清·行彻无碍

师名行日，字独朗，宣城建平许氏子。生而颖异，气宇不群。长以侠闻，襟怀磊落。交游尽属少年，傲秦嘲楚，谈吐善伤先辈，骂柳夸张。放荡不羁，行藏莫测。牢骚满腹，似乎赤手可屠龙，困顿名场，始觉此生空按剑。

依栖姑母，执侍三秋。游侠都门，淹留二载。因见世途危险，沽名莫若埋名，还思释海汪洋，出士无如隐士。更途易辙，舍妄归真。

跻南岳以遨游，礼恒师而披剃。闽宗受具，戒腊冰霜，太白究心，交驰棒喝。风柯月渚，恒和尚慈悲，太煞个事，日可商量；凤翥鸾翔，密老人炉鞴，森严到此，无容拟议。随机应答，法法天然，信手拈来，头头是道。

遂尔飞锡姚江，伫看白云迷谷口，阐扬积庆，只将黄叶止儿啼，切念大事未明，瞒人岂能瞒已，疑情未断，误已而且误人，慕船子之风，散夹山之席，飘然一笠，直入千山。

一到通玄，不觉全身放下，几遭辣手，从前伎俩俱消。是以草偃风行，渠成水到，应机接物，益己利人。

仍泛姚江之桌，掩室千朝。再登太白之堂，荷肩大法。欲行过量事，还他出格人。

继席玄峰，若释若儒齐侧耳。触翻乳窦，是魔是佛悉攒眉。说妙谈玄，洗荡五家宗旨；吟诗作偈，扫除李杜风规。

交友一味平常，未肯频频下榻。处已自甘枯淡，何妨日日在陈。目中不见王侯，胸次毫无得失。一生潇洒，半世清闲。

偶因四大违和，唱起还乡曲调，渐见六门紧闭，帆飏西渡慈航，撒手逍遥，临行自在。当是时也，鹤唳长空，猿啼远岫，香焚鼎内，泪滴松梢，草木自此解颜，山林从此退色。世寿六十六，僧腊四十三，塔瘗本寺之西山，予亲封其门户。其门人今子心公乞予铭其塔，予虽不敏，敢曰交深，忝在桑梓，知师最悉，兼以同门之谊，安得无辞？取其大概，序而铭之。铭曰：

通玄峰顶，不是人间。心外无法，满目青山。

德韶斯语，流布人寰。密祖闲出，众山崒嵂。

剪棘芟荆，营经据拮。金粟花香，通玄果实。

回首七夕，四山变易。枚卜三番，先师继席。

克振纲宗，嘉声奕奕。慈祥恺悌，温厚谦恭。

遐迩尚德，衲子趋风。应请东塔，其道益隆。

传之威凤，继之狞龙。末年有嗣，独朗日公。

奇哉男子，伟者丈夫。生而颖异，长与侠符。

胸藏六艺，气欲吞吴。受具闽宗，究心太白。

得窥一斑，便解反掷。飞锡姚江，藏踪敛迹。

阐扬积庆，师名赫赫。一遇先师，鼎新易格。

毒鼓声闻，破家散宅。受嘱天童，继住玄峰。

逢魔即扫，遇佛宁容。壁立万仞，孰敢撄锋。

上无攀仰，下绝已躬。自甘枯淡，懒去迎逢。

日没日没，四大归空。湘南潭北，全体于中。

嗣法六人，以凤以麟。如灯续焰，如火继薪。

住平田万年报恩寺同门行彻无碍撰

案：上铭引录（清）释超心、超香等编：《天台通玄寺独朗禅师语录》（师之上堂法语、诗偈、塔铭均纳其中），书见《嘉兴大藏经》（新文丰版）第 36 册 NO B368。

跋余姚县陈山寺碑

宋·楼钥

《五代史》载耶律德光问冯道曰："天下百姓如何救得？"道曰："此时佛出救不得，惟皇帝救得。"虽俳语，人谓契丹不夷灭中国之人，赖道一言之善也。五季历五十余年，四方云扰，惟两浙境内不知兵革，但知钱武肃王累世奉佛崇饰塔庙，不知一方生灵佛力所不及者，钱王实为之阴功至普。于今庆裔绵远，为本朝勋阀之冠。姚江陈山一碑，具言建立本末。主僧妙珣欲持谒丞相于丹丘，仍携忠懿王制书求跋，遂书于卷尾。

案：上跋，出自楼钥《攻媿集》，见景印文渊阁四库全书 1153 册 224-225 页，上海古籍出版社，1987 年版。

灵瑞塔院铜牌

宝庆《会稽续志》载：在（余姚）县东北十里普满寺，寺有一铜牌，其上镌刻云："建隆二年建此塔并屋舍，因曰灵瑞塔院"。称越为东都，盖是时尚属吴越也。兼有德韶国师名字。韶善地理术。故建立时预焉。

案：嘉泰《会稽续志》卷八载："普满寺在（余姚）县东北一十五里，周显德六年建，号灵瑞塔寺，大中祥符改赐今额。"光绪《余姚县志》记普满寺与嘉泰《会稽续志》卷八所载同。"嘉泰"是宋宁宗的年号之一，共四年，即 1201-1204 年。"宝庆"则是宋理宗的年号之一，共三年，即 1225-1227 年。看来，嘉泰《会稽续志》有意无意地忽略了那块"铜牌"。倒是宝庆《会稽续志》记及了铜牌内容，给出了建塔、寺的年份为建隆二年，即公元 961 年，那时寺地已为钱氏吴越国之境了。普满寺即灵瑞塔院，其址在光绪间已为月德庵，惟山门尚存"普满寺"额。时属余姚县冶山乡客星山，今在慈溪市横河镇子陵村境。

（海月寺）焰口会碑

兰盆会序

夫世之所以设焰者，不以非其鬼而诣之，实乃悯其鬼而荐之也矣。盖圣德布彰，一方之孤魂得所，慈光普照，四野口口魄堪依。相传七月良辰，云是兰盆佳节，感时序而不觉兴叹，抚古冢而曷禁伤情。于是道光拾式年间，纠集口口三十人口，立五柱，每柱六人，公议定于每年七月间在是庵请僧就坛，捐赀设焰，共成胜会，以表微忱。其会相传已历多时，每年捐口除设焰斋费外，积有余钱，存放收息，置有大塘下沙地三亩五分另，以后不待复捐，足以敷用，实以会内敬心口意。既已开创于前，自宜善成于后，凡一切条款规模，重行公议，开列于后，与从前簿载不无异同，总期世世勿替，不致有口口之鬼焉耳。呜呼！建坛设焰，奉馐具供，此乃悯之而非诣之也。勒之贞珉，以垂久远，谨序。

计开设焰条规：

一议、会中三十人，至期到庵拈香酬神以后，庵内设斋五桌，计斋钱三千五百文，毋得喧哗，如违议罚。

一议、每会设焰，请僧六位，香烛素菜，僧人寸金、惟值首柱六人散场便饭一桌，共议费钱四千文。

一议、设焰吉期定于每年七月二十八日，毋得逾先落后，各宜遵凛，如违议罚。

一议、住衲人倘又办事不周，各柱庵内请僧设斋，自应承办。又地租钱值会人三日前收领。又钱口值会人付……

一议、日后会中人如有不愿在会者，当即公众逐出，毋得希图别顶，以致有始鲜终，务祈会众各宜遵凛无误。

一议、每会计大锭六千个足，计钱式千文，如有缺少，罚钱二百文。

圣区上一畈系三百另玖号大塘下计沙地……圣区带丈三畈系

一千四百八十九号大塘下计沙地六分另，带丈三畈系一千三百另三号大塘下计沙地……

一柱：马清涵 马垲 周凤山 李凤梧 阮高峰 僧松远

二柱：张怀章 张昌友 张积高 张宝聚 李天佐 李式高

三柱：陆圣钰 陆圣候 陆禹安 陆 型 陆如灿 陆丹阳

四柱：陆吉鳌 陆如川 陆立章 马进功 史悠同 陆春耀

五柱：莫廷□ 莫□铉 莫世运 莫世□ 莫世□ 莫世□

咸丰三年岁次癸丑仲秋月

合会同立

释子继成□

案：碑存宗汉街道庙山村海月寺，有些字已漫湮难识。

重修万寿寺碑记略

清·叶景崧

万寿寺，建孝义乡之湖塘下，南面山，北背海。有明以前，夙值良因，广斥之地兴兹福寺，本名万寿庵。虽宏壮未及，而严净有余。

乾隆乙亥年，庵僧宏鉴藉四部之护持，起十方之回向，前开长廊，后造精舍，左右两厢俱构楼房，体制宏敞，改名曰寺。

迄今垂五十余年，梁室芜漫，佛像圮颓，危而不持，钟鼓几于泯响矣！

同里褚天位、吴士俊、金兆祯、沙名贤、黄秉刚等商余曰："废兴有时，我维图之。"首倡以躬，闻之者咸用劝助，寺僧静悟竭诚普化，不三载，化芜砾为宝所。内外粲整、朴斫丹艧，耳目一新；塑佛装金，法象改观。又复购金募炭，镕铸宏钟。经始于嘉庆十六年八月，落成于嘉庆十八年十月间，前后支费不下三千银。观者眩骇，莫不歆艳其美而夸其难。

噫！事无难易，存乎其人。独不闻"聚土积沙、刻雕移画，堆成一团，皆成佛道"之语乎？斯盖共出爱纲、同护法城、大悲汲引、义非虚设，庶凭愿力，俱证道场，爰用镂之金石，咸题姓氏以著不朽云。

（万寿寺）补立修寺碑记

孝义乡万寿寺者，创自明季，址旁湖塘，殿宇巍峨，夙称宝刹。想尔时建立经营者几竭心思焉。

后遭倾圮，会有永明禅师卓锡是寺，今隆然师七世祖也，慨解布囊，更请殷绅诸董商确捐募，以充修费，迄今百数十年矣！隆栋崇垣，风撼雨渍，梵堂经舍，蠹蚀鼠穿，倘不预筹修葺，则一旦崩颓，何以安诸天而施法雨！住持隆然炼石有心，点金乏术，余怜其苦行，偕吴君等广为捐募，裒资若干，遂乃捐吉鸠工，庀材饬料，自大雄宝殿以至常住禅房，其间或大修，或小补，上栋下宇，气象聿新，刻桷丹楹，规模丕焕。且装修佛像，华耀尊严，布置神龛，安详妥贴。从此法鼓将沉而更振，梵莲已落而重开。自见香火因缘，靡不舟车络绎。然而饮水思源，其来有自，倘非优婆塞、优婆夷同种福田，宏开寺域，则安得功成一旦而辉映千秋也哉！

爰陈芜语于前，并列芳名于后，当仁不让，喜诸君踊跃争先，见义必为，愿后嗣缵承弗替。

谨开喜助芳名于左：

黄祥云助钱壹佰叁拾千文，吴周氏助钱柒拾千文，功德会助钱肆拾五千文，黄如乾助钱念壹千文，劳经行助钱念壹千文，陈吴氏助钱念壹千文，蔡许氏助钱念千文，余怀珍助钱拾七千五佰文，黄毛氏助钱拾叁千文，黄鸿揆助钱柒千文，黄鸿翱 助钱柒千文，劳奕文助钱柒千文，劳经成助钱柒千文，劳褚氏助钱柒千文，劳林氏助英洋拾元正，吴万培助英洋拾元正，吴德相助英洋拾元正，沙芳林助钱柒千文，沙珊卿助钱柒千文，沙徐芳助钱柒千文，胡朱氏 助钱柒千文，劳协利助钱柒千文，劳茂恒助钱柒千文，王张氏助钱柒千文，周文富助钱柒千文，倪协丰助钱柒千文，吴段氏助钱柒千文，陈成文助钱柒千文，褚天口助银念两

龙飞宣统二年岁次上章口茂季秋月

弟子黄铭槐敬立

案：上碑文由高国明君提供。上碑之立事在宣统二年，不意次年寺遭

火灾，西楼几为灰烬，余则也需大修小补。因此，寺又有一次募捐重兴土木之举，并有碑勒以纪事，碑中亦开列喜助芳名。此碑记事顺此说明之，其碑文不再复录。

第四节　故事传说

五磊寺传说二则

一、阶沿石

据说五磊寺有一块三间屋长的阶沿石，当时建造五磊寺的时候，这块长而笨重的石阶是如何抬上山的呢？这里有一个故事。那是造五磊寺的时候，有一天，上百名民工把在石湫头用船载来的石块、石条送上山。其中有一块足有三间屋面长、近三尺宽的石条，近百民工费尽了心机，虽然把它弄上了船，但怎么也想不出法子弄上山。时间一天一天过去了，眼看限期就要到了，民工们只好装杠用几十人抬。但是从石湫到五磊寺要翻过马鞍岗五里长的陡坡，行人空手走路还有些吃力，几十人抬着笨重的大石条，难度是可想而知的。没有其他办法，上百人只能抬的抬、拉的拉上了路。可是走不多远，人们就挥汗如雨，体力不支。时值初秋，天气非常闷热，民工们只得走一会，停一停，足足一个上午还抬不到半里路，眼看时间已近下午，大家急得团团转。

就在这时，从山下走来一个衣衫破烂的和尚，"咿咿呀呀"地唱着山歌。他走到众人歇脚的地方，就站在那块石条旁，弯下腰用鸡爪般的手把石条摸了一遍，然后对众人笑着说："哈哈，你们假如要把这块石条抬到五磊寺去，就非请我坐在上面不可。"众人一听，齐骂道："你这个和尚太没道理，我们这么多人已经抬不动了，你还说要坐在上面，岂不是胡闹。"和尚根本不听众人的骂声，自顾自坐在石条上面打起瞌睡来。

过了一会儿，民工们看看太阳西斜，恐怕天黑赶不到五磊寺，准备要上路了。有人要把石条上的和尚拉下来，但是任你怎么拉也拉不下来。这时有人说："说不定这个和尚有点来历，我们就让他坐着抬，试试看。"于是民工一齐抬了起来，不知为什么石条竟比原来轻了许多。众人大惊，这时大家都非常敬重起这个不起眼的和尚来。就这样三间屋面长的阶沿石不一会儿工夫就抬到了五磊寺，而此时那和尚已不见踪影。关于和尚的来历，众说不一，有人说这个和尚是菩萨化身前来帮助造寺院的，也有人说这个和尚是得道高僧，能呼风唤雨，法力无边。

案：上系蒋小龙讲述稿。

二、坐韦驮

寺院里的韦驮菩萨像一般是站着的，手持降魔杵，目光炯炯，金盔金甲，威武地看守着大雄宝殿。唯有五磊寺里的韦驮却是坐着的。这里有一个故事：

在很久很久以前，五磊寺香火十分兴旺，全寺有五百个和尚。可是有一年冬天，一连下了十八朝大雪，漫山遍野白茫茫一片。山路早已不通，寺里断粮已有三天，眼看众僧要饿死了。当家和尚是个道行很高的高僧，他把铁链一头锁住自己的头颅，一头绑在韦驮菩萨的脚梗上，口里念叨："望护法韦驮救救僧众性命。"说完，当家和尚就倒在地上昏过去了。

天亮了，太阳出来了。有个商人模样的人深一脚浅一脚的走进寺院大门，看见一个老和尚倒在地上，立即上前将他搀扶坐起，并连声说："师父醒来，师父醒来。"商人问："师父你这是为何？"当家和尚就把大雪封山、寺里断粮、求韦驮菩萨护法……简要说了一遍。商人连说奇怪，"我装了一船大米，昨晚经过这里，风雪交加，船不能行，眼看有覆没的危险，于是我求菩萨保佑，救我等性命。霎时间，风雪停了，抬头只见半空中有一个金甲神明，想是菩萨保佑。船靠岸后我就寻路上来了。"当家和尚听了有所省悟，："莫非是……"抬头看看韦驮，只见神像浑身湿漉漉的，满头都是汗水，显得十分疲惫的样子。"是了，是了。"当家和尚赶紧说"侬坐，侬坐。"话音刚落，只听得"嘭"的一声，韦驮菩萨像真的坐了下去。商人见了，说："我的一船大米就捐给寺里吧，算是对佛的一点敬意。"当家和尚顿时有了力气，连忙起来撞钟，召集全寺僧众下山搬米去了。

从此，五磊寺的韦驮菩萨就塑成坐姿的样子了。

案：上文为宓配佑讲述稿。

大胜庵的传说

长河市过去有一处地方叫大胜庵。大胜庵里供着一尊伽蓝菩萨，可是长河的人们不叫庵里的菩萨为伽蓝菩萨，却都称他为"茄篮"菩萨。那么，为什么人们会这样叫呢？那是因为明朝嘉靖年间发生的一则传奇故事。

那时候，倭寇常常从后海上岸骚扰长河一带。有一天早上，东方刚刚发白，村里的种田人阿沙牵着家里的大黄牛背着犁出门去耕田。就在这时，从北边村外狂叫着窜过来一条大黄狗，从牛肚皮下面钻了过去。

那只大黄牛冷不防被黑狗一吓，一时性发，猛地一下绷断缰绳，往村后狂奔而去。阿沙见状，丢下肩上扛的犁头，手忙脚乱地去追黄牛。受惊的黄牛跑得飞快，眼看就要跑出村口了，阿沙看见儿子在村后边的地里拎着茄篮摘茄子，连忙大声喊起救兵来："放之茄篮柯大王……放之茄篮柯大王……"这一喊惊动了村里的年轻壮汉，为了帮助阿沙捉住黄牛，个个奋勇向前直奔村口，争先恐后来柯大黄牛。依道凑巧不凑巧，这时有一小股倭寇正偷偷上岸后想进村来抢劫，猛然间听见喊声四起，已是吃惊不小，抬头又看见村中年轻壮汉个个奋不顾身向村外奔来，顿时个个吓得屁滚尿流、落荒而逃。年轻壮汉一见倭寇溃逃，捡石头的捡石头，揭瓦片的揭瓦片，石头和瓦片雨点一样砸向倭寇，直砸得倭寇抱头鼠窜，鬼哭狼嚎。

常言道：兵败如山倒。倭寇的小头目见大势已去，慌忙窜进菜园逃命。谁知慌乱中一脚踏进了茄篮里，被茄篮的篮环套住了脚，一个跌绊，脚骨头跌伤哉。等他从茄篮中挣脱出来，一瘸一拐好容易逃到云柯大道二塘墩河岸时，后面的追兵到了。仇人相见分外眼红，年轻壮汉们举起石头，把倭寇小头目活活砸死在二塘墩。事后，村民们认为这次胜利全靠伽蓝菩萨在一旁显灵相助，（茄篮与伽蓝同音）理该立庙祭祀，于是就在二塘墩造了个小庵。因为这座庵是为抗倭胜利而建的，所以人们把这座庵叫作大胜庵，庵里供奉的则是伽蓝菩萨。

案：据陈科迪讲述稿。

普照寺的传说

普照寺位于石堰虞山西麓，旁邻王梁村，寺建于清同治六年（1867）曾有烟火人家上万户、良田百余亩之盛况。关于普照寺的兴建原由，民间有一传说。

王梁村中有位王姓先祖，在普照寺未建之前，曾与某一寺院的老和尚相交甚厚。当年王公因置田产，向老僧借过一笔银两。老僧临终前夕，用两只手指示意小和尚：我去世后，要向他讨回这笔债。小和尚点头，表示铭记在心，但他没弄清是债务还是债权，正想追问师父，不料师父已经断气。几年过去了，小和尚毕竟是佛门弟子，心地善良，将师傅临终前的两指示意破解为应还王公的债务二百两。一日小和尚将苦心经营所积的银两凑足二百两送去王公处。王公先是疑惑不解，旋即也就顺势收下来了。

第二年，也就是同治六年，王公决定要建大宅院，从外地采购了大批木材，当木排齐齐整整地流经虞山西麓时，他恍惚中望见老僧正伫立在岸上，目光炯炯地注视着坐在木排上的自己，王公一惊，再睁眼看时，老和尚的影子已经消失不见。王公由此大悟，即吩咐船工靠岸带排，择日在这老僧现影之地，以多出所借几倍的银两，兴造寺院，寺竣之日，王公鎏金扁额"普照寺"。众人传讲王公这么做，是表示他不忘老僧示现，感恩佛光普照，做人要戒贪持正诚信积善。

案： 据叶祝云讲述稿。

第二章　道教文化

第一节　一篇青词

从坎上前人的文献里可以读到一篇青词，那是出现在光绪间坎上染坊的一场清醮中为葛洪仙诞而撰的祭文。葛洪是道教名人，与染坊老板何涉？一时不免费解。

忽然想起对道教有过研究的鲁迅先生，他曾经说过："中国的根柢全在道教……以此读史，有多种问题可迎刃而解。"先生这话应是能为我们解疑析难启示门径的吧。

对道教史有所涉猎的人都知道，道教是中国土生土长的多神宗教，它源于中国的原始宗教崇拜，又融合了道家思想和神仙方术学说，继承了原始宗教的自然崇拜、鬼神崇拜以及由此而产生的巫文化，而信仰的核心则是神仙信仰。它对我国漫长封建社会的各个时期的政治、经济、学术思想、宗教信仰、文学艺术、科技以及民风民俗等各方面都产生过重要影响。

道教虽渊源于先秦，但形成却在东汉，历魏晋南北朝而成熟、定型，在隋唐二朝臻于兴盛，宋元二代尚现发展趋势，但进入明清，则呈停滞以致衰落，不过其时民间的葛洪（仙翁）传扬则并未消歇。镇海县志编纂委员会编的、于1994年出版的《镇海县志》中曾载，东晋咸和二年（327），方士葛洪到灵峰炼丹，并称："民间多葛仙翁传说，信众遍布附近各县"。民国《镇海县志卷三十六寺观·演法堂》称：距灵峰十余里曾有演法堂，相传葛仙翁从师受仙液丹经于山中，创草堂居之，每吐饭成蜂、斩蛇除怪，多著灵异。乡人合叩礼之。仙翁曰："近我十里逢难不难"。因名至太平山，其遗像尚存；明嘉靖《宁波府志》载："昔葛仙翁炼丹于灵峰，植竹箸，化竹而方，今或间生岩谷，产定海。"明代成化间定海县进士沃頖，有《礼仙翁》诗，代表性地反映了当地文人学士对葛仙翁遗迹与传说的接受："古刹号灵峰，崔巍倚碧空。飞泉悬翠卉，峭石立苍峰。访迹非看竹，寻真别问宗。遗容千古旧，谁是老仙翁。"

明时所称的定海（县），则是清以降所改称的镇海（县），灵峰是县内瓶壶山之一峰（今属北仑区境），有寺。人云：今当地还有一座"葛仙殿"，在灵峰寺后。

以前，镇海虽与位于其西北的坎墩邻府隔邑，但空间距离无非百里之间，亦属"附近各县"之畴，坎上旧时民间葛洪传说与信仰，当受瓶壶那边"东峰西传"之影响，亦是情理之中的事。

葛洪早期曾在会稽修道。偏处余姚北乡的坎墩，与东邻余姚的上虞，同属会稽郡，且居民不乏西去东来。而上虞之境也多有葛洪遗迹与民间传说，历南朝至宋，志书与诗吟中，涉葛洪之载，可略而举之者，则如孔灵符《会稽志》载："上虞县有龙头山，上有兰峰，峰顶盘石广丈余，葛翁学仙坐其上。"唐代诗人顾况曾宿上虞一山中，恰值旁有葛洪所遗丹井，于是有《山中》之吟："野人爱向山中宿，况在葛洪丹井西。庭前有个长松树，夜半子规来上啼。"宋施宿等所纂《嘉泰会稽志》载：上虞县西北二十五里有兰穹山，一名兰风，旧经云，葛洪尝栖隐于此，有石井、丹灶等等。

隔钱塘江与会稽相望的省垣杭城，近西湖的宝石山，西接栖霞岭，有条绵延数里的岭路，其名曰葛岭，岭上有亭，亭中有联："神仙事业三生诀，襟带江湖一望中。"诚然，自亭东眺，之江浩浩，依稀接目，而南望西湖，若一展色轴，碧水涟涟，绿柳拂堤。但当年葛洪来此，并非专恋此处"襟带江湖一望"中，而是有锺于他的神仙事业。灵秀幽静，又产砂石的宝石山，确乎是他结庐炼丹的好所在。后人为纪念这位有德于附近百姓的丹家葛洪，因称宝石山迤西山岭为葛岭，唐初就建有奉葛洪之祠，旧名"初阳山房"，即今抱朴道院之前生。其上有初阳台，台下有"炼丹台"、炼丹井，相传是葛洪神仙事业的遗迹。

显然，不管是上虞民间的葛洪传闻，还是浙西葛岭的消息，自然也会"西风东吹"。

这种葛洪民间信传在坎上的东西会通，光绪间的坎人，想来对那篇青词中受贺的葛仙是不会感到陌生的，那篇青词并不是浅俗之作，写得颇觉典雅丰蕴。

如从道教史的视域来探究一下东晋的葛洪。原来这可是个坐标式的人物。他有族祖葛玄，收有弟子郑隐，二人都是卓有声誉的高道，葛洪拜郑隐为师，时谓更是"青出于蓝"。葛洪能守静向学、著书立说，对以往的神仙信仰和各种方术进行过系统的整理和理论上的阐述，并对民间道教和某些"流俗道士"的言行猛烈抨击，为道教从原始民间宗教向成熟的以仙道为中心的官方宗教的方向发展，做出了突出贡献；同时，葛洪还继承了两汉炼丹术的思想，把两汉以降的中国炼丹术早期活动及其成就的基本反映和全面总结，著述在《抱朴子·内篇》中，奠定了炼丹术的理论基础，并能躬身进行炼丹实验，因而后世尊其为丹家之祖。

丹家之祖的身份与撰作《抱朴子》的声名，不仅在国内引起人们对葛洪的注意，甚至连国外研究化学史的专家也饶有兴致地稽考他的生平与著作。有学者认为 8 世纪时阿拉伯炼丹家盖伯是深受葛洪影响的人，而阿拉伯另一个炼丹家拉茨的《秘书》一书中，详细转载的中国炼丹术的一些情况与保存的原始资料，就来自葛著。公元 1187 年，随着《秘书》的拉丁文译本传入欧洲，从此开启了欧洲在中国炼丹术基础上展开的近代化学实验。

清焦秉贞（宫廷画家，康熙年间享有盛名）绘有《耕织图》，画上配题有《染色》诗："丝成练熟时，万缕银光皎。因为五色形，曾费葛仙老。"如对"因为五色形，曾费葛仙老"加以究意，是能从诗句揣推：丝染业不是奉葛洪为染色祖师了吗？再读坎上那篇青词，作者胡杰人明言为染坊作。二者一联系，是会翔起一个大胆的联想：葛洪在炼丹实践中，由于化学反应，有些炼物会出现色变，还由于葛洪传说在坎上民间的流播，当年经营染皂纱布、生意兴隆的染坊"长白"，就把葛洪也选作自己行当的祖师爷、行业神，特邀最合适的写手代撰祭文，专为葛洪庆贺生日，会集众道士隆重地开一场清醮，闹一个道场，借贺仙诞，请葛仙佑其染术高超、作业顺利，客户济济，为长白赐福送财。

鲁迅先生曾经指出："中国本来信鬼神的，而鬼神与人乃是隔离的，因欲人与鬼神交通，于是乎就有巫出来。"后世道教做法事，行斋醮，上青词，实属古代巫祝遗风。"斋"的原意指斋和净，后为斋戒、洁净之意，指在祭祀前，必须沐浴更衣，不食荤酒，不居内寝，以示祭者庄诚；"醮"的原意是祭，为古代礼仪。道教继承并发展了醮的祭祀一面，借此法以与神灵相交感。斋法与醮法本不一样，后来相互融合，至隋唐以后，"斋醮"合称，流传至今，成为道教科仪的代名词。醮按阳事与阴事之分，也就有了禳灾祈福的清醮与超度亡灵的幽醮两个类别。台湾学者龚鹏程先生在批评刘枝万《中国醮祭释义》所谓"斋是为死者举行的仪式，醮是为生者举行的祈祷合家平安、五谷丰登等"释义之谬后，认为道教贵生，斋醮基本上应是素供。

说到青词，稍涉明史的人，立马会想到崇道的嘉靖皇帝，他喜好在内殿兴斋醮而爱重青词，臣僚中会凑帝趣者，就以擅撰青词媚上邀宠，内阁辅臣中严嵩就是以青词起家的代表。词臣争以写青词迎合上意，客观上促进了道教文学的发展，当朝的吏科给事中徐师曾在他的著作《文体明辨》中就堂而皇之把道教称为"四六金文"的青词，列为一种文体。不过青词也有以诗体出名的例外，那就是人们熟知的"九州生气恃风雷，万马齐暗究可哀。我劝天公重抖擞，不拘一格降人材"。作者龚自珍一生困厄下僚，四十八岁时因不满朝政，辞官南归过镇江，便借道士乞撰青词，抒发了他对清朝统治者压抑人材的愤懑。

青词，又称绿章，其出现之早，当在唐时。唐人李肇（唐宪宗元和前后，即公元813年前后在世）在《翰林志》中就有记载："凡太清宫道观荐告词文用青藤纸，朱字，谓之青词。"青词，是通神的表章，原有道士撰写，旧时神多，要通神的事也多，作为一种赋体的文章，青词也并不好写，要求能够以极其华丽的文字表达出对神灵的敬意和诚心。文人的撰质一般都会高于世俗道士，于是有设醮者让文人客串，道士也就乐失"专利"了。坎上长白的那篇青词，请学博涉广，擅长骈体的名秀才胡杰人掌笔，颇可套得一句"慧眼"识人，用其所长了。

北京白云观收藏一部手书全真教青词，名曰《玄坛要旨四六金书》。原撰者为明万历间任太宁，清光绪年间白云观二十代方丈高明峒补充整理，厘为四册，十二卷，析为二十四品。其第五卷为庆诞诸神品第八，载《正月十九日庆贺丘祖仙寿意》，此系白云观黄冠道侣二十四人，设坛贺邱祖仙寿之青词。不知道，胡杰人有否找过那篇青词，以作撰贺葛洪仙诞的范儿，因为同为贺仙人之诞的青词，尽管两篇青词内容并不相同，但思路行文或可启发参考。不过胡杰人确有笔底功夫，读他的"四六金文"，果然出手不凡，他的思维活跃与文字组合的灵动，根本不会使人相信这篇青词竟出自花甲衰年的老者。文题曰《祭葛仙文》，题下有注：四月初十日仙诞用，庚寅（毅注：光绪十六年，即 1890 年）春为染坊作。文可成诵：

> 青简名高，崒崒（山高峻）式杭州峻岭。丹邱望重，崔嵬瞻镇海灵峰。当晋代而崧生，方华年而谷辟。著书东阁，炳金泥玉检之文。卜兆西湖，驰归璞返真之誉。问丹灶兮何在，宝云寺难觅芳踪。藏缥箱而弥珍，抱朴子谁摹大笔。黎枣允堪寿世，容颜钦挹真人。节届清和，今日庆悬弧之吉。瑞符灵异，良辰逾浴佛之期。众等夙仰神仙，久师染皂。嫣红姹紫，敢云衣钵相传。妃绿俪青，漫比弓箕克绍。欲增华而踵事，总数典而不忘。几度踌躇，频年想象，空思报德，莫登罗霄山巅。冀得传灯，如伏初阳台下。集同人而既匡既救，介寿咸循酒醴之仪。倩诸伶而以雅以南，称觞恭献冈陵之颂。（晋抱朴子葛洪墓在杭州葛岭宝云寺；葛仙坛在萍乡县罗霄山巅，即葛洪修炼处。吴莱登初阳台谒抱朴子墓，有五古诗载《西湖志》。）

胡杰人受染坊之邀，引经举典、远溯近述，对葛洪以诚以虔，以颂以歌，目的是借贺寿而代染坊向葛洪这位"染作祖师"，坦表"冀得传灯"（即希望继承葛洪高明的染作技艺）之旨。原祭文后的附言，说宝云寺有葛洪墓、吴莱有《登初阳台谒抱朴子墓》。当代有学者对此考实是明代成化《杭州府志》的误植与造假的产物。元人吴莱向好虚构，且其诗原题是《景阳宫登初阳台谒抱朴子墓》，而明代成化《杭州府志》既删去"景阳宫"三字已很不忠实，又将抱朴子墓从初阳台移址葛岭宝云寺。其实，吴莱该诗中有句"……尸解本无形，肉飞宁复迹。……虚坟谁所为，怪树独悲激。"也已否定了葛洪墓的实坟存在。只是后来的志书仍沿袭前误。但清人已有质疑者，胡杰人有求实意识，就说"宝云寺难觅芳踪"。

上篇青词，撰者系以文言骈体出之，且多典故与待查词语，为方便大众阅读，笔者贸然"今译"如下，或助意会。

您（葛洪）的大名序登在道家神仙录中，声名高如峻拔的杭州山岭。在那道家所神往的福地丹丘您极有人望，山势崔巍的镇海灵峰，也因您的静修炼丹而受人观瞻。您出生于仕宦世家又天赋特异，年华方盛就行持"断食五谷"的方术。您著书东阁，《神仙传》等名籍之宝贵，得用金泥封印、玉函为箧而珍藏。您选定西湖边幽岭修炼，受到人们"此举是归璞返真"的赞誉。虽然当年的丹灶不知在哪儿，宝云寺中也不见您的遗迹。不过您的大著《抱朴子》，谁也休想仿摹，藏在精致的书箱中，历久而弥加珍贵。您的宏文经刊刻而长传后世，您的神仙容貌着实让人钦美。四月初十，清风和畅，原是您的生日吉庆，又值浴佛的良辰，可谓是瑞符灵异。（染坊）众人，长年以嫣红姹紫、妃绿俪青等颜色染纱皂布为职业，向来敬仰您这位丹家染祖而诚盼衣钵相传。我辈希望染技进步、坊事兴旺，虽说从不敢忘记祖师恩德，多番思忖，连年想象，结果只是徒有空想，连您修炼的罗霄山仙坛也没去拜谒过。满望能将您的染技传继过来，一如能伏在葛岭的初阳台下听您的教诲。现在同人们集在这里请您匡正和告诫，大家谨遵礼仪高举酒杯为您祝寿。更请来伶人演戏、乐工奏乐（高雅之乐和南方音乐），期间大家再次举杯，恭敬地祝颂您寿高如冈如陵。

据当地今人费银海考查："长白"是十里长街坎墩发迹最早的知名染坊商号之一，商铺位于羊路头街口。豪华大宅由胡晨书（人称长白阿荣）于咸丰十年（1860）动工建造，历时三年而竣工。开坎墩豪华建筑先河。占地面积近3亩，建筑面积约1500平方米，院内可搭台做戏。后续有增建，鼎盛时，房子多达百余间。"邀胡杰人作写手，为葛洪贺诞，事在光绪十六年（1890），此时染坊在胡晨书手里正如日中天。坎墩位处姚北重要滨海产棉区和宁波、上海的腹地，且海运、内河，陆上交通均称便利，又时逢棉纺织业的发展，这些客观的天时地利，使"长白"商机长遇。"缸中染就千机锦，架上香飘五色云"，财富因作业繁忙滚滚而来。"商人圈子之信服道教，关键在于他们专奉的财神，商人的职业保护人，是有道教所创发出来的。"（德人马克斯·韦伯著：《中国的宗教：儒教与道教》）在资本的积累上很少会有人自行止步的，胡晨书当然也更"欲增华而踵事"，对染行祖师爷葛洪怀有"总数典而不忘"的感恩心理，而且迷信地更想通过贺诞的清醮，又在他的大院落里"倩诸伶而以雅以南，称觞恭献冈陵之颂"，盼望行业神会更多地送财赐福。

在科学昌明发达的今天，对当年那场夹带迷信色彩的祭贺行业神的闹剧，我们应用历史的、批判的、理性的眼光去看待、去观照。不过，坎上，那一篇青词，客观上确实反映了坎上当年道教的斋醮礼仪文化、道教文学与染行商人的行业神崇拜等，及在民风习俗的融渗，也为后世侧见其时坎墩的社会经济文化、民间的道教影响、士人与商人的特殊关系等留下了即时存照。

第二节 八仙故事

以吕洞宾列头序的道教八仙，有的是传说的仙人，有的确实史有其人。这个群体是从唐宋元至明时期，由单个神仙渐组定型的。而八仙故事由单一变得丰富多样，八仙形象也由单薄变得丰满生动，这与道教造神、道教民间化等诸多因素有关，也与受道教文化影响的世俗百姓的加工、提炼、想象与传播有关，是世俗百姓无数次接受、加工提炼、想象、传播的结果，体现了民间传说的巨大创造力。

一个村落受当地历史、地理、道观（包括住有道士的茅蓬）、外来八仙传说等影响，创造出山寨版的系列化的渗受道教文化影响的"八仙故事"，丰富了村落文化内涵，这是比较少见的。龙山镇的千年古村方家河头，至少在慈溪市，可谓是这方面的一个典型。

经实地调查与先后走访该村方新老先生、方良福等老同志，目前村中的石刻"七仙聚岩"地、双眼井、仙人潭、仙人肚等处，都有八仙故事传衍。

七仙聚岩

由镇风岭口，进方家河头村，然后沿小桃花岭麓往上步走约 2 里，便至下凉亭。由亭左行约二十米，别过坑，往下十余步，即可见一方平展大岩。虽经岁月风化，但岩面上仍然可见刻有七只酒盏和调羹的印迹，据传岩上原先还摆有一台石桌、七条石凳。对此刻此景，有一则八仙故事作了想象丰富的诠释：

> 喜欢云游的吕洞宾，听说方家河头是个山水秀美的好地方，时值阳春，驾云出游时，下见村境仙霞岭（即小桃花岭）旁，林壑幽深，桃花烂漫好比仙霞，情不自禁，下落观赏，其旁竟有一块平展巨岩，可容十余人在此聚会赏景下棋饮谈。独乐，不如众乐，吕仙便邀其他七仙共来享此天赐之美。除铁拐李因事未来，六仙均应请而至，欢会岩上。佳境赏花，不可缺饮少酒，吕仙纯阳便于岩上列具七付酒盏调羹、七条石凳、一台石桌。后石桌因造凉亭移用，石凳则久而散失，所幸七付酒盏调羹仍遗在岩上，现在还依然可见。

其实，这则方家河头古村版的八仙故事的编造，可能是受当时村落中道观（茅蓬）、道徒与道教文化存在的客观影响，也和春回山间桃花盛开的美景与岭路下七付酒盏调羹石刻的实际存在密切相关，臆以为这则故事是编创者由岩刻联想起"八仙"，然后通过想象铺展成故事的附会创作，但它并不是一锤定音的即时产品，是群众历时性地创作传衍的村落民间文学艺术作品。至于镌刻者是出于自己或想留艺后世、或为宣道彰仙而作此岩刻，还是受雇于道观或是道人、甚或其他雇主而镌刻于岩，这不得而知，也并不重要。重要的是这岩刻和上则故事一起，已成为反映村落道教文化的存世遗迹，无疑是很有说服力的事实。

双眼井

方家河头村中多井，而与八仙故事共存的是其中的一口双眼井。

这井在村中浣纱池下方的溪侧道左，井口呈方形，直径约 1 米半，因中隔长条石，看起来像人的左右二眼，于是被村人叫作双眼井。井，深不见底，水质清冽而甘醇，遇大旱也不干涸，足供全村人四季饮用而有余。井口中间压有一块青石板，不知始于何年究系何人所为，但有口传故事至今，都说与八仙相关。

有幽美的赏景环境，有现成的桌凳与饮用餐具，仙霞岭畔的大石岩，便成了八仙时来游聚的场所。有时渴了，便来溪侧道左，打取双眼井水润口。有一日，八仙来井取饮，低头透气之间，竟让在井中修炼的千年赤鳝得了仙气。这老鳝，虽修行千年，却仍未能化成人形游戏人间，真朝思暮想求之不得之际，意外获此"仙气之助"。这老鳝一接仙气，功力大增，八仙离井后，就幻化龙身，在逃离出井时舞爪甩尾，造成石碎树折，山动地裂，还风雨骤起，山洪暴发，祸殃村民。八仙见怪象突起，掐指算来，知是祸起赤鳝老妖，急忙追降鳝精。那妖拼命逃窜，可哪敌八仙功夫，最终还是被八仙团团围住，逃而难脱。说时迟那时快，铁拐李扬起一杖，把鳝精打回井中。这老鳝，又硬是逃出井口，蓝采和眼疾手快，抛笼将妖罩住，一下掷回井底。这边厢，吕纯阳已用一块大青石压在井上，为防老鳝再出来惹事，口中念念有词，随手画符一道，贴在石上。于是那鳝精再也脱不了原形，被永镇井底。

上则传说讲八仙出场降服了赤鳝精，把它永世镇压在双眼井中，使它再也不能在村上兴灾起祸。如细味故事，从中似寄托、折射出历史上村民的愿望：祈山村不要出现自然灾害，人们能平安和乐地生活。同时也反映出村民对用水安全的防范、用水卫生的（盖石井口，一防人不小心落井和外物入井）的重视，和对水资源的积极保护意识。

仙人潭

河头村沙溪中游有一大潭，传说中与八仙相关，因名仙人潭。潭面约有 150 平方米，潭间深浅不一，水皆飘碧，里侧一处潭面，近之寒气逼人，视之深不可测。潭傍的桃湾，风景幽秀，八仙有时会来此修聚。也是合当有事，有一天，八仙相约来此谈道论修。行临村境，眼光特尖的铁拐李，见有人在村中寻事造孽，识得肇事者乃修炼千年的火蜘蛛所化，出于义愤，欲除此妖。于是他将此情告知七仙，约同前去。那蜘蛛毕竟历修千年，论功夫，已非等闲之辈，不肯示弱，起而迎战，但毕竟八仙人多势众，蜘蛛方知寡不敌众，为逃身，解下身上葫芦，往壶口里，用劲一吹气，顷刻之间，葫芦里窜出熊熊烈火，直向八仙烧来，八仙只得退避至一小岙中，一边寻思对策。此时蜘蛛见火攻占了上风，一不做二不休，索性放火烧山，企图把八仙、百姓"火葬"了事。俗话说，水火不相容，情急时，铁拐李提起拐杖，奋力往山岩一砸，突现一窟，窟中泉水象消防水龙直向火处喷浇过去，喷头所至也让山间溪涧一时水流涨盈。蜘蛛精火攻技穷，只得乖乖就降，被八仙收了葫芦，废了修功，逼回原形。原来蜘蛛精的葫芦是从太上老君那儿偷来的，太上老君闻讯来桃湾要回了那神器。这桃湾旁的仙人潭就是当年铁拐李砸岩出泉后的汇水处，八仙降妖而有此潭，村人感恩八仙，就以"仙人"名潭，并叫到如今。

这则故事，具有道教文化与水文化的交融性。虽是编衍者通过想象，铺展了八仙降服蜘蛛精的过程，从而使山村灾消民安。故事的关键节点，突出了以水灭火。其背后，也隐性反映了村民对山林火灾的警惕和防范，和山间水资源对防止山林火灾的作用，历史地提醒，要有山间水资源的保护意识。

仙人肚

由小桃花岭麓出屋村，上行约百余米，岭路两边是山坡，照面之山凸而平，中间却有内凹石塌，形状颇像人的肚皮、肚脐眼。所以名谓仙人肚，其实是将山形地貌与人体部位联想，再附会"八仙"中的汉钟离故事而来。是一处沾"仙"的地理实体。

据传汉钟离十分贪杯，一日不知在哪里小杯大杯地穷喝，冒着一身酒气，想到桃湾小歇。但是才上得小桃花岭不久，已酒力大发，浑身燥热难耐，于是宽衣坦腹，跌跌撞撞间，竟面天而倒，呼呼沉睡，三天三夜不起。山神有心，想把汉钟离的昏醉状态存留后世，以此为酗酒者之戒，便将此处山岩，形肖成汉钟离沉醉时坦腹露脐的形象至今。

透过故事，我们似可推想，故事编创者将眼见的"仙人肚"所在地的自然存现的山形地貌，通过联想，与想象中的仙人汉钟离的醉酒昏睡的形相对接，然后借山神的心手，托出自己在故事中的寓旨：寻常百姓的平凡生活中少不了须要检点的，比如饮酒适量等。

第三节　也聊岳殿

人类未开化之前，以为冥冥之中，都有神在主宰，而且神的名目甚多。此后，虽然文化逐渐进步，但由于统治阶级的神化或愚民行为，使人们的尊神重祀之风，长期未能改变。

我国古代以泰、华、衡、恒、嵩五山为东西南北中五岳，道教将五岳神格化，五岳之神，以泰山神最为著称。

自秦始皇开始，历代帝王多有封禅泰山之举，其中宋代大中祥符五年（1012）、元朝至元十八年（1281）先后诏加"天齐仁圣帝""天齐大生仁圣帝"，民间因此有称泰山神为东岳大帝的。

立庙建殿祭祀东岳大帝，不只限泰山一区，各地也多有之，旧时姚北也很流行，因此，道光《浒山志》中就有坎墩东岳行宫的记载："东岳行宫，士人呼岳殿，在坎塘南。"民国《余姚六仓志》记作"东岳庙，在坎塘南，清道光间重修"。

坎墩一地，旧时有行礼拜的习俗，为使礼拜时便于管理和统一行动，整个坎墩以村落为单位，共分八柱，每个柱选出柱头以司其职。八柱以"风调雨顺国泰民安"分字作为柱名。岳殿是八柱之民共建的祭祀之殿。

岳殿建在坎塘之南约四百余米处。传说其基地是块蟹形地，四面环水。水道曲伸，形如蟹脚，合起来看像是一只螃蟹。殿前有座石桥，叫聚宝桥，以前人造桥时，曾在桥基中挖得金砖而得名，桥道宽阔，桥身美观。殿旁又有一棵大樟树，树荫遮地有二亩之多，其树身三人合抱都围不过来，据说树龄已有好几百年了。

岳殿建筑宏大，大门朝南，殿宇有三进。

跨入头进，可见各间分别塑立神马、马夫、三班六堂、黑白无常……

走进第二进大殿，只见中厅有东岳大帝的坐像与立像各一尊。东首是一尊忠义化身的关帝菩萨塑像，西首有捕蝗之神刘大将军的坐像、立像各一尊。第二进有东西厢房，东厢房塑的是积善积德、有功于国于民的人物在天堂享福的形象塑像；西厢房塑的是凶恶、奸邪之人在地狱受苦受难的形象塑像。

第三进是法海庵，系周家路和郑家甲人合造的家庵，塑有佛祖如来和伽蓝菩萨及三清真神等像。

晋代张华写过一本叫《博物志》的书，其中有"泰山，天帝孙也，主召人魂，东方万物始，故知人命"，把泰山说成是天帝孙，当然是神话，但因此也可知泰山所以能知人生命，实是由"东方万物始"附会而来，因为泰山在东方，东方在古时以配春，春是万物始生的时候，既知其始，自然又知其终，所以乃有知人生命之说。以此推论，在古代可信以为真，在现代当然是不通了。岳殿第一进中的无常鬼塑像、第二进中地狱群像，是因东岳大帝有治鬼之说而起的，东岳大帝一如佛教中的阎罗，很符合民间要惩治邪恶之人，恶人自有恶报的心理需求。所以，尽管阴间地狱的存在是一种迷信，但还是为旧时民间信仰所接纳。

第二进殿前有戏台，可以说，这一建筑是姚北庙宇戏台中的精髓，光看它的台顶，就会令人叹服。台顶呈宝塔形，内里有基部的大圆逐渐叠升至上面的小圆。塔顶有瓦上将军两尊，头上戴雄鸡毛，全身金盔金甲，背上插有四面小旗，威风凛凛。塔顶又有龙尾翘形的弯翘角四只，悬有风铃。整个戏台从台基到台顶高约有 20 米之多。戏台后还有班房七间，楼上可以住宿演员一百多人和安放戏箱等演戏器材；楼下经步梯，可以直上戏台及班房。在东岳大帝出巡或刘大将军捕蝗出行时，第一天演的戏是娱神用的，此后才是供百姓观看。戏场人头攒动，煞是闹猛。

　　抬着东岳大帝的坐像巡视，旧时百姓看重的是东岳大帝威慑群邪、整肃治安的权威，也是百姓们心理需求的一种寄托。明眉道人《东岳行宫疏》中有三句话道出了东岳大帝这种权威的来由："泰山君领群神五千九百。又治生死，为百鬼之帅。世俗所奉鬼祠邪精之神，而死者归泰山受罪拷焉。"造神者的想象之语左右了世俗之风，始作俑者，实在是好事之徒。

　　刘大将军神是有不同版本的，虽然都是作为捕蝗神。坎墩民间故事中的刘大将军已是本土化了的，他是当地的捕蝗少年刘其。但一般认为刘大将军是当年以八字军破金兀术十万余众，后受宋宁宗敕封"生则杀贼，死则驱蝗"的刘琦。每当蝗灾一起，在科技滞后、灭蝗无力时，坎墩的众百姓就会抬出岳殿中的刘大将军坐像出行捕蝗。

　　因此，两位神祇的巡视和出行，是旧时岳殿祭典的壮举和坎墩习俗的一道风景。

　　无论是东岳大帝出巡，还是刘大将军出行，祭典开始，照例都须有人捧读祭文以通神，撰文者须是当地文笔高手，胡杰人自然会被邀膺。目前尚能读到他写于光绪十四年（1888）的《东岳帝路祭文》：

　　　　山川封浚，巍巍乎惟岳最尊。南北峥嵘，矫矫者惟东为大。方镇三千余里，地拓舆图。封禅七十二家，神兼德位。紫气遥瞻于齐鲁，农商咸荷帡幪。青骢久驻于姚墟，人士共蒙利乐。兹睹凤旗之高扬，恭迎龙节而下临。激浊扬清，重载尧天舜日；歌功颂德，愧无雅管风琴。遮祖道而或肆或将，庶羞不腆，攀行銮而以妥以侑。三献告终，敬奏。

　　祭文除了末句是陈述东岳大帝出巡前，人们供上物品和美肴祭祀路神、攀着行銮陪侍东岳大帝稍坐，准备启巡外，通篇颂赞了东岳大帝的尊荣身份与其功德，是篇谀神之作，难免受其时代局限。但是，也反映了该时地方知识分子对"东岳大帝"的了解程度与祭典的参与热情。祭文还给当时当地的岳殿祭典活动留下了立此存照的历史场景，是一份稀见的岳殿祭典文化的存世文献。

　　光绪六年（1880），姚北蝗灾突起，岳殿的刘大将军肯定是坐不住的了。人们蜂聚岳殿，急起希望刘大将军出行捕蝗。胡杰人自然是大笔一挥，一篇《刘猛将军祭文》顷刻而成：

> 　　出奇制胜，雄师谁号卧虎。折锐披坚，大将孰称飞虎。爰稽轶事于含山，知树丰功于宋代。兀术败江淮，军曾开夫八字。飞蝗捕畎亩，智足保护三农。宋宁宗轸恤勤劳，荣封始锡。明太祖情深追报，崇祀特隆。螟螣无害，姚墟久仰神灵；稼穑有秋，海甸咸叨福庇。所以节逾端午，报赛弥殷。乐奏钧天，礼仪既备，浒山南北之人，共欣参拜，坎水东西之地，仍望巡行。人寿年丰，万户荷帡幪之德；害除庆集，四方兴颂祷之声。

文中所称颂的刘太将军是安徽含山县籍的刘琦，就是宋宁宗所敕封的"生则杀贼，死则驱蝗"，明太祖朱元璋敕各县建庙崇祀的那位尊神。蝗灾起时，岳殿参拜之人不仅只是坎墩八柱民众，利害所关，浒山南北之人亦来岳殿共欣参拜，真是"万户荷帡幪之德"，所谓"帡幪"，原是帐幕之义，引申为覆盖。人们希望刘大将军捕灭飞蝗，使千家万户农作保收，恩德广布，意愿既朴素又迫切。正因为祈愿之切，抬刘大将军行会声势更为浩大，据说光绪丁酉年（1897），蝗灾严重，拜祭之人特多，行会时，从岳殿出发的游行队伍前锋金锣旗鼓已进浒山北门，而刘大将军还未从岳殿动身。一路的礼拜大纛、方旗、尖角旗飘扬招展；一路的十番锣鼓，乐声不断；一路的台阁、高跷缓缓行进；一路三百六十行（扮演三百六十行的人）形象各异……队伍长达八公里之多。这样的场景，热烈中显见得人们对蝗灾的无奈，反映了当时灭蝗科技的严重落后，因此某种角度讲，岳殿的出现是当时文明落后、科技落后的产物。当然从建筑艺术本身和习俗文化的层面来看，不无其历史文化的审美意涵。

新中国成立后，政治清明，科技进步，文明提高，昔日的鬼神迷信已在人们的意识中涤除，坎墩岳殿的曾经存在，成了永久的历史。

第四节　叶氏诗吟

我国著名的佛学家赵朴初先生说："魏晋南北朝以来，中国传统文化已不再是纯粹的儒家文化，而是儒释道三家汇合而成的文化形态了。"

儒释道文化影响着中国人的生活，也影响着中国文化的哲学、文学、史学、绘画、音乐、雕塑、建筑等等，而在文学中对诗歌的影响尤大，而且其中写及佛道内容的诗作占有很大的比重。这类诗歌，不仅僧人道士写,，文人士大夫也写。涉道诗歌的著名代表写手唐代有李白、李贺等，宋有吕洞宾、苏轼、陆游等，元明清相继有邱处机、张雨、杨维桢、张三丰、徐渭、龚自珍等等。道教，是中华大地上土生土长的本土教，道家思想、道教文化一直影响着古代诗歌，自然也包含古代地方诗人的"涉道诗"创作。

光绪《慈谿县志》有清道观的记载。清道观位于县东南三里，唐天宝八年建，宋代尚书楼钥扁其入观之路曰"列仙游馆"。自唐而后，清道观历经修建。宋元间，慈北有著名道院崇寿宫，洪武间执政者将其与另一道观，同时并入清道观。清道观不仅是邑郡之名观、胜迹，在东南也颇具声名。

清代慈北鸣鹤场叶氏一族，尤受中国传统文化与传统诗学熏濡，擅诗者众，诗作中不乏有反映佛道文化的。叶氏族人大概缘于对当时县城稍东的清道观有浓浓游兴与对道教文化的青睐，他们为后人留下了在清道观的游吟之作，选录于下。

叶燕：《偕诸友游清道观仍用前韵》——

列仙游馆喜同寻，翠磴危楼掩日阴。宿雨收回让儿女，残春留住管山林。
接来但有星辰气，到此全非缥缈心，图画天开果何在，菜花黄过豆花深。

叶炜：《和白湖游清道观》——

去年我亦到龙山，游遍三清水石寰。四面楼台出天半，六朝图画落人间。
白云堆里钟声静，红雨香中花事闲。今日追思如梦寐，输君独趁夕阳还。

叶元垲:《古列仙游馆八景》——

半塘春晓

行行入村树，乍闻啼鸟声。游骑埏东郊，山气西自清。
菜花间麦穗，野色何分明。侧耳听田唱，溪云过山亭。

灵坛古柏

不荣亦不枯，净土培其根。藤萝绝攀附，历劫犹独存。
参天力似屈，盘结弥精神。永垂兹山荫，无令鼮鼠蹲。

杰阁飞帆

一去碧无尽，回影荡空际。片云逐轻风，疾迟岂自计。
气爽明远目，神游寄微意。泛泛何当息，凭高谢尘蔽。

桂馆秋香

老干郁秋色，霜飚倏摧萎。抱质寡幽赏，千岁心不死。
旁枝培更发，古芬托嫩蕊。何伤新旧殊，空山月华在。

竹坞闲云

径邃偶忘远，入云如无云。但觉数竿竹，散淡得吾真。
因思出山者，风雨徒纷纷。谁能具灵质，老与木石群。

管江潮汐

层峰欲西转，一水趋而东。水回山忽隐，弥觉青无穷。
真气不外溢，潜跃神其中。吾生岂浮泊，览之以自雄。

后岭层松

深秀拥天半，络绎奔远目。细径没复出，断烟暗相续。
仰立发孤啸，恍恍答虚谷。日夕安所期，层冈隐寒绿。

云亭夕照

古树栖暗烟，亭亭带寒色。楼阁忽在地，层层出金碧。
云态幻未已，鸟飞倦亦息。回头失危梯，霜钟乍一击。

叶元壁：《雪霁至清道观登三清阁》——

满地瑶华白，夹道松枝青。飘飘上阶级，恍疑朝玉京。

积素辉绀宇，残香栖丹楹，杰阁景俱集，心迹映双清。

纹理江势显，脉络山态明。薄阳时微露，烟霭缕缕升。

隐见郡西山，模糊如云停。一雀带余雪，去风落纵横。

冷境无浮气，默识来远情。暮岁日已速，仙人不我迎。

小海徒自歌，大还何日成。桂树已憔悴，淹留嗟吾生。

上引诗作的叙事描景抒情中，反映着诗作者受道家思想与道教文化的影响，此或许还可代表与他们思想近同之人士对道教文化的意绪。但叶氏一族中体现受道教文化负面影响的叶焕虽然因故未见有游清道观的诗作，却有"祥云五色下蓬莱，归锦堂前席正开。扶老底烦鸠饰杖，学仙真有鹤衔环。香山重溯耆英会，金殿还思羽服来。莫羡瑶池桃结子，九重早已待春回"之诗表达了对学仙"养生长寿"的想往，由于素信仙丹，为此而付出了生命代价，才六十四岁上，就在嘉庆二十五年二月十日"仙逝"了。他的弟弟叶炜以极度伤痛的心情悲吟《哭四兄谱山诗》，表达了对这位兄长因好服"仙药"而终至弃世，深以为憾。诗云："痛杀成行雁，于今尽别离。流年遭岁厄，服药受仙欺。犹幸辞官早，惟嫌得子迟。眼前多少事，老我独支持。"诗题中表注诗成于庚辰二月，是年即嘉庆二十五年，公历1820年也。

随着这些涉道诗在诗人乡里或更广空间的传播，道教文化也自然会熏染和渗入当地社会。此外也有当地诗人对慈北淹浦道士宫、阳觉殿等在未毁期间有过游吟之作，涉及道场存在、宗教活动和氛围，反映着道教文化的存在和影响。

第五节　《羽族》志怪

明代天启间，李逢申修过一部"天启"《慈谿县志》，刻于天启四年（1624）。志中，收有一则类似魏晋南北朝时期曾产生和流行过的志怪小说式的故事，篇名叫《羽族》，其文引如下：

（慈谿）邑西三十里鸣鹤村，一寺既结夏，有老人约年七八十矣，来寓食。货药，颇能愈病。与钱，不计多寡，必尽买酒醉，狂歌舞终日，颇类有道者。与新戒一僧游甚密，朝出暮归，莫知所由。同房老宿讶之，屡语僧，乃曰："兄非厚善我，我不告此老神仙也。我有他生契，常招我访其师。师隐处岩谷间，旦夕偕羽化矣。"同房益讶焉，戏言曰："能许我同游乎？"曰："须同语老人。若无仙分，固不可也。"明旦，备礼叩请，老人曰："只汝两人可耳，更勿广引人，明当同往。"

至期，呼僧换祆，短衣行深山、随峭壁，扪萝而上。足蹑飞鸟，目眩神怖，几不可登。半日许，升碧岩顶。古松十余株，偃蹇如龙蛇，曰："仙师所居近矣。"老人先至松下，持片石中崖扉，铮然如振金铁同。远望松杪，见两大鹳雀，长丈余，掀舞直下，至崖间，则成羽衣道士形。风动林叶，乍离乍合，老人亦变鹳雀。久之，复故。心惊而不敢言。有顷，传呼曰："先生召。"进，抵崖扉前，有巨石屹立，二道士坐石上，须眉皓然。老人目二僧，致敬讫，乃命坐。注视移时，曰："皆可成仙，便当来服丹砂。"且命暂归寺沐浴，毋令人知也。二僧稽谢而还。老人与同途，到寺已暮。

同房欲验情状，乃邀坐寮中，置酒并席，潜取匕首揸老人胸，曰："汝精怪也。吾向观汝辈在山中皆露真形为羽族，而反以上仙见绐。谓我不识耶？"老人惊悸，不能对。遂被数刃，号呼仆地，死。果大鹳雀也。新戒僧犹哀号，曰："毋伤老先生！"久而方悟，众聚观嗟异。

明日，率壮健者遍山访觅，故处踪迹宛然，但不复见二道士。

在我国魏晋南北朝时期，曾产生和流行过志怪小说，其内容以记叙神异鬼怪故事传说为主体。这类古典小说的形成，分明是受当时盛行的神仙方术之说而侈谈鬼神、称道灵异的社会风气的影响。检点中国文学史，不但唐代传奇，首先是在志怪的基础上，加以繁衍扩展，产生了着意虚构而又怪诞离奇的长篇，而且此后志怪小说也不绝如缕，影响深远，至清代，蒲松龄《聊斋志异》的出现，还体现了志怪小说短篇汇集的成功。《羽族》作者许是明天启初年之前的慈谿人，佚名。故事主要内容：说有一个"老人"，寄食在一座寺院，同房共宿者有一老一小二个和尚。"老人"一次领引老小二个僧人，到深山去与他的二位师傅会面。远见两大鹳雀由松杪飞至崖间，"老人"也变成鹳雀飞到那里，瞬间那两大鹳雀在崖间都变成了羽衣道士。那"老人"对二僧人说："（你二人）也可成仙，只要来师傅处服丹砂就行。"三人回到寺院后，同房老僧，取来藏着的匕首，顶着"老人"胸口说："你是精怪无疑。吾一直观察你们这伙怪类，在山中皆露羽族真形，还以服药能成仙骗人，以为我不知道吗？""老人"惊怕，不能对答。于是被老僧刺了好几刀，号呼倒地。死骸形相，竟然是一只大鹳雀。

故事的作者似乎是一位有意尊佛非道的文人，仿"志怪小说体"，以文学手段隐潜地批评道教的"得道成仙"之怪诞虚妄，表明他对道教文化的一种看法，从作者的立场、角度反映了儒释道三者有时既相交融却又争撞的客观态势。

第六节　扶乩惑人

清代镇海杨范人范观濂撰有《山北乡风集》，而《望仙楼》一文见载于其集：

> （望仙楼）在戴姓。余十余岁时犹见之，今久圮矣。戴翁讳执中，与叶翁讳雨章者同游岳阳楼。遇羽客携笼，笼一大螳螂，谈修行之道云："此螳螂亦虫中之能修者也"。戴未及深叩，而其人瞬已不知所往，方惊为仙。归，筑此楼。虔祷扶鸾，降者为吕祖。即传叶到，示云："十年不见叶尔章，今日相逢鬓已苍。记否岳阳楼上坐，倚栏招手话螳螂"。嗣后，仙乩颇灵验。一日，降者为何仙姑，有狂生握拳云："知何物？"乩云："非卵又非印（ang），书在腕中藏，仙家用不着，送与令堂尝"。伸其掌乃一卵字，从此

仙无降者矣。

　　岳阳楼上戴翁游，客话螳螂也好修。

　　觌面真人应不远，殷勤高筑望仙楼。

　　历史上，曾由文人墨客、乡绅闲士，借乩坛以戏娱消暇，实成陋俗一种。望仙楼中吕祖、何仙姑降笔的二次扶箕场面。前场是吕仙传来叶姓亡友，以诗吟忆当年同游岳阳楼旧事；后场则是狂生请何仙姑猜字，箕仙竟出错。望仙楼主戴翁似为迷仙的闲绅，加上参事的狂生，这般楼中扶箕，也系"借乩坛以戏娱消暇"，亦有嫌于浸沉陋俗。

　　扶乩是中国道教的一种占卜方法，又称扶箕、抬箕、扶鸾、挥鸾、降笔、请仙、卜紫姑、架乩等等。占时需备有细沙的木盘，没有细沙可用灰土代替。乩笔插在一个筲箕上。有的地区是用一个竹圈，或铁圈，圈上固定一支笔。在扶乩中，需要有人扮演被神明附身的角色，这种人被称为鸾生或乩身。"神灵"会附身在鸾生身上，用笔写出一些字迹，以传达所谓"神灵"的想法。道教曾用这种方法，假托道教仙真，传下多种"道经"。扶箕，虽源自道教文化之巫元素，但扶箕也可以说是一种迷信活动、骗人之举，我们应该对其持批判的态度。宋元明清以来，扶箕曾经盛行，巫师、道士、文士，多操纵其间，渗入陋俗已久。对扶箕迷信深有研究的许地山先生，曾引用过一则清人笔记："乩仙多系鬼狐假托，昔人论之详矣，然世人仍多信之。以余所闻，则（清咸丰间）无锡唐雅亭明府受祸最酷。雅亭以县尉起家，累擢至浙江慈谿令，为人有才干，能饮酒度曲，上官俱喜之，而顾极信扶鸾，每事必咨而后行。在慈谿任时，乩仙忽告以大祸且至，宜亟去官。雅亭遽引疾，上官留之不可。未半载，滨海乡民入城滋事，后任官竟至罢斥，于是益神之。又询以卜居之所，乩言：天下且有事，惟金华府武义县最吉。遂徙往居之。置田营宅，极园亭之胜，饮酒按歌，望者疑为神仙中人。咸丰戊午（1585）二月，贼至处州，叩之，曰："无碍。"既破永康，又叩之，曰"必无碍"，且云，"迁避则不免"。遂坚坐不出。比贼至，全家被掳，雅亭为贼拷掠，死甚惨。贼退后，余偕李太守赴县城办抚恤，至其家，断壁颓垣，焦原荒土，尸骸狼藉，为之一叹。噫！此殆宿冤，又异乎鬼狐之假托矣。"

对于笔记作者就唐雅亭下场之惨，认为是宿冤所致论，许地山先生是有异议的，并一针见血以科学分析表态："这位唐先生可以说是一个最不会达权底（的）人。侥幸心与迷信心混合起来缠绕着他，使他失掉理智的思维，以致结成这样惨果。这有什么宿冤可溯呢？宿冤只在少读书，不用脑而已。"茅盾先生知道许地山曾从事过"扶箕是迷信，也是一种自觉的或不自觉的骗术"之研究，所以曾说过这样的话："我们惊叹于他的考证之功，也心折于他的论断之正确。"就许地山引述上则清人笔记后，其推出的论断之到位，可知茅盾先生之评价许先生的话，端的是精确不虚。

上举许先生引述的清人笔记，也使我们知道在咸丰间至少在慈谿、武义，扶箕之活动是屡见不鲜的，到了近代扶乩还曾被会道门利用欺众和敛财的手段。这就要求我们对产生这一现象的社会背景、宗教影响、文化因素、人群心理等等进行分析研究，开展切实的批判，铲除杂在区域传统文化中的糟粕，不能让它露芽再生，以史为鉴，拒绝丑陋邪恶，坚持文明发展。

第三章　基督教文化

第一节　西乐播融

西洋音乐或乐器，早在明朝末期，随天主教之传布，已慢慢渗入至东土，迄至清代，西洋音乐或乐器已大量进入清宫。清初，西洋音乐仅在天主教堂内流行。顺治七年（1650年），在耶稣会传教士汤若望（Jean Adam Schall von Bell）所建立的宣武门内天主教堂里便置有一大管琴。但天主教的音乐文化在中国广泛迅速的传播是在鸦片战争之后。西方传教士以不平等条约为依据，可在中国内地传教。宁波是"五口通商"口岸之一，宁波开埠，传教士得以入甬。清咸丰五年（1855）基督新教（耶稣教）女传道马利由甬至观海卫设立布道所，清光绪二十二年（1896）天主教也由宁波传入今慈溪市境。同时，西方音乐也随传教士进入，为慈溪的音乐文化增添了新的元素。

教会初期的乐谱均采用四线谱或五线谱，弥撒经文采用天主教通用语言拉丁文，所以普通信徒学唱比较困难，以后逐步进行了改进，首先是五线谱、简谱并用，一直到现在的改为全部简谱、中文歌词，把弥撒圣祭的经文也全部改为中文。教会采用适合中国国情的形式来推广、发展圣咏。《咏唱经文》中采用的中文音译拉丁文的方法，以及国籍神职人员将五线谱变通为简谱的做法，都可被视为是这种适应策略形式，从根本上解决了中国教友不识拉丁文而难以咏唱圣乐的障碍，最终为额咏圣乐的传扬开辟了本土化的道路，另一面因五线谱和简谱在教堂音乐的应用，客观上对相关的慈溪社会人士获知乐理知识与提高视唱能力起到一定的影响，而对中国沿用千年的工尺谱记谱法则日趋生疏。

　　基督教的音乐出版物和基督教音乐本身所具有的弹性和灵活性给它们在不同社会和文化中的"本土化"留下了发展空间，也使西乐文化在中国文化语境中与本土文化在互动中融合发展。耶稣教、天主教传入慈溪后，教会音乐播融也显见了这种态势。

　　教会传入中国初期，就受西方音乐的影响，如弥撒曲中就有特级大师作的弥撒曲，其中如巴赫的《D小调弥撒曲》、莫扎特的《C小调大弥撒曲》，以及贝多芬的《庄严弥撒曲》等三部世界最伟大的古典弥撒曲。以后，随着教会的发展，音乐逐步走向通俗化，但传统名曲继续保留，至今仍然流传

　　天主教一直认为，圣乐是双倍的祈祷，它越和礼仪结合便越神圣；它能发挥祈祷的韵味，也可培养和谐的情调，并增加礼仪的庄严性；而赞美诗则是基督新教音乐中的主要形式。因此慈溪的天主堂有唱经班、耶稣堂有唱诗班，引领信众咏唱经文与赞美诗。天主教的《咏唱经文》在改革中以中文音译拉丁文、以简谱配词咏唱之；耶稣教也注重对赞美诗的选取、翻译（甚至有用宁波方言译圣经的）、填词、创作、演唱等方面的适应中国社会。不管是天主堂还是耶稣堂，咏唱时，各堂按时代与所具条件或用风琴、或用钢琴、或用电子琴等乐器伴奏。

　　清末民国时期，教会学校课程设置中有音乐一科，所以，当时曾由教会学校毕业的信友和在校生充为唱诗班与唱经班的主要成员。新中国成立后，唱诗班、唱经班，由一批年龄较轻，爱好歌咏，具有一定歌唱能力的人组成。一般有20-30人组成；在教友中挑选有音乐专长的人担任教师，每周一至两次进行练唱，在主日（星期日）或教会重大庆日时在专设的唱诗台、唱经台进行歌唱，其他信徒则随着唱经班共同合唱。这样既带领了教友同声欢唱，使整个场所歌声和谐、悠扬，又能增加齐心向上的神圣感。日久也影响了教友与社会群众对西方乐器、简谱的认用和领唱、合唱、伴唱等多种咏唱方式的参用。由于在音乐上的中西交融、发展，现在使用的成千首圣教圣歌中，既有传统歌曲、国外民歌，又有不少我国教内外人士创作的著名歌曲，如中国歌曲《满江红·正气歌》填上新词成为教会歌曲，

也有以地方白话出现的赞美诗。这样就在保持教会音乐的基本特征的前提下，较大丰富了教会歌曲、诗句的样式与内容，使西方音乐得以传播，并与中国文化相融。

20 世纪 90 年代后期，慈溪的耶稣堂、天主堂先后组建乐队，如天主堂，先是逍林、新浦、浒山堂点，后有庵东、坎墩、腰塘、天东、附海等地相继组建了乐队，至 2011 年全市已有天主教会的乐队十二支。乐队配有军乐队用的西式乐器如爵士鼓、大鼓、中鼓、小鼓、小号、长号、圆号、拉管、黑管、萨克斯、拜来筒等，乐器按队员人数多寡配置。乐曲则有西曲，也有中国曲目。体现了中西交融。乐队有队员 30-40 人左右，设队长、指挥各一人，明确分工，各司其职。乐队主要为教会重大节庆、教友婚丧喜事服务，有条件的也为社会服务。乐队队员经常坚持每周训练一次，做到曲不离口、以求熟练巩固。队员们也参加乐队组织的其他诸如联谊、演奏比赛等活动。教堂乐队的组建，西方乐器的应用，一定程度的社会服务，也激发了社会乐队的组建与活动，对当地的社会生活与文化活动产生了影响。

天主教浒山、新浦等堂口还组建有腰鼓队，这是教堂乐队组建与教堂音乐本土化的自觉反映，也是对西洋乐队的一种呼应，当然它的出现主要体现了教会的客观需求。腰鼓队服务教会重大节庆和迎宾、迎接朝圣教友。腰鼓擂动、棒花绽红、鼓乐齐鸣，一种热烈、热情的气氛奔放而出。腰鼓队有时也服务教友的婚丧嫁娶，成为一种维系教友情感的音乐纽带。

第二节　西医影响

教会医疗事业是一个涉及社会诸多层面的传教事业，从文化的角度看，它主要涉及到传教、西医等文化问题。

"兴办医院，治病救人"是传教士接近中国社会下层阶级的有效办法。1844 年 1 月 1 日，宁波正式开埠，成为外国传教士在华活动的重要地区之一。

　　1844 年 11 月，医学博士、美国基督教浸礼会传教士玛高温在宁波城区北门佑圣观租房，开设西医诊所，医务与传道并行。因就诊者众，限设日诊数。稍后诊所改名为"大关浸礼会医院"。数经移建扩建，1915 年时任院长兰雅谷始定名为华美医院。它是外国传教士在宁波开办的最有代表性的西医医疗机构，也是美国浸礼会在宁波传播基督教的重要基地。此医院于 1951 年 10 月由人民政府接管，后改名宁波市华美医院、宁波市第二医院。

　　1844 年 11 月，美国宾夕法尼亚大学医学博士麦嘉缔，由他的中文老师替他在宁波北门佑圣观也租到房子，开办诊所，向受诊者边施医边传道，开始了医务传教。期间前来就医者多时达到日诊治 150–200 人，有时还出诊。医所带有三名学生，麦嘉缔和自己的中文老师分别教学生英文和中文，三名学生既是他配制药物的助手，也是助他记录病历，协助手术的实习者与帮手，同时藉此让他们接受西方医学教育。可以说佑圣观诊所既是麦嘉缔施医机构，也是他的传道基地，又是他办学的起点。1845 年 10 月，麦嘉缔在宁波江北槐树路开办惠爱医局，以此为居点，并到镇海、慈溪、奉化等地进行施医传教活动。1872 年，麦嘉蒂离开宁波后，惠爱医局处于停顿状态。直到 1883 年，斯密斯司医生来宁波开办医局，承名"惠爱"医局。

　　1902 年美国基督教北长老会宣教士苏美格在余姚城东淡竹弄购地始建医院，继于 1913 扩建，次年竣工，并把宁波的惠爱医局并入之，为继承长老会施医传教的传统和纪念出钱捐助的惠某，仍名惠爱医院。这是余姚历史上第一个面向社会的西医教会医院，信徒凭各教会的介绍信到院就诊，可减免医药费。除抗日战争期间及稍后一段时间外，一直为教会管办，至 1951 年 12 月才由余姚县人民政府接管。

　　据笔者初考，今慈溪市境，虽仅有一所民国间开设的址在观海卫的教会医院见载文献，但玛高温开设的佑圣观诊所和后来的宁波华美医院、麦嘉缔开设的佑圣观的诊所和惠爱医局、苏美格开设的余姚惠爱医院等，由于地缘关系和麦嘉缔、苏美格曾至今慈溪市境，故对慈溪住民的施医传道有着辐射与历史影响。

目前未见玛高温到过慈溪现境的记载，他开设之诊所也在宁波城北佑圣观，但因地缘关系，今慈溪市境之时人，想来在玛高温的众受诊人中自有一定人数。如果笔者推想无误，那些当年从"三北"赴甬受玛高温诊治者，就是慈溪历史上最早接受西医的人们，至于在华美医院的就诊者，自然更不少，有文字记载的代表是：辟居姚北海隅（在今慈溪崇寿镇傅家路村）的苗志生之母于1918年曾在那里求医而愈。

麦嘉缔在佑圣观开办诊所、在槐树路开办惠爱医局期间，其医务传教的对象中会有慈溪人。有文献提及他多次到过今慈溪市境，当然会有医务传教活动，但遗憾的是没能见到对此细到的记述文字。不过，确有记载实有其事的是，当年英国女传教士马利曾送余状福、余鹿亭等10名"山北"（指当年的镇海县北部、慈溪县北部，即今慈溪市龙山、掌起、观海卫镇境）嗜烟者进麦嘉缔的惠爱医局而解除了烟瘾，由此信教、传教。

苏美格是余姚惠爱医院创建人，至抗日战争前，也一直是该院的实际掌控人。苏美格还担任当时姚北（今慈溪市西部地区）基督教（新教）长老会长河支会、周巷支会的传道，署理过坎墩分堂，还在新浦堂等做过。因此他很可能会让惠爱医院接纳上述之地教内教外的患者，达到藉医传教的目的，客观上在姚北扩大了西医影响。

麦嘉缔在宁波藉医传教长达25年。

其实玛高温在宁波只在居留时间上短于麦嘉缔，就医务传教上说，也是一个有影响的成功者。至于苏美格，虽并非医生，但凭他创建和实际掌控的惠爱医院、与实际担任传道者的角色，集间接施医与直接传道相兼行，在今慈溪市境的西部（原姚北地区）产生了藉医传教的影响。

晚清至民国前期，西方先进的医疗技术和药械、西医的经营与管理，因传教的需要传入宁波，辐射慈溪，客观上影响了慈溪人对西方医学科技文化的接受与认同、对西医与戒毒的接纳、引发对一些社会风俗的改变，也对今慈溪市境民国期间西医诊所、医院的创建与医患的双向需求留下了西医的历史影响与文化因素。以至先后出现了私立与单位办的西医医疗机构。主要的有：慈航医院（民国九年由在沪鸣鹤人叶启裕独资兴办于鸣鹤场雪航桥）、大同医院（民国十八年由基督徒施蒙久、何理刚等，募捐、集资在浒山西门外筹建）、浒山医院（民国二十一年由路念慈岳母出资创办于浒山镇东门外）、济众医院（民国二十三年由旅沪商人黄裕明集资兴办于海甸乡）、观海卫西式妇产医院（民国三十五年由观海卫圣约堂牧师叶祖耀开办，其妻应锡华任院长）、盐工诊疗所（民国三十六年，由余姚盐场公署组建，址在庵东街陈张福家）。以上医疗机构中，大同医院至 1950 年始停办；浒山医院（亦称路念慈医院）于 1951 年 11 月并入浒山西医联合诊所，1954 年原路念慈医院用房为县人民医院租用、医务人员划归人民医院；济众医院则于 1955 年 8 月改组为庄黄西医联合诊所。

第三节　教会学校

教会学校是天主教或基督教（新教）教会所设立和管理的学校。

新中国成立前慈溪现境由天主教会（或教友）出资，曾在腰塘、崇寿、逍林等地办过几所学校，虽然办学规模小，时间也较短，但对最低限度地普及国民教育，解决当地子女求学难曾起过一定作用。

1931 年 2 月新浦腰塘江后新建了一座盐舍天主堂，同年 6 月随堂创办初级小学，1950 年后由政府接收。学校始办时约有学生 30 余人，以后增至约 55 人。

1936 年由崇寿天主教教友创办的崇三乡崇德初级小学。址在东二乡四五灶村。有 1—4 年级，分二个复式班，百余学生，课程设置齐全。该校原是一座草舍小学，办学时新建校舍一幢，五间，其中四间分为二教室，另一间为教师办公室。该校以慈善办学闻名乡里，接受贫苦儿童入学，免收学费，故而崇寿一带儿童纷纷去该校念书。1943 年，日寇骚扰，社会不宁，学校暂时停办。爱国而倾向革命的教师带部分学生移地廊霞教学，因当地是抗日游击区，三五支队人员经常来校，使学生受到抗日救国的教育。1946 年，在原地复校，1950 年由人民政府接办为东二乡四五灶小学。

1937 年春，下二灶天主堂教友余纪良、陈增淦等人约同，利用天主堂的房子、课桌、办公用椅，由余纪良出资，办了一所崇寿乡下二灶初级小学，茹漪亭神父送来风琴一台。学生自带凳子入学。学校设二个班级，有 1–4 年级百余名学生。课程设置齐全，有语文、数学、常识、音乐、美术、劳作、体育、英语（一段时期曾设，教师是盐廒工作人员小蒋）。有教师 4 名。其中一位是陈庭鲤，时值抗日战争，曾在校教唱抗日歌曲，"三北"沦陷后，离校参加革命。学校因办得生动活泼、纪律良好，深受周围群众欢迎。1950 年，由政府接收，改为公办小学。

1946 年创办的逍林天主堂小学，址在逍林天主堂内，系一所单班复式初级小学，1–4 个年级，9–12 岁儿童入学，学生 40 余人，课程主要有语文、算术、写字、珠算。1950 年停办，并入洋浦小学。

慈溪现境基督新教先后随堂办学十二所，均为小学。除义四堂办的崇智小学、周巷堂办的崇实小学已不知始办之年外，有始办时间的是圣约翰小学（址在观城南门外，1865 年始办）、圣保罗小学（址在鸣鹤场，1895 年始办）、恩泽小学（址在掌起桥陈家，1915 年始办）、崇义小学（址在浒山西门，1920 年始办）、崇德小学（址在坎墩羊路头，1921 年始办）、圣马可小学（址在东埠头，1932 年始办）、崇一小学（址在长河章家路，1936 年始办）、圣彼得小学（址在龙头场田央陈，1938 年始办）、崇本小学（址在逍林，1940 年始办）、圣经学校（址在小桥头，1945 年始办），始办学校的时间跨度达 80 年，而最后一所教会学校（逍林堂办的崇本小学）的止办时间是在 1951 年，也就是说，慈溪的教会办学自始至终长达 86 年，毫无疑义，它对教内外产生的多面影响是须要关注与研究的一项文化课题。

观海卫圣约翰小学不仅是慈溪现境最早开办的教会学校，也是慈溪历史上一所典型的、最具影响力的教会学校，并且还是宁波圣公会教区出现的第一所由县镇教堂创办的教会学校。

清同治四年（1865），圣约翰教堂在观海卫南门扩建，时宋达牧师与教友彭灵德、韩安芝等念想一并筹建教会学校，于是共劝韩氏族人捐让韩氏宗祠菜园地作为校址，并与之商定学堂每年提供五个名额，免费供韩氏子弟入学。宁波圣公会考虑到圣约堂的办学对在当地传教与提高信徒素质等方面的实际影响,特派沈思德来圣约翰堂任牧师兼学堂校长,并帮助配备风琴、地图、体育器械等一应现代教具。学校的课程设置、施教方法、授课制度、学校管理等,均有异于观海卫城内外的胡氏私塾等塾学,尤其在课程设置上更见有别。学堂除宗教课程外,还设国文算术、历史文化、自然常识、音乐绘画、体操技能等西方新式课程。唯其如此,卫城内外、沈师桥、掌起之地的农工商子弟也闻风而来,纷纷入学。1925 年,北洋政府颁布《外人在华设立学校认可的办法》,圣约翰学堂由慈溪县政府主管,并确立为慈溪近代小学教育的样板学校。20 世纪三十年代,学年学生数已发展至 100 多人。圣约翰学堂的热火与办学、教学经验也直接影响到今慈溪东部地区先后创办的圣保罗小学、恩泽小学、圣马可小学、圣彼得小学,对当时慈北、镇北地区的学风开创、民智启迪起到了一定影响,为当地子弟外出求学、学工、学艺、经商等提供了基础条件,或可以说,它还促生了慈溪商帮文化昔年的隐性人才元素,而且对当地的经济影响也是有目共睹的,外出从商从工,一般地说,积财至富相对较从事本土的农耕为易,富者往往在乡建深宅大院,因此今慈溪东部地区所遗豪宅广庭明显多于西部。

教会学校虽从传教着眼也吸收社会上的贫寒子弟入学,但客观上也给社会贫寒子弟提供了一条学路,得到初始教育。而贫寒子弟中更因在此基础上努力向学继续进取而获得成就者,也不乏其人,堪称代表者如已故慈溪籍著名教育家、历史学家、原教育部副部长林汉达,已故慈溪籍沪上著名画家陆一飞。前者就毕业于教会所办的崇信中学高小班,接着在观海卫圣约学堂任教一年半期间又教学相长,以后继续上进,终成著名学者、高级干部;后者曾在家乡一所天主堂办的学校就读,其绘画爱好、最初训练就受到教师茹漪亭神父的影响,以后由于自己在这方面的不断进取而成名成家。

第四节　教堂建筑

教堂是举行公共礼仪以及信徒聚会的主要场所，基督新教教堂与天主教堂的结构大体相似，功能也相同。基督新教、天主教传入慈溪之初，信教人数相对少，经济也不富裕，信徒聚会、圣事一般在有宽敞厅间的房主家里或租、购民房里举行。尔后砖木结构教堂逐渐由少到多地成建，随时代背景、经济条件等因素影响，建筑样式先后多由"土洋结合"转向西化，西方建筑文化也随教堂兴建传入慈溪。

清咸丰七年（1857）在观海卫南门外建成的圣约翰堂，是今慈溪市境基督教（新教）最早的教堂，以后又先后建有鸣鹤圣保罗堂（1875）、东埠头圣马可堂（1887）、龙头场圣彼得堂（1907）、掌起恩泽堂（1915）、浒山基督教堂（1927）、施公山圣雅各布堂（1937）等。清光绪二十二年（1896）天主教由宁波传入今慈溪市境，光绪二十六年（1900）首建东埠头天主堂，民国元年（1912）在观海卫建天主堂，以后各地先后设堂点。

20世纪20年代以来，慈溪基督新教、天主教教徒逐渐多了起来，对教堂的要求也日趋迫切。有的地方就直接租用民房或买入仓库、会堂等，经过装修作为教堂。有的地方就筹款新造教堂。这一时期教堂的特点：主体通常是长方形的大礼堂，长是宽的两到三倍；结构可分中殿和用木柱隔出的侧廊，为了更好采光，两侧墙壁开设玻璃窗外，在两侧墙壁高处还开设两排高窗；大门开在山墙的一端正中，左右两侧各开一扇侧门。除主日或重大节日外，不开大门，一般从侧门出入；大门正面上方写有堂名。在正门最高处（或屋脊顶部或钟楼顶部）架设一个高大十字架，作堂的主要标记。

改革开放后，原有教堂纷纷进行新建改建，而且在建筑特色与建筑工艺上或直接或间接的对西式教堂的仿造化倾向，体现了受西方宗教建筑文化的影响。

慈溪的基督教堂（这里指耶稣教堂）建筑样式较多，不同程度地体现着建筑文化的中外相融。而现在最能体现哥特式建筑特色的教堂是位在慈溪城区新城大道北路585号的应莫陈基督教堂。据自始至终参予该堂兴建工程的黄宏发之笔记，该堂于2004年4月移址开建，2005年七月验收完工。它占地面积达3460.82平方米，建筑总面积为7817.54平方米，共分七层（包括半地下室车库），设有电梯。从地面至十字架顶端净高63米。这是一座慈溪蕴有现代气息、体现当今实用的仿古典哥特式的代表性基督教（新教）教堂。

如就慈溪的天主教堂而论，浒山、新浦，逍林三处教堂的建筑，各有其特色，亦有代表性。

浒山天主堂，在教场山公园东侧，临城区景观大道，根据城区统一规划"融人文文化与宗教文化于一体"精神，于2002年起在原址重建，于2007年竣工。主堂参照天津西开天主堂设计，建筑风格呈罗马式。主堂长42米，宽20米，地面至十字架顶端净高38.5米，建筑面积2343平方米。

罗马式教堂建筑始于欧洲中世纪加洛林王朝，盛行于9至12世纪，代表着欧洲中世纪早期最主要的教堂建筑风格。其"罗马式"的得名，是因为它模仿了古罗马的凯旋门、城堡及城墙的建筑式样，又采用了古罗马建筑中券、拱结构。罗马式教堂的建筑特式，主要体现在具有厚实的石墙、狭小的窗户、半圆形拱门、低矮的圆屋顶、逐层挑出的门框、上部以圆弧形拱环为装饰、堂内形成交叉的拱顶结构，以及层叠相重的连拱柱廊等。由于使用不少立柱和各种形状的拱券，表现出饱满的力度和敦实的框架，给人以厚重、均衡、平稳的视感，而内部的光线暗淡，却又能造成一种神秘、幽暗的气氛。罗马式教堂内部空间大，横厅宽畅、中殿纵深，外观上构成十字架形。

天津西开天主堂是法国传教士杜保禄在1916年前后建修的罗马式教堂，其建筑特征有长方形主殿与横殿相交，成十字形；呈带厢堂长殿式结构；有立柱连拱廊；分别有筒形拱顶、横筒形拱顶、十字拱顶；大门系石材，拱形；壁开小圆窗。浒山天主堂主堂参照天津西开天主堂设计，在长方形的天进上,支撑拱形圆屋顶,屋顶的中部及两侧均设以半圆形的穹窿,以罗马柱托住,气势雄浑。浒山天主堂外形也像城堡,墙壁厚重,大门朝南,左右各设铜制侧门,大门上部居中嵌有醒目的"天主堂"三个铜质大字,正面屋顶建有双钟楼,钟楼顶部呈圆形,上置不锈钢十字架,高耸标示。浒山天主堂,是慈溪城区一道"融人文文化与宗教文化"于一体的景观,也是慈溪受罗马式教堂建筑艺术影响的实体存在。

1998年,在新浦镇水湘村原天主堂旧址,历时三年扩地新建的天主教堂竣工。主堂的设计参照上海徐家汇天主堂。主堂长42米,宽22米,地面至钟楼十字架顶部高48.5米,建筑面积1848平方米。主堂分上下两层,上层为圣殿,下层为小堂及活动场所。

徐家汇天主教堂是中国著名的天主教堂,建筑风格为中世纪哥特式。整幢建筑高五层,砖木结构,大堂顶部两侧是哥德式钟楼,双尖顶砖石结构,尖顶上有两个高耸的十字架。堂身上也有一十字架。堂内有64根植柱,每根又有10根小圆柱组合而成。门窗都是哥特尖拱式,嵌彩色玻璃,镶成图案和神像。主体墙上有巨大圆形花窗,其上镶嵌彩色玻璃,建筑造型挺拔庄严。

新建的新浦天主堂呈仿哥特式,建筑的特点是瘦高形,外表有许多竹笋一样瘦长形的装饰物。双钟楼,屋顶呈尖形,尖顶上面有高耸的不锈钢十字架。主堂大门朝东,左右各有侧门,上下有阶梯相通。大门上部是一大型彩色玻璃玫瑰花窗,五彩斑斓,再向上是"天主堂"三个大铜字,位于墙面中上部,醒目耀眼。长方形的殿内饰以罗马柱、肋架穹棱拱顶、拱门、高窗,整个结构以垂直线为基准,体现着高耸性与粗犷、奔放、灵巧、上升的形象相谐和。

仿上海徐家汇教堂建筑风格的新浦天主堂之成建,显示中世纪的哥特式建筑风格和建筑文化传入慈溪乡镇,展现了镇域建筑文化对外来建筑文化的接纳与相融性的客观存在。

慈溪天主堂早期比较像样的建筑要算逍林天主堂。据载:"逍林在民国七年(1918)设天主教公所,民国二十年(1931)建堂,址在择浦乡沙滩路村，建筑面积 408 平方米。"当时称"洋房天主堂"。教堂除大堂外，另建有两幢洋式两层楼房，前四后五，式样相同。楼房系砖木结构，木材全用进口洋松，梁、柱、桁、椽、门窗都用洋松制作；红砖实砌清水墙头，外部不加粉刷；人字屋顶盖以橘黄色洋瓦；正面楼上下走廊，各间是弧形拱券。这座逍林"洋房天主堂"是现慈溪市境民国初期的独一无二的西式天主堂。

逍林的原"洋房天主堂"由于时间与历史的原因，在 20 世纪末，已不能适应实用，因此就在 2004 年起重建仿上海松江佘山天主教堂建筑风格的新堂。佘山天主堂融希腊、罗马、哥特式建筑艺术于一炉，部分采用中国传统手法，可谓中西合璧，还在宏观上充分体现了建筑学上对称中不对称的美学原则。逍林天主堂新堂历时三年于 2006 年竣工，主堂长 42 米，宽 20 米，从地面到钟楼十字架顶部约高 50 米，建筑面积 1680 平方米。主堂外形参照了佘山进教之佑大殿设计，体现出"巴西里卡式"教堂建筑的呈长方型会堂式造型之特色，并且别具匠心地把钟楼的位置放在正面右侧，呈不对称平衡，让人产生非同寻常的视觉审美。堂内立有罗马柱、也设肋架穹棱形拱顶、拱门、长窗，殿堂宽敞，采旋光性能良好。

在 20 世纪 80 年代以前，慈溪先后所建的教堂中，自由随意性的会堂式教堂是较多见的，但有意识地参照西方"巴西里卡式"（会堂式）教堂建筑，具有代表性的，当现还是要数逍林新天主堂。

第五节　圣诞节说

圣诞，就是圣人之诞辰。"圣诞"一词并非近代舶来的新名词，而是古代中国社会常用语汇。在中国诸如皇帝、太后、诸神佛菩萨、孔子的诞辰等，都被称是"圣诞"，因庆祝、纪念以上人神的诞日，便产生了相应的"圣诞节"。明末基督教传入中国，带来基督教的圣诞节。"圣诞节"则成了耶稣诞辰的中国化名称。时至近代，耶稣诞辰起初被沪人称为"外国冬至"，至民国以后逐渐以"圣诞节"之名流行于像上海这样的现代都市，成为近代中国最为流行的一个洋节。改革开放以后，作为国内基督教的宗教节日，信众按礼仪程序进行着纪念、庆祝活动，但随着中国改革开放后，经济的快速发展和市场活动、人员流动的国际化、英语教育等诸多相关因素的影响，圣诞节便溢出宗教的范围，在商家炒作下与时尚文化一起进入中国人的尤其是中青年的日常生活，成了经过本土化后的圣诞节，呈现出显性的宗教弱化、商业强化、娱乐异化。圣诞节在慈溪一地也出现这种泛区域性的现象。

圣诞节在西方历来是以宗教身份出现。传统的庆祝方式是去教堂参加庆祝活动，庆祝活动围绕耶稣降生展开，从傍晚一直持续到子夜；仪式内容主要是唱诗、圣剧表演和弥撒，还有圣物崇拜活动。在慈溪，没有全民参加宗教活动以庆祝圣诞节的场景，去教堂的大多是基督教或天主教教徒。对于绝大多数没有宗教信仰的人来说，圣诞只是一个节日而已，只要玩得尽兴就可以。他们在这天的庆祝活动主要是聚餐和约会，对象包括恋人、朋友、同学、同事等，地点则是各种餐厅、KTV、酒吧、电影院、商场和商业街。

西方圣诞节除具有宗教内涵外也具有商业色彩，圣诞节有一年之中最重要的商业活动，即圣诞购物季，也是商家的打折促销季。由于西方圣诞节有互赠礼物的习俗，因此圣诞购物季销售的商品中有诸如书籍、玩具、珠宝等作为礼物的商品。此外，因许多名牌服饰在圣诞购物季时会清仓打折，而成为人们重点购买的对象。慈溪社会的圣诞节商业化呈现，是受在西方圣诞购物季的基础上演化发展的中国商业化圣诞节的影响，整个圣诞节期间慈溪商家始终开业，商品除礼品外更花式众多，以应付数量众多的消费者群体。一般地说，圣诞购物季从11月底开始，但持续将近一个月打折促销活动的幅度远没有12月24、25这两天大，这一个月的打折促销活动更像是为12月24、25两天的销售高峰预热。慈溪的媒体、商家和消费者，是慈溪社会将圣诞节商业化的三驾马车，亦藉此各取所需而推动了慈溪的"圣诞经济"。媒体炒热圣诞节的行为使商家意识到这是一个不可多得的商业机遇，并使自己既服务群众又获取广告收益；为抓住商机，商家吸取西方与国内的已有经验，借圣诞节进行一系列打折促销活动，近年打折促销的发展趋势越来越好，商家也获得了越来越多的利益；慈溪的消费者不仅有消费欲望也有消费能力，在媒体宣传和商家折扣优惠的趋势下，将圣诞购物季作为购物时间的一大选项。

民俗是某个国家或族群在生活中享有的共同的风俗习惯，它经过长时期演化而来，具有传承性。圣诞节因在西方发展已久，所以具有丰富多彩的风俗习惯，其中最具代表性的便是圣诞市场。圣诞市场类似中国的庙会，地点多选在广场，吃喝玩乐一应俱全。市场上不仅能买到当地最有特色的小吃也能买到传统的手工制品，甚至还设置了游乐设施供人玩乐，是圣诞节期间人们休闲的好去处。圣诞期间每个家庭都会聚在一起共享天伦之乐，一起享用圣诞大餐，互赠圣诞礼物。

有人说，圣诞节是挟着时尚之风来慈溪的。时尚，其实也是一种文化。时尚文化是指反映一定政治、经济形态的、体现着文化发展趋势的文化存在形式，它具有崭新性、前沿性、活跃性、时段性的特征。时尚文化的范围很广，它涵盖了节日、衣、食、住、行等生活的很多方面。随着慈溪经济的快速发展、与外界交往增多，人民生活水平的不断提高，追求时尚，在年轻人中尤成风气。

基督教的圣诞节，内涵于基督教的节日文化，也从属于宗教文化范畴，但从上述情况看，西方圣诞节在慈溪教外群众中与国内其他地区一样，体现着与时尚文化中的时尚节日、时尚消费、时尚娱乐相融合的本土姿式，染有商化、俗化色彩，此中主体人群是年轻慈溪人，他们要么去酒吧、KTV等高消费场所娱乐，要么去商场商店购物。虽说慈溪在圣诞节也有互赠礼物的习惯，但送礼目的大多与亲情伦理等精神层面的需求无关。相对于深受中国传统文化的人们来说，对这个社会化的商化"洋节"，则另有他们的理解与看待，这其实是一种文化认识的客观反映。随着形势的发展和社会消费形式多样化，如"双11"网购狂欢节等出现，社会商化性的圣诞节经营，相对在渐显淡化。

第四章　民间信仰文化

第一节　坎墩妈祖文化

坎墩历史上有过浓烈的妈祖信仰，浸润过深厚的妈祖文化。当年周家路的娘娘殿与央水塘跟的圣母殿，就是供奉妈祖神的祀殿，只是大约在清末民初异化或移用了。

妈祖确有其人，姓林名默，祖籍福建莆田县湄州屿，生于北宋建隆元年（960）三月二十三日，这是目前大多数人公认的，此外也有持生于后晋天福八年（943）等说法，逝于宋雍熙四年（987）九月九日。林默自幼聪明，勤奋好学，后来从巫，勇于助人为乐。林默谢世后，这位渔家姑娘被群众奉为地方保护神，历代统治者出于政治需要，不但接纳了这尊民间信仰之神，而且不断在神化妈祖上升级，自宋至清，先后褒封她为"夫人""天妃""天后""圣母（胜母）"等称号，民间因方言区域的关系，一些地方也有俗呼她为娘娘的。

宋代，当坎墩尚沉卧在洪波苍茫里的时候，作为孤突在浩渺大海中的胜山（历史上曾名越泥山、悬泥山）已有圣母祠出现，如果宋人黄巨川《越泥山》诗并非后人伪作的话，其"越泥仙洞有仙游，圣母祠经大未修"则亦可作为是山在宋代已有圣母祠之证。圣母祠，后又称胜山娘娘庙。

经元入明，洪武间明太祖朱元璋敕沿海卫所建天妃宫奉祀妈祖，以护海运。姚北临山卫、三山所自不例外，也分别建起天妃宫与天后宫。明成化间潮塘成筑，紧接着又建坎塘，真是沧海桑田，昔日沉卧大海中的坎墩脱海成涂，由涂而地，移民众集，俨然成海口集镇。由于政治的、经济的、军事的、海上交通的、地缘的、文化的需要和周边如胜山圣母祠、临山天妃宫、浒山天后宫的先期存在及影响，明嘉靖间，在倭寇屡由海上进犯的严峻形势下，坎墩自觉接纳妈祖文化，奉祀妈祖神的娘娘殿与圣母殿应运而生。

临山的天妃宫在康熙、雍正间的宫貌及祈祷妈祖的俗况，赖有名动京师公卿间的布衣陈梓的一首《麟山天妃宫》诗而形象地保留了下来。麟山是临山的雅名，陈梓把家乡的天妃宫写得意象兼盈、笔致深婉："紫殿岩峣倚翠屏，潮声当户走雷霆。舟师酹酒魂有悸，估客焚香手戒腥。环佩叮咚通冥漠，风涛咫尺显精灵。海乡尚鬼成遗俗，威福都凭土偶形。"坎墩娘娘殿、圣母殿虽没有翠屏似的临山作靠背，殿貌也可能不如临山天妃宫那样的岩峣宏敞，但应该是一样的面海，一样的可闻涛声如雷。至于两地的舟师、船户、商贩、渔夫都会在各自的妈祖庙中同样虔诚地再三洗手戒腥后，小心翼翼地在神前酹酒、焚香祈祷，表现出严守禁忌的自觉，希望在茫茫大海中始终有一身环佩丁东作响的天妃娘娘立于涛头之上护佑平安。既然是邻近的海乡，临山与坎墩又都系历史上的越地，越人"信鬼神，好淫祀"，因此便都有尚鬼的遗俗，威福也自然一样的都凭土偶形了。换句话说，大家把一生的平安、吉祥、福寿都信托给了妈祖神，心头少了一分惶恐，多了一分踏实。

人丁兴旺是旧时人们的迫切心愿，生子育女是过去妇女至为关切的人生课题，特别是那重男轻女的时代，生儿子更是妇女朝思暮想、梦寐以求的。海乡的妇女往往将观音送子的恩惠，请由妈祖来实施。陈梓虽然没能在那首诗中写到，而乾嘉间的坎人潘朗却把耳闻目睹的这种乡风写进了他的《海村竹枝词》，剪辑出那个时段的求子写意图："祈儿少妇郁金香，遥指高高胜母墙。默祝神前无别语，明年上已换新装。"远望着娘娘殿高耸而肃穆的院墙，心头装着十二分虔诚的郁金香，默默地念祷祈愿的是敬请圣母娘娘能送她一位贵子，到明年三月上旬娘娘殿祭典时，我一定穿上新衣到神前来叩谢您的大恩大德！潘朗真是大手笔，四句诗就把祈儿少妇勾勒得形神鲜活，一种妈祖送子的风情印象至深！

人们对海神妈祖的信仰，不仅是向她祈求海上平安，也不仅是向她祈求生儿育女，还把她视为主宰风调雨顺、战争胜负、去病求吉甚至佑助护筑海堤等万能之神。望重而典隆。坎墩有每逢三月上巳之日举行祭祀妈祖的大典。庆典之前，必请当地文笔高手撰写祭文，以敬告妈祖。这种活动在同治间还极盛，胡杰人的《赛竹楼骈文》中收有他的一篇《祭天后文》，使我们能得以想见当时的坎人对妈祖的生平、身价、神通、功勋的了解和称颂，反映出对祀典的虔诚和祭祀之隆重。其实《祭天后文》还可以当作妈祖文化的宣传篇章来阅读，由此可以看到当时坎墩具有这种文化的氛围和深受其浸润的状况。祭文行文典雅，声韵上口，对仗工整：

> 持危救苦，圣神垂莫大之功勋。夏礿春祠，今古有不刊之祀典。仰芳徽于圣母，考轶事于天妃。尝闻天福八年，诞降叶瑶池之梦。亦越雍熙四祀，高升等阆苑之仙。普德泽于瀛洲，事殊鹿女。耀效灵奇于沧海，身出龙宫。非关坐石而修，早入慈悲之室。时或拈花而笑，独开自在之天。人喜灯传，后能杯渡，舟行闽广，能教铁舰咸安。道入海关，顿使风帆无恙。曾显神通于台省，咸瞻庙貌于胜山。悯入海而迷津，红灯屡照。应征麟而送子，丹桂频联。妇女祈求，铭恩最高。仕商感戴，报德无涯。结香火之因缘，每岁欣逢上巳。奉频繁之祀事，同人咸颂林壬。敬告。

如果一个原本没有妈祖信仰、没有接触妈祖文化的海地人，只要能读懂这篇祭文或了解大意，一定会被文章打动，受到煽情，而投入到隆重的祭典中去，而结香火之缘、同人之缘，去祈求妈祖恩惠了。

人间正道是沧桑，变是常理。作为意识形态范畴的一种信仰、一种文化也会随着时空、政治、经济、军事、交通等诸多因素的制约与影响，发生或兴或衰或异化，甚至消亡。

妈祖信仰虽非宗教，不过寓变其中也是同理的。坎墩的妈祖信仰、妈祖文化虽然有过先前的兴旺期，但至清末民初，昔日的倭患与猖獗的海盗已随历史远去，海上相对平静；当地官方对妈祖的信仰与奉祀已失去了抬举与过问的热心；尤其是随着坎塘以北的泥涂不断淤涨成陆，海堤渐次北筑，坎墩作为昔日的海口集镇已日渐远离海洋，当年妈祖信仰者的后裔，往往不再操祖宗旧业，不再去做奔波大洋的海商、不再去当经营海上客运或货运的船户与老大、也不再去做从事海上捕捞的渔民……海洋疏远了他们，他们也疏远了海洋，甚至断绝了交往。他们少了或已没有要向海神妈祖祈求保护海上平安的愿头，这就使他们对两殿中的妈祖神冷淡起来，出现怠慢情绪，甚至不予理睬。少了、断了信仰妈祖的居民，不要说隆重的祭典风光难再，就连娘娘殿、圣母殿的一般香火也难以为继。昔日万头攒动、人流如潮的香火旺地，竟然是门前冷落车马稀，而且每况愈下，以致后来出现了"钟鼓不闻尘雾锁，萝封碑石迹模糊""破壁有巢鸣燕雀，神谟无主宿鼪鼯"的衰凄场景。

终于两殿或被修葺或经改建，或为庙宇或成庵堂了。虔诚于菩萨或新神的人们，对妈祖还算宽容，没让娘娘、圣母离殿去浪迹，而是在她们圣号后面送缀上"菩萨"两个汉字，便悄然改变了她俩的身份，利落地完成对娘娘、圣母的佛化，留列在众菩萨与各神祇中。留则留矣，但娘娘、圣母的妈祖神身份已改，久而久之，妈祖的概念在人们的头脑中模糊了，妈祖文化最终也从坎墩这一区域文化中淡出。坎上有关娘娘殿的民间故事、传说中的"娘娘"，虽有妈祖神或"妈祖姐妹神"的影子，但或多或少地异化了她（们），这恐怕就是妈祖文化淡出后的民间形象创造。

第二节　三北药皇殿

有学者对中国方志库的 2000 种地方志做过"药王庙"相关信息的搜索，发现所记达 1193 种。清代在全国除西藏、青海、香港、澳门之外的 30 个省区皆建有药王庙，部分市县多达十余处（见韩素杰、胡晓峰《基于中国方志库的药王庙研究》），由此可见药（皇）王文化所体现的民间关切与区域泛化。药皇（王）殿（庙）建祀现象的历史形成，反映在由元代郡县建三皇庙通祀"三皇"后的演改。

宋人王应麟撰童蒙课本《三字经》，其中对"三皇"有释读之句："自羲农，至黄帝，号三皇，居上世。"可见"三皇"是指伏羲、神农氏（亦称炎帝）、黄帝，据传是远古时代的三位部落首领，也是后世历代华人同尊共奉的人文初祖。相传伏羲制九针、神农尝百草、黄帝撰《内经》，后世便视三位为医药开创之祖，所以，元成宗在元贞元年（1259）诏颁郡县通祀三皇，并着医官主持。后来在祭祀中还对三皇"人文初祖"的身份、意蕴有所淡化，而"先医之祀"调门却更有提高，其奉祀场所被定名为"三皇庙"或"先医庙"。

药皇（王）殿（庙）之名的滥觞，起始于明太祖在洪武四年（1371）的"圣口"之开。此前，明承元制，定三月三日与九月九日于三皇庙通祀三皇。时至洪武四年，朱皇帝认为三皇继天立极，开万世教化之源，若只以药师尊奉，名实不符，有悖情理，就张口颁旨，下令天下郡县不得仅视医药之神亵祀三皇。光绪《镇海县志》卷十三坛庙上有三皇庙条，给出了当时上令下行的实况："三皇庙在县东，（顺帝）至元三年（1337）尹张辅建。元史成宗始命郡县通祀三皇。明洪武四年，以天下通祀三皇为渎，郡（时为明州，洪武十四年始改称宁波府）守王琏毁六邑三皇庙。"自此而后，宁波府各县再也不见三皇庙，先后出现的是新建或改修之药皇（王）殿（庙），其中有以奉神农氏为主祀的。

"药皇（王）"之词，带有民间性、民俗性，不同时代和不同地区供奉的"药皇（王）"身份虽会有所不同，但作为崇拜偶像，其人神兼具的影像性体现了民间信仰的宗教化。在中国历史上，被奉为药皇（王）的主要有神农氏、扁鹊、邳彤、孙思邈、"三韦"等，而神农氏更被后世视作药王之祖，并将农历四月廿八日奉为神农先帝万寿节。

药皇（王）殿（庙）中供祀药皇（王），主要反映二类人众对他的不同心理需求：一是反映了旧时公众对疾病疫灾的恐惧和对医药、健康的渴望，着重于体现民众健康需求的保护神崇敬；二是从事国药的行帮、员工们等作为功利保佑的祈愿对象，体现的是对行业（祖师）神奉祀；但也有二类人群各按所需同庙同殿同祀一神的。

说到行业神，学者李乔先生在他的专著《行业神崇拜：中国民众造神运动研究》中指出："行业神，又称行业守护神、行业保护神，是从业者供奉的用来保佑自己和本行业利益，并与行业特征有一定关联的神灵。行业神崇拜是人类信仰史中的一个现象和过程，是民间宗教信仰的一大类型。"行业神的历史存在，其实还反映出它是积淀着中国传统文化诸多要素的文化现象。

中国有句俗话，叫作"三百六十行，行行出状元"，言行业名类之多，这样想来，行业多了，其神自然也随之而多。藉手头之便，让读者分享自小居于长沙的何立伟先生《出入都正街》文中的一段话：

> 詹王宫是行业的祖庙。什么行业？厨房大师傅。长沙饭铺酒店，但凡入行学厨艺，皆要来此烧香拜祖。如今长沙有名的酒店玉楼东，依然供着詹王的塑像。据说詹王原叫詹鼠，是隋文帝的御厨，因厨艺高超而被封为詹王。两湖等地厨师后尊詹王为其祖师，每年皆要祭拜。都正街出名厨，长沙昔年但凡有点声名的餐馆，掌勺的大师傅多半是住在都正街的。

读上段话，或有助从理论转至感性地、通俗地、触类旁通地了解行业神的成因与影响，或由此而联想，也可通悟药（皇）王之供祀现象。

上段话中的"两湖等地厨师后尊詹王为其祖师"之句，言外之意，别的地区不一定以詹王为厨业祖师。经考究，事实也确实如此。这客观上也类证和再示上文曾言及的"不同时代和不同地区供奉的"药皇（王）"，身份会有所不同。"

现慈溪市境，是经1954年、1979年的慈溪县域调整而形成，大部与原镇海、慈溪、余姚三县之北境重合，因俗呼三北。至于其名在民国时的大上海叫响并随之为遐迩广知，实肇隆于出身镇海县北（伏龙山下）的沪上闻人虞洽卿。据相关地方志记载，三北自清代以来，先后建修有药皇（王）殿（庙）。下面笔者抉原镇北、慈北、姚北各一座药皇（王）殿（庙），杂说之。

一、潘岙药皇殿

光绪《镇海县志》卷十四坛庙下，有载："大树将军庙（在）灵绪乡四都三图，神祀冯异，汉称大树将军，相传曾憩于黄桐石炉处，乡人祀之，灵应如响。岁久庙倾。国朝乾隆十四年（1749）方氏重建，后奉神农帝，改名上王。以帝居中而将军左祔。光绪二年（1876）方氏捐赏重修。"由于建置演改，旧属镇北灵绪乡四都三图之地的药皇殿，今则在慈溪市龙山镇潘岙村境。

冯异，原是东汉光武帝打江山时的铁哥。他文武兼备，因为战功卓著，被封征西大将军，开国后列入云台二十八将之一；他曾任刘秀第一任主簿，相当于现今中央级别秘书长，是深得刘秀赏识的心腹。传说在刘秀打天下时，征战间隙，诸将若聚在一起，话题多是自吹战绩，争功逞能。每逢这种场合，冯异总是一个人悄没声息地躲在大树下独坐静思，兵士们由此送了他"大树将军"之号。当年潘岙建庙祀他，是相传此处留有他曾休憩时的黄桐石炉，我想这许是民间人士以想象来张扬兴庙的舆论需要。入清，朱元璋的所谓"奉神农氏为药皇，是对神农多元功绩的矮化"论，已可无所顾忌，而根深蒂固的"神农尝百草"传说，成为时风煽起民间社会对神农草药祛疫治病保康健的祈望，乾隆间偏又值大树将军庙之颓倾，于是方氏在旧址重建新庙后，里社祀药皇的热情便催生了主奉神农、附祀冯异的事举。

近期，笔者曾专程去潘岙药皇殿做过一次探访。下得车来，见殿座南面北，南屏山，北临沿山市道横筋线。山门西侧近墙立有面北一碑，分行横勒：

慈溪市文物保护点

药王殿

慈溪市人民政府

二〇〇三年十二月八日公布

二〇〇四年十一月十八日立

可见市政府对药王文化与潘岙药皇殿遗构的保护之重视。

步入山门，隔天井，便见面北的三开间大殿。大殿东有厢房三间，想来殿之西侧本也应有呈对称格局的西侧屋，询诸在场者，知旧有西厢房是在前些年被拆除了。大殿之门与花窗漆着一色朱红，正中间门楣上挂着横书"药皇殿"三个镏金大字的旧匾，展示着经受岁月的底色。可知殿庙正名原是"药皇殿"，并非药王庙或药王殿。殿之中门的西东石柱，分别面北刻勒："正名道宏太始天元策""稽古治焕人皇政典书"；殿东、西偏门之立柱，其面西、面东侧面，也有勒石联语："五德代兴应运灵精绵治统""万民率育奏功仰沐风"。据高国明君言，以前院殿也曾有联曰"莫忘神农尝百草医药有方，切记炎帝传食物饥饿得免"。从以上几副联语看，地方人士、民间社会，虽奉神农氏为药皇以祀以祈，但也不忘其注重德化万民、始教天下耕种五谷而以为食等诸功，视以人文初祖而尊崇。这倒似乎也顺应当年明太祖对元以来"三皇庙"的仅重医药神为祀，有忽视三皇诸功、渎悖三皇煌煌勋业之意的批评，其中尤以对神农氏而言。

大殿虽是三开间，跨步入殿却见是三间通厅，厅之中有主祀神台座，药皇神农氏北向端坐其间，陪侍受祀的据传是大树将军。厅之东西相对，各有或坐或立并不曾标名之神列侍，想是历代著名医手药家吧。

由于志书记载的简忽，我虽总想在院殿内，能一睹所遗碑碣，希冀从中补获较多信息，比如乾隆十四年（1749）重建时的方氏、光绪二年（1876）捐赀重修的方氏，后"方"是否是前"方"嫡裔？他们究竟是绅士身份呢还是药商医士？此系方氏为里社民众信奉神农氏作健康保护神，出资并组织建修的公益性善举呢，还是出于对同业人士崇拜行业神而捐资建修此殿？遗憾的是，访碑觅碣终成空，了无信息解迷踪。

二、鸣鹤药皇殿

光绪《慈谿县志》卷十五经政四坛庙下，有志文云："药皇殿，县西北五十里，陡塘桥南，国朝康熙间建。"所记竟不足二十个字，遗憾是明摆着了：相较于县志对县内多座药皇殿（庙）的记述，对址在鸣鹤场陡塘桥旁的这座药皇殿，其表述，明显着文字与信息量的少而缺。这现象的出现似应事出有因，或许陡塘桥南药皇殿成建时期均早于治南、县南、县西各座药皇庙，因当年参事殿宇建修者、知情人员已故去、他徙，彼时采信已颇不易，致信息断档；也许志书编纂人员及采访者对这药皇殿资料采辑原本就轻忽，以致漏缺。

　　虽然志文有意无意地忽略或无载，但其实倒并不打紧，鸣鹤这座三北
一带的古老集镇，其相关当地药王殿的信息还是另有来处的：一是，若去
寻访当地耆老，他们会异口同声地说，听祖、父辈口传，这鸣鹤街头巷尾
当年曾出现过几十家药材铺，招徕过南来北往的济济药商；二是历史还为
我们保存了一份自清代康熙年间以来，鸣鹤当地人先后在外地经营国药业
的堂号与创办人名单，如：温州叶同仁堂（叶心培，康熙九年）、塘栖翁长
春药店（翁恒芬、翁友生弟兄，康熙三十八年）、绍兴震元堂（杜景湘，乾
隆十七年）、杭州张同泰（张梅，嘉庆五年）、台州方万盛（方庆禄，嘉庆
十年）、杭州叶种德堂（叶谱山，嘉庆十三年）、杭州太和堂（王止庵，嘉
庆二十三年）、湖州慕韩斋、上海南市裕和源药材行（韩梅轩，光绪四年及
以后）等等。而且还有资料出示，众多或远或近的在外经营药业的商号职
员，许多也是随店主而从业其中的鸣鹤人。从旧时药皇（王），可作为他们
的行业神、保护神的祈求神祇的时势需求来看，以上信息，已足可提示鸣
鹤药皇殿之成因，并导出推想：当年药商、从业人员与当地民众，虽有着
各自对药皇（王）的祈求，但同殿共祀共奉药皇（王）的时节闹猛，却是
必然出现的展示药王文化之场景，倒是觉着再去考究创建、重修者为谁？
损资或筹资者又是何人？显得并不重要了——只要看看鸣鹤现尚留着的历
代国药商人所建的不少气势恢宏建筑精美的豪宅大院，即使独资建修一座
药王殿，对任一位当年的药商来说，所化只是其些许小钱而已！

　　诚然，鸣鹤在国药经营上享有众口称服的美誉："国药人才集浙江，浙
江在慈溪，慈溪首推鸣鹤场。"按理，与此相关联的当地药皇殿，应该殿宇
气派，香火长旺，然而由于曾经的战事影响、废止中医药逆流的一度出现、
药商及后裔先后流散他籍等诸多原因，药皇（王）殿却遭受过冷落，殿宇
也渐次颓败。改革开放，鸣鹤遇上了发展机遇，打造"国药之乡、养生小
镇"被提上议事日程，并随之付诸实施。柳明花暗又一村。作为鸣鹤的一
种人文资源、一座蕴涵与国药文化相关联的药皇（王）文化的实体遗存，
这座与鸣鹤国药曾经共兴衰的陡塘桥南药皇殿，在 2006 年 10 月由慈溪市
旅游投资集团出资在原址重修，2017 年 9 月竣工，10 月养生节开殿。建筑

面积651平米，占地426平米。笔者近期曾前去访谒过重修后的药皇殿，殿宇焕朗弘畅，气氛肃穆，殿内主祀药王孙思邈，旁侍者为陶弘景、扁鹊、华佗、李时珍。以上诸位心怀仁爱，行有德操，医药养生，各擅胜长。孙思邈是隋唐时期一位高龄超百岁的医药学家、养生家，也是一位边行医、边采集中草药、边临床试验、系统研究中医药的先驱。他不仅有高超的医术，还有高尚的医德，认为医为仁术、人命贵重有贵千金，且对病人能一视同仁，皆如至尊。他有医药学著作如《千金要方》等，又有《四季行助养生歌》等养生册子传世，明嘉靖起被尊为药王。扁鹊是春秋战国时期名医，擅长各科，为平民百姓治病解痛苦，被后世尊为医祖、药王。华佗，东汉末年卓越的医学家，精于内外妇儿与针灸各科，尤擅长外科，是世界上第一个运用全身麻醉进行腹腔手术的人。陶弘景，南朝人，研习医药悬壶济世，且善养生之道，撰有《药总诀》《养性延命录》等。李时珍，明代著名医药学家，被后世尊为"药圣"，有《本草纲目》等药学巨著传世。鸣鹤药皇殿的主祀与从侍偶像的确定，殿之倡修、执事者看来是对鸣鹤民众、鸣鹤药商、鸣鹤籍在本地或外地药业堂号的从业人员有过一番心理需求、精神指向的排摸，而后从民众健康长寿、药商药业盈收、药业职工的薪金红包等祈望，进行综合考虑而将上述名医药家、养生家选定，赋予神异，作为保护神、行业神膜拜顶礼。这也揭出，旧时民间社会对医药养生的现实需求、从业商帮与职员的功利企盼和融会的精神指向是药王文化产生的重要因素。

重修的鸣鹤药皇殿，除大殿外，还有其他建筑配套，如有为游客提供景点介绍、听视音像、驻足稍息的厢房偏室等。它无疑是一处游客乐至喜访、了解鸣鹤国药养生文化与药皇（王）文化的平台，一个能保留在记忆中的感受药皇文化与印象的所在，一个值得游赏的人文景点，

三、云和药王庙

成刊于民国九年（1920）的《余姚六仓志》记有"药王庙在云和乡，麦冬业公建"。（见卷二十四 祠庙）

志文就这么简单，只给出庙址乡域、创建者。但因有本土历史文化爱

好者对它的关注、考述，却得到了较为丰富的信息补充。

　　由于建置演改，经笔者查访，这座药王庙址在今慈溪市长河镇宁丰村境，它的具体方位处于南北向的三灶路北口，隔三灶路与东西向的长河老街 163 号相邻，现院门朝东，门南侧有蓝底白字"三灶路 162"号标牌。进院门，有坐南北向的殿房八间（其最西一间为近前添建）。

　　先于笔者，当地卢旦华、吴兆祥、许剑锋三位先生对云和药王庙已有过考察，对于庙址的确认与笔者的踏访结果相一致。卢先生曾在撰文中提到：药王庙又称药王殿，原是一座二进二侧楼的庙宇，中间有固定的戏台。道光八年（1828），当地经营麦冬的商家，欲思麦冬业的发展，信仰行业神灵佑助以盈利，崇神农氏为"药王"之意，募捐集资，兴建药王殿。并塑身披树叶，手持草药的神农氏神像，供奉庙堂。又择神话传说："四月廿八日是药王尝百草采药的日子"，以古称四月廿八药王会，作为祭祀药王之期，所以，每年是日演戏祭神。许先生在《浙麦冬与余姚麦冬同业公会》（下称"许文"）一文中也提到其时"较有名声的麦冬商家，分别有张永兴（罗家路弄口）、建兴堂（杜家路弄口）、聚源（祇下庵灰弄口）、郑采文（垫桥路潮塘南）、大盛（垫桥路潮塘下）等。""为乞求生意兴隆，去除百姓病苦，麦冬业商人于道光八年（1828）建药王庙一座于长河市与祇园庵街居中之处（今长河老街三灶路口）。"吴先生根据采访也有述称：药王庙，原有南北两排各五间，东西两侧楼各三间，朝北大门匾额为"药王庙"，南排正殿药王神座左右两副对联分别是"神农炎帝种五谷，士农工商学艺多""百样作业承蒙发，宝药医方救人疴"。由于以上三人提供填补了志文中的信息漏缺，药王庙建庙背景、创建者们的造庙动因与建庙年份、庙中祀奉之神祇、具体庙址，皆明矣，确矣！

　　作为国药行业神、保护神崇拜的药王庙，体现着崇拜者的精神向度和功利祈愿的需求，至于庙祀的兴衰、香火的旺歇，也自然会与这一行产业的兴废背景、产业链相关。这一视角的审察，也适应云和药王庙。

　　云和乡药王庙既然由该地麦冬商公建，也就反映出其时其地是麦冬种植区。当地麦冬，种虽出自川地，而医家之评却胜于川产，这实缘于沙地使然。故光绪《余姚县志》以塘北沙地之产称"姚冬"为矜。云和乡域系沙地之区，土质既适宜，麦冬又三年一熟，且可套种，质优价高，土地利用率、经济收益率可达双高，农户普遍看好，因之种植土地多面积广产量巨，是姚冬的主产区，品种有蜻蜓、饱明、大宝、二宝、三宝等八个品级。据年长者回忆：在清朝的道光、咸丰、同治年间，是麦冬产销的全盛时期，因此产生了不少麦冬财主与转营收销麦冬的商家店铺，成为后来的余姚麦冬同业公会产生地。道光八年主祀神农氏的药王庙在云和乡呱呱落地，是天利地利人和下的应运而生，带着功利祈求的以当地麦冬商人、麦冬种植大户为主体的崇奉者，把烧香顶礼的虔诚和祀敬的跪拜奉献给行业始祖——神农药王。当然也寄有农户、甚至在麦冬种收季节雇工男妇对药王的希冀，这在卢先生采集的一首顺口溜中有所反映："四月廿八药王殿，麦冬财主赛神仙；赤脚农民掏麦冬，掏掏净净手脚烂；药王老爷有灵显，价钱给阿拉好一点。"

在曾经的鸦片战争、太平军的在浙进退、1924年爆发的江浙战争等战事及自然灾害对云和麦冬产业的冲击影响期，云和药王庙的祀祭自然会遭遇到冷寂。当战乱与灾害过后，麦冬产业又渐现复苏，药王庙香火也渐见重旺。当地麦冬商人中的一些见识者，为了外免在甬药商欺压，内不受地户之耗亏，消除本地同行之间的无序竞争（收价不一、销价有异）、处理好与麦冬种户议价等问题，为了抵御贸易风险、拓扩销路、获利增赢，早有筹建麦冬业公会的想法，但人多心杂，多次周折，迟迟未能筹成。1925年，金人鉴等一些麦冬商人在药王殿又发起建麦冬公会时，张宝琛正任余姚县议长，他为麦冬业发展有过筹划，被推定为公会主持人，但因故，此次麦冬公会组建仍遭难产。直至"1931年2月4日，余姚麦冬同业公会才经核准成立，成为参加县商会的17家同业组织之一，负责人张宝琛（时已不在余姚县议长任上）。"（见"许文"）

余姚麦冬同业公会成立后，云和药王庙的祭祀被推至隆盛庄穆期，据93岁的张桂尧老人回忆："每年四月廿八药王菩萨生日那天，由会长率领身穿纺绸裳裤的麦冬收购商，一齐拥入药王殿参拜药王菩萨，读祭文，行三跪九拜大礼，后到西侧楼议事。在摸清各户存量的基础上，议定：蜻蜓、大包面、小包面和小籽各类规格的收购价格和大致的销售价格，然后举行晚宴，一边饮酒一边看戏。"（引自"许文"）

难得张老的记性，留得云和药王庙香火旺盛时奉祀的情景。不过笔者于此想插述几句：那时在庙参拜的是后世尊为药王之祖的神农氏，是药商（当然含麦冬商）的行业祖师，是药商功利的祈求神偶，是属于民间信仰范畴，而药王菩萨，是佛教中诸多菩萨中的一位，是民众为祈求祛病消灾、健康长寿的佑助需要相对应的金身偶像，属佛教信仰系统。张老指称其时参拜的是药王菩萨（其实际指向是药王神农氏），其可能是受民间公众在指称上的时间差造成的误接影响而致。按理药王菩萨之称，当在云和麦冬产业衰微以后，药王庙奉祀者由麦冬商等为主体的民间行业神崇拜，逐渐转为善男信女为膜拜主体，将原祀的药王神农氏佛化成了药王菩萨。

天下熙熙，为利而往，产业转型，自古而然。就在余姚麦冬同业公会成立及稍前，长河金丝草帽业已由初起转向兴盛。"据称当时一个妇女的编织收入超过一个男劳力的农作收入，因此长河（也含云和乡域）农民减少了麦冬种植，改为从事金丝草的贩卖、或为帽行放草收帽，或自己开店设摊，一些原麦冬商人如金人鉴等也纷纷改设帽行"，"又由于麦冬虫害无法消除，麦冬种植业重心逐渐东移至高王、潮塘、坎墩一带，淡出长河"（见"许文"）。

云和麦冬种植业及其产业链衰微，一些麦冬商的转行帽商，而且最终导致麦冬产业淡出他移，在这一过程中，药王庙的神农崇拜者主体——麦冬商已在走向历史性地缺位，渐致香火消熄。继至善男信女把神农崇拜演改为药王菩萨膜拜，这一民间信仰庙堂演改、异化成佛化道场。

云和药王庙不但能见出麦冬产业的兴衰折射，也有对当地民俗风习的影响。卢先生曾告诉过笔者一个传说故事：

清朝末年，周巷天医殿的天医菩萨，每年五月初七日出巡界下，一路，吹吹打打，鸣炮助兴，观者双手合十，默默恭迎，多么威风。队伍从天医殿出发，经沙黄、驿亭、塘湾、沿潮塘穿长河街回周巷，必须经过云河药王殿门口。某年，不知谁做了一个奇梦，梦见天医菩萨向玉帝哭诉说："出巡的一天，路过长河药王殿门外，被药王的守卫拦住推落在河里，如果不信，袍角里还沾着蕴草。"因药王为民解除疾病的痛苦历史长，功绩大，从未出巡地方。而天医却耀武扬威，从药王门口经过，既不下桥，又不通报，药王怒气之下，派卫士推落天医。而后，为了避免药王与天医的冲突，从此天医巡视界下，最不向东过药王殿门口，至杨叶江西的辉弄直上回周巷。

上则传说反映了民间风习的约定成俗，民间信仰有地域性与神巡的场域限界、庙会的特定时日。天医与药王两神，有各自的尊崇地界，一在周巷，一在云和，不得越界妄巡，有点像地方志的不越境而书。

第三节 达蓬毛女

达蓬山徐福东渡故事原是笼有飘渺"仙气"的。徐福当时公开的方士身份和他窥破的"做了皇帝要成仙，生在地上想上天"的嬴政（前259年－前210年）具有着的浓厚求仙心理，都是沾近"仙缘"的。徐福达蓬成功东渡的首要智慧，就是利用了秦始皇的求仙心理，托言为他去蓬莱求仙，使他甘心情愿地助成自达蓬山顺利启航东渡，实现自己为之追求的襟怀大志。

明末清初，黄宗羲以为秦始皇的惑于徐福之说，是因达蓬山能见的海市，让他相信海外有三神山，那里该有仙药可得。黄氏那段原话见沈善洪主编的《黄宗羲全集》第十册第6页："此山东临沧海，多海市，秦始皇尝驻跸于此，以期可达蓬莱，故谓之达蓬山。《封禅书》言，'三神山去人不远，诸仙人及不死之药皆在焉，而黄金银为宫阙。未至，望之如云；及至，三神山反居水下；临之，风辄引去，终莫能至'云。颇怪此等妄谈，不可以欺愚者，以始皇之明察，方士焉能以凿空乌有之事，令其听信？吾至此山，而所谓黄金银之宫阙，居人无不见之，然后知方士之言，未尝无所据也，始皇即欲不信，得乎？"清代慈城人张翊俊，大概在太平军退甬后访谒过据传秦始皇曾祭神过的千人坛，坛在今宁波市江北区城山近旁，当地俗呼大湾山的百米之巅。尽管张的心态显着对徐福的不恭，斥徐福"狂言惑主"，但在他以《千人坛》为题的诗吟中，却心不由衷地以秦始皇的迷信与下场反衬出徐福智慧的高妙："居人云是千人坛，秦王此地求仙丹，当时徐福多狂诞，发人采药三神山。童男卯女浮海去，云涛雪浪神山路，海水茫茫望眼穿，神仙毕竟在何处。祖龙当死有神语，不死之药亦何补。吁嗟乎，英雄末路爱求仙，方士狂言能惑主。君不见上元太乙工祈祷，真人应与天同老，可惜宫车晚出时，咸阳不是蓬莱岛！"客观上张氏也不得不承认赢家毕竟是徐福。

秦王驻跸达蓬山，一切按徐福的出海求仙部署，昼夜紧锣密鼓，在御营小帐的御床上兴奋得在夜半后尚未能入眠，几已飘飘近仙。突然御床前一灯骤熄，始皇惶急呼人，随即有闻声持灯而入者，发觉原先床前掌瑶丝灯的宫女竟已杳失，秦王急命搜追。原来，那床前掌灯宫女，耐不得山上连续彻夜掌灯的困倦与秦王的虐役，本以为趁秦王入梦之时，可直奔徐福之帐，杂于童男女中远航。但转而一想，始皇狡暴，秦法苛酷，万一搜查至彼，不仅连累徐福难以交代，自己也定是不得好死，于是离帐后，就急急忙忙跌跌撞撞往山的西南方向僻荒处奔逃，幸好天无绝人之路，跑得颓然欲倒之时，竟发现不远处有夜月照泉，鼓力近之，其旁依稀见有山洞，于是碎其灯沉于泉，冒险而入洞，洞幽而深，便匿而不出。不日，船帆出航，秦王离山，宫女逃过一劫。从此在达蓬山留下徐福东渡后弥久的仙事传奇和瑶丝殿的建构来由。

而且一开始就有对于女仙的记述。伪托西汉刘向所撰，成书应在汉魏之间的道教的第一部仙传《列仙传》中就有一篇《毛女》。其文简短，录如下：

> 毛女者，字玉姜，在华阴山中（指华阴县的华山），猎师（即猎人）世世见之。形体生毛，自言秦始皇宫人也，秦坏，流亡入山避难，遇道士谷春，教食松叶，遂不饥寒，身轻如飞，百七十余年。所居岩中有鼓琴声云。
>
> 婉娈（年少美貌）玉姜，与时遁逸。真人（修真得道或成仙

的人）授方（秘方），餐松秀实（以松花、松子为食）。因败获成
（因秦亡得以成仙），延命深吉（延年益寿福气深）。得意岩岫（岫
即山洞），寄（寄托）欢（欢乐）琴瑟（弹击乐器，如瑶琴等）。

上文毛女的身份，原是"秦始皇宫人"，宫人的"入山避难"自然与大
历史、大动荡息息相关。"六王毕、四海一"，曾经辉煌过大一统功业的秦
始皇，由于不施仁政，终至"独夫死、七庙毁"之结局。上文的情节，其
实是与先秦以来形成的"苛政猛于虎"的观念是一脉相承的，晋宋间陶渊
明撰《桃花源记》，源中人的始祖是"避秦时乱"者，分明也同属这一话语
系统，隐潜着"天下有道则见，无道则隐"的寓意。毛女之隐，正与此观
念相契合，其形象本身明显着对于仁政的政治诉求。而且作为亡国之思的
文本，宫人毛女在通常男性书写的年代里，而以审美女性客体为抒情主体，
自然成为文士再创作的好素材，当然其形象也因着道教人士的加工、改变，
其内容的仙话成分与宗教宣传因素难免要羼进来，出现种种变异。总之，
在历时的世俗与道界的改变、传播中，毛女形象更见丰富与拓展，境象也
更为宽泛。

搜读唐宋元明士人诗歌，以毛女为主题而再创作，在唐有伪托毛女之
作的《赠华山游人》"有时问却秦宫事，笑捻山花望太虚"；在宋有何梦
桂《毛女》"华阴梦断咸阳远，隔世逢人莫问秦"；及元有仇远《勾龙爽毛
女》"曾是阿房学舞人，玉箫旧谱尚随身，喜归商岭寻仙药，忍见秦宫化劫
尘。"；降明有赵琦美《觅毛女峰不见》"因思珠翠逃秦日，柱杖看云自热
中"。看来，诗人们在上述诸诗中，歌吟毛女呼求仁政，朗然读者眼目。

东晋张扬神仙思想与神仙理论的高道葛洪，他的《抱朴子·仙药》的
记载，是继《列仙传·毛女》之后出现的影响最大且最具代表性的"毛女"
传说：

> 汉成帝时，猎者于终南山中，见一人无衣服，身生黑毛，猎
> 人见之，欲逐取之，而其人逾坑越谷，有如飞腾，不可逮及。于
> 是乃密伺其所在，合围之，定是妇人。问之，言我本是秦之宫人
> 也，闻关东贼至，秦王出降，宫室烧燔，惊走入山，饥无所食，

垂饿死，有一老翁教我食松叶松实，当时苦涩，后稍便之，遂使不饥不渴，冬不寒，夏不热。计此女定是秦王子婴宫人，至成帝之世，二百许岁。乃将归，以谷食之，初闻谷臭呕吐，累日乃安。如是三年许，身毛乃脱落，转老而死。向使不为人所得，便成仙人矣。

上篇"葛文"，其故事情节大体与毛女玉姜故事相仿："避难入山——服食松叶——形体生毛——成仙不死"这一原型模式。只不过后者多置了一个"由仙还俗"的尾局。很明显，葛文在借鉴《列仙传·毛女》的基础上，有了进一步的拓展，其用意以"二百许岁仍未老，眼看就要修成仙体，却功亏一篑，不幸为人所得，于是又食谷，如此二年许，身毛脱落，转老而死"的后续，赋与此"毛女"传说警世、劝诫的宗教内涵，且宣传之。

以后虽还有毛女故事的不同版本，如唐代《传奇》的"陶尹二君"之毛女传说显见演变轨迹，但其于瑶丝殿毛女似乎少有影响，此不展述。至宋，由于统治者对道教的一直提倡，毛女在当时的大众中具有很高的知晓度和影响力，而毛女的仙姑身份几已普遍认同。

上面宕笔絮写事关毛女的文字，如细细品究，似与今传达蓬山徐福东渡时秦王掌灯宫女出逃事件的后世传叙有着或多或少的相关与或隐或显的影响，也与勾沉供奉达蓬山毛女仙姑的瑶丝殿似有隐性相涉，有助于有兴趣的读者与今传达蓬山毛女仙姑掌故比照分析之，得出自己对瑶丝泉、瑶丝殿、毛女故事达蓬山版产生由来的合乎逻辑与科学的推想。

若展开悬想，达蓬山版毛女故事，可能是秦而后的口口相传衍变而成，又许是先后受到道教影响的有一定文学素养的乡土文人受《列仙传》、或《神仙传》《抱朴子·仙药》等的影响，展开想象的翅膀，数代人递续式地再创造，使达蓬山版"毛女"仙人意象更为神奇谲诡、形神鲜明，故事鼓涨着对秦王荒唐求仙之举和暴虐之性的抨击锋芒，怀着对女性弱者的深深同情和对仁政的诉求，持续地演绎着瑶丝殿仙主故事。

达蓬山当年秦王掌灯宫女出逃事件的最后定说，目前可见的文献是清代镇海杨范（今慈溪市龙山镇范市）人范观濂的《山北乡土集》中那篇

《瑶丝泉》，有序、有诗，有注：（瑶丝泉）在达蓬山。相传始皇宫女掌瑶丝灯者，碎其灯于此泉，逃入山洞。至宋时，居人渐众，犹见此女出入，人不敢近，呼为少娘洞。而此泉至今常有若瑶丝者倏见水面。

> 洞中毛女忆秦时，往事凄凉问月知。

> 一脉清泉流不尽，多情还与惜瑶丝。

先大父自号所居曰"问月"，著有《仙缘记》八卷，内一卷记瑶丝泉秦女事。

从《瑶丝泉》之序文看，瑶丝泉之名是因泉有若瑶丝者倏见水面，所以如此大概是当年宫女碎灯于此所致吧！然后供奉掌瑶丝灯宫女（宋人所见的仙女）的殿庙也就以"瑶丝"冠名，这顺当而合义，紧扣掌故之主题。

吟诗之首"洞中毛女忆秦时"，可见她也是由秦宫人而成的毛女，故事情节与《列仙传·毛女》《抱朴子·仙药》的记载中的毛女，大同小异："避难入洞——服食松叶山果（笔者推想）——形体生毛——成仙不死。"原型模式也系同一。不过达蓬山毛女，没有葛洪笔下那毛女的"从仙返人"的结局。

从注文看，范观濂的祖翁是最后的达蓬山版毛女故事定论者，他的《仙缘记》中那"瑶丝泉秦女事"的专卷，虽然我们无法看到，不过其概要还是由其孙子公布给大家并传世了。至于瑶丝殿，有心访探者，不妨去找那位方家河头的方良福先生——熟悉那里的"当方土地"，他会告诉你："近傍瑶丝泉池的瑶丝殿，位处达蓬山的西南部、离佛迹寺约三里许，从方家河头翻眠床山亦可行。20世纪90年代殿宇虽已颓败，但是建构规制依然显见……"

瑶丝殿成建于何时，目前似乎尚是无从可解的谜。据有人保守的猜揣，就近溯，其后期的修建当在范观濂乃翁成编《仙缘记》前后。

第四节　慈溪赵云庙

有朋友自川西大邑县归来，说他曾在那里的静惠山巅谒子龙祠，登望羑台。我在羡慕他的游福时，不觉勾想起赵云这位赫赫威名的蜀汉虎将。

赵云，字子龙，常山真定（今河北正定）人。早年随公孙瓒，后投刘玄德。当阳长坂坡激战，刘备"弃妻、子南走，云身抱弱子，即后主也，保护甘夫人即后主母也，皆得免难。"定军山一役，赵云处危不惊，偃旗息鼓，豁开城门，以"空城计"智敌曹魏重兵。赵云威勇之例，不一而足，所以屡受刘备盛赞："子龙一身都是胆"，也为撰《三国志》的陈寿高评："强挚壮猛"，还被注《三国志》的裴松之美誉："军中号云为虎威将军"。

蜀汉建兴五年（227），赵云随诸葛亮北伐，后二年卒，葬于大邑县，追赠为"顺平侯"。

将星虽陨，神威不灭！口传文衍者相继，建庙祀云者踵接。元代至治年间（1321–1322），已有讲史书《全相平话三国志》将赵云的神勇，通俗淋漓地渲染民间。说"赵云使一条枪，名曰'涯角枪'，海角天涯无对，《三国志》除张飞，第一条枪"。至元末明初，又经曾来过慈溪师从赵宝峰先生的罗本（即罗贯中）笔底一番"演义"，于是更让"血染征袍透甲红，当阳谁敢与争锋，古来冲阵扶危主，只有常山赵子龙"的故事由高文册典走向市井，使赵子龙的忠勇越传越神，愈传愈广。

一次，我因事过当阳，很庆幸有机会去长坂坡遗址转了一圈。那里有座长坂公园，周围10余里都是当年赵子龙经战的地方。公园高坡上那一方突兀的青石古碑上"长坂雄风"四个苍劲的大字，一下子使我置身于赵云骁勇血战的历史氛围中；而街心花园中一尊高耸雄威的赵云彩色塑像，则活脱脱展现了赵子龙当年单骑救主的忠勇形象：身跨悬蹄欲飞的战马，怀裹小阿斗，手使"涯角枪"，背插青釭剑，虎虎英姿，凛凛神威……这座雕像分明是有磁石砌成，强烈的"磁性"招引着瞻仰者、摄影者纷至沓来。我被当阳人对赵子龙的敬怀情结所感染，也情不自禁地走近塑像，凭吊追怀之际，选定站位，找了一位看上去挺有审美气质的摄影师，邀他用我手中的相机，"咔嚓"一声，把涌动着情思与一身客尘的我凝留在沐着赵子龙雄风的永远定格里。

承大邑游归朋友的热心，去秋抄给我一副子龙祠殿柱的楹联："一身都是胆临危授命宿将封侯谥顺平；两世尽倾心夺斗招亲单骑翊主夸骁勇"。联语虽短，却刻划出赵子龙归随刘备后忠心耿耿叱咤风云威震华夏的虎将形象，又同时简及生平要事，实在是副妙对。又据朋友游踪所至，子龙祠后望羌台那边还立有《望羌台记》一方碑石。好记性的朋友曾为我背过其中一段碑文："静惠山，一名东山，山上土城，相传是蜀汉将军赵云在此驻军防羌时所筑。"也许是赵云这段防戍经历和他卒葬于大邑的缘故，使静惠山的石径草道绵延了大邑人们 1700 多年来对赵子龙生生不息的怀念之情。

我没曾去过常山，但我想那里的人们一定不会忘情于那位给故乡增光的英雄，这是天经地义的。令人感慨的是，慈溪既非赵云的血脉之乡，也不是他当年征战防戍之区，又不是他的卒葬之地，更不是历史上蜀汉的辖属之域。然而，赵云这位忠勇虎将确被这里的人们所敬崇、所怀念，尤其在明清两朝还出现过塑像祭祀赵云的庙。比较出名的是今龙山镇方家河头村的赵云庙。旧志有载："河头庙，明正统间里人方云庄建，祀后汉赵云。"正统（1436–1449）是明英宗的年号，虽前后仅 14 年，但期间倭寇在浙东大的骚掠就有三次，北临杭州湾龙山洋面的河头村一带，成为首当之冲。倭患当前，人们迫切需要朝野和乡里能出现敢于"冲阵扶危主"、敢于力肩卫国保乡重任的忠勇之士，在寻找民族尚武精神的载体时，由于《三国演义》的民间传扬和赵子龙的忠勇知名度之高，方云庄们便以赵子龙为武勇楷模、村社"保护神"，建起了奉祀子龙的赵云庙，有意无意地将三国文化吸纳为激扬尚武精神同仇敌忾的抗倭需要，在特定的时空背景里进而归涵为祠庙文化中的积极成分。无独有偶，20 世纪末，我在田央黄村遇到过一位熟稔乡土的黄姓大伯，与我在闲谈中聊到：窖湖那边有座建于道光中期的"新庙"，也供奉赵云。依稀记得他还说过，鸦片战争时"西匪"入侵宁波，地近宁波、镇海的小百姓们，深忧家园遭匪践踏。有人倡议：当以赵云苦战长坂坡之英雄气概振奋万众抗敌卫乡信心，激励武风，敢于血战，以保乡里。此议应者云集，庙遂成筑。可惜几年前那位高龄的黄大伯悄离人世，他的"腹笥"也随他故去，"新庙"细节便无从究底了。不过那次闲聊对我不无启示：看来"新庙"建祀的背景与动因，同方家河头村正统间建赵云庙祀赵子龙是何其相似。只是外敌不同而已：一是倭寇；一是英法侵略者。至于 20 世纪 40 年代初期，面对凶狠的侵华日军，无论是窖湖边，还是河头村，抗日军民一身武勇，唱响"大刀向鬼子们的头上砍去……"直杀得鬼子魂飞胆丧。

民气不可侮。当年无论是群搏倭寇，还是一呼百应抗击英法联军的入侵，或是在 20 世纪 40 年代与侵华日军的殊死拼斗，历史上的慈溪人确能亢奋尚武精神，有赵云那种"血染战袍透甲红"的刚悍气概。这方面可歌可泣的事例难以罗述而尽。

在国家青少年研究中心供职的王小东先生曾发表《大国国民与世界的领导者》一文，他亮出的持见是：自有人类历史以来，和平就离不开尚武精神。世界上没有任何一个国家和民族，其国民缺乏尚武精神却能够崛起的。我们的祖先在把中国成就为世界文明的中心的过程中，是充满了尚武精神的，只是自宋以降，中国的尚武精神由于缺乏远见的内部政治考虑而衰败了，由此，中国走上了一条屈辱的道路，常常在国力远远超过对手的情况下被打败，被奴役，这是我们必须接受的教训。王小东先生的话语，象鼓槌敲击了我的心鼓，情不自禁地发出了认同的回声。

曾经的外侮灾难我们不该忘却，回想当年先人们建赵云庙，不仅出于鼓动当时村民团结习武御敌保乡卫村的需要，客观上也培扬和影响了后人自觉传承尚武精神，发愤图强，矢志于祖国的和平崛起，早日共圆中华民族伟大的复兴之梦。

第五节　民间信仰与地名生成
——以"相公殿"成名为个案探析

浙江省沿杭州湾、钱塘江的杭嘉湖绍地区，历史上曾频发潮水之害，使人们产生对潮水的恐惧，由此出现了潮神崇拜现象，一种地域性的民间信仰。其所祀潮神主要由当地历史上的人物转变而来。《吴越春秋》是东汉时人赵晔所作，书中已有伍子胥和文种成为潮神的记载，可见潮神出现之早。尽管潮神崇拜产生虽早，但潮患却并未从此消歇，因此崇祀现象也久盛不衰。

今慈溪市崇寿镇相公殿一带，位于历史上的绍兴府余姚县北部产盐的"六仓"区内，北临杭州湾。成书于民国初的《余姚六仓志》中有云："六仓濒海，多潮患，故祀潮神。"

初建于姚北永清塘（六塘）成筑后的相公殿，它有朝南五开间的大殿、朝北三间的后进加戏台、两侧各三间的斋堂，成建时隔塘背海，是一座崇祀潮神的庙堂，是配套完整的潮神信仰的民间活动场所。它的出现与存在反映出一定的时空背景，是一种特殊的文化现象。

宁波市文化广电新闻出版局在 2011 年开编并公开出版的一套《甬上风物：宁波市非物质文化遗产田野调查》中，有一册《慈溪市·崇寿镇》，内由崇寿籍调查人王长盛先生为我们提供的本镇孙元良先生一份当年动建相公殿的口传资料，粗略反映了当年造神运动的简况：

当地一位姓张的人，在涂头看见一颗菩萨头，他把菩萨头带回家中，藏了两三年。这一来家中经常出事，但是找不出原因，最后才想起几年前有一颗菩萨头藏在家里，恐怕是这个在显灵，他找到此头许愿："你如若有灵，你要放哪里，都听你。"他把菩萨头挑着往外走，挑到永清塘南有点吃力，就放下担子歇一歇，停了一会，想挑着再走，可是有菩萨的一头再也挑不起，他说"挑不起，就放这里。"说完，就召集周边的人们，告诉大家这是灵神。于是众人捐集资金，就在此地建成一个殿，当时有人提名"相公殿"，大家也就这么一直叫下来。

上面的材料是口头承传性的，据孙元良先生说，是他小时候听爷爷说的，想来他爷爷也应是听前辈说的。历史往往会疏失细节，我们已无法觅求当年造神建殿的细枝密节。但有一点值得探究：成殿之际，为什么会有人即倡名"相公殿"？而济济大众则并无异议？

这说来话长。

相公，是个多义项词，其中也有称当官之人为相公。原来，崇寿相公殿内主祀的相公，是宋代景祐年间（1034-1038），以工部郎中出任两浙转运使的张夏。他是萧山长山（今楼塔、河上镇一带）人，因排行六五，称十一郎官，是宋代的一位筑塘功臣。萧山滨钱塘江，塘堤年久失修，塘原用木柴、泥土垫筑，因此常被江潮冲毁。张夏为不使潮灾殃民，他上任两浙转运使，即筹划塘事，专设捍江五指挥，令各率军兵四百人，不避风雨，采石运料，分段改建石塘，历经艰难而大功告成，从此消除了潮患。当地人感念他的功德，就发心建庙祭祀他。这可从嘉靖《萧山县志》卷二典祀记载中获证："护堤侯庙，去治东北十里，在长山之麓。宋时建，以祀漕运官张行六五。"同卷还说，"（这庙）咸淳间赐额，祷甚应，尤有功于海堤，今俗谓之长山庙，又谓之张老相公庙。"

诚然，由于张夏有功于塘堤，宋王朝在政和二年（1112）已赐他"宁江侯"封号，至南宋末年加封为八字王；张工部长期亲躬塘事，积劳成疾，因公殉职后，在萧山有"沿江十八庙，庙庙供张公"之盛况。但是，历史人物列为出名的潮神者，往少里说也有十余位吧，因何姚北永清塘南的相公殿会认祀萧山人张夏呢？

记得国学大师胡小石先生曾在畅论地祇时指出，神有地方性的问题。实际上本文上面相关的文字中，有提到信仰潮神的地区局限于濒发潮灾的杭嘉湖绍地区之事实，已回应了胡先生的说法。而胡先生又素持"祭不越望"之说，相公殿主祀张夏的成因，其中存有"祭不越望"之说的反映。

虽然张夏的籍贯还是筑塘实绩，都是在萧山，而萧山辖属绍兴府，那张夏便是绍兴府人的大同乡，绍兴府沿海之地既处潮患之地，于是大家自然也会象萧山沿江一带，庙庙供张公，以他这位大同乡为心中的潮神。即使与萧山中隔山阴、会稽、上虞三县的姚北，也因处在绍兴府东北之境，故早于崇寿建相公殿之前，沿大古塘及以北诸塘一线，就有如泗门、湖堤、廊厦、林西默林市等地的祀张夏之庙，可见姚北沿海百姓是把张夏视作乡邦潮神来恭祀，以祈岁岁无潮灾，年年保平安。

祀张老相公之风自宋以来，原只炽热民间，而明嘉靖间始，绍郡沿海卫所也多有祀张夏之殿庙，开军民共祀之风气。据成书于明嘉靖间的《临山卫志》载记，临山卫城西门月城内就有座张神庙；远在绍兴府东偏的三山所城之虎屿山上，在明嘉靖二十三年（1544），也有三山所把总刘朝恩、掌印指挥马斌建造了张神殿，此殿又称张老相公殿、张神庙，庙中还有一座戏台。秀才高环渠以当年亲见建殿与庆典之情状，吟就《张神庙落成恭纪》："翦棘鸠工作庙年，巍巍轮奂列峰巅。钱唐勋业千秋仰，虎屿馨香万户虔。海晏河清功浩荡，春祈秋报意缠绵。落成竞晋霓裳舞，敢媲长山肃豆笾。"诗歌深具史性，把当年浒山一线军政官民在虎山顶（虎屿山顶）建造一座焕然巍然的张神庙的艰辛，和在落成庆典上人们赞颂张夏的筑塘勋业、祈愿海晏河清的心理反映，以及贺神娱神的歌舞场景都涵吟其中，还点出无论是庙貌还是庆典活动中人们对张夏的虔敬和喜庆，是可以和长山庙一带的乡人对张神的敬崇恭祀相提并论的。

由于大至绍兴府的沿海之地小至姚北，曾经的一线海塘一带都曾有或现有祀张老相公张夏为潮神之庙，聚居一线海塘南北的相公殿一带百姓，大多是于乾隆嘉庆间来自山阴、会稽、上虞等县的移民，他们的原住地还是迁入地都有在绍郡之境，都或早或迟、或远或近地，了解张老相公作为乡邦潮神的崇信度、本土潮神的知名度，因此当他们为抗潮禳灾在六塘南建庙时，就立马想到张夏，就有人倡名相公殿，就出现了一人倡而万人和的普遍认同。

不过，相公殿的成建与命名，还应与时代背景相关，与移民文化、围垦文化等相融。

入清，绍郡沿海地区依然潮患频仍。曾担任过浙江巡抚的朱轼，在康熙五十九年（公元1720年），他在综合过去各方面的治塘先进技术后，在海宁老盐仓，创建了造价高昂，每丈需银300两的新式鱼鳞石塘，因耗资高，只造了500丈。雍正二年（公元1724年）七月，由于台风和大潮同时在钱塘江口、杭州湾南北一带出现，酿成一次特大潮灾。当时，除朱轼在老盐仓所建的新鱼鳞石塘外，杭州湾南北绝大部分的海塘都遭到严重的破坏，生命、财产的损失十分惨重。经这次大潮考验后，那段新鱼鳞石塘被公认为海塘工程的"样塘"。虽然为了浙西的安全，清政府遂不惜花费重金，决定将钱塘江北岸、受涌潮威胁最大的地区，一律改建成新式鱼鳞石塘。但是限于财力，钱塘江南岸与杭州湾南北的海塘只是按常规而修筑，因此当地人们对于堤塘的御潮抗灾能力，总是心有惴惴，而且乾隆间又受过潮灾之苦。这就使于乾隆、嘉庆间大多由山阴、会稽迁徙至姚北永清塘南北（指相公殿一带）的移民与其后辈，无论是在迁出地时的潮灾经历和父祖辈口传，还是对当地永清塘的防潮抗灾期望，都是心有悸悚。这使他们更会记起本是傍近迁出地的筑塘功臣张夏，一位有乡谊亲情的潮神，于是他们心中总是潜有请祀张夏来帮佑保塘抗潮的期许。

本来，原系滨海，后日渐远海之地的浒山一带，因涂地一直呈往北淤涨之势，在明代成筑的二新潮塘、坎塘之北至清初又有大片新涂待围，海岸线离浒山已远，其时一般潮灾对浒山一带似已无大碍，因此虎山顶上的张神崇拜，就随之淡薄。庙宇也因人们逐渐冷落而渐至颓朽。有人还以为张神者是宋末死节于广东新会崖山的张世杰呢。但由于雍正二年风暴潮竟然冲越大古塘一线，这一带居民在亲罹潮患之后，原先松弛的惧潮心理和淡衰的张神信仰为之一变，祀张神的热情再次煽旺起来，乾隆间，还将虎山顶上的张神庙移建至所城北门月城内。高环渠的后人高翰还专门撰了一篇《张相公考》，以其先祖高环渠诗中"钱塘勋业千秋仰"和已故老师陈北岩的"俎豆本长山"之句，证为此张神即是张工部夏，并告示大家"不得因沿讹已久，从而傅会之也"。所城张神庙中张神真实身份的澄清和宣传、所城的崇祀张神之风，对于与浒山直线相距二十余里、身处一线新塘（六塘）南北、有特强惧潮心理和御潮护堤之切的先后来此以盐垦为生的移民群体，必然产生更切近的心绪影响，为了生息的安全，为了保障盐垦的开发，面对潮灾的威胁，于是祈神消灾的心理期望象乘风的船帆鼓涨着，自然也想能象浒山人一样造一座祀张夏相公的殿庙，有这位相公护佑他们在新地安生发展。

大家知道，海宁盐官是观潮胜地，那里还有一座海神庙。这海神庙是雍正皇帝在雍正二年特大潮灾后的次年敕建的。庙内集中了朝廷祀典所认可的重要的潮神与水神，据雍正《浙江通志》卷二百十八中所记，庙中祀神有"越上大夫文种；汉忠烈公霍光；晋横山公周凯；唐潮王石瑰、升平将军胡暹；宋周宣灵王雄、平浪侯卷帘使曹大将军春、护国宏佑公朱彝、广陵侯陆圭、静安公张夏、转运使判官黄恕；元平浪侯晏戍仔、护国佑民永固土地彭文骥、乌守忠；明宁江伯汤绍恩、茶槽土地陈旭"。其中张夏的静安公封号，是雍正帝建庙时新赐的，显见皇上对他护塘抗潮之功的肯定和表彰的热诚，客观上使新加封的张夏，其地位和崇信度在此后人们的心目中更高于其他众潮神，而且姚北相公殿一带的百姓因对迁出地的故土情感，也会影响后来相公殿一带民众更选请乡邦潮神张夏入祀相公殿，来作当地抗潮消灾的保护神。

相公殿终于在这样的近时背景下，群众性的草根造神运动中，"时来运生"地诞现了，并由此酿生了以相公殿为主名的一连串地名，如相公殿（供张夏相公偶像的祀殿建筑与其地标）、相公殿海口、相公殿盐廒（玉顺廒的别称）、相公殿街、相公殿学校、相公殿村、殿北村等，都生发出故事与文化。清末与抗战前，相公殿海口扬帆外海、通航内河的大船小舟翔集，是盐运出港和物流的集散地；相公殿街上，远贾座商各不相让，济济店铺、攒攒人头，市面一派红火，其时的商贸名声，遐迩皆知；大革命时期相公殿一带暴发的盐民运动、三北敌后抗战第一枪近此的打响，那红色的回望，是永铭的历史，也给作为地名符号的相公殿，增添了传扬的荣光。2000年12月原相公殿村和原殿北村已合并而成相公殿村，全村共有农户1322户，常住人口3101人，暂住人口1215人，就是这个村，先后被上级部门授予宁波市环境整治示范村、宁波市"财务公开民主管理示范村"、慈溪市先进集体、慈溪市二星级文明村、慈溪市卫生村、慈溪市"庭院整治示范村"等荣誉称号，在新世纪，村民们，为村名博得了时代的赞许。

在旧社会，当局不以民生为重，科技又落后，财力人力不济，抵御自然灾害的能力薄弱，面对潮灾，时人不免呼告无助，于是希望有抑潮之神，来解除潮灾，求得精神安抚，也是很自然的，于是筑塘英模、抗潮功臣张夏在官方的神化、民间的感念中由贤人转变为潮神，一尊地道的土木形偶，成了相公殿中的主祀。

民间信仰在同一殿庙，其祀主也会因时空影响和民间关切的更动而有所演变，口传材料也会因时移势改而人言言殊，出现多元口径。崇寿相公殿中的主祀之张相公后来也有人说是由《聊斋志异》一书的《张老相公》篇中走出来的除鼋英雄，近前还有人为此撰文立碑，但他在蒲松龄笔下是有姓无名的，也没给他奉上"绥佑大帝"的神号。民间还有一说，崇寿相公殿，祀的是南宋末殉国葬海的张世杰，传说他能抗潮，后人又奉称其海潮王、绥佑大帝。三位张相公，虽身份有异，却"各有故事"，张夏筑塘御潮；张姓无名相公有人奉为水神，说能抗洪拒涝；张世杰绥佑大帝兼称海潮王，能抗海潮。巧的是三位全同姓，皆尊以相公之称，都体现了不同版本的民间关切，但从"相公殿"这一殿名、地名的生成来说，其性质则显趋一性，都能与殿名地名相般配。

新中国成立后，社会进步，经济发展，筑塘工程也随之科技现代化，当年朱轼的新式鱼鳞石塘较之现在"五十年一遇""百年一遇"之一线标准海塘，其坚固度与抗潮能力已昔非今比。且永清塘之北也已数塘成筑，昔日海涂已成沃壤，那受潮害的岁月、受洪涝的悚悸，那处在潮灾涝灾威胁中的年代在崇寿镇已永成历史，产生于潮涝之灾恐惧的潮神、水神崇拜之消亡已势所必然。不过当今尚存的相公殿和殿中的"张相公"确实见证了崇寿历史上遭受潮涝威胁、当年人们的潮涝恐惧和潮神水神信仰，也见证了移民群体及其后裔们前赴后继敢于战天斗地不辞艰辛而成就的围垦业绩、水利建设，从而勾起当今崇寿人、尤其是相公殿村人的历史记忆。当大家对"相公殿"进行地名溯源时，固然会感念以民生为重的筑塘护堤、抗洪拒涝的优秀历史人物张夏与传说中的水神绥佑大帝，当然更会缅想起当初担幼携老，自山会等地离乡背井来此煮盐垦荒、经受潮涝之灾与威胁、备尝人间艰辛的始迁祖们，感恩他们筑塘护堤、骈手胝足开拓盐碱之地；含辛茹苦养儿育女，繁衍移民后裔，成就了当今再无潮涝之患、人财两旺、安居乐业、欣欣向荣的曾因相公殿而名声在外的崇寿镇。同时在缅怀和传颂他们历代建功立业的先人时，当然更不会忘记传承和弘扬他们当年的围垦精神，喷薄出崇寿镇在发展中开拓创新的文化软实力。

第六节　都神会：民间信仰对当地文化习俗的影响

光绪《慈溪县志》卷十五经政四 坛庙下记有："都神殿 县西北六十里蛤蜊山麓。国朝道光二十八年重建，同治八年修。采访册 以上三十都三图。"上所指蛤蜊山在今慈溪市观海卫镇锦堂村境。

据说，上指都神殿中五都神有其原型。元至正十二年（1352）有五姓兄弟随朱元璋起兵濠州，他们文武双全、精通医术，募乡银、解围城，采草药、救军民，是明朝开国功臣。洪武二十七年（1394），朱元璋谋害功臣，将兄弟五人毒死，后因心中有愧，太子求情，追封他们为"五都大帝"。至于缘何"五都大帝"入祀蛤蜊山麓都神殿，这得勾沉一则颇有神秘意味的传说：

明末清初时，清军犯南京毁太庙，五都大帝神位被抛入长江，随流由东海漂至杭州湾海面。在农历五月二十五日这一天，观海卫东山头林家（现锦堂村）林阿贵在海中捕鱼时，刻有"五都大帝"封号的神位进入渔网。林阿贵收网后，把五都大帝的神位放进鱼筐背回家，背至林家村蛤蜊山旁时，感觉有所沉重。林阿贵心有灵悟，就和当地百姓盖起两间茅屋，供祀神位，奉以香火。

到了乾隆四十四年（1779），在蛤蜊山麓改建起宏畅的都神殿，塑祀有金脸、红脸、黑脸、蓝脸、白脸五尊神像，号为五都大帝，被当地民众奉为能治瘟祛疫、掌管财源、弥补阴阳五行（民间有"五行全，万事兴"说法）等灵异之神。旧时，东山头（"东山头"则指原观海卫卫城北部约一里的浪港山以东，即现观海卫镇的东营村、东山头村、锦堂村等三个行政村，覆盖八个自然村）等地共"五姓一柱"六个家族和村落的联合体（五姓是指林、吴、韩、徐、蒋五大姓，一柱是指观海卫卫城东门外方家。五姓中，林家、吴家、徐家聚落在东山头区域，韩姓家族聚居在卫城外西南方五里，号称五里韩家，蒋姓家族居卫城南沿，习称卫前蒋家。）是都神信仰的核心主体，虔祀"五都大帝"，并共尊他们为乡土守护神。传说求有所应，护佑生民，香火日渐旺盛。

由于历史原因，殿堂与神像曾在 20 世纪 50 年代末遭毁。现存的都神殿是 1993 年 7 月，由"五姓一柱"和当地热心群众捐资合力，移址蛤蜊山上重建的。

民间信仰往往与传说耦合，此中融入了当地民众强烈的爱憎和良好的愿望。林阿贵捞得五都大帝神位的灵验叙事，解释了五都大帝信仰在当地起源的神秘性和偶然中的必然性。至于行会，是民间广为流传的一种传统民俗活动，从乾隆四十四年（1779）起，由林、吴、韩、徐、蒋、方等"五姓一柱"……组织办"都神会"，方姓作为柱头，协调五姓，负行会事务总职，五姓各执事一尊神像。行会时，一柱执头旗，充先锋，五姓队伍随后各舁神塑巡行，这种当地民间祈福文艺巡游活动，是从属地方文化范畴的，当地民众的国泰民安免瘟祛疫、财运亨通、子嗣绵延等等祈愿与关于生命维护与生活意义的追求、伦理道德的教化等都暗蕴其中。旧时都神行会的时间一般为每年农历三月十七至十八日共二天，行会之前先扫街，张贴黄榜告示百姓，十七日上午举行隆重的祭祀仪式。巡游中会器多种多样，有抬阁、鼓船、纱船、十番、茶担、炮担，又有肃静回避、鸣锣喝道、开路莲灯、头牒、高灯、旗锣、五色大旗、彩旗、十二生肖旗、兽群、烫叉、布龙、舞狮、高跷、万民伞、土铳、对锣、仙杠轿、暖阁等；参行人员身份不一、衣饰纷尽形色，表演各具特点：中有大头和尚、马郎、宫女、串肉心灯者、着红背单的"犯人"等，以形相表情随队行止。在巡游线路的空间范围里、规定的时限中，无论会器和人员都是印有多元文化标签的展体，为沿途观众所娱目所悦耳甚或被潜移默化。

在历史时段中，五都大帝神出巡行会，曾有过较长时期的中断。

春夏秋冬年复年，至公元 2009 年，一若老树着花，五都大帝巡游旧地重启。重启以来的都神行会活动在继承传统历史文化的同时，注重剔除封建迷信、汰去落后文化的色染，使传统与时新相交糅，在各类非物质文化遗产项目上推陈出新，都神行会的形式、会器、活动内容更新、参会人员的身份衣冠与表演的多重多样，后届更胜前届。2015 年 9 月，《都神行会》成功入选慈溪市非物质文化遗产项目名录，至 2019 年农历正月初十已接连办了十一届。如今声势浩大的浙东观海卫都神行会，一般在农历正月初十举行，届时成为办、参的单位人员和观娱群众的一个约定成俗的特殊时日。

前后相继的十一届都神会连办，引起了媒体和学者对地方民俗文化的关注，网上可见有些届别行会的实况航拍、视频，宁波等地纸媒也曾予报导，还有学者来当地田野调查后撰成论文刊发在相关学报，这些关注更激发主办与参予单位对办好行会的时下文化担当、非物质文化遗产传承和促进当地文明的思考。

主要参考书目

（按编著者首字汉语拼音顺序排列）

【英】A·N·怀特著：《宗教的形成／符号的意义及效果》，贵州出版集团 贵州人民出版社，2007年版。

曹琦、彭耀编著：《世界三大宗教在中国》，中国社会科学出版社，1991年版。

陈荣富著：《浙江佛教史》，华夏出版社，2001年版。

陈星、陈净野著：《弘一大师在慈溪》，西泠印社出版社，2009年版。

陈雪军著：《姜宸英年谱》，浙江大学出版社，2011年版。

慈溪市博物馆编：《上林湖越窑》，科学出版社，2002年版。

慈溪市博物馆编：《慈溪遗珍：慈溪博物馆典藏选集》，上海辞书出版社，2008年版。

慈溪市地方志编纂委员会编：《慈溪市志（1988–2011）》，浙江人民出版社，2015年版。

慈溪市文物管理委员会办公室、宁波市江北区文物管理所编：《慈溪碑碣墓志彙编》，浙江古籍出版社，2017年版。

（元）戴表元：《郯源戴先生文集》，《四部丛刊》本。

（元）戴表元：《郯源文集》，文渊阁《四库全书》本。

戴康生、彭耀主编：《宗教社会学》，社会科学文献出版社，2007年版。

董丛林著：《龙与上帝：基督教与中国传统文化》，广西师范大学出版社，2007年版。

段玉明著：《中国寺庙文化》，上海人民出版社，1994年版。

方立天著：《中国佛教简史》，宗教文化出版社，2001年版。

方立天著：《中国佛教与传统文化》，中国人民大学出版社，2010年版。

【德】费尔巴哈著，王太庆译：《宗教的本质》，商务印书馆，2010 年版。

【日】福井康顺等监修，朱越利译《道教（第一卷）》上海古籍出版社，1990 年版。

傅勤家著：《中国道教史》，上海书店，1984 年版。

高长江著：《神与人——宗教文化学导论》，吉林人民出版社，2000 年版

高长江著：《宗教的阐释》，中国社会科学出版社，2002 年版。

高振农著：《佛教文化与近代中国》，上海社会科学院出版社，1992 年版。

戈悟觉主编：《弘一大师温州踪迹》，上海文艺出版社，2010 年再版（增订本）。

葛兆光著：《禅宗与中国文化》，上海人民出版社，1986 年版。

顾长声著：《传教士与近代中国》，上海世纪出版集团 上海人民出版社，2004 年版。

顾肃著：《宗教与政治》，凤凰出版传媒集团 译林出版社，2010 年版。

郭朋著：《汉魏两晋南北朝佛教》，齐鲁书社，1986 年版。

郭朋著：《中国佛教思想史》，社会科学文献出版社，2012 年版。

何云著；《佛教文化百问》，今日中国出版社，1992 年版。

（清）洪昆纂、冯蔚舒订：康熙《五磊寺志》（清抄本复印件）。

洪锡范、盛鸿焘修，王荣商、杨敏曾纂：民国《镇海县志》《镇海县新志备稿》（《中国地方志集成·浙江府县志辑》第 34 册），上海书店，1993 年版。

胡宅梵选辑：《澹宗》，上海佛学书局印行，民国二十二年初版本。

黄忏华著：《中国佛教史》，吉林出版集团有限责任公司，2010 年版。

黄心川著：《东方佛教论》，中国社会科学出版社，2002 年版。

（清）黄宗羲编：《姚江逸诗》十五卷，清康熙南雷怀谢堂刻，康熙五十七年倪继宗重修本。

（清）黄宗羲著，沈善洪主编，吴光执行主编：《黄宗羲全集》，浙江古籍出版社，2005 年版。

（梁）慧皎等撰：《高僧传合集》，上海古籍出版社，1991 年版。

【美】J·L·斯图尔特著，闵甲、黄克克、韩铁岭等译：《中国的文化与宗教》，吉林文史出版社，1991年版。

【日】加地哲定著、刘卫星译：《中国佛教文学》，今日中国出版社，1990年版。

蒋维乔著：《中国佛教史》，上海古籍出版社，2004年版。

金正耀著：《中国的道教》，商务印书馆，1996年版。

金梅著：《悲欣交集·弘一法师传》，上海文艺出版社，1997年版。

晋武成著：《上林湖唐宋青瓷标本图录》，宁波出版社，2011年版。

开示者谛闲法师、记录者宝静法师：《谛闲大师语录》，上海佛学书局，1995年印行。

柯文辉著：《旷世凡夫：弘一大传》，北京大学出版社，2010年版。

赖永海著：《中国佛教文化论》，中国青年出版社，1999年版。

李国荣著：《帝王与佛教》，团结出版社，2008年版。

李乔著：《书旅》，商务印书馆，2010年版。

李养正著：《道教概说》，中华书局，1989年版。

林子青编著：《弘一法师年谱》，宗教文化出版社，1995年版。

刘锋著：《宗教与中国传统文化》，山东教育出版社，1990年版。

刘乃和编：《中国现代学术经典·陈垣卷》，河北教育出版社，1996年版。

流方编：《旅游与宗教》，旅游教育出版社，1993年版。

楼宇烈、张志刚主编：《中外宗教交流史》，湖南教育出版社，1998年版。

（宋）楼钥著：《攻媿集》，文渊阁《四库全书》本。

鲁迅著：《中国小说史略》，人民文学出版社，1975年版。

吕大吉著：《宗教学通论》，中国社会科学出版社，1989年版。

罗伟虹著：《中国基督教》，五洲传播出版社，2004年版。

罗卫国著：《话说天后》，上海书店出版社，2000年版。

马德邻、吾淳、汪晓鲁著：《宗教，一种文化现象》，上海人民出版社，

1987 年版。

【德】马克斯·韦伯著，康乐、简惠美译：《中国的宗教：儒教与道教》，广西师范大学出版社，2010 年版。

【英】麦克斯·缪勒著，金泽译、陈观胜校：《宗教的起源与发展》，上海人民出版社，2010 年版。

毛远明著：《碑刻文献学通论》，中华书局，2009 年版。

茅家琦著：《太平天国对外关系史》，人民出版社，1984 年版。

（清）倪继宗辑：《续姚江逸诗》十二卷，清康熙六十年倪继宗小云林刻本。

倪军民、包瑞峰著：《七个出家皇帝》，吉林文史出版社，1993 年版。

牛润珍著：《陈垣学术思想评传》，北京图书馆出版社，1999 年版。

（清）蒲松龄著，张友鹤辑校：《聊斋志异》（全四册），上海古籍出版社 1978 年新 1 版

秦学颀编著：《宗教文化赏析》，旅游教育出版社，2007 年版。

卿希泰主编：《中国道教史》四卷，四川人民出版社，1988–1995 年版

全国政协文史资料委员会宗教组编：《名僧录》，中国文史出版社，1988 年版。

饶国庆、袁慧、袁良植编：《伏跗室藏书目录》，宁波出版社，2003 年版。

《绍兴佛教志》编纂委员会编：《绍兴佛教志》，浙江人民出版社，2003 年版。

（宋）沈作宾修、施宿等纂：嘉泰《会稽志》，宋元方志丛刊本，中华书局，1990 年版。

（清）释超心、超香等编：《天台通玄寺独朗禅师语录》，见《嘉兴大藏经》（新文丰版）第 36 册。

释敬安著：《八指头陀诗文集》，2000 年天童寺广修和尚重印本。

（宋）释赞宁著，范祥雍点校：《宋高僧传》，中华书局，1987 年版。

（明）宋僖著：《庸庵集》，文渊阁四库全书本。

孙昌武著：《佛教与中国文学》，上海人民出版社，1988 年版。

孙昌武著：《中国佛教文化序说》，南开大学出版社，1990 年版。

（宋）孙应时著：《烛湖集》，文渊阁《四库全书》本。

汤一介：《佛教与中国文化》，宗教文化出版社，1999 年版。

滕修展、高艳、王奇、张淑琴注译：《列仙传神仙传注译》，百花文艺出版社，1996 年版。

天童寺志编纂委员会编：《新修天童寺志》，宗教文化出版社，1997 年版。

童兆良著：《溪上寻踪》，中国文史出版社，2005 年版。

【日】窪德忠著、萧坤华译《道教史》，上海译文出版社，1987 年版。

王力等著：《中国古代文化史讲座》，中央广播电视大学出版社，1984 年版。

王清毅主编：《慈溪海堤集》，方志出版社，2004 年版。

王兴福著：《太平天国在浙江》，社会科学文献出版社，2007 年版。

王宜峨著：《中国道教》，五洲传播出版社，2004 年版。

王治心著：《中国宗教思想史大纲》，东方出版社，1996 年版。

魏承思著：《中国佛教文化论稿》，上海人民出版社，1999 年版。

魏德东著：《为宗教脱敏》，民族出版社，2015 年版。

文史知识编辑部编：《道教与传统文化》，中华书局，1992 年版。

文史知识编辑部编：《佛教与中国文化》，中华书局，1988 年版。

渥德尔著：《印度佛教史》，商务印书馆，1987 年版。

吴平 严小琳著：《古代佛门》，东方出版中心，2008 年版。

吴光主编：《中华道学与道教》，上海古籍出版，2004 年版。

《五磊讲寺》编写组编：《五磊讲寺》，佛教界内部交流本，1996 年印本。

（明）萧良干等修、张元忭等纂：万历《绍兴府志》，万历十五年刻本。

熊铁基、刘固盛主编：《道教文化十二讲》，安徽教育出版社，2005 年版。

徐伯安著：《中国塔林漫步》，中国展望出版社，1988 年版。

许地山著：《道教史》，华东师范大学出版社，1996 年版。

许地山著：《扶箕迷信底研究》，东方出版社，2014 年版。

严耀中著：《中国东南佛教史》，上海人民出版社，2005 年版。

严耀中、范荧著：《宗教文献学研究入门》，复旦大学出版社，2011
年版。

晏可佳著：《中国天主教》，五洲传播出版社，2004 年版。

（清）杨泰亨，冯可镛纂：光绪《慈谿县志》（《中国地方志集成·浙江
府县志辑》第 35、36 册），上海书店，1993 年版。

杨积芳总纂：民国《余姚六仓志》，（慈溪市地方文献整理委员会编《慈
溪文献集成第一辑》，王清毅岑华潮点校），杭州出版社，2004 年版

杨曾文著：《佛教知识读本》，宗教文化出版社，2000 年版。

（清）姚复庄辑：《蛟川诗系》，癸丑（民国二年，公元 1913 年）冬月
活字板印本。

姚民权、罗伟虹著：《中国基督教简史》，宗教文化出版社，2000 年版。

于凌波著：《中国近现代佛教人物志》，宗教文化出版社，1995 年版。

余涉编：《漫忆李叔同》，浙江文艺出版社，1998 年版。

（元）袁桷著：《清容居士集》，文渊阁四库全书本。

（宋）张淏纂修：宝庆《会稽续志》八卷，宋元方志丛刊本，中华书
局，1990 年版。

张继禹著：《天师道史略》，华文出版社，1990 年版。

张曼涛主编：《佛教与中国文化》，上海书店出版社，1987 年版。

张世英著：《中西文化与自我》，人民出版社，2011 年版。

赵超著：《中国古代石刻概论》，文物出版社，1997 年版。

郑欣淼著：《鲁迅与宗教文化》，中国社会科学出版社，2004 年版。

政协浙江省慈溪市委员会（文史资料委员会）编：《慈溪文史资料第 11
辑（宗教资料专辑）》，1996 年印本。

中国道教协会研究室编：《道教史资料》，上海古籍出版社，1991 年版。

中国佛教协会编:《中国佛教漫谈》,江苏古籍出版社,1990 年版。

中国社会科学院世界宗教研究所道教室编:《道教文化面面观》,齐鲁书社,1990 年版。

中国社会科学院世界宗教研究所基督教研究室:《基督教文化面面观》,齐鲁书社,1991 年版。

(清)周炳麟修,邵友濂、孙德祖纂:光绪《余姚县志》(《中国地方志集成·浙江府县志辑》第 36 册),上海书店,1993 年版。

周齐著:《明代佛教与政治文化》,人民出版社,2005 年版。

周群著:《宗教与文学》,凤凰出版传媒集团译林出版社,2009 年版。

卓新平著:《宗教与文化》,人民出版社,1988 年版。

后　记

编撰、出版一本书，除却本人因素，还需要机缘与"外援"。《慈溪宗教文化丛稿》自立项直至出版，慈溪市政协领导对每一环节亲为关注，并作出指导与决定，为本书的顺利出版，发挥了关键作用，使我感铭于心。在本书的编撰与出版过程中，市政协文史委领导给予直接的联系、指导与帮助，他们的工作责任心与热情值得我敬佩和学习，在此谨致谢忱。

初稿出来后承蒙时任宁波市社会科学院院长的陈利权研究员的审阅，并细致地提出了修改意见，遵照陈院长的意见修改后的第二稿，再吸纳市政协文史组全体成员的审阅意见作了再次修改，才最终脱稿。可以说，书稿的完成和出版，有着他们的支持与心力，在此表示真诚的感谢。宗教文化出版社对本书的接纳出版，是对出书单位和作者的认可，作为编撰者，在此谨向该社领导与编辑表示由衷的感激。

编撰本书，资料的搜集考核是基础，这方面，受益于市委统战部、市民族宗教局的大力支持，当然在采访过程中还得到过宗教界人士的资料提供；本书立项后不久，本人应聘至慈溪市社会科学院，时任领导胡文杰对于我业余从事相关宗教文化资料的搜集，给予了支持与帮助；市地方志办公室也为资料的搜集提供过方便。

有道是出门靠朋友，其实要编撰成书何尝不靠朋友？诸友在本书编撰中有为我提供资料的、有为我提供构架设想的、有替我查漏补缺的、有帮助我编务操作的，等等，真可谓是众人着力。他们是：陆永胜、蒋海莺、顾自力、王世芳、方印华、沈登苗、陈迪、厉祖浩、童银舫、王孙荣、岑华潮、徐鸽、高然、高国明、陈科伟、钟一鸣、田戈、余东哲、吴建冲、诸红军等，在本书即将面世之际，特抱拳而谢。除了朋友，内人和女儿在成书过程中也给予了一定的助力。

　　在编撰过程中，我一直要求自己学习习近平总书记关于宗教的理论阐述和了解党的宗教政策，以把握落笔方向，在编与撰时强调从宗教文化的视角入手，并力求入书资料的谨实，但限于篇幅和字数，尚有不少内容未能入书。

　　是书，系本人独力完成，从题材看又较偏冷，从本区域看，尚无相关相近之类著作可参考，显系"摸石子过河"，又兼本人功底与素养均不逮，错漏误疏在所难免，敬俟方家与读者批评指正。

王清毅

2021 年 2 月 20 日